往思录

葛剑雄 著

上海财经大学出版社
上海学术·经济学出版中心

图书在版编目(CIP)数据

往思录/葛剑雄著. —上海：上海财经大学出版社，2024.1
ISBN 978-7-5642-4280-0/F·4280

Ⅰ.①往… Ⅱ.①葛… Ⅲ.①葛剑雄-文集 Ⅳ.①C53

中国国家版本馆CIP数据核字(2023)第199909号

□ 责任编辑　江　玉
□ 封面设计　桃　夭
□ 封面题字　林　健
□ 内页治印　林　健

往思录

葛剑雄　著

上海财经大学出版社出版发行
(上海市中山北一路369号　邮编200083)
网　　址：http://www.sufep.com
电子邮箱：webmaster@sufep.com
全国新华书店经销
苏州市越洋印刷有限公司印刷装订
2024年1月第1版　2024年1月第1次印刷

787mm×1092mm　1/16　24印张(插页:2)　401千字
定价：128.00元

葛剑雄 籍贯浙江绍兴,1945年出生于浙江吴兴(今属湖州市南浔区)。历史学博士,复旦大学文科特聘资深教授、中国历史地理研究所博士生导师,教育部社会科学委员会历史学部委员,中央文史研究馆馆员。1996—2007年任复旦大学中国历史地理研究所所长,1999—2007年兼任教育部重点研究基地复旦大学历史地理研究中心主任,其间任中国地理学会历史地理专业委员会主任、中国秦汉史研究会副会长、中国史学会理事、上海市历史学会副会长;2007—2014年任复旦大学图书馆馆长。从事历史地理、中国史、人口史、移民史、文化史、环境史等方面研究,著有《西汉人口地理》、《中国人口发展史》、《中国人口史》(主编,第1卷作者)、《中国移民史》(主编,第1、2卷作者)、《中国历代疆域的变迁》、《统一与分裂:中国历史的启示》、《往事和近事》、《未来生存空间·自然空间》、《历史学是什么》、《黄河与中华文明》、《天地史谭》、《葛剑雄文集》(1—7卷)、《我们应有的反思》、《不变与万变:葛剑雄说史》、《葛剑雄说城》、《四极日记》等数十种,发表相关论文百余篇。

目 录

童年记忆

人生之初　/ 3
故乡小学杂忆　/ 6
与书无缘
　　——故乡童年的回忆　/ 10
初中生活忆旧　/ 12
永远的母校　/ 17
通古今之变的南浔　/ 19
童年生活中的江南"粪土"　/ 22

青春无奈

我在市北的不幸与大幸　/ 29
偶涉经典亦受益无穷　/ 32
时代性的人性扭曲
　　——特殊年代中的双重人格现象　/ 34
殉葬品和掘墓人："文革"期间的中学教师　/ 41
当年"样板"　/ 52
我所经历的抄家　/ 64
我经历过的"学生政审"　/ 71

青春无奈（二则） / 78
病室忆旧 / 83
我记忆中的北站 / 86

治学问道

我的1978年 / 91
我的博士研究生经历 / 98
四十年梦想 / 104
我与改革开放：为学四十载 / 106
我的人口史梦
　　——《中国人口发展史》的自我介绍 / 116
复旦教授不仅敢说"我不知道" / 125
杂说知识分子 / 127
被高估的民国学术 / 133
功夫在"书"外 / 137

书缘终身

我的书和书房 / 145
我的新书房 / 151
藏书的归宿 / 153
未建成的施坚雅文库 / 160
图书馆的难题 / 163
我为藏书找到了归宿 / 167

生活经历

我当市人大代表 / 173

1982年的记忆：搬家 / 179

我与游泳 / 182

我与上海 / 187

我的人文观 / 189

财富断想 / 202

会海一勺 / 207

觅食经验看排队 / 215

访台琐记 / 217

安检种种 / 222

杂忆乘飞机 / 226

《成蹊集》序 / 238

世纪杂感 / 242

往矣昔人

超越死亡 / 251

真正的学者
　——悼石泉先生 / 254

记忆中的筱苏（史念海）先生 / 256

怀念侯仁之先生 / 259

最忆康桥风雪时 / 263

汪老远行感言 / 266

我所知的俞大缜 / 269

雁归来兮寻根 / 271

亡友李仁一年祭
　——特殊年代的特殊情谊 / 273

《周有光百年口述》读后 / 275

稽山仰止　越水长流
　——怀念陈桥驿先生 / 279

《陈桥驿学术论文选编》序(节选) / 284

读史阅世皆求真
　　——读何炳棣《读史阅世六十年》 / 287

忆何炳棣先生 / 289

人天永隔竟如斯 / 298

忆旧之难
　　——并谈一件往事 / 301

忆旧还是难 / 305

愿阁楼里永远有这盏灯
　　——读沈昌文《阁楼人语》 / 308

老沈的吃局 / 311

万里记踪

我的非洲情(代序) / 317

非洲之行看历史 / 324

我到过的南极 / 350

寻访李约瑟 / 360

邂逅霍金 / 368

村山富士印象 / 370

万里之行　始于船上
　　——《行万里路》自序 / 372

校后记 / 376

童年记忆

人生之初

一个人的生命自然是从脱离母体开始的,但其记忆和记录未必同时开始。记忆是主观的,既取决于脑活动的成熟程度,也取决于所受到刺激的强度。在没有录音的条件下,自我记忆只能从识字、写字开始。非自我的记录则取决于客观条件。

1945年12月15日(农历十一月十一日)早上,我出生于浙江省吴兴县南浔镇(今属湖州市南浔区)宝善街家中。具体时间从未有人告诉我,我始终不了解,因为那时没有出生证,也没有任何其他书面记录,家人最多记个时辰。解放后,"生辰八字"属封建迷信,家里没有人再提,我自然不知道我出生在哪个时辰。

这个世界给我留下的第一个印象,是我从睡梦中被惊醒,已经坐在床上的母亲赶快将我抱起,说着"不要怕,不要怕"。外面天还没有亮,屋里点着洋灯——煤油灯。地板上睡满了人,好像都已经起来了。两个陌生人在说着什么,一会儿推开门走出去了。后来父母亲告诉我,当时南浔镇上来了很多兵,还传来枪声。我家的房子不临街,建在原来一座烧毁住宅的房基上,地势高,还有面街的围墙。从沿街一家店铺的后门进来,要走上几级台阶,推开墙门才能进来。所以当天就有沿街的邻居来我家避难,晚上就在两间房间内"摊地铺"过夜。父亲与众人将墙门堵死,在墙上架梯子出入。那天天还没有亮,两个国民党军队的散兵翻围墙进来,又从窗口跳进房间。面对惊醒的众人,他们不停地说:"老乡,不要害怕。求你们给我两件旧衣裳。"拿到衣服后就将军装换掉,然后又翻墙离开。

我请南浔的朋友查了,南浔是1949年5月2日解放的,那天应该是5月1日,当时我3岁5个半月。

以后的印象更清晰,邻居都走了,家里又恢复原样。过了几天,街上传来鼓号声，大人牵着我到街上看热闹，南浔中学的学生在游行，学生们敲着洋铜鼓，吹着号，拿着彩色标语旗，喊着口号走过。晚上有提灯会，参加的人提着各式各样点了蜡烛的灯游行聚会。父亲给我用红纸在竹架上糊了一个五角星小灯，里面还点着小蜡烛。我兴高采烈地提着这盏小灯站在大街边上，可是一阵风吹来，蜡烛火将纸烧了，提灯的绳子也断了，只剩下一个竹架掉在地上。

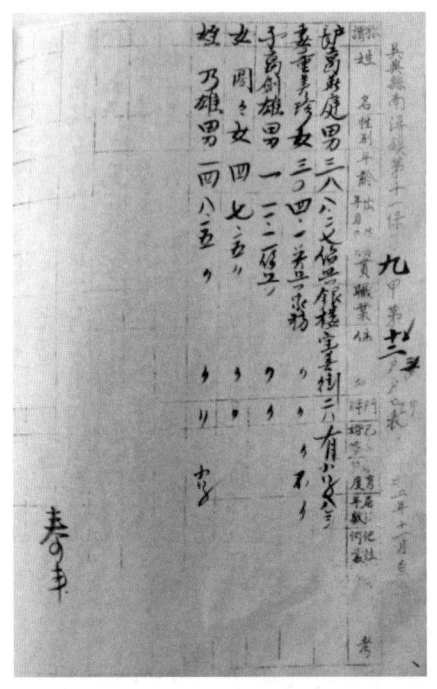

葛剑雄先生一岁（1946年）时的户籍登记册

前几年南浔的陆剑兄在旧档案中发现了我家的户口表，拍了数字照片送给我。这是一张油印表格，用毛笔填写的"吴兴县南浔镇第十一保九甲十二户户口登记表"，注明"民国三十五年十一月查"。上面的栏目有关系、姓名、性别、年龄、出生年月日、籍贯、职业、住址、门牌、已婚未婚、教育程度、居住年数、他往何处、备考共14项，相当详细。第三行就是我，填着：（关系）子，（姓名）葛剑雄，（性别）男，（年龄）一，（出生年月日）一一、一一，（籍贯）绍兴，（地址）宝善街，（门牌）二八，其他各栏空白。这是迄今为止已发现的关于我的最早记录。表上填的显然是农历，我出生于十一月十一日（公历是12月15日），正好满一岁。

表上登记的地址是宝善街28号，但这不是我的家，而是父亲买下的一间沿街门面房，与我家前面的店铺相隔几个门面。父亲从绍兴到南浔学生意，在王宝成银楼当学徒，满师后留在店里工作。日寇侵占南浔后，老板王士坤逃难去了上海，但店里还有几十两黄金没有带走。父亲及时妥善保管，以后又冒着生命危险，将这些黄金隐藏在一只新马桶里，躲过日本兵与汉奸的一次次搜查，送到上海王士坤家。王士坤感激不尽，在父亲结婚时送给他一块"火烧白场"（被火烧毁的房屋废墟）和北面一堵残留的围墙，我家的两间住房就是在清理后的原存地基上建造的。这堵围墙又高又厚，1980年南浔镇供销社收购我家房屋时，这堵墙的估值几乎是房价的一半。为了证实我家的产权，供销社还还专门派人到上海找王士坤核对过。王士坤还资助父亲自立门户，开了一家"银楼"，实际只是加工金银首饰的小作坊，老板和伙计就是父亲一人，开在宝善街28号。表左侧写的"泰丰"两字，是店名，我幼时还在家中找到过一大叠印有"泰丰银楼"广告的包装纸。

表上的内容还纠正了我家一个一直存在的错误。表上第五栏记着：侄，乃雄，男，一四岁，八、一五出生，籍贯绍兴，教育程度小学。他是父亲的堂侄，家里托父亲带他出来学生意，年纪还小，就住在我家，做些杂活和家务。解放后浙江省禁止私人经营、加工金银首饰，父亲关门失业，他则回了绍兴老家。父母亲一直叫他Nan Yu，大概因为他们的文化程度有限，让我将他的名字写为"南育"，并且误以为葛家我们这一辈是"南"字辈，现在才知道应该是"乃"字辈。

表上还有些不该有的错误，说明当事人的粗疏低效。父母亲的年龄都错了：父亲出生于1912年，1946年应该是34岁。即使用虚岁，最多写成36岁。母亲出生于1921年，1946年应该是25岁，虚岁至多写成27岁。父亲没有正规上过学，母亲倒是在南浔镇上过小学，表上却被填为"不（识）"。至于我的姓名排在年长我三岁的姐姐的前面，而她排在我后面并只填名字，无疑也反映了当时重男轻女的惯例。

上海市公安局保存着比较完整的解放前的户籍卡，"文革"期间"清理阶级队伍"，我作为学校"专案组"成员，凭"闸北区革命委员会"的介绍信去查过。想不到南浔镇也保存着这些档案，并且被陆剑兄发现，使我有了人生最早的记录。

现在国内有些高龄纪录得不到国际机构的承认，原因是找不到原始的出生证或可靠的出生记录。如果我今后有幸创下高龄纪录，这一页户口登记就是可靠的出生记录。

本文写作于2023年10月。

故乡小学杂忆

两年前,吉林电视台拍摄《回乡》系列,将我也列入其中,于是摄制组随我回到我的出生地——浙江省湖州市南浔镇。当天下午,我来到曾经就读的小学,原地几乎已经无法辨认。从一条巷子绕到背后,终于找到了一排似曾相识的旧平房,现已辟为民居。据住户中一位老者说,这就是当年小学的教室。我入学时,学校名为圆通小学,后改名浔北小学,那时的南浔镇属吴兴县。

我上学的时间很早——1950年9月,年龄四岁零九个月。据说是因为年长我三岁的姐姐上学,我跟着去玩,到校后就不肯回家,一定要上课。老师就让我坐到一年级教室里,与新生一起上课,见我很认真,就同意了。学校是利用圆通庵改建的,以后学了历史,才知道这圆通庵曾经发生过惊天动地的大事。清初南浔庄氏私修《明史》案导致七十多人被杀,这惹祸的《明史》就是在圆通庵修的。但当时我只知道校舍的门槛很高,我跨不过去,每次都要大同学或老师帮助。由于年龄小,个子也小,两年后才正式升级。

学校很小,设施简陋,但也有礼堂和操场。因为我从小不喜欢运动,所以对操场已经没有什么印象。那礼堂大概是原来的佛堂,已经改建,搭了一个台。大概三年级时,班主任韩学农老师为我排练一段快板,参加全校的演出。快板的内容是老农民拥护粮食统购统销。他亲自将我化妆成老头,穿上一条"作裙",挑着一担"粮"。我一走上台就引来全场关注,谁知刚开始说话,扁担一头的绳子断了,韩老师不得不上台救火。

另一次是全校的演讲比赛,也是上台讲。这次我还获了奖,奖品是一本"千用簿"。其实就是在一块蜡板上铺了一张半透明的薄纸,用不太尖的竹笔在上面写字画线,可在纸上见到痕迹。而将纸提离蜡板后,上面痕迹即消除。如此可反复使用,节约对我来说很贵重的纸笔。实际上用不多久纸就破了,但当时的确让我既兴奋又荣耀,也引起同学们的羡慕。

虽然是在小学,频繁的政治运动也已是我们的重要内容。特别是在这样的镇上,任何运动都是全民动员,我家门前的宝善街和附近的大街上装的广播喇叭不是宣传就是演唱,几乎每天都会给我增加新的记忆。例如有段时间,不断播放越剧演员袁雪芬唱的歌颂新婚姻法的曲子,以至到今天我还记得"千年枷锁已打碎,封建礼教如山倒"等内容。斯大林葬礼那天,我们正在空地上看人放风筝。忽听到喇叭里传来汽笛声,周围人肃立,我们也赶快站好。只见一只风筝脱线飞走,放的人也不敢去追。等肃立完毕,风筝早已不见踪影,大家连叫可惜。

有一段时间,镇上到处在开会学习,不知是哪次运动。连作为家庭主妇的母亲也天天晚上去学习,地点在原来的耶稣堂。参加学习的都是妇女,不少人带着孩子,一起在门外或过道里玩得很开心。有时妈妈们唱起歌来,我们都挤在门前窗口看,觉得很新鲜,所以巴不得母亲天天晚上带我们去开会。

镇压反革命运动时又是另一种景象。除了喇叭里天天不断宣传、喊口号外,深更半夜也会有人在街头巷里巡逻,边敲锣边喊"坦白从宽,抗拒从严"。不时听大人说,某家某人被抓,"解湖州"(押送县城)了。最可怕的还是听同学描述枪毙人,说亲眼看到脑袋开花,白色的脑浆与血一起流出来,有的还说枪打过后头被削掉一半,令人毛骨悚然,有的同学吓得晚上做噩梦。虽然枪毙人的地方离我们家并不远,但大人不许我们去看,我也从来不敢去。

另一些运动就连小学也参加了,并且都很积极,比如欢迎志愿军伤病员、各种游行,特别是爱国卫生运动。记得在抗美援朝时,听说美帝发动细菌战,例如在附近某地扔下了细菌弹,有致鼠疫、伤寒等的细菌,还放在糖果中引诱孩子去捡。老师教育我们路上的东西不能随便捡,发现可疑要立即报告。这使我在很长一段时间内看到老鼠就想到鼠疫,害怕被传染。

南浔镇被评为爱国卫生先进镇,其中少不了小学生的功劳。有一位名叫王阿金的老太作为代表去北京开会,见到了毛主席,南浔作为卫生镇的名气也更响了。卫生镇的标准之一是无蝇,于是就得不断灭蝇,小学生成为主力,每个人都有任务,必须消灭多少个苍蝇。下课后,我们就带上自己做的苍蝇拍和盛着散石灰的空火柴盒出发了。我们的蝇拍是用废纸板剪成长方形或椭圆形,上面打些孔,中间插一根竹柄。这样的蝇拍打起苍蝇来比较费劲,容易破,而且用力太猛了会把苍蝇打扁打烂,看了恶心,还不便统计数字。但商店里卖的纱面蝇拍我们是买不起的,虽然用起来很方便。因为要完成任务,且最好要超额,所以我们专找苍蝇多的地方,如"羊木行"(制革作坊)。那一张张被钉在木板上的新鲜羊皮,表面还能看到血丝,会引来大量苍蝇,正是我们扩大战果的好机会。上交死苍蝇时要统计数字,开始时一个个数,后来改为称分量,以两为单位。我大概没有什么突出表现,所以没有像演讲比赛那样得奖。

与运动配合的还有歌曲,学校里教,更多的还是喇叭里播放,游行时唱。所以我不仅会唱少年儿童唱的,如《让我们荡起双桨》等,还会唱中学生和成年人唱的歌,也会唱流行的苏联歌曲。记得有一次看游行,见队伍中有人扛着一棵连根拔起的柳树,喇叭里播的是:"嗨啦啦啦啦,嗨啦啦啦啦,天空出太阳呀,地上开红花呀,中朝人民力量大,打败了美国兵呀。全世界人民拍手笑,要把帝国主义连根拔那个连根拔!"这样的歌至今我还能记得,足见当初印象之深。

大多数同学家里都很穷,但我家更穷。新中国成立前,父亲是"银匠",在宝善街一间街面房为人加工金银首饰。新中国成立后不久,浙江省取缔这一行业,父亲就此失业,一家五口只能靠借贷和变卖度日。先卖家中存下的零星首饰,再卖铜锡用具。由于浙江省停止收购金银首饰和铜锡器,又禁止将其带出省,父亲都是天不亮就出门,偷偷送到邻近的江苏省去卖。坐吃山空,何况家里根本没有山。他曾与两人合伙开过一家小文具店,没有多久就关了门。几年后他去上海谋生,但经常没有钱带回家来。直到1955年他掌握了土法制造钻头的技术,于是让母亲也去上海摆摊推销,生活渐趋安定。为了省钱,家里经常买最便宜的黑面粉,吃菜粥。但最难对付的还是开学时交学费、书簿费,姐弟三人上学,经常连书簿费也交不起。开学时,看到其他同学领了新书,自己则一直在担心,不知哪天会被老师赶出教室,好在老师总是雷声大雨点小,说话总不算数,一再宽限。有一次,开学已经几天,我已吓得不想上学,舅父得知后送来了救急的钱。

到读完五年级,我从来没有买过一本书。但我从小喜欢看书,只要有字的纸都会拿着看。无论是糊墙的"申报纸"(当地当时对旧报纸的通称),还是偶然得到的一本旧书、一张字纸,我都会看,无论懂与不懂。有一次舅父从他就读的平湖师范回来,带给我们几本连环画报,我不知看了多少遍。五年级时姐姐进了初中,她的课本成了我的读物。只要她在家,我就从她书包里翻书看,特别是文学课本,我从第一课《论语》选读的"学而时习之"起,差不多每篇都背得出。只是好多字都念错,更不知道是什么意思。

除了5岁时随父亲回过一次原籍绍兴外,我一直没有离开过南浔镇。最远的一次是学校组织"远足"(春游)去了十几里路外的江苏震泽镇。另一次"远足"是去沈庄漾"露营",晚上在古坟台上搭帐篷睡。四年级时我参加的一个集体节目被挑选到县里演出,要乘轮船去几十里外的菱湖镇,但自己要付几毛钱买船票,我只能眼睁睁看着被别人替补。1957年,父母在上海安顿下来,那年暑假让我转到上海读书。当轮船在夜色中驶离码头,我整夜未曾入睡,想象大上海的景象,直到江上的大轮船、江边的厂房和烟囱出现在晨光中。

开学后,我成为上海闸北区虬江路第一小学六年级学生,到今天已过半个世纪。但故乡的小学生活不时会浮现在眼前,当年的艰难苦涩都已淡去,留下的只是难忘的记忆。

原载蒋保华主编:《小学学什么——精英是这样炼成的》,教育科学出版社2010年版。

与书无缘

——故乡童年的回忆

1945年12月15日,我出生在浙江省吴兴县南浔镇(今属湖州市南浔区)。尽管这个江南名镇以藏书数十万卷的刘氏嘉业堂闻名,又以"四象八牛七十二条蛟黄狗"(不同等级的豪富)称雄,但我的家庭却与书籍和财富无缘。

我的父亲出生在浙江绍兴农村,十几岁背井离乡到南浔当银楼学徒,以后自己开一家小店加工金银首饰,唯一的学徒兼帮工就是从家乡来的一位堂侄。我的母亲出生在安徽徽州,外祖父从徽州到南浔米店当学徒,满师后当店员,以后自己开了一家小米店,才将家属接到南浔。在我出生之前,我的祖父母和父亲一辈的其他亲人都已去世,在南浔镇上只有母亲一方面的亲戚,也只有我的舅父一家。父亲读过两年书,识字不多,字也写得不好,却有一手绝技,能在首饰上镂刻工整的楷书,如在"名字戒"上刻上一对新人的姓名。南浔镇得风气之先,20世纪二三十年代已有女校,母亲也得以读完初小。文化程度最高的是我的舅父,在新中国成立前读了初中。所以到上学前,我从来没有在家里看过什么书,能够玩的是"假钞票"(贬值或作废的旧币)和印着不同图画的"香烟牌子"。父亲有一位堂姐是信教的,在我家住过一段时间,留下了一部《马太福音》。我当时不知道是什么东西,只觉得里面的纸很光滑,就悄悄撕几张下来折成纸蝙蝠玩。

1950年秋季开学,我还不满5岁,跟着刚上学的大孩子到附近的圆通小学去玩,一去就不肯回家,一定要随他们进教室上课。那时没有什么入学的年龄规定,教师看我坐着很认真的样子,就答应让我上学了。唯一的麻烦是,由圆通庵改成的校舍有几个门槛很高,我需要由别人帮助才能跨过去。以后学了历史,才知道这圆通庵就是当年庄廷鑨的父亲为他刻《明史》的地方。

就在我刚刚跨入校门不久,当地政府禁止私人经营和加工金银首饰,父亲一下子丧失了谋生的手段。浙江省还停止收购金银首饰和铜锡器,家中剩下的一点首饰无法变成现钱,生活立时陷入困境。后来打听到江苏省还在收购,父亲经常在天不亮时就带上家里的铜锡器或首饰,赶到邻近的属于江苏省的小镇去,变卖一些钱来维持一家五口的生活。同时他还千方百计找活干。但这个商业市镇已有大批商店关门歇业,失业的人很多。为了省钱,家里连最便宜的米也舍不得买,而是买更廉价的整包黑面粉,每天自己加工面食。

每当开学时,我们就要担心父母还有没有交书学费的钱,要是没有,学校还能不能让我上课。有一次,直到正式上课的那天早上,舅父才替我交了学费。在这样的条件下,我自然不敢再有买书的奢望。直到读完小学五年级离开南浔,我从来没有买过一本课本以外的书籍。有一次在平湖师范读书的舅父给我们带来了几本连环画册,就成了我反复看的课外读物。读五年级时,姐姐进了初中。当时初中语文分成文学和汉语两课,文学课本中选了很多古典诗文。我饥不择食,就把她的文学课本当成我看的书,居然将里面的诗文都背了出来。后来知道很多字的音都是念错的,意思就更不明白了。

如果我不离开南浔镇,或许还只能继续那样看书。但到1957年我转学至上海,与书无缘的日子终于结束了。

以后我学了历史,特别是研究了历史地理以后,对南浔镇的过去越来越了解,童年的记忆也由苦涩而变得温馨,因为当时所见所闻而今早已烟消云散,或物是人非,或人、物两亡了。国内外的同人知道我生长在南浔,皆称羡不已,或以为我有什么家学渊源,或拔高为"人杰地灵",我却至今想不出一个所以然,还是老老实实写下这段经历。

本文写作于2001年7月。

初中生活忆旧

1956年暑假，我从浙江省吴兴县南浔镇（今属湖州市南浔区）浔北小学五年级转学来上海，此前我父母先后到上海谋生，依靠从事个体劳动所得已有条件供养我在上海上学了。我家租住的房在闸北区，我到区教育局办转学手续。看了转学证书，教育局的办事人说要考试，成绩合格才能接受。几天后接到通知，我已被转入离家不远的虬江路第一小学，升入六年级。这所小学的本部是虬江路上一片老旧平房，六年级两个班在分部上课，是一所被接管的私立小学，就是弄堂里一所三层楼民居，除简陋狭小的教室外，没有任何活动场所，体育课和广播操只能利用这条弄堂。幸而马路对面有一个免费开放的交通公园，成为我们课余的活动场所。

第二年小学毕业，那时上海小升初可以自由报考学校。我父母文化程度不高，加上来上海时间不长，该报哪所中学完全没有主意，由我自己选择。我想起不久前经过长安路时见到一幢崭新的三层大楼，听说是新设的长安中学。志愿表上果然有此校名，我毫不犹豫地报了，并如愿被录取。以后与同班同学谈起，发现好几位的报考原因和我一样，被这座新楼所吸引。入学后才知道，长安中学前一年就开始招生，第一届学生是借用十三中学（后改名共和中学）校舍上课的，所以我们是第二届，进校时已经有了初二年级。十三中学出了乒乓球国手李富荣，初二同学也引为自豪。校舍是新的，课桌椅、教具都是新的，宽敞明亮的教室与弄堂小学的民房简直有天壤之别。在马路对面还有一个运动场，每年的运动会也不必另找场地。很多老师也是新的，很年轻，如我们的班主任崔老师就刚从大学毕业。

从江南小镇到了上海，我像进入了一个新天地。从小学进入中学，又进入了一个更广阔的天地。

领到贴着照片的学生证(小学生是没有的),我最感到高兴的是从此可以进上海图书馆了。不久的一个星期天,我就凭这张学生证走进了这座向往已久的大楼,在阅览室读到了以前只知书名的书。在那里,我第一次翻着《唐诗三百首》读唐诗;第一次拿到《古文观止》读《滕王阁序》全文,找到"落霞与孤鹜齐飞,秋水共长天一色"的出处。我借《三国志》时,拿到索书单的工作人员问:"小朋友,你是要《三国演义》吧!"我回答:"没错,我要《三国志》。"为了怕他再问,又补充:"我要看历史书,不是要看小说。"

我从小喜欢画画,因为没有人教,又没有钱买图画纸和颜料,只能利用废纸或课本、作业本的空白处乱涂。那时新出了不少连环画,学校附近正好有一些"小书摊",可以一分钱一本的代价坐在那里看,也可以花两分钱租一本回家看。我没有什么零花钱,只能偶尔坐着看一本,倒是从租书回家看的同学那里借看的更多。我对《三国演义》等连环画中的古代人物、战争场面很有兴趣,经常模仿着画,一度连上课时都在偷偷画,得意的作品还传给其他同学看,居然一次也没有被老师发现。或许老师看在眼里,只是不愿打断正常的讲课。小书摊上的书以旧小说为主。初二下学期我在街道食堂吃中饭,省下些伙食费,尽其所能租了看,为了省钱,一本书都是当天看完,《三侠五义》《七侠五义》《小五义》《续小五义》等都是那时看的。

教室后面墙上是两块大黑板,由班委负责出黑板报。班长见我爱画画,就要我一起出。我们从学校领到一种"六角粉笔",比普通圆粉笔品种多,色彩鲜艳,很适合在黑板上作画或美化版面,我得以大显身手。后来我又学了用湿抹布打样,写空心美术字作标题,将黑板报布置得很漂亮。有时稿子不够,我就临时写几句诗填补空缺。一次全校黑板报评比,我尽了最大努力,老师同学都说好。评比那天,一位老师看后却提了意见:"出得很好,可惜这首诗是抄来的,否则就可以评一等奖了。"我连忙说:"不是抄来的,是我写的。"这首诗是歌颂苏联第一颗人造卫星发射成功,开始两句是:"这是什么声音?惊醒了宇宙的寂静。"老师不相信,指着"宇宙"两字问我是什么意思,我作了一番解释,又背诵一遍,使他确信我是作者。结果我们班的黑板报被评为全校一等奖,我被少先队大队部聘为宣传干事,为大队出黑板报,还经常有机会参加大队干部的活动。学校组织教师参观新建的"闵行一条街",我作为大队干部的扩大对象也参加了。在汽车上与老师们同席而坐,中午在闵行老街上一家餐馆与老师们同桌吃饭,认识了任课教师以外的老师。语文教师赵仅一见我书包中带着一本《楚辞选》，惊奇地问我是否看得懂，我告诉他通过注释大致看懂了，带在身边是为了有空时随时可以背诵。如果借不到书，我就将要背的古文诗词抄在纸上，带在身边随时背，《蜀道难》《梦回天姥吟留别》《滕王阁序》等就是这样背出来的。他听了很高兴，说以后要借什么书，他可以帮我从图书馆直接借。其实此前历史教师王应麟已在帮我借书，有了赵老师的帮助就更方便了。

我的数学成绩也不错，但算不上突出。初三时学校选拔参加市、区数学竞赛，我被选上了。于是临时抱佛脚，集中做数学题，居然在区竞赛中胜出，获得参加市竞赛的资格。但在市竞赛初试就被淘汰，从此再未参加过数学竞赛。

一度我爱上了制作航模，经常到南京路的翼飞航模店去看。但我连那里最便宜的一套航模器材也买不起，只是去开开眼界。到了初三，学校成立航模队，我第一批报名参加，很多课余时间都在学做航模，还经常去参观航模比赛。在"大跃进"的鼓舞下，我们要求直接制作动力航模，学校支持，花七十多元买了一个微型汽油活塞机。我们制成了机身，安装机器却没有成功，因毕业临近，只能不了了之。

差不多同时，学校办了无线电收发报组。电影、小说中地下工作者用秘密电台收发报的神秘形象和神奇作用早就令人神往，有此机会自然不会放过。按规定，每人只能报一项，我已经参加了航模队，只能跟指导教师磨到"试学"无线电收发报的资格，但不久就成了组里的骨干，并且属于少数坚持到底的。指导教师是教物理的胡旭德老师，据说他以前在部队当过电报员。他一开始就警告我们：不要以为好玩，其实很枯燥。先学收报，他用唯一的电键连着一个蜂鸣器发报，我们不用耳机，直接听声音抄报。练抄数字码时，人坐满了一教室，到练英语字母码时已少了一半，随着他发报速度的加快，人越来越少。到学发报时，学校已经没有条件，胡老师带我们去四川路上的青年宫，那里有设施齐全的无线电收发报教室，每人有一个座位，配着电键和耳机，可以互不干扰同时练抄报和发报。我的收发报速度越练越快，胡老师说已达到三级运动员的水平。可惜学期结束时没有等到这一项目的运动员等级考试，没有拿到这张我唯一有可能得到的体育等级证书。

"大跃进"时，学校所在的街道增加了一些公共设施，有一个活动室里放着一个全新的可调节的双杠。有次我经过，看到班里一位周同学在练习，做了一套漂亮的动作，我居然也有了兴趣，连着几天下课后都跟着他练。但因个子小，手臂无力，加上没有一点体育运动基础，练了不少时间，我也只学会了跳跃上下杠和简单的滑杠动作。其实我的确自不量力,因为我平时连体育课成绩都不及格。幸而航模和收发报都列为"国防体育",我这两项的成绩使毕业考试成绩单上的体育科目由不及格提升为及格。

1959年新中国成立十周年前夕,闸北区新建了少年宫,各个课外活动班招生。我同时报了文学创作班和美术班,结果都考上了,但活动时间在每周同一个晚上。我舍不得放弃,就每周轮流参加一班。跟了一段时间,美术班要教油画,让我们准备颜料。我知道家里是买不起油画颜料的,只能退出美术班。后来听说,我的一幅习作入选"中国少年儿童绘画展"至日本展览,但我与美术的缘分至此而终。

由于专一参加文学班,我投入了更多的时间与精力。文学班请的辅导老师是新伟染绸厂厂校老师孙书年先生,他渊博的知识和精辟的见解引导我渐入佳境。大概我的求知欲望和课堂上的积极回应也得到了他的赏识,他让我在课外去他家受教。他家在虹口区天水路一条弄堂里,我每周或隔周晚上去一次。他家中有不少古籍,允许我借回家看。他告诉我哪些书值得看,我看《两般秋雨庵随笔》等书就是他推荐的。他藏有一些书画、扇面,有时会取出教我欣赏。到我读高中时还给我画过一个扇面,一面是山水,另一面题着他的诗,记得最后两句是"平生足迹半天下,写入纵横画里山"。他是无锡人,是钱基博先生的外甥,当时我还不知道钱钟书的名字,记不得他是否提到过。我向孙先生问学一直继续到高中毕业。

1960年五一节,闸北区少年宫举行游园活动,请来了诗人芦芒和一位作家,我与另一位文学班同学接待芦芒。当时正流行写民歌,工农兵都能写诗歌,报纸上登的、电台里播的都是这类豪言壮语,我们就此请教芦芒,中学生如何创作革命诗歌,如何将革命的浪漫主义与现实主义结合。告别前我拿出准备好的本子请他题词,他当场写了新作:"六十年代第一春,技术革命巨浪滚。党掌大舵指方向,工人阶级创乾坤。"

上面的活动都是我自己主动参加的,有的还是花很大的劲争取来的,但下面的活动就是不能不参加的政治活动,虽然我同样非常积极主动,乐此不疲。

初一时上海开展扫盲运动,我们都摊到了任务。每天下午放学后,就到附近里弄去帮助家庭妇女识字,摘掉文盲帽子。扫盲课本是市里统一发的,只要将上面的字都认识,读得出来,就达到扫盲标准。我分配到的是一位住在梅园路一条弄堂里的中年妇女、里弄干部,她只会讲苏北话,为了方便她读得出这些字,我也学着用苏北口音读。从"毛泽东主席、朱德副主席、刘少奇委员长、周恩来总理"开始,到日常生活用词结束,每天读一页。到她们考试(抽读几页)前,学校还放了几节课,让我们有更多时间去辅导,结果我们教的对象全部摘掉文盲帽子。

初中这三年,我几乎没有在上课时间以外复习过功课,甚至大部分作业也是在其他课上偷偷做好的。我在学校小有名气,老师大多知道我,与我兴趣有关的学科老师会鼓励我学习提高,但没有人给我提出上大学或上某大学的目标,所以没有任何压力。父母只要求我好好读书,听老师话,从来不管我课外干什么,只看学期结束后发来的成绩报告单。毕业后我报考闸北区唯一的市重点中学——市北中学,也是我自己的主意。当时,我小学同学中就有人毕业后不考初中,当了学徒。初中毕业后,有的同学进了工厂,有的考了技工学校、初级师范、会计学校、护士学校,还有人被舞蹈学校、剧团招去了,还有的既没有考上学校也没有找到工作,以后去了农村农场。就是像我们这些考上高中的,也并非一定要上大学。所以无论成绩好坏,只要不违反纪律,不受处分,就感觉不到有什么压力。但我们这班同学的成绩并不差,毕业后考上市北中学的就有七人,还有一人考上交大附中。多年后返校参加活动,或遇到已退休的老师,还经常听到这样的感叹:"还是你们这一届最好!"

本文写作于 2018 年 1 月。

永远的母校

从我5岁入学到现在,50年间没有离开过学校——小学、中学、大学,读书、教书、再读书、再教书。经历最长的是现在的学校——复旦大学,22年;其次是工作过的古田中学,13年;求学的浙江湖州(原吴兴县)南浔镇浔北小学,5年;长安中学,3年;虬江路第一小学,1年。很难说哪一阶段最重要,因为它们都是我人生中不可或缺的一环。即使是最短的那一年,也使我从小镇上的小学生变成了上海的中学生。但对我一生影响最大的还是市北中学这5年。

在此期间我经历了人生的第一次重大考验。1962年5月,正在高二下学期时,我在体检中查出患了活动性肺结核。休学了一年半才复学,但原来的班组已毕业,只能转入下一届。谁知到1964年毕业前体检仍不合格,丧失了报考大学的机会。我之所以没有失去信心,能由悲观转为达观,由消极转为积极,靠的是老师和同学们的帮助鼓励。所以我在1964年9月就愉快地参加了师资培训,决心当一名教师。以后即使在"文革"期间,在遇到极大困难时,我也能比较泰然,坚信学了知识总有用,努力工作有前途,终于赶上了改革开放的机遇。

在此期间我确定自己的努力方向,学会了自学。在初中时我的兴趣很杂,几乎样样都想学,都想试。体育运动虽不行,还是参加了航模、无线电收发报训练。进高中后才懂得了要有所侧重,这倒不是哪位老师专门教的,而是在那样一个环境里潜移默化的结果。我们班组中多数同学都有自己的兴趣和追求,都在学好课程的同时发展自己的专门。我最感激的是历史、语文、英语等老师和班主任给我的一些特殊照顾,他们并不要求我得100分或5分,而是给我自学提供方便,帮我借书,允许我使用教师阅览室,使我在那时就读了一部分《二十四史》《资治通鉴》等名著。我高中实际只上了两年半,病休脱的课都是靠自学补上的。此后除了上过一年英语夜校外,我没有再接受过正规教育,但在1978年首批招收研究生时还能以全系最高分被复旦大学历史系录取,应该归功于母校给我打下的基础和自学习惯。

在此期间我从一名学生变为教师。从1964年9月起,我们名义上是上海教育学院师资培训班的学员,实际上就在母校实习,我在外语教研组实习英语教师。由学生变为"准教师"的感受至今记忆犹新,教师与学生的双重身份使自己在原来的教师和相识的高年级同学面前常常不无尴尬,加上那时阶级斗争的弦越绷越紧,在学习与斗争之间往往不知所从。但这一年的培训还是为我打下了坚实的基础,从1965年8月——我还没有满20岁起,就正式成为中学教师,当班主任,上英语课了。35年间,我由中学到大学,由教初中生到教博士生,由班主任到研究所所长,并曾被评为市先进教师,但我的出身始终是在母校的这一年培训。

或许我的情况有些特殊,但每次与老同学相聚,大家都有共同的感觉,并且随着时间的推移而倍感亲切。

80年代以来,我多次返校,起初是一种物是人非的感觉,母校依旧,而自己熟悉的教师大多陆续退休,有的已经离开人世。这几年母校旧貌变新颜,但留下的老师更少,已是物新人新了。但每当我看到市北中学这个名字,想到我在市北度过的五年,记起当年的老师同学,心中的母校丝毫没有改变。

市北,我永远的母校,愿您永远!

本文写作于2000年10月8日,时近母校八十五周年校庆。

通古今之变的南浔

与其他江南水乡的古镇一样,你可以在南浔看到典型的小桥流水人家,找到千年的古桥、百年的老屋,听到不少在史书上提到的名字。如果说有什么不同的话,那就是在充分领略传统的同时,你还能品味时尚——20世纪初叶的时尚。

小莲庄是南浔豪富"四象"(四家最大富豪的俗称)之首刘镛祖孙三代所建,从光绪十一年(1885年)起历时四十年才完工,是镇上保存最完整的私家园林。广约十亩的池荷塘四周,环绕着长廊曲桥、亭榭楼阁,比起苏州名园来毫不逊色。仔细观赏,却见飞檐斗拱、花墙漏窗连着一幢小洋房,而这种中西合璧浑然一体,天衣无缝,以至常常被游人忽略。在江南名园中,小莲庄的历史并不长,却能被定为全国重点文物保护单位,显然也考虑了这一特色。

步入毗邻的嘉业堂,发现这座建成于1924年的砖木结构二层楼房并不是一件古董,而是20世纪20年代中国最现代化的藏书楼,不仅设计和管理的观念很新,根据藏书的特殊需要在形制上作了变通,还用上了当时最先进的建材——进口马口铁(俗称洋铁皮)和铸铁构件。楼主刘承干虽以前清遗老自居,处世却相当现实,日占期间一方面利用"满洲国皇帝"溥仪题字的匾额当书楼的护身符,一方面却已将大批珍本秘籍让与大学;新中国成立后主动捐出财产图书,既保全了藏书楼,也使自己能安享天年。中国近代的藏书楼中,嘉业堂是最晚建的,但一度最辉煌,归宿最圆满,留下的建筑、设施、图书最完整,如今也列为全国重点文物保护单位,成为国宝。

不远处的懿德堂是同为"四象"之一张氏长孙张石铭的住宅,也是全国重点文物保护单位。这座建于晚清的巨宅占地5 135平方米,建筑面积达6 137平方米,有大小244个房间,因新中国成立后长期被外贸茶叶仓库占用而得以完整保存。跨过一道道高门槛,穿过一进进厅堂和院落,精美的石雕、砖雕、木雕、奇石、匾额、门楼令人目不暇接。从第三进起,内厅两侧的漏明廊窗都雕刻成芭蕉状,当年院墙旁还遍植芭蕉,是名副其实的芭蕉厅。更使人啧啧称奇的是,楼窗上都镶嵌着法国进口的菱形刻花蓝晶玻璃,刻有各式花果图案,格外高雅别致,也显示了张家与法国的交流渊源。

进入第四进,但见大厅地面铺着、墙上嵌着法国进口的彩色瓷砖,是一个带化妆室和衣帽间的豪华舞厅。在铺着青砖的小院对面,竟是一座巴洛克风格的两层小楼,花岗石台阶、巴洛克立柱、半圆阳台、楼花铁栏、克林斯铁柱头、百叶窗、刻花蓝晶玻璃、清水红砖墙,法式时尚和生活方式早在20世纪初就为张氏年轻一代所钟爱,只是深深地掩盖在两棵高大的玉兰树下,又被四周高墙所隐藏。我幼时从墙外经过多少次,却从来不知道这座大房子与镇上其他宅子有什么不同。

出懿德堂沿河北行,有今天的南浔镇史馆。即使不看陈列的内容,这座建筑本身就是南浔近代史的重要部分——建成于1925年的商会。南浔镇商会成立于1921年,附设于丝业会馆,首任会长是"八牛"(仅次于"四象"的八家富豪)之一梅氏第三代梅履中,继任的是"四象"之一庞氏第二代族人庞赞臣。集资6万银圆建成的商会建筑,在江南集镇同类建筑中最为宏伟,今天漫步其中还能感受到这种气派。

河东的丝业会馆后被改作小学,建筑虽比不上商会,但当初也有过一段辉煌。这不仅是因为南浔所产"辑里湖丝"名闻遐迩,更由于它见证了南浔丝业的外向发展和国际交流。1920年,丝业同行组团赴美国纽约参加第一次万国丝绸博览会,1923年和1925年分别接待了美国丝商参观团,使辑里丝成为中国重要的出口商品和世界知名品牌。我国首次参展世界博览会并获奖的"荣记湖丝",虽由广东籍商人提供,但也产于南浔。

近年整修复原的"红房子"是亲沐西风的刘镛第三子梯青所建。这座几乎"全盘西化"的两层建筑能出现在近百年前,正映射出这座千年古镇的时尚追求。幼时我在镇上还看到过一些"洋房",都是20世纪前期的产物。在我的记忆中,不仅有适园、庞家花园(宜园)、百间楼屋、土地堂、分水墩,还有与西风东渐和近代化密切相关的一些名词——耶稣堂、洋龙会(救火会)、电灯厂、蚕种场、丝厂、育婴堂、女子学堂等,它们都曾是当年南浔的时髦,如果能够一一寻访,则所见所闻正是一部江南市镇由传统步入现代的历史。

鸦片战争后清朝被迫实行五口通商,1843年上海开埠后,随着新兴工商业的发展,上海很快成为进出口贸易的中心,导致江南传统手工业和商业萎缩,江南的市镇也因此日趋衰落。太平天国战争造成绝大多数江南市镇的残破,南浔也未能幸免。但南浔的商人敏锐地认清潮流,纷纷将资本转往上海,开店设厂,引进先进设备和技术,并直接经营外贸,有的还远渡重洋,去法国、美国经商。土丝商转变为"丝通事"和洋行买办,一大批南浔人成为上海的新移民,南浔的经济发展也与上海的兴盛连接在一起。

南浔不愧有凝聚了千年的文明,趋时和西化并没有改变它厚重的文化传统。即使从今天的遗存也可以看出,两者结合得相当和谐,南浔并没有因为西式建筑的出现和西风的浸润而受到破坏,却形成了中西合璧的特色。在南浔豪门富户的"四象八牛七十二条蛟黄狗"中,既有巨商大贾、民国元老、党国要人,也有名动海内的学者、书画家、鉴赏家、收藏家,他们的后人中还产生了新中国的科学家(包括"两弹一箭"元勋)、院士、经济学家、诗人、作家、大学校长、部长。在聚集大量物质财富的同时,南浔一度拥有大批价值连城的古籍、书画、金石,在全国城镇中罕有其匹,其中一部分成为今天上海博物馆的珍品和复旦大学图书馆的善本。

这就是南浔历千年而常新的奥秘,也是南浔的魅力所在。

本文写作于2003年11月。

童年生活中的江南"粪土"

李伯重教授《粪土与历代王朝兴衰的关系》一文中有关江南"粪土"的叙述勾起了我对童年生活的回忆,也可印证伯重兄所引的史料。

1945年我出生于浙江省吴兴县南浔镇(今属湖州市南浔区)宝善街,1956年夏迁居上海。因我幼时记忆力颇强,加上一个衰落中的市镇没有什么宏大题材,日常生活反能留下较深印象。

从近年发现的《南浔研究》(当时小学生在教师指导下形成的社会调查资料)原稿得知,上世纪30年代镇上已有几处公共厕所,但到50年代初每家每户还都使用马桶,倒马桶便成了家庭主妇或女佣的日常家务。不过,家里的女人不必亲自倒马桶,至多只要将马桶拎到家门口,因为每家的马桶早已由惜粪如金的农户承包了。每天清晨,都会由固定的农妇或她家的大女孩将马桶拎去,倒入她家的粪桶后再洗刷干净,送回原处。如果主人不介意,也可不必将马桶拎出,由她直接到房间取。但送回时都送在门口,还将盖子斜放,开着一半,一则告诉主人马桶已倒过,一则便于风吹干洗刷时弄湿的马桶沿,免得主人使用时不舒服。到80年代我第一次在广东的餐馆用餐,见友人将茶壶盖打开一半斜放在壶上,得知这是提醒服务员添水,不禁想起那时家门口斜放着盖子的马桶,差一点笑出声来。

也有讲究的主妇嫌乡下人洗得不干净,会自己拎到河边,用专用的马桶刷子再刷洗一遍。这种刷子一尺多长,用竹子劈成细条扎成,南浔方言称之为"马桶甩(音hua)洗"。如果主妇抱怨,农妇会忙不迭地赔不是,保证明天一定洗刷得更干净,因为怕失去一个粪源。我家自然也备有马桶甩洗,但母亲用的次数不多。南浔人在指责别人或自己孩子满口脏话时,会骂一句重话:"嘴巴要拿马桶甩洗刷刷了!"

对农家来说，粪源就是肥源、财源，特别是承包马桶，更是固定的日常粪源，必须确保。按惯例，四时八节，农户都要给马桶主人家送时鲜蔬菜和自制食品，过年前送得更多，一般有新米、糯米、鸡蛋、鸡、肉等。农户自给自足，送的东西都是自己种的或自家地上长的。如有的农家有片竹子，会送春笋冬笋；有的农民会捕鱼抓虾，会送鱼虾。自制食品一般会有薰豆（毛豆煮熟后在炭火上烘干）、风消（糯米饭摊在烧热的铁锅上用铲子压成薄片烘干）、年糕、粽子、炒米粉等。礼物的多寡虽与农户的能力及双方的亲疏程度有关，主要还取决于粪源的数量和质量：人口多的人家不止一个马桶，量大；成年男性多，马桶中粪的含量高。以承包马桶为基础，双方往往会建立更加密切的关系。农户为巩固粪源，防止他人争夺，会尽力讨好主人。主人也会有求于农户，如家里有婚丧喜事要采购食品，到乡下上坟时找个歇脚地，孩子要雇奶妈或寄养，临时找个佣人或短工，出门搭航船，都得找熟悉的乡下人帮忙。而来家倒马桶的人天天见面，联系方便，又信得过，往往认了干亲，相互以"干娘""过房女儿"相称，结成比一般亲戚还密切的关系。

当地习俗，男人除了使用外不能接触马桶，否则于本人及家庭都不吉利，拎马桶、倒马桶、洗马桶都是双方女人的事。承包马桶的农户一般离镇不远，都用粪桶将收集到的粪便挑回去，集中在自家的粪缸中。大多是由女人将空粪桶挑到承包户附近较隐蔽处，倒完马桶后由家里男人来将粪担挑走，也有女人自己挑回去的。有的农户承包的马桶多，或者路远，会搭航船回家，将装满粪便的粪桶挑到船上，放在后梢。为了不招致镇上人讨厌，倒马桶的人一般都起得很早，挑粪的人也尽量走偏僻的小路或弄堂。偶然见到直接将粪便装在船舱里的粪船，那是运公共厕所或学校等单位里厕所的，当然也需要预先订购。

不过到我离开南浔前一两年，镇上有了"清管所"（清洁管理所的简称），并且出现了由清管所工人推着的统一式样的粪车，上门倒马桶的农妇消失了，居民自己将马桶倒入粪车或新建的公共厕所内。我父母在1954年就去上海谋生，我们姐弟虽还住在家里，却是由外婆来照料的，我已记不得来我家倒马桶的人什么时候开始不来了。现在想来，这大概是农业合作化的结果，粪源归集体了，农户自然不能再个别承包倒马桶。种田开始用"肥田粉"（化肥），粪肥独秀的格局改变了。

1956年我也到了上海，随父母住在闸北棚户区的一个小阁楼上。每天早上都会听到马桶车轧过弹硌路的声音，大弄堂里会传来"马桶拎出来"的喊声，母亲会随着邻居将马桶拎出来倒入粪车,然后在给水站(公用自来水龙头)旁洗刷马桶。有人在马桶中放一些毛蚶壳以便刷得更干净,于是传来特别响亮的刷马桶声。1957年我家搬到共和新路141弄,住在弄堂底,马桶车进不来,后来建的倒粪便站也在弄堂口,加上母亲早上要上班,只能将倒马桶包给一位大家称为"大舅妈"的中年妇女,每月付费1元。一次母亲与南浔的亲戚谈及,他们觉得不可思议,家里的马桶给她倒,非但得不到好处,还要倒贴钱,"难道收粪的不给她好处?上海人真门槛精!"

在南浔时,亲友和同学中没有大户人家,住房都不大,大多没有"马桶间",马桶就放在卧室一角或蚊帐后面。我们从小被教的规矩是,到别人家里去时不要喝茶,尽量不要用马桶,特别是女孩子。只有过年可以例外,因为南浔过年待客时要上甜茶(放风消和糖)、咸茶(放薰豆、丁香萝卜干和芝麻),不喝是失礼的。有时小孩喝不完,大人会帮他喝光。但到乡下去就没有这样的限制,因为农家都欢迎使用家里的马桶,送肥上门。不用说亲友上门,就是路过的陌生人,无论男女老幼,只要说是"借你家解个手",或"急煞了",主人马上会将其延至马桶前。有的农妇还会热情介绍:"这只马桶刚刚刷得清清爽爽","汰手水搭你放好了"。草纸当然会放在马桶旁。如果主人家正好有空,还会泡上茶留来客休息一会儿。如来客喝了茶,又及时转化为小便,那就上上大吉,主人一定会更热情地招待。就算家中没有人,只要门没有关上,过路人也可以堂而皇之进屋使用马桶,主人回来绝不会怪罪。

为了广开粪源,乡村的路旁不时可见掩埋着的大粪缸,缸口高于地面,缸缘铺上一块木板,供过路人蹲在上面方便。有的还在上面盖上简易的稻草顶,为使用者遮阳挡雨;木板前方横一根竹木把手,以减轻使用者久蹲的疲劳,并便于结束后起立。但这类简易厕所总不会全部封闭,大多全无遮挡,使用者在内急时也顾不得那么多,所以我们在乡间行走时,会不时从蹲客后面看到半个屁股,或者见到撅起的屁股正在完成最后的动作,早已见怪不怪。我们男孩小便时自然不愿站到粪缸上闻臭,就随便在路边田头找个地方。要是给农妇看见,一定立即制止,并热情邀请:"小把戏,乖,到这里来撒!"或者说:"我这里有豆,撒好后拿一把吃吃。"如果有自己的孩子与我们在一起,必定招来怒骂:"个青头硬鬼(音举),笨得勿转弯,还勿快点叫两个小把戏撒在自己田里!"

路旁随处可见的大粪缸固然是农家上好肥源,可换来满仓粮食,但也给路人与乡村本身带来很大麻烦。一是臭气熏天,因为粪缸都是敞开的,最多在上面盖一层稻草。特别是夏天,在骄阳下粪缸中的水分与臭气一起蒸腾,掩鼻而过也受不了。一是不安全,走夜路的人不小心跌入粪缸的事时有所闻。暴雨后粪水横流,农民在河里洗粪桶,造成河水污染,而农民为节省柴草,夏天一般都喝生水,用冷水淘饭。粪缸上苍蝇成堆,农民家中也满桌满灶。这样的生活条件和习惯使得传染病易于流传,病人又得不到及时防治,常有农民不明不白"生瘟病"死掉。幼时常看到一群人抬着病人从乡下赶往医院,有时跟着去看热闹,不久就听到哭声震天,抬出来的已是一具尸体。

到上海后常在暑假回南浔,再到乡下走走,见露天粪缸逐渐消失,代之以公共厕所。镇上居民用上了自来水,有了集中处理粪便的水冲厕所,已有人家用抽水马桶。尽管镇上人家的马桶还沿用了很久,但农户承包倒马桶从此成为历史陈迹,只有我们这一代人还保留在记忆之中。

原载腾讯网《大家》专栏,2016年3月22日。

青春无奈

我在市北的不幸与大幸

我和大家一起于1960年9月考进市北中学,但直到1964年7月才毕业离校。从当年9月起我又作为上海市教育学院师资培训班的学员分配到市北实习,至1965年7月期满,前后共有五年时间。

我在市北经历了人生中一大不幸——在1962年5月一次体检中查出我患了浸润型肺结核,医嘱立即休学三个月。本以为到9月开学时可以复学,岂料病情依旧,一次次复查,一次次三个月的病休。眼看回原班无望,只能作转入下一年级的打算,谁知1963年8月拿到的复查报告上还是病休三个月。由于市北实行学制改革,这是三年制高中的最后一届,如果再不能复学,就必须转学,因此我先向医生力争,终于在11月拿到了可以复学的证明,又向学校争取到试读高三(因我高二的课还差两个月和大考成绩),转入64级的5班。但更大的打击发生在1964年5月,毕业体检的结论是我的肺病尚未痊愈,不符合参加高考的条件。

我在进高中后就确定了高考志愿,选定的目标是北京大学古典文献专业。我的课余时间几乎全部用于阅读文史古籍,以文言文写作,参加青年宫举办的书法班,向校外的老师求教,尝试编纂历史工具书。原本信心十足,志在必得,结果却连进考场的资格也没有。

遭遇如此不幸而有今天,我得感谢命运的另一方面——我在市北的大幸。

我遇到了一批尽责、高明而体贴学生的老师。

班主任瞿佩荃老师一心一意督促学生努力学习,午间也经常到教室里来,见到同学们在做作业、看书就笑逐颜开。但一见有同学在打牌就面露不悦,委婉而坚定地劝阻:"中午玩玩也不是不可以,不过,其他同学都在做功课,你们打牌会影响他们的。"她是教化学的,但对我这个化学成绩一般的学生在其他方面的努力,同样格外关心。她在得知学校图书馆中找不到我需要查的书籍后,主动帮我向她的父亲——华东师范大学的教授咨询。

语文老师陈砚田、田楚明对我关心备至。当时校图书馆只办理学生的集体借阅,有些书只供教师使用,阅览室也只对教师开放,但田老师以她的名义帮我借书,以后又与历史老师毛仁村老师一起为我争取到使用阅览室和外借教师用书的特权。《资治通鉴》、前四史及一些文学古籍就是我在市北期间利用这样的特权借出来通读的。我在病休期间,白天经常是在阅览室中度过的,以至与有的青年教师成了过从密切的朋友。

毛仁村老师不仅为我课外阅读开方便之门,而且允许我在历史课做其他作业,看其他书,只要不影响别人就行。她说:"课上讲的内容你不必学了,只要参加考试就可以。"有一次我与同桌的金宗伟一直在小声讲话,不知不觉声音响了,她走到我桌旁,俯身附在我耳旁说:"轻点。"

英语老师赵汉文见我对英语有兴趣,给了我不少机会,让我在班上教唱英语歌曲,参加课余英语兴趣组。记得是由金峰老师辅导,用的是灵格风情景对话教材。还排了英语短剧《东郭先生和狼》(*Master Dongguo and the Wolf*),由我演东郭先生,蔡端演狼。后来蔡端请病假,没有排下去。我的英语是高一时从 abc 学起的,以前从未接触过,家中也没有任何人懂英语,但由于赵老师给我们打下了扎实的基础,我在病休期间自学了高三教材。我复学后到新班级不久,就是英语期中考试,试卷发下后几分钟我就交了卷,同学们都以为我这个插班生交了白卷。知道底细的姚洵闻老师却笑着说:"为什么不再看看? 不想拿满分吗?"1965 年,我到古田中学工作后报考上海外语学院夜校部,直接分入二年级,而多数教育学院英语专语毕业的青年教师分在了一年级。

市北期间的政治活动、学习、下厂劳动等要求严格,但我们并不感到有什么压力,反而学得很轻松。每当大考前停课复习,满足自己兴趣的机会来了,我照例是在上海图书馆、博物馆、福州路的各个书店中度过的,根本没有专门复习过,但数理化等课我也能得 4 分。我英语学得很好,却从来没有得过满分,老师也没有这样要求我。

当得知我仍不能报考大学时,沮丧之余我还是在家自学等待机会。此时班主任余邦贻老师劝我报名上海教育学院的师资培训班,他说:"当社会青年会把自己毁了,还不如先工作,今后还会有上大学的机会。"我本想选教语文,他却劝我选英语:"你英语基础好,教起来很轻松,会有更多自学时间。教语文每周要批两个班级的作文,工作量很大。"

后来,我前后两个班级的同学在"文革"期间大多被分配到外地、农场、部队,经历了诸多磨难,我却一直留在上海当中学教师,有一份工资,"文革"中也能以"支援世界革命""批林批孔""评法反儒"的名义学英语,看古籍,看内部书,还能为同学联络、聚会提供条件,实在是因祸得福。

"文革"结束后,我于1977年被评为上海市教育战线先进工作者。能当上一个还算称职的教师,还是在市北期间老师们言传身教的结果。同年底作为闸北区中学教师的代表,我当选为上海市人大代表。恢复高考时,我去报名,因超龄未被允许。不久开招研究生,强调"不拘一格",学历、年龄均无限制,我无知无畏,报考复旦大学历史系谭其骧教授的研究生,考试成绩居然为全系第一、全校前列。1983年9月,我获得历史学博士学位,成为全国文科首批二人之一。饮水思源,我立即给母校写了一封信,表达我对老师们的衷心感谢。

这场肺病也给了我深刻的教训,从此我开始重视体育和健身,1967年学会游泳,坚持至今,保持着一次能游1 600米的水准。得益于此,我身体健康,精力充沛,到过国内各省区市(包括香港、澳门、台湾)和七大洲数十个国家,包括南极、北极、西藏阿里、撒哈拉沙漠、东非大裂谷、兴都库什山、开伯尔山口等地,还在海拔四五千米处露营骑过马。

我们都有幸在进入中年前遇到了改革开放,我大概属最幸运的一批。这三十多年的人生已经远远超出了我在市北期间的梦想,但我永远不会忘记,使我遇到的不幸能转化为大幸的,是市北中学的老师们。

本文写作于2015年7月,原载内部资料集《人生从市北起步——六十年代校友市北中学百年校庆征文集》。

偶涉经典亦受益无穷

幼时家贫,连学费都经常交不出,哪来钱买书?但不知什么原因,我很喜爱古典诗词,偶然在哪里看到,不管是其他人的课本,还是旧书、报纸,我都会多读几遍。那时记性不错,有时一首诗词就背下来了,至少能将其中我认为好的句子记住。不过,那些诗词是什么意思,往往连一知半解都没有。后来得到一本已经散了架的石印本《唐诗三百首》,这成了我的常用课本。时间久了,除了几首长的古风外,其他的诗大多读熟了,内容也大致明白了,或者猜出来了。我逐渐发现了一个问题,那些诗用我家乡浙江吴兴县南浔镇的方言念基本押韵,用上海话读稍差些,而用普通话读就不一定押韵。初中时在工厂劳动,一位老职员与我闲聊,不知怎么谈到了古诗用方言念才押韵。他问我什么原因,我说大概是因为诗人是南方人吧?他反问:"那么要是诗人是北方人呢?"我不知所以然,就说:"说不定古时候人讲话都与今天南方人差不多。"他说,以前有专门讲诗词格律的书,也有专门查韵目的书,可以找来看看。

到读高中时,口袋里偶尔会有几毛钱,我就到书店去看看。有一次,我发现有一本小册子《诗词格律》,是王力所著。那时已知道王力是大学者,就毫不犹豫地买了。高二时病休了一年半,这本小册子翻来覆去不知看过多少遍,内容已相当熟悉。知道王力还有更专门的《汉语诗律学》和《汉语音韵学》,但那是绝对买不起的,图书馆也借不到,真是可望而不可即。1964年9月,我被安排到教育学院的师资培训班,每月有二十几元助学金。拿到第一笔钱后,我就到宝山路新华书店买了王力的《古代汉语》,但买不到《汉语诗律学》。过了两天,我专门去了一次福州路,在古籍书店中买到了。《汉语诗律学》其实我也没有全看懂,读过这本书后,再读古诗,就有了一些自己的标准。不到一年,阶级斗争的弦越绷越紧,社会主义教育运动、批判资产阶级思想持续不断,吓得我不敢再看这些书。到了"文革"时期,放在学校的《汉语诗律学》等书不知所终,只有《诗词格律》等小册子幸存下来。

从那时开始,我再也没有认真读过古典诗词,全部有关的记忆和知识,都是之前积累下来的,那本《诗词格律》和《汉语诗律学》实在使我获益匪浅,尽管我连一知半解都够不上。

最近我又在上海世纪出版集团的新书目中见到这本书,并且还有其他早就向往却没有机会读的书。要是当初就能读到这些书该有多好!一定会像读《汉语诗律学》一样有收获。来者可追,我愿将它们推荐给年轻的朋友。

本文写作于 2002 年 5 月。

时代性的人性扭曲

——特殊年代中的双重人格现象

三十多年过去了,经历过"文化大革命"的人大概不一定能记清楚自己是怎样度过这十年的了。但有一点肯定不会忘记,无论他曾经是红卫兵、造反派、工宣队("工人毛泽东思想宣传队"的简称),还是走资派("党内走资本主义道路的当权派"的简称)、保守派、逍遥派,无论是烜赫一时的风云人物,还是被批倒斗臭的"牛鬼蛇神",谁也没有未说过假话,或者未做过违心的事。一个八亿人口的大国,几乎人人都要说自己愿意或不愿意说的假话,做自己想做或不想做的违心事,在人类历史上是罕见的。这却是中国 20 世纪一个时期的现实,正视这一现象,记取由此引发的教训,是这一代人义不容辞的责任。

时代性的人性扭曲

首先,应该承认,很多今天看来是地地道道的假话,当年绝大多数人是当作真话来说的;很多今天看来是愚不可及的蠢事、害人害己的错事,当年大家却是当作好事来做的。在"文革"前期尤其如此。对自己所不理解的、闻所未闻或者肯定是错误的事情,一般都认为只是暂时的、局部的现象,是没有按照毛主席的指示办的结果,甚至认为只是自己的资产阶级世界观没有改造好的偏见。

如果说以往的运动多少还有一定的范围,还有一定的思想色彩的话,"文化大革命"的范围可以说是没有任何限制,所以整个中国已经很难有世外桃源了。各个阶级、阶层、利益集团、社会团体都受到过不同程度的伤害或打击,实际上,几乎没有人能够完全自由地存在于运动之外。可是亿万人却如醉如痴,以疯狂的热情投身于这场"大革命"。我有一位在中学当教师的朋友,在运动一开始就被学校党支部定为"左派",参加"核心组"[①],参与揪出了一批"牛鬼蛇神"。但几天后,他被一批反对党支部的学生作为"黑帮"揪出。于是他白天和自己揪出的"牛鬼蛇神"们一起劳动改造,接受批斗和打骂,晚上却和核心组成员一起商议明天如何批斗"牛鬼蛇神"(实际上少不了他自己),如何将运动引向深入。尽管其他人未必像他这样典型,但集"革命的动力"与"革命的对象"于一身却是普遍现象。从这一意义上说,人人都在扮演着双重角色,具有双重人格。

双重人格并不是"文革"的产物,在中国已有悠久的历史;双重人格也不是中国的特产,西方、东方哪一个国家都不能说没有。但普及到如此程度,却非中国的"文革"时期莫属。

儒家的修身养性,本来是为了激发和培植正常的人性,限制和克服非人性、动物性。这一过程虽然不无困难和痛苦,但多数人能够接受。目标虽然高尚,要求虽然严格,也没有离开人的基本需求。但以后要求越提越高,完全脱离了人性,就成了虚伪的教条。如果人们有选择的自由,当然可以不理睬这些教条,保持自己的天性。不幸的是,当儒家理论特别是主张"存天理,灭人欲"的理学成为钦定的行动规范之后,人性就不再有合法存在的余地,人们不得不接受实际上根本做不到的标准作为行动的准则,以虚伪、作假来应付外界的压力。例如,孝本是人类的天性,尊老敬亲自然是一种美德。但儒家提倡的孝道逐渐演变出种种不近人情的残酷规定,甚至强迫人们像"二十四孝"那样作出毫无意义的牺牲。在无法公开反对这种孝道的情况下,形形色色的假孝行为、假孝言论应运而生,所以在孝的方面也出现了双重人格,一方面是对亲人的真实感情,另一方面则是对礼教的应付。真正孝父母的行为往往会违背"孝道",而对父母虚待的人却能把孝的礼教表演得有声有色。

在错误路线的引导下,本来正确的理论和口号在中国越来越走向片面和极端,成为脱离实际、违背人性的空洞口号和深奥莫测的教条。以所谓的"马克思主义理论"为基础的路线、方针、政策当然既不符合中国的国情,也不能为民众所理解。但只要打出革命的旗号,假借出自党的领袖之口,它们就会取得绝对正确的地位,"理解的要执行,不理解的也要执行"。可是常识和良心又使人们不能不产生疑问,在执

---

① 上海的中学在"文革"初一般都成立由党支部书记领导的"核心组",成员包括学校党、政、工、团负责人和被确定为"左派"的教师。该组一般每天开会,分析动态,贯彻支部的意图。随着运动的进展,其成员不断调整变化。

行中也免不了会有所犹豫,结果只能说假话,做违心事。同样,根据这种假马克思主义树立或培养起来的"样板",对一般人来说都已是高不可攀的偶像。他们的行为不但无法叫人学习,甚至是不可思议的。可是"忠不忠,看行动",学不学是要不要革命的具体表现,于是只能无休止地"斗私(心)批修(正主义)",直到"狠斗私字一闪念",不断地说着批判自己的假话,重复着一个接着一个的学习、批判、斗争的运动。

泛政治化的是非标准

其次,是将政治标准和阶级分析绝对化和无限扩大。政治扩展到一切领域,成为判别是非善恶的唯一标准,世间万物只剩下革命与反革命两种类型。个人的判断能力和思想感情不仅必须完全服从政治,还得随着政治的变化而转变。议论苏联红军在东北掠夺物资就是"反苏",够得上定为右派分子,因为那时政治上要"一边倒",苏联是"老大哥"。到了反修斗争时,谁要说苏联或苏联专家的好话就成了"美化苏修",也是不小的罪名。当林彪出任"副统帅"时,谁要说他尊容欠佳,怀疑他体弱有病,就是"炮打无产阶级司令部"的现行反革命;一旦林彪出了事,连平型关战役的评价也成了问题。阶级性完全取代了人性,同样一件事,对不同的阶级就一定要作不同的价值判断。无产阶级讲卫生是爱国,资产阶级爱清洁就是腐朽的生活方式。贫农的儿子学习努力是为革命而学,地主的女儿成绩优秀肯定是出于复辟目的,是地主阶级企图利用文化来夺回他们失去的天堂。既然对一切事物都要用阶级分析,阶级敌人自然就不会有人性,也必定会搞破坏活动,所以凶恶的地主是"黄世仁",和善的地主就是"笑面虎",并且更有欺骗性。"阶级敌人"劳动不认真自然是对抗,干得卖力也必定是在制造假象,伺机反扑;要是自杀了,就更是负隅顽抗,死不改悔,自绝于人民。按照这样的逻辑,一个人只要成了"阶级敌人",就不可能有任何优点和长处,就得与他彻底划清界限,即使是夫妻、父子、师生、上下级、朋友。这样的政治标准和阶级分析,不用说小民百姓,就是高层官员也是无法掌握的,只要稍有人性就会划不清界线,非得具备双重人格不可。

被封杀的信息传媒

再者,是对信息的严格控制和对外部世界的片面宣传,致使人们完全不了解真相,不可能识破假话,反而虔诚地信奉假话,相信谎话。在"文化大革命"的高潮中,我们看到的、听到的都是世界人民如何拥护中国的"文化大革命",如何与本国的"帝修反"作斗争,自然更增添了几分狂热。

在"三年自然灾害"期间,我听过一个形势报告传达,那位市里的领导干部在报告中举了一个例子:一个苏联歌舞团到某食品厂参观,一走进生产午餐肉罐头的车间,人人都做深呼吸,因为他们已经很久没有吃到肉了。工厂送给他们肉罐头,团长以"歌唱演员不宜多吃脂肪"为由予以谢绝,这时有团员报告说:"我是吹号的,没有关系。"我们听后立即感到极大的满足和自豪:我们虽然有困难,每个月还能配给几两肉,而苏修国内却连肉味道也闻不到,社会主义与修正主义究竟谁胜谁负不是很清楚吗?

上海一位经常接待外宾的老太太在回答瑞典客人的问题时,可谓活学活用。瑞典人问她新中国成立前的生活如何,她毫不犹豫地回答:"还不是和你们现在一样嘛!"客人闻言大吃一惊,想不到中国劳动人民在新中国成立前的生活水平如此之高。陪同的领导自然十分尴尬,对这位基层干部大为恼火。对客人的困惑和领导的不满,老太太却理直气壮:"你们不是说客人来自资本主义国家,是属于还没有得到解放的'三分之二'吗?"她根本不会想到自己说了假话或谎话。

"一个指头"和"九个指头"

自从"一个指头"和"九个指头"的理论出现后,个人的独立判断能力和说真话的可能性不复存在了。尽管这一理论用现象和本质的哲学观点可以得到圆满的解释,但在实际运用时却成了隐瞒真相、文过饰非、混淆是非、随心所欲的手段。即使是省长、部长,能够听到见到的都只是"一个指头",不可能是"九个指头",知道得再多也只是现象,而不是本质,更不用说一般干部和普通百姓了。在历次运动的锻炼下,大家都已学会了这简单不过的算术:对八亿人口来说,八千万人也不过是一个手指。要说"三年自然灾害"期间有人饿死,"文化大革命"中武斗死了人,历次运动抓了人、斗了人、枪毙了人,难道会超过八千万吗?岂不是"一个指头"而已?永远不会是本质问题。

更何况典型和样板取之不尽、用之不竭,随时可以用来证明"九个指头"的存在,尽管这类典型和样板的调查材料按惯例是不会有数量分析的,却可以用来代表本质。万一有人提出数量太少,也只是暴露他们自己没有站在革命的立场,因为新生事物一开始总是少数,本质的东西不一定有数量上的多数,真理有时在少数人的手里。你说粮食亩产不可能有一万斤,报上明明登着某地产量已破十万斤,不但有照片为证,还有科学家的论证。你说"文化大革命"影响了生产,卫星上天、氢弹爆炸、长江大桥通车难道是假的吗？你说学生不读书,质量太低,请看几个优秀学生的水平,证明现在学生的质量早已超过了"文革"以前的17年。意大利摄影家安东尼奥尼的纪录片尽管都是实录,但还是暴露了他的反动立场:为什么放着中国制造的万吨巨轮不拍,却要拍黄浦江中的小木船呢？为什么对我们已经准备好的典型人物不感兴趣,却非要自己选择拍摄对象呢？

不过,想要转变立场也不是那么容易的,因为你要知道"九个手指"的真相,要理解"本质"究竟是什么,唯一的来源就是官方的数字,而这些数字或者根本没有,或者与事实有惊人的差距。我曾经在上海北火车站附近亲眼看到安徽饥民不顾一切地将抢来的大饼、油条塞进嘴里,但被告知他们都是不接受改造的地主。我从亲戚和教师那里得知安徽饿死了不少人,却断定这只是"一个手指"。直到80年代初参加撰写《中国人口》丛书,才从国家统计局获悉,"三年自然灾害"期间的非正常死亡人数是1 800万。

正因为如此,人们经常怀疑自己的阶级立场和思想方法:为什么不像劳动人民那样自觉地讴歌莺歌燕舞的大好形势,却会和阶级敌人一样与新生事物格格不入,指责革命事业这也不行、那也不是？由此得到的教训只能是:自己的所见所闻都是"一个指头"和"现象",都不能当真,而自己无法看到的才是"九个指头",是"本质"。例如,林彪的病态只是"现象",是"一个指头",他身体健康并且永远健康才是"本质",是"九个指头",因为当时宣称:据医生彻底检查,他全身的器官没有任何毛病,预计能活过一百岁。这样的"本质"和"九个指头",除了有资格宣布这个"特大喜讯"的人以外,一般人就是无产阶级觉悟再高也是永远看不到的,自然只有深信不疑的份了。如果再有丝毫怀疑,必定是资产阶级世界观没有改造好,以至立场不稳的表现。

不要以为笔者的精神不正常,这正是当年自我检查的模式,也是批判别人的手段。

无法无天的社会运转体系

到了欺骗和诡辩都无济于事时,要使人们自觉地说假话,保持双重人格,就只能依靠暴力的镇压,使用"无产阶级专政的铁拳"。随着"文化大革命"的深入,被打击的对象数量迅速增加。政策急剧变换,新旧矛盾暴露,特别是在林彪事件以后,人们的信念已经大大动摇。到了"文革"后期,大概很少有人完全说真话了。"两个人说真话,三个人说假话,四个人说笑话"的民谣,生动地说明了不同场合下说话的性质。所不同的是,以往是不自觉地说,是不知道自己说的是假话;此时则是明知假话而说之,自觉地说好假话。原因也很简单,"无产阶级专政"的威力已经无所不在,可以随心所欲地运用了。

早在50年代,对"胡风反革命集团"的批判已经开了公布私人信件的恶例。到了"文革"期间,个人隐私已荡然无存。书信、日记自然是白纸黑字,铁证如山;就是"臭老婆""狗崽子"在严刑逼供和"划清界线"的诱惑下作的"揭发"也是百分之百的定案证据。说真话的空间既然近乎消失,不说假话又怎么能生存?

保持沉默的权利也已被取消,假话说得不到位就有"假革命"之嫌,不说假话自然与反革命无异。反右运动中出现一声不响的右派、没有贴过一张大字报的右派,就不是什么新鲜事。平时规规矩矩做事、遇事谨小慎微、能不说话就不说话的人,在"文革"中完全可能被当成隐蔽得巧妙、埋藏得很深的阶级敌人来"深挖细查"。何况天网恢恢,疏而不漏,"无产阶级专政"已经深入街道、家庭、穷乡僻壤、闲散人员群体、教堂寺庙、少数民族地区、港澳地区、驻外机构等,要寻找能够保持沉默的场所谈何容易?

"文革"期间,甚至死的权利也被剥夺了。谁都知道,自杀就是"自绝于人民""叛党",就是"死不改悔""顽抗到底",不仅再也没有翻案或昭雪的机会,还会祸延家属子孙。我问过一些在"文革"中备受迫害的老知识分子,是否动过自杀的念头,不少人的回答是想自杀而不敢。一位全家都受到隔离或批斗的教师说,当时他们相互传递的信息就是千万别自杀。这就是青年钢琴家顾圣婴与母亲、弟弟(父亲早已入狱)一起开煤气自杀的惨剧的根源——他们只能选择全家一起死,才不至于连累家里其他人。

如果说对刑事犯的惩处多少还有点尺度的话，那么对言论和思想犯的打击就完全可以随心所欲，根据革命形势的需要。今天只是批斗了事的人，明天可能会被判处死刑，立即执行。一次次的案例讨论和一批批"现行反革命"的处决，自然吓得人们用他们的"罪行"来检点自己的言行。

双重人格的普遍化在"文化大革命"中达到高潮，同时也为"文化大革命"推波助澜，使"文革"流毒加深，时间延长。双重人格的悲剧意义并不限于"文革"，对中国人的毒害也不限于政治生活。"文化大革命"过去后，人们常用"心有余悸"或"心有预悸"来形容一些人的行为。长期的双重人格造成这样一种现象：即使没有任何威胁存在，他的心也会悸，并且不知道这是心悸。

我想起一个完全真实的例子：先师谭其骧先生在80年代中期收到他一位学生的几封来信，几乎是同一格式，这位年近七十的研究员用开头一段话歌颂党中央领导下的大好形势，用第二段话歌颂社（九三学社，谭先生和他都是九三学社成员）中央的正确领导，第三段话是赞扬在老师领导下科研项目取得的成绩，再表明自己积极参加的态度，信写了一半以上才转入正题，最后还免不了几句套话。值得注意的是，这是一位正在抱病工作的非常严谨而踏实的学者，谭先生是他四十年来的老师，当时对他并不存在什么政治上的压力。

三十多年了，我们告别双重人格的时代了吗？

　　　　本文写作于1996年5月，"无产阶级文化大革命"发生三十周年将到时。

殉葬品和掘墓人:"文革"期间的中学教师

20年前,为了纪念"文革"结束十周年,某出版社约我写两篇文章,其中之一,就是这篇讲"文革"期间的中学教师的。因为我从1964年当实习教师,1965年正式当中学教师,整个"文化大革命"期间都在中学工作,直到1978年考上研究生才离开。虽然这不是回忆录,但其中所举事例全部是我亲身见闻。因种种原因,此文一直没有发表,现《历史学家茶座》①开张,就以此文会会茶友。

毕竟是20年前的旧文,校阅一遍后发现有些说法已不同于我今天的文笔。但我觉得还是不改为宜,以保存一段20年前的历史。当时去"文革"未远,亲历者尚多,文中所用"文革"语词都还熟悉。考虑到今天的读者会不知所云,或者产生误解,交稿前又加了一些注。对比我年长的人来说,无异画蛇添足,自然不必浪费时间。

平心而论,"文革"前的中学教师只能算是知识分子中的下层。一、二级教师即使在市重点中学中也是屈指可数的,在普通中学和新办中学中,连三、四级教师也是寥若晨星,能享受高级知识分子待遇的人是极个别的。教师的工资最低不到40元,而以五六十元居多,八十以上已属高薪。有的学校虽有"统战对象",大多也是民主党派的一般成员,三年困难时期还领不到"黄豆票"②。令人羡慕的寒暑假已经越来越多地被"社教学习""学大庆""小四清"和下乡劳动等所占用。唯一的"政治待遇"

---

① 《历史学家茶座》,山东人民出版社2005年开始出版的系列图书。——编辑注
② "三年自然灾害"期间,因粮食和副食品供应极其紧缺,并且都要凭票,对高级知识分子和民主党派负责人等统战对象发给可购买副食品或在指定地方就餐的票证。其中最低等级的是每月可凭票购买两斤黄豆。

是可以看《参考消息》①和若干"内部书"（如溥仪《我的前半生》）；当然，听文件时能享受干部待遇，但付出的代价是任何运动中也逃不了干部"待遇"。不过，中学教师们甘于淡泊，习以为常了，很少有人想另谋高就。加上对"资产阶级思想""白专道路""成名成家"越来越严厉的批判，以"专家""教授"为奋斗目标的人即使还有，也只是凤毛麟角，而且也不便公开表白了。

但是，谁也没有想到，随着"横扫一切牛鬼蛇神"一声号令，中学教师一夜之间被抛到了"斗争对象"的最前列，成了知识分子中受冲击迫害最严重的一部分。这倒并不是哪一位领导或哪一条路线作出的决定，也从未见诸哪一号红头文件，而是他们的学生——这批被狂热的个人崇拜和"造反精神"煽动起来的、似懂非懂的"革命小将"②，决定了他们的厄运已在劫难逃。

1966年6月初，紧接着北大聂元梓等人"全国第一张马列主义大字报"和《人民日报》社论《横扫一切牛鬼蛇神》《触及人们灵魂的大革命》的发表，各中学党支部得到上级紧急部署，立即发动全体师生响应中央号召，用大字报揭露一切反党反社会主义反毛泽东思想的言行，横扫一切牛鬼蛇神。各中学领导和教师还被要求"触及灵魂"。各校连夜召集干部和积极分子作准备，目标自然指向一些平时落后以及用当时的观点看来"问题严重"的教师。但是由于报纸已经公开树立了斗"黑帮"③的样板，又接二连三地发表煽动性的评论、报道，这些部署很快被中学生打乱了。

中学生年龄在十二三岁至十七八岁之间，年龄最大的也没有形成稳定成熟的思想，年龄小的更没有摆脱嬉闹的童趣。但在多年延续的"左"的思想的教育下，对"千万不要忘记阶级斗争""反修防修"已经有了很深的印象，耳濡目染，已习惯于把一般的错误缺点当作资产阶级思想、修正主义言论，把有这些错误缺点的人当作"妄图复辟资本主义，使国家改变颜色"的阶级敌人。对领袖的崇拜又使他们绝对听从报纸上的一切号召，追随首都发生的一切"革命行动"。好奇心驱使他们不顾具体条件地模仿他们认为革命的举动，狂热性使他们不闹个天翻地覆决不罢休，青少年免不了

---

① 当时规定17级以上干部方可订阅《参考消息》，中学教师可以集体订阅，集中保管在学校。曾经有人因在公共场所看《参考消息》或带回家中而被定为"泄漏党和国家机密"，受到处分。"文革"期间的大字报中也不乏揭发此类罪行。

② "革命小将"开始时是指红卫兵，稍后即泛指全体学生。或简称"小将"。学生也以此自称。但对小学生一般称"红小兵"。

③ "黑帮"泛指反党反社会主义分子、反革命修正主义分子、走资本主义道路的当权派、资产阶级学术权威。首先在北京使用，迅速扩大到全国。

的幼稚顽皮又往往使他们以恶作剧和破坏为乐事,于是高年级的学生急于像聂元梓那样揪出一个本校的"三家村"①,把党支部书记或校长搞成黑帮。有的则要学姚文元、戚本禹,批倒批臭某一本名著、某一位大人物。低年级学生则大多热衷于用大字报"横扫一切牛鬼蛇神"。至于"牛鬼蛇神"的标准,当然是出于他们自己的理解和与教师关系的好恶。在大同学的影响下,他们也越来越注意"上纲上线"。

大字报以几何数级的速度增加,铺天盖地而来。虽然"揭发"的内容大多是鸡毛蒜皮的普通现象,但帽子都大得吓人,凡是点到名的都是"牛鬼蛇神",而学校中除了工勤人员以及不大接触学生的部分职员外,很少有人幸免。

首当其冲的是学校领导、政治教师和班主任。由于长期的"突出政治"教育,学生对领导报告和政治课都作详细记录,随着政治气候的变化,在这些记录中自然可以找到很多与现行理论和政策不一致的内容,或者对成了黑帮的前领导人的赞扬语句等,这些都成了"揭发批判"的重磅炸弹。班主任大多事无巨细都要管,对学生也会有很多具体要求,如今都成了"资产阶级统治我们学校"的"罪行"。这些大字报的内容今天看来令人啼笑皆非,例如:"你在政治课上说人人都会犯错误,伟大人物也难免。难道毛主席也会犯错误吗?这是明目张胆地反对毛主席,罪该万死!""×××在会上讲彭真和苏修作斗争,是为黑帮涂脂抹粉,是黑帮的走狗。""你老是要我们好好读书,为什么不要我们学《毛选》?这不是反对毛泽东思想吗?""××是工人子弟,你却让他留级,这是资产阶级对工人阶级的迫害。""你鼓励××考大学,还替他个别辅导,这是引导他走白专道路,培养修正主义苗子。"

其他教师也少不了这样的大字报:"你在第一课就大讲化学的重要,难道毛泽东思想不重要吗?""你为什么在课上教 Miss、Mrs 这些词?我们社会主义国家还有小姐、太太吗?你是想复辟资本主义!""电影《怒潮》是一株大毒草,你为什么要教里面的插曲?这是毒害青少年的滔天罪行!""图书馆里的《燕山夜话》为什么还不烧掉?你还想留着放毒吗?"至于教师工作中的疏忽或缺点,更给学生提供了发泄的机会:"你对我们工人子女为什么这样凶?这是什么立场?你还要同学滚出去,你要工人子女滚出去,想让资产阶级子女进来吗?""你上次听报告时坐在下面打瞌睡,说明你反对无产阶级政治,反对毛泽东思想。"平时衣着端正的教师被称为"资产阶级老爷"

---

① "三家村"原指北京的邓拓、吴晗和廖沫沙三人,因合写的《三家村札记》被定为"反革命大毒草"而得名。后泛指一切由三人或多人组成的反革命集团。

"少奶奶",头发抹油的被指为"阿飞""小开"①,穿过西装的就是"洋奴",家庭出身或历史问题已经公开的则分门别类冠以"地主阶级的孝子贤孙""国民党特务""老右派""吸血鬼"。青少年丰富的想象力不幸被运用于政治斗争:一位身体肥胖的老教师被勒令交代在旧社会的剥削罪行,因为学生认为劳动人民在旧社会吃不饱穿不暖,他却能长得那么胖,不是地主也是资本家。一位与某本小说中一名特务同名的教师被勒令交代在新中国成立后如何"潜伏"下来的,学生还断定他家中有无线电收发报机,否则又怎么与台湾联络呢?

这些闹剧本来是不难制止的,但"文化大革命"就是需要闹事。教师们被要求正确对待"革命小将",对大字报不仅不允许有申辩或反驳,还要欢迎,要引火烧身,触及灵魂。无知的学生却认为教师们必定是"做贼心虚",完全根据大字报的多少及上纲上线的严重程度确定谁是牛鬼蛇神。邪恶的闸门一经打开,就再也无法关闭,不需任何手续,也不必确定什么标准,只要红卫兵或"小将"发出勒令,那么即便发令者只有一两个人,被称为"牛鬼"的教师也得乖乖服从,被监督劳动、挂黑牌、戴高帽子、身上写字都得接受,鞭打、跪煤渣、爬行、剃阴阳头、喝泔脚水也得照办;稍有不顺从,就会招来更大的迫害。由于红卫兵并没有一致的意见和行动计划,所以你斗你的对象,我打我的"牛鬼",你打过了我还要斗。地处通衢的学校还有大批北京及外地红卫兵光顾,他们也可以在事先毫无所知的情况下,当场揪出几个"牛鬼"来实行武斗。抄家风刮来后,红卫兵根据自己的标准选择对象,以至有的学校被抄教师十有八九。这种抄家既没有户籍警及里弄干部的配合,又不列清单,不给收条,大多是毁灭性的,抄走的物品也不知去向。

学校领导既要应付红卫兵对自己的揪斗,又要贯彻上级意图,领导学校的运动,揪出"反党反社会主义分子",但大多已无法控制局面。有的党支部书记正在开会研究组织批斗某人,却被红卫兵闯进来揪去,与某人一起戴上了高帽子。有的党支部确定的"左派",却被学生定为"牛鬼"。某校一位20岁的团委书记是党支部核心组成员,但被红卫兵作为"反革命修正主义分子"揪斗。他白天只得与"牛鬼"们一起接受监督劳动,晚上再参加核心组研究如何批斗"牛鬼",一直扮演着双重角色。工作

---

① "小开"是上海方言中对于老板的儿子或富裕而有地位的年轻人的称谓。原来并无贬义,如潘汉年曾有"小开"的外号。

组的进驻和《十六条》①的公布并没有改变教师的命运,教研组长、备课组长、高年资教师被列为"反动学术权威",而班主任、工会小组长都被解释为"当权派",这样一来,"小将"们的斗争大方向当然是完全正确的了。

相比之下,其他阶层和部门的知识分子在这一阶段多少要幸运一些。生产、科研部门还在维持正常工作,运动还没有全面铺开;党政部门受冲击的主要是领导干部,还没有轮到一般知识分子;文艺单位的重点对象是"黑线人物""三名三高"的人物;小学"关门"搞运动,学生不参加,暑假后就停了课;大学生的目标开始是有地位、有影响的"反动学术权威""黑帮""三反分子",不愿在普通教师身上花费精力,而且毕竟比中学生少一点无聊、好奇、恶作剧式的破坏行为。

林彪在"文化大革命"中曾提出一个臭名昭著的理论,即每个人"既要当革命的动力,又要当革命的对象"。这当然只是用来欺骗民众的,因为他们一伙从来是不会把自己当作"革命对象"的。对于全国民众来说,虽然曾有相当大一部分人为领袖的威望所感召,被"战友"②"旗手"③的口号所蛊惑,自觉地实践过这套理论,但一旦看穿了其中的奥妙,就不会再上这个当,迫于压力,至多也只是阳奉阴违。但中学教师却没有这个自由,职业使他们不得不在普遍当了"革命的对象"以后又要扮演"革命的动力"的角色,或者在受到这场"革命"残酷打击的同时却要违心地为这场"革命"叫好。

从1967年开始,根据"要复课闹革命"的指示,各中学陆续复课。到1968年下半年工宣队进驻,各校基本上都恢复每天上课了。当时教师上讲台的困难可想而知:在外游荡了一两年的学生已经不是昔日可爱的红领巾了,他们的学业荒废,纪律松散,但"造反"的技巧却相当熟练,而且这批"小将"对教师当"牛鬼"的情景记忆犹新,都知道怎样对付他们,无论是出于"革命"觉悟,还是纯粹的恶作剧。此时学校的真正领导工宣队中虽也不乏正派的工人,他们会自发地维护学校秩序,制止学生的胡闹,但更多的却是对教师惩罚式的"改造"和不负责的瞎指挥。有的教师惊奇地发现,来领导和改造自己的竟是以前教过的差生,或者是附近声名狼藉的人物。有位工宣队队员发现政治教师准备了自己的讲课提纲,竟大发雷霆:"上政治课为什么不

---

① 《十六条》即《中共中央关于开展无产阶级文化大革命的决定》。
② 所谓"战友",是指林彪。
③ 所谓"旗手",是指江青,当时被称为"无产阶级文化大革命的旗手"。

学《毛选》？你写的东西难道比毛主席的话都重要吗？给你进教室就想放毒吗？"有的教师实在无法对付捣蛋的学生，请"师傅"去课堂"宣传毛泽东思想"，领导则大为不满："知识分子就是只有嘴上一套，看看你又长又大，小鬼不听话不会请他吃生活①？"由于在"牛棚"中"靠边""进学习班"②的教师还不少，能进教室的教师不胜负担。但一位工宣队指导员在检查课程表后突然有了重大发现："怪不得教师不够，原来你们一星期只上16节课。我们在厂里每天要站8小时，你们站多久？下星期开始每天起码上6节课，总共也不到5小时嘛！"

更难的是进教室讲什么。政治课学毛选，语文课教毛主席诗词，英语课念英文革命口号，美术课画忠字，音乐课唱语录歌，数理化课也少不了先念几段毛主席语录，再讲几句"为革命学好××"的道理。但再大的帽子也镇不住这批"小将"，何况这样的课连最规矩的学生也不爱上。即使这样的课程表，还是经常要改变。如果哪一天晚上8时有最新指示或"两报一刊"的重要文章发表，教师除了要带领学生热烈欢呼、坚决拥护、游行到半夜外，第二天早上就得准备停课学习。林彪所说的"理解的要执行，不理解的也要执行"，的确已施之于教师了。因为不管这些指示或号召多么出乎意料，多么让人无法理解，多么不得人心，他们都得向学生宣讲它的伟大的现实意义和深远的历史意义，说明它多么及时，多么英明，多么符合"革命群众"的心愿。从知识青年上山下乡，到反击右倾翻案风，一次次的欢呼和宣讲使教师在精神上受到很大折磨。作为"园丁""人类灵魂工程师"，他们本来应该用真善美来教育学生。但作为被改造的"资产阶级知识分子"和"毛泽东思想的宣传员"，他们却不得不用连自己都不想念的假话、错话来欺骗自己的教育对象。他们宁肯学生们都不相信这些话，但可悲的是，毕竟还天真的学生中总是有人信这些出于老师口中的"真理"。

如果说，宣讲一类动口不动手的事还能用读报、照本宣科、让学生"自学"等办法来应付搪塞，具体的运动就要"忠不忠，看行动"了。其中最使教师左右为难、心力交瘁的就是动员学生上山下乡。

本来，在"上山下乡"的最高指示发布之前，学校已经在进行上届高初中毕业生的分配了，其中相当一部分学生被安排去了农村。由于有一部分能留在工厂，另一部分学生对农村边疆充满美好的幻想而主动报名，还有些"可以教育好的子女"迫于

---

① "吃生活"系上海方言，意为揍一顿，或体罚。
② "文革"期间各种各类学习班不计其数，形式和内容各异，既指真正的学习讨论，也包括带强制性的隔离审查、关押或刑讯逼供。

形势，"自愿"服从分配，或主动要求去农村，因而矛盾还不太尖锐。到1968年12月22日晚上"最新指示"一发表，原来的分配计划立即为"一片红"所取代——无论本人或家庭有什么困难，统统得去农村。最倒霉的是那些已经送了子女下乡的家庭，本来指望下面的弟妹可以留在城市，现在也得"一片红"了。由于一些学生的确存在难以克服的困难，也有的家庭寄希望于拖延战术，到1969年夏天还没有完全落实最高指示。这时教师又有了光荣任务——在工宣队的监督下把留下的学生全部动员下乡。

由于动员对象都是老大难，方法自然有了创新：

一是抓阶级斗争和路线斗争。一位卖菜大嫂介绍女知青到乡下结婚，被公检法以破坏上山下乡罪逮捕，游街批斗。因为"破坏上山下乡"而被判死刑的案例也时有所闻。某"走资派"和他女儿分别在隔离室和家中得到明确通知：如果现在报名，老子立即解放，女儿可以与其他革命群众一起到"反修前线"（黑龙江省）插队。三天后，在女儿临上火车前，这位干部获得解放，由隔离室直接赶往车站送行。一名"逃亡地主"因阻挠儿子下乡在单位受到批斗。尽管他申辩完全是儿子自己不愿，却被痛斥为这正是他长期毒害的结果，自然难逃罪责。刚回家，学校的红卫兵已等在门口"追穷寇"了。待夜深人静，这个被斗垮了的"阶级敌人"跪在儿子面前苦苦哀求，请顾全他一条老命马上报名吧！

二是大造声势，大办"学习班"。家长中的"革命群众"被通知停止工作，在家参加由单位、里弄、学校派人一起办的"学习班"，什么时候报名什么时候结束。另外组织若干队红卫兵轮流到各家门口敲锣打鼓，高呼口号。待红卫兵一到，家长就被唤至门口一起读语录，呼口号，从"吃闲饭可耻，上山下乡光荣"一直叫到"毛主席万万岁"。回屋学习不久，另一队的锣鼓口号声又传来了。其实学习班上已经没有什么话好讲了，但"落实最新指示不过夜"，到半夜还不能收场。这办法果然收效，大多数家长"自愿"支持子女报名。

三是雷厉风行，速战速决。学习班随时备有批准通知，只要稍一松口，立即送上通知。几分钟后，大红喜报已在锣鼓口号声中贴在门上。"吃闲饭可耻"自然已换成"向革命家长学习、致敬"。待家长清醒过来想要变卦，户口迁移证和补助的布票、棉花票、购物券已送到面前。

这还不是什么"先进典型"，执行任务的教师就已经难以完成了。人类的良知往往驱使他们抵制这种不人道的做法,但包干的名额完成不了又无法向工宣队交代,更何况伟大领袖的指示岂能不照办?

  到了1970年,每年有一部分毕业生可以进工矿或照顾留城了。这固然解决了不少困难,但粥少僧多,加上边疆农村对学生来说再也不是充满浪漫色彩的牧歌田园,分配成了教师更大的难点。当时工宣队掌有分配的实权,但他们有"工人阶级"这块金牌,必要时还可以用"不了解具体情况"为托词,再说家长和学生一般不敢把矛头指向工宣队,所以不会受到什么威胁,教师却无法逃脱无休止的吵闹、谩骂、纠缠,甚至殴打。正因为如此,每次毕业分配关键阶段的会议成了中国出席率最高的通宵会议。这种会议一般都在校内僻静处或校外开,目的是要最后从众多"可上可下"的对象中确定"照顾"名单。班主任们深知其重要:多挤进一个,今后就少一个麻烦;何况这些学生的情况本来就大同小异,可上可下。于是正在患病的教师在家属护送下服药上阵,年轻的妈妈在会议室隔壁搭起婴儿床,讷于言词的教师事先写了详细材料,几乎人人手里都备有大叠学生或家长的病历卡与各类证明。这样的会议一般不止一次,结果必定喜忧参半。但喜者至多喘了一口气,因为摆平了这一个,原来自知无望的人又产生了争一下的希望,或者觉得自己吃了大亏。于是有采用"盯人"战术的,教师走到哪里跟到那里,你有饭吃我也要吃;有哀求的,七八十岁的老太跪在面前,不答应照顾就不起来;有"揭老底"的,"你这个老牛鬼不要翘尾巴,胆敢打击我们工人子女就再斗你";有全武行的,"打了你这个臭知识分子又怎么样"?这些误解教师的家长中虽然也有粗俗野蛮的无赖,但大多也是无权无势的"革命群众"。真正有来头的人根本用不到跟这批"改造对象"打交道,只要打通工宣队、区"工办"(工人毛泽东思想宣传队办公室)或"乡办"(上山下乡办公室)的关节,子女的档案就会从学校中神秘地提走,进入军队、外语培训班、保密单位或指定的部门。

  上山下乡不是学校唯一的运动,只要一声令下,一个新的高潮就必然掀起。与其他行业或单位不同的是,教师们自己振臂高呼、身体力行还不行,必须带领"小将"落实最新指示,同时却又得接受无休止的改造和"再教育"。一声"加强战备",教师马上奉命带学生下乡"战备劳动"一年。落实"学工学农",中四年级就改为半年工厂、半年农村,不再上课。一张"开展步行拉练"的通知,每年又增加了两星期的"练好铁脚板,打击帝修反"。但同时,一个"马振扶中学事件"①,就会出现"迫害学生"的大小典型,学生也马上懂得对老师可以用"自杀"相威胁。张铁生的一张白卷,恢复不久的考试和升留级制度就全部作废。这种"既当革命对象,又当革命动力"的经历,对运动初期饱受打击的教师无疑是雪上加霜,是更残忍的慢性迫害。

人类历史上曾出现过多次大的倒退,每次都出现物质的毁灭和精神的崩溃。在此期间,文明屈从于野蛮,道德沦丧于堕落,愚昧战胜了智慧,狂暴取代了理性。目睹这样的倒退而无能为力是痛苦的,被迫违背自己的良心而参与倒退,则是更大的痛苦。

教师被比喻为蜡烛,这更适合于中小学教师。因为在他们中,即使是毕业于著名高等学府的高才生,要想再发表多少论著,或取得某项创造发明,也是不大可能的。他们把希望寄托于自己的学生,从学生的成就中看到自己的成果,得到最大的安慰。要说"文化大革命"前的中学教师人人安于清苦的生活和卑微的地位或许言过其实,但他们无不以"桃李满天下"的理想来获得精神支柱和心理平衡,却是无可否认的事实。

这根支柱在"文革"前的大小运动中已经有过多次动摇,但始终维持着,"文革"一来就完全折断了。学生升入上一级学校的比例,考入大学及重点大学的数量,获得各种奖励和名次的记录,都成了教师执行"修正主义教育路线"的罪状,成绩越大,自然罪行越严重。最出乎意料的是,原来最钟爱的学生送来了"揭发控诉"的大字报,已经毕业的高才生"杀"回母校,在已经被打翻在地的老师身上再踏上一只脚。时至今日,老师们早已原谅了这些迷途的羔羊——他们当时有的作为"修正主义苗子"受到巨大压力,有的急于划清界限,有的误信了大字报揭露的"滔天罪行",也有的在红卫兵的支持下丧失了理性;但在当时教师所受到的打击是致命的,他们最后一道心理防线彻底崩溃了。

以后整整十年,这根支柱再也无法恢复。教师们只能把自己的学生一批批送往边疆、农场、工厂、商店、部队,却再也无法送入大学。即使在"工农兵学员"进入大学以后,教师们受到的打击也多于安慰。虽然也听到几位原来品学兼优的学生终于得到入学机会,但更多的却是近于文盲的学生被推荐进了名牌大学,在校时打砸抢出

---

① 河南马振扶中学一位女学生因外语成绩不好受到教师批评,据说因此而自杀。此事被定为修正主义教育路线对学生的迫害,在全国进行批判教育,该校校长和有关教师被判刑,"文革"结束后才获平反。

名的学生当了某大学"上管改"①的标兵。更使他们难以理解的是,尽管他们对来调查的人员详细地反映了某些学生在校时并非"支流"的错误,这些人依然很快入党,"结合"进领导班子,成了"活学活用"积极分子;而他们心目中的好学生却很少能得到这样的机会,甚至成了批判、清查的对象。有的教师"劣性难改",稍有可能就在"为革命而学""宣传毛泽东思想""支援世界革命"的口号下为学生辅导数学、机电、书法、外语,并且发现了有希望的苗子,但到毕业分配时却眼睁睁看着他们踏上去边疆、农村的列车。在如此巨大的反作用下,本来就只凭惯性保持的行为必然会越来越接近于停止。

在"文化大革命"前,中学里对教师为人师表这一点是非常强调的,绝大多数教师在衣冠服饰、言辞谈吐、待人接物等各方面都很注意作出表率作用,以对学生起潜移默化的作用。教师对学生的要求自然也不限于学习,品德始终是一个重要方面,其中包括一系列个人道德方面的行为规范。同社会上相比,学校一般都是更文明、更纯真的地方。从1958年的"教育革命"开始,中学的文明道德教育受到一次次的冲击。

"文化大革命"中,如果进驻中学的工宣队真的"最有纪律,大公无私,最富有革命的彻底性",如果学生下乡见到的贫下中农真的具有对知识分子"再教育"的能力,那么在当时的条件下,教师一定会衷心拥护、虚心服从的。可惜事实远非如此,大家不久就发现,"师傅"们的不少行为是他们这些"资产阶级知识分子"所不能想象的。管"清理阶级队伍"的以打人逼供为手段,专案组组长是不识几个字的长舌妇,负责毕业分配的可以用工矿名额换来女学生的贞操和自己子女的好单位,办公室里可以动手动脚"开玩笑",抄家物资也会"处理"到自己家里去。教师们只能把这些当成"支流""小节"或个别现象。但是这些领导阶级的成员并不需要改造,在学生面前也不会收敛,学工学农又使他们和学生有了大量直接的接触,学生们从教师那里学到的理论就遇到了事实的挑战。

喊着"向工人阶级学习"的口号进厂的学生惊奇地看到,工人中干活偷懒、骗病假、说谎话的花样竟如此之多,揩公家油、顺手牵羊竟那么容易,言谈打闹竟这般粗俗无聊,而对"文化大革命"等新生事物的议论竟那样反动。到"广阔天地"中去的学生也知道了原来贫下中农并非事事先想到集体,要想获得好评就得多帮他们干自留

---

① "上管改"是指"文化大革命"时期工农兵上大学、管大学、用毛泽东思想改造大学。

地的活或者送些礼物,会作报告的干部吃喝水平同样高,"苦大仇深"的老贫农忆的苦竟发生在"三面红旗"期间。对这一切,教师既无法保持沉默,又不能如实发表自己的看法,只能强调所谓的"本质"和"主流"。

经受了运动初期的打击,已经斯文扫地的教师早已不敢为人师表了。事实上,在工人、贫下中农两位老师面前,在学工学农、拉练、开门办学、走出去请进来这样的环境里,其他的师表早已无济于事,因为在当时的条件下,教师的职责就是教育学生无条件地以工人、农民为榜样,而不能对他们的行为稍有异议。不仅如此,还要把社会的倒退和混乱描绘为"莺歌燕舞"的大好形势,把"文盲加流氓"的泛滥称为"一代更比一代强"。总之,教师非但注定要当文明的殉葬品,还要为文明掘好墓穴。

我们不得不承认这一令人痛心的事实,"文革"期间中国知识分子的双重人格,在中学教师这个阶层中表现得尤其明显。那么,在这十年间走出校门的中学毕业生又会具有怎样一种人格呢?

原载王兆成主编:《历史学家茶座》第 2 辑,山东人民出版社 2005 年版。

当年"样板"

"文革"中的中国,曾经是一个"样板"世界。八亿人民听的、看的、唱的是"样板戏",除了领袖标准像以外唯一的"样板画"一度只有那幅《去安源》,工业的样板是大庆,农业的样板是大寨,全国的样板是解放军,斗批改的样板是"六厂两校"(指二七机车辆厂等六家工厂和北大、清华两所大学)。有全国性的样板,也有省市一级、县一级以至下到最小的基层的样板。有久红不衰、事事领先的,也有随生随灭、昙花一现的。有正面的,还有"反面教材"。不仅有国内的,还可以有外国的。当然,最高的样板还是那几位"始作俑"的领导人,所以江青被树为"旗手",林彪被捧为"亲密战友"。对这场今天看来颇如天方夜谭的样板运动,五六十岁以上的中国人应该是记忆犹新的,因为当时谁也免不了参加学习各种样板的运动,说不定还参加过树立样板的工作,或者曾经被树为样板呢!

一

所谓样板,原来是指一种用于检验工件轮廓的工具,或者是一种划线或对准刀具的工作。用它来代替典型、榜样,除了取其意义相近外,大概还取其不能差一分一毫的绝对标准的特点吧!这一点虽然找不到什么理论根据,也无法向发明者证实,但有不少事实可以证明。当初"普及样板戏"时,不是就有人因为擅自做了一点什么变动而成为"破坏革命样板戏"的反革命了吗?

翻遍中国的古书也没有找到"样板"这个词,但"样"却早已有了这种意思。东汉崔寔的《四民月令》记载:"齐人呼寒食为冷节,以面为蒸饼样,团枣附之,名曰枣糕。"

然而,这种树样板的运动实际上古已有之,只是名目和方式不一定相同而已。两千多年前,当孔子面对卫国的众多人口时,他提出的方案是"富之"和"教之",即先让老百姓有吃有穿,生活改善,然后对他们实行教化。以后儒家学说逐渐取得独尊地位,孔子的教化思想为统治者所采纳,儒家学说自然也成为实施教化的内容。但是,被教化的对象是基本不识字、不读书的愚民百姓,而儒家学说的深奥语句即使对一般读书人来说也是不得其门而入,因而最有效的办法就是从儒家学说中归纳出若干简单的道德标准,在各地物色对此身体力行的人并加以宣扬,以便百姓效仿。秦汉以降,在各个乡设置的基层官吏中就有一位"三老"。据《后汉书·百官志》:"三老掌教化。凡有孝子顺孙,贞女义妇,让财救患,及学士为民法式者,皆扁表其门,以兴善行。"当时全国有一千多个县级单位,三老不下万人,通过他们的教化,各地树立了数以万计的样板。

从理论上说,这些样板都能从某一方面体现儒家的道德标准,足以成为公众的榜样,他们又遍布各地,使百姓能亲见其人,亲闻其事,在基本上不存在大众传播媒介的条件下,他们便能起着非常重要的作用。但实际上,在生产力低下的专制统治下,没有多少百姓能过上"衣食足""仓廪实"的生活,更没有多少人能领会儒家的"礼义""荣辱",客观上并没有那么多的孝子顺孙、贞女义妇,所以要树样板就只能降格以求,或者移花接木,甚至弄虚作假。与此同时,三老中虽不乏正人君子,但土豪劣绅、流氓无赖自不在少数,由这批人树起的样板会是什么东西是可想而知的。对那些因循奉职、但求无过的三老来说,既然是朝廷功令,又是天下通例,那当然也就顾不得什么质量,完成"政治任务"要紧了。结果是,被树为孝子的人却同父亲分居,以庐墓三年受到表彰的人却在此期间添了两个儿子,改嫁了的女人被树为贞女,鱼肉百姓、横行乡里的财主家挂上了旌匾,其中也少不了三老的亲朋好友、地方上有钱有势的强人。

对这些现象,平民百姓是无能为力的,因为他们既没有文化,更没有得到法律保证的控告检举权利,所以至多只能在下面议论讥笑。汉末流传的一首民谣唱道:"举秀才,不知书。察孝廉,父别居。寒素清白浊如泥,高第良将怯似鸡。"这类民谣显然也是出于有正义感的文人之手,然后才在民间流传的。或者在民间产生,又经过文人加工。由于社会的闭塞,一般民众不可能了解更多的情况,往往把这类假样板看作本地的个别现象,对外面的样板还会深信不疑。

对三老们的各级上司来说,这项任务的重要性并不亚于稽查户口和征收赋税,因为这类样板越多,就越能显示自己教化深入的政绩,也是获得升迁的重要资本。所以除了个别太拙劣的作假或遇到少数刚正不阿的官员以外,这类样板一般是不会受到怀疑或复查的。要不是名额有限,地方官谁都会多树几个。

各朝各代的具体制度并不相同,但像"三老"一类的角色从来不会缺少,各种"善行"的样板也林林总总,绵延不绝。统治者不仅需要欺骗民众,也需要欺骗他们自己。因为一方面,他们为了维持自己的统治秩序,越来越需要利用儒家学说中有利于他们的部分,将这些教条越来越具体化,用于束缚民众的手脚,禁锢民众的思想。而另一方面,他们自己却从来不想身体力行,甚至连最起码的道德标准都不愿遵守。更何况有些教条是完全脱离实际、违背人性的,连有一定修养的人都难以做到,养尊处优惯了或耽于声色犬马的公子哥儿、老爷太太如何受得了?例如,十五六岁的少女就被要求为从未见过面的未婚夫守一辈子寡;在长达三年的居丧期间不仅不能吃肉喝酒,也不许有性生活。这样的节妇、孝子有几个人能做到?像"二十四孝"所宣扬的卧冰、割股、杀子的孝行更非正常人所能想象。又比如,在明朝时官俸低得出奇,如果不捞一点外快,就会像海瑞那样生无积蓄,后无余财,又有几个官员能做到清廉?这种现实的矛盾就使统治者乞灵于各种样板,树别人,也树自己,用于骗人,也用于骗己。

好在中国的文字非常发达,可用于描述样板的词汇极其丰富,又有的是妙笔生花的文人学者,不但能引经据典,而且可以无中生有,"春秋笔法"的光荣传统更使大大小小的尊者、贤者和亲者能合法地享受到"扬善隐恶"的特权。所以在正史、地方志中留下了无数忠臣、循吏、良吏、义士、孝子、节妇、烈女的样板形象,而更大量的家传、族谱、墓志铭、神道碑、谥文、诰命、祭文、诔文等几乎把所有能写就的对象都粉饰成了各方面的样板。由于谁都不知道这些样板是怎么回事,所以被树者心安理得、受之无愧,而旁观者亦习以为常,绝不会过于认真,显然这类样板越普及,它们的作用就越有限。但是它们已经成了中国传统社会政治生活中不可缺少的一部分,只要这个社会还存在,就会同样存在下去。

在一个政治目标与大多数人的愿望不符、道德标准与生活实际脱离的社会中,出现这种名不副实的样板是不可避免的。民众知识标准的低下,自由舆论和公正传播媒介的缺乏,政治上的专制和腐败,是这些样板生存和繁殖的温床。

不幸的是,我们的人民共和国的建立并不意味着传统社会残余的肃清,这类温床依然存在,有的还相当稳固。到了"文化大革命"中,在"革命"的标签下,一些封建的、宗教式的、法西斯的模式竟一度成了中国社会的合法机制,样板运动在这种情况下达到高潮,就绝不是偶然的。

二

如果说封建时代的样板是以道德典型为主要标准的话,那么"文化大革命"中样板的唯一标准就是政治需要。正因为如此,样板从来就不是什么群众运动的产物,而是按照某些人、某项运动的特殊需要精心制造出来的,目的是用以证明这些人、这一运动的正确,进而煽动、诱骗更多的人拥护这些人,投入这一运动。所谓发现典型,实际上是根据现实的目标去寻找合适的对象;所谓总结典型,实际上是随意贴上各种标签,加上各种"合理"的情节,纯化拔高。这样,一个样板就产生了,只要开动宣传机器就行。

江青曾经吹嘘,"文化大革命"是由她搞的样板戏开场的,这倒道出了样板的真谛所在。实际上,"文革"中的每一场重头戏都是由样板开锣的。姚文元的《评海瑞罢官》、聂元梓等人的"全国第一张马列主义大字报"、清华附中的红卫兵、上海滩上的"工人造反派领袖"王洪文等都是这类样板。而在"夺党内走资派的权"、大联合、三结合、上山下乡、城市"闲散人员"下乡、精兵简政、干部下放、工农兵上大学、工军宣队管学校、反潮流、批林批孔、限制资产阶级法权、批邓、反击右倾翻案风等运动中,大大小小的样板也应运而生。

为了树样板而采用的方法层出不穷,但也不外乎几个方面:

一是通风报信,以便样板"自然"产生。如赫赫有名的"全国第一张马列主义大字报",实际上是在中央"文革"小组和康生的授意下,由康生的妻子曹轶欧出马促成的。不少带头打倒某人的"左派",都是预先得到某种暗示甚至明确指示才行动的。当然也有因为没有弄清上面的意图或者上面的临时改变、不再认账而倒了霉的,有时还由于手法拙劣闹出不大不小的笑话。一次某地为使一位"老样板"立于不败之地,遂将"老样板"列入"揭发"人员的名单。谁知忙中出错,忘了通知他本人,代他签了名的大字报就已经出笼。"老样板"不知内情,赶紧辟谣,并声明要与这种矛头指向中央"文革"的"阶级敌人"斗争到底。另外,事先赶不上的,也要争事后第一个响应。例如,在晚上八点钟"最新指示"发表之前,获得内情的领导已经指示笔杆子为样板单位、样板个人起草坚决拥护的表态,甚至不用本人过目就已经送进报社印刷厂了。

二是乱贴标签,无限拔高。一个农业样板粮食增产,可以归功于打倒了走资派,也可以说是清理阶级队伍的成绩,还可以称为"三忠于,四无限"的必然结果,或者是斗私批修斗出来的。李庆霖因为子女下乡,家庭困难无法解决,无奈之下给毛主席写信,经过反复宣传,竟成了坚持马列主义原则的"反潮流"英雄。上海一位平时表现很差的女学生,据说是因为游泳时救同学而溺死,唯一的根据是未溺死的女同学说"好像有人在水里推过我一下"。由于当时正缺少批判"一代不如一代"的典型事例,所以立即被树为样板,被称为"闪耀着共产主义光辉"的英雄。

三是移花接木,锦上添花。为了使样板能"高、大、全",就只能把各种好事都集中在样板身上,把不同时间的好事集中在一起。某一小组、某一单位的成果被集中在一位样板身上,甚至与他毫不相干的外单位的成果也会被说成得到了他的帮助。样板单位照例可以额外得到各种物资和资金,享受各种优惠或减免。由于只算"政治账",经济账就可以一笔勾销。单项冠军硬要捧成全能冠军,如那些全国闻名的样板是无事不先进、无日不见报的,不但在评法反儒、反击右倾翻案风这些政治运动中领先,连文艺、体育也成绩突出。一个样板少年武术队还进京表演,当然从教练到队员都不必是汇报单位所在地的本地人,钱也可由国家掏,只要借一块宝地挂个名就行了。已经不在世上的样板更方便了,整理材料的人从一位英雄的本子上找到两句豪言壮语,立即发表,并接连作了长篇阐述,以证明只有经过"文革"洗礼的革命小将才有如此崇高的思想境界。但很快有人发现,这两句话抄自一本"文革"前出版的书上。不过,立场鲜明的领导立刻作了裁决:"他已经用行动实践了这两句话,这两句话就是他的。"有一次经过再三启发,群众提供了一件助人为乐又不留名的好事,但仔细一算,当时那位样板还在幼儿园;好在笔杆子还是有心人,在见报时把时间推迟了八年。又如,为了适应"意识形态""阶级斗争"的需要,在雷锋逝世十几年后,又发现了当年他曾与演坏戏的人作斗争的事迹。

四是篡改历史,胡编乱造。在"阶级斗争为纲"的年代,家庭出身、社会关系对一个人来说是至关紧要的。而作为样板,不仅要历史清白,而且应一贯先进(少数树为

"转化"的样板除外)。可是有的对象偏偏不符合要求,甚至劣迹昭彰,但出于"路线斗争"的需要却非树不可,有的还是"无产阶级司令部"钦定的名单,于是成分可以现改,历史问题结论可以重写,处分材料可以抽掉甚至销毁。"四人帮"在上海的一名党羽的所在单位曾奉命调查他的材料,但当该人被树为"路线斗争觉悟高"的样板并出任要职时,有关他父亲和本人劣迹的记录早已被抽掉。更有甚者,有时为了证实样板的阶级斗争觉悟,竟连当时的"政策界限"也不顾,硬将被他斗争或"揭露"的对象定为敌我矛盾。至于"活学活用""灵魂深处爆发革命"一类样板的事迹,本来就是故弄玄虚的,自然就更能按需编造了,所谓"讲用""经验",只要由笔杆子根据上面的精神写出来就是。曾经名噪一时、吸引了成百万人观摩学习的江苏农妇顾阿桃,就坦承她所讲的一切都是"他们写好了教我讲的"。

经过这样一番装点,十恶不赦的罪犯也可以成为圣人。即使原来做了好事或表现比较好的人,当他终于以样板的面目出现时,也已经面目全非了。

三

应该承认,当时参与制造样板的人,除了始作俑者和极少数心腹外,绝大多数人都是无辜的执行者,有的人甚至是出于崇高的信念。但无可否认的事实又是,他们所做的事情即使不谈政治上的问题,在道德上也不是很光彩的,或者是违背人类良知的。而全国七八亿人中,除了极个别头脑异常清醒者(姑且肯定有,但我是很怀疑的)和少数一开始就被剥夺了自由的人以外,都被或多或少地愚弄了。也就是说,那些样板都曾经不同程度地起了作用。

怎样来解释这似乎难以置信的事实呢?除了前面提到的中国社会的传统影响外,还应该看到在"文化大革命"这个非常时期的特殊因素。

首先,经过"文化大革命"初期掀起的个人崇拜的狂热,对领袖的崇拜很自然地延伸到他的"亲密战友"、他的妻子以及一切被纳入"无产阶级司令部"的人,也延伸到他们所树的样板。与此同时产生的巨大政治压力,通过"文革"中一系列的"红色恐怖"运动,已经成了一张谁也无法逃遁的巨网。令人目眩的政治风云已经使人失去了自主力和自制力,沦为不敢有自我情感、自我意识的政治工具。

这里不妨列举一些当年参与树样板的人员所熟知的说法和做法:

"要怀着对毛主席、毛主席革命路线的强烈的阶级感情去发现典型,总结典型。"这就是说,你先得肯定有先进典型,甚至肯定某人就是典型,否则就是往毛主席的革命路线上抹黑。于是再用同样的方法让群众回忆、总结,讲不出就等于对革命路线缺乏感情,结果当然是好事越总结越多,思想境界越提越高。

"不能就事论事,要提高到路线斗争的高度。"这就为任意夸大、无限拔高提供了理论根据。于是一件非常简单的好事就可以当作"捍卫革命路线"的壮举,连捡到失物归还、在大批判会上发言等差不多每人都可能做的事情,也可以套上"共产主义精神""鲜明的阶级立场""对毛主席的无限忠心"之类的桂冠。样板的高度已经不是取决于本身的事实,而是决定于领导要定多高或者出于"斗争的需要"了。在这种思想的指导下,调查、总结的人员总是宁多勿少,宁高勿低,以免犯立场、方向、路线错误。

"总结的过程就是提高的过程。"具体说就是,有的事情在做的时候是不自觉的,总结时就应该提高到自觉的高度。有的事情当时没有想到它的意义,现在应该联系形势来看。有的事情是分散做的,现在应该集中起来总结。此外,还强调对总结的对象要从他思想深处挖掘,找出闪光的东西。结果是,一切先进事迹都是"牢记毛主席的教导""想到世界上还有三分之二人民没有解放""不忘阶级苦,牢记血泪仇""怀着对中国赫鲁晓夫的满腔仇恨""以实际行动批判活命哲学"的自觉行动。"闪光思想"的多少自然得看挖掘者的本领了,因为被挖掘者是无权否认的。

其次还应该看到,尽管很多极端做法是在"文化大革命"中才出现的,却是在一些片面的、教条的工作方法和思想方法的基础上发展起来的,而这些方法在一些人头脑中已经根深蒂固,一些人操纵起来已经轻车熟路。

例如,片面夸大榜样的作用,任何运动都强调"榜样开路""抓典型"。很多运动是错误的、不得人心的,当然不会涌现出什么先进典型,但为了运动的开展又非有不可,那就只好作假。领导和上级对此都会理直气壮,运动不是在"榜样"的带动下开展起来了吗?当上山下乡已经很难动员时,不少中学只好在毕业生中物色有说服力的对象(如兄姐已经下乡、独苗、独留、父母患绝症等),授意他们带头申请下乡,让他们到处报告讲用,以他们的"先进事迹"推动别人。一旦大功告成,他们却一个个进了工厂,除了身体不好等借口外,还可以说"他可以不要求照顾,但组织上应该按政策办"这样冠冕堂皇的理由。但是,不这样做又怎么办呢?

每当一个重要的样板出笼,全国的一切宣传机器立即遵命开动,报纸杂志、小册子上的社论、评论、长篇报道、领导题词,甚至最高指示,再加上座谈会、讲用会、表决心、"见行动"的报道,又是样板的照片、日记、豪言壮语,大批判文章,"群众"的回忆和赞扬等,几乎可以占据全部版面。同时,广播、电视、电影、戏剧、曲艺(如果当时还能演的话)、故事、宣传队、报告团、宣讲团等各种形式和手段也被充分运用,目的是要做到家喻户晓、人人皆知。对其他样板,则视其级别分别在各自的范围内如法炮制。而对样板有丝毫不利的情况,即使是千真万确,至多只能在民间口头传播。这样原始的传播方式当然无法对抗官方超强大的宣传工具,而且也免不了走样,在凡事都讲阶级斗争的年代,这恰好又成为阶级敌人攻击革命样板的证据。当时除了一张精心选编的《参考消息》外,那时的中国人是得不到任何外部消息的,面对着"两报一刊"[①]的白纸黑字(或红字),自然只有坚信的义务。样板周围的人们和熟悉内情的人,也只能认为是个别现象或者是出于革命利益的需要,不能不保持沉默,但他们对其他样板还是不敢怀疑的。

四

被树为样板的对象中的确有人原来就是坏的,但毕竟是极少数,而且其中有的人是从成为样板后才变得更坏的。大多数样板开始都是比较好的,在某一方面起过积极作用,有的是真正的劳动模范或某一方面的先进分子,不少人今天依然得到社会的肯定和公众的尊重,但他们或多或少说过违心的话,做过不实事求是的自我介绍,接受过对自己无根据的美化和夸大,少数人完全成了政治工具。这一复杂的现象也是与树样板的特殊手段分不开的。

在一般情况下,通过政治压力和正面诱导,能使样板符合要求。这里不妨举个常见的例子:

一位一贯超额完成生产任务的工人被确定为"批林批孔,抓革命,促生产"的样板,要为他准备讲用材料。

"你为什么总是超额完成任务?""这是应该的。我们工人为国家多做一点,大家生活就好一点。我手脚快,干活时抓紧点就行了。再说现在领导也不敢抓生产,指

[①] "两报一刊"是指当时公开发表最权威政策文件的媒体。

标定得低,所以容易超额。"这当然离要求差得太远。

"你学习毛主席著作吗?""当然学的。"(谁敢说不?)"什么时候学的?""小组里天天读,还有讲用会。""晚上学吗?""有时也看看。""上完中班回家看吗?""不大看。""总看过的吧!""对,看过的。""你读什么毛主席著作?""'老三篇'(指《纪念白求恩》《为人民服务》《愚公移山》),还有《毛主席语录》。""××篇学过吗?""记不得了。""上次你们小组里不是读过的吗?""噢,大概读过了。"于是他自觉刻苦学习毛主席著作,中班回家学到深夜,对××篇特别作了认真领会的事迹被写进了讲用稿。

"你参加批林批孔吗?""参加的。"(谁敢说不参加?)"写过大批判文章吗?""我不会写,在组长写的大字报上签了名。""你在批判会上发过言吗?""我不会在会上讲话。""那可不行呀!不能只埋头拉车,不抬头看路,否则要犯大错误的。这是立场问题,你一定要发言,可以让厂里人帮你写,你照着讲就是了。""好的。"(当然无法拒绝。)"你知道林彪、孔老二的罪行吗?""林彪要害毛主席。孔老二么,报上说是坏人。""他们要复辟资本主义,要让你们工人当奴隶,吃二遍苦,能答应吗?""不答应。"于是,他投入批林批孔运动,激发起为革命而生产的积极性的事迹产生了。作为弥补,一篇现成的发言稿送到他手中,并让他脱产接受政工干部的辅导,赶在事迹见报前在全厂大会上批判林孔罪行。当然也少不了补拍一些镜头。

样板情况不一,方法也不尽相同。对政治敏锐性强、文化程度高的可以用更含蓄的启发,对目不识丁者只要派人辅导他背熟代拟的讲稿,对本来就会迎合钻营的倒要别让他吹得太离谱,基本离不开政治压力和正面诱导这两手。

至于个人的"讲用""介绍",即使本人思路敏捷、文笔流畅,他的稿子也得经过领导的层层审查和修改。当作者拿到打印或铅印好的定稿,往往已经面目全非,不仅加上了很多他根本没有的思想,或增添了不少他从未做过的事迹,而这一切又必须由他自己向公众宣传。意见是徒劳的,修改更不可能。

"这一段话是不是提得太高了,我当时没有这样想过。""你不能太谦虚嘛!当时没有想到,现在想到了不一样吗?这可是×主任亲自加的,是根据中央某某同志的精神。""那件事是大家一起干的,也不是我带的头,现在说是我发动的,群众会有意见,我也不好意思。""宣传你不是你个人的问题,是革命的需要。集体也要有人代表的,这离不开党的领导。群众是通情达理的。""可是我只干了三天,这里说夜以继日苦干了一个月。还有为国家节约了大概4万元,不是40万。""这些同志太粗心了。

但稿子已经在常委会上通过了,明天就要见报,再改影响不好。好在不是什么原则问题,你就照讲吧!有问题我们负责做工作。"公开宣传后当然更不能更改,而且还会根据更高的领导、更新的精神不断提高和增加,本人永远只能违心地吹下去。一部分人慢慢习惯了这种程式,有些人已能主动配合,按需提供自己的思想和事迹,也有的人从此发现了自己的伟大,醉心于无休止的自我表演。

随之而来的荣誉和利益对一部分人的诱惑也是难以拒绝的。一些样板从此平步青云,委员、代表、标兵、模范、红旗,直至中央委员、人大常委、党和国家领导人,还有机会出席各种文艺演出、招待会、宴会,参加疗养、外地参观、进京观礼、出国访问。有些样板虽然还是"普通劳动者",但劳动的时间已经越来越少,甚至每次劳动都要成为记者采访和拍摄的机会。有些样板的工资虽然没有增加,额外的利益却会超过工资的总额。作为样板的单位不仅可以出干部,而且会获得优惠供应、贷款、资助、试验、减免等各种有形无形的利益。这些当然会坚定一些样板继续努力当下去的决心。

不过,对大多数样板来说,伴随他们的并不仅是掌声、鲜花、美酒、闪光灯,也有烦恼、紧张和失落。

一是政治风云变幻无常,因为政治需要而迅速树起的样板也会因政治需要而在瞬间垮台,由某一人物树起的样板会随着他被打倒而成为"黑样板"。要在本来就是经过层层加工才总结出来的先进事迹中找出"弄虚作假""贪天之功据为己有""欺骗群众"的事实是毫无困难的。当然,任何时候都需要一些不倒翁式的样板,特别是在普通工农兵和对国计民生有影响的行业中,但是也少不了要对被打倒对象作一番违心的揭发批判,检查自己"受蒙蔽"的错误,以示彻底划清界限。

一是穷于应付各种活动,使样板们的本业无法继续,这对于有事业心的人来说无疑是重大的损失。而且各种运动、最新指示、公报、声明、社论的发表都要带头表态,都要热烈拥护、坚决支持,文化程度不高、没有表达能力的样板更是不胜其烦,往往要出洋相。笔者亲耳听到一位劳模出身的样板在批林批孔的讲台上厉声痛斥:"孔老二这只黑甲鱼!"以下就不知所云了。到了批邓时,又上台叫一声"黑甲鱼"!待"四人帮"倒台,又是一声"黑甲鱼"!

一是墙里开花墙外红,墙里日子不好过。不少样板本来与同事亲密无间,或在本单位深孚众望,一旦成为样板,众人就敬而远之,甚至议论责骂。有人归咎于中国人的忌妒心,不能说毫无道理,但树样板过程中不正确、不光彩的做法是更主要的原因。如前面提到的那种方法所总结出来的事迹,要周围的人不认为是弄虚作假,把集体的功劳算在一人账上是很困难的。在这种情况下,如果样板本人再忘乎所以,矛盾必定会更加尖锐。

五

报酬递减规律告诉我们,在其他生产投资项目固定不变的条件下,连续增加一项投资时终究会到达某一点,超过此点,则追加投资所得的收益亦即产量的增加部分,必定会趋于减少。

我们不妨借用这一规律来看看树样板的效果。即使样板本身具有一定的先进行为,通过一定的表扬宣传,会起到一定的积极作用,但如果超过了正常的限度,即使再发动更大的宣传攻势,效果也会越来越小。如果所树的样板本来就不具有什么先进行为,或者靠的是弄虚作假、无限拔高、欺骗舆论等不光彩的手段,那就不但不会有什么积极效果,而且会招致不满和反对。"文化大革命"中史无前例的树样板运动给我们留下了什么呢?那一个个反面样板、假样板显了原形,受到了历史的判决自不必说,就是那些的确为国家、为人民作出过重大贡献的单位和个人,凡是被树为样板者,也无不受到公众不同程度的怀疑和冷遇,失去了本来应有的声誉。更加严重的是,传播媒介的信誉因此而大大降低,人们宁可相信小道消息而不愿相信报纸上的话。对先进人物、先进单位的宣传,即使是完全实事求是的,再也唤不起人们以往的热情,相当一部分人对这些都持怀疑态度。这种状况看来不可能在短时期内得到改变。

这就提出了这样一个问题,在社会秩序正常、政治环境健全的情况下,树样板,或者说树典型,是不是一种可取的方法?我认为是否定的。

当然,我们应该宣传、表扬一切先进人物和事迹,但这和树样板是不一样的,因为这是对社会客观存在的反映。我们也应该积极引导、培植各种先进因素,但必须提供公正的竞争条件,并根据它们的结果来给予评价,而不是像树样板那样根据既定目标给予特殊条件,以换取对某种路线、某项政策的肯定。

在中国这样一个大国,在我们所面临的复杂形势下,随时可以找到各种截然相反的典型,离开了数量分析就毫无意义。今天我们完全可以找到致富的亿元大款,也不难发现食不果腹的家庭;可以找到廉洁奉公的干部,也不难发现腐败枉法的官员;可以找到刻苦学习的青年,也不难发现终日玩乐的学生。如果我们不了解这些典型的数量以及它们在全体中所占的比例,又怎么来判断我们社会的实际状况、政策和措施的实际效果,确定我们的未来方向?离开了数量分析的典型,充其量只具有个体的感染力,并很可能被用于证明某位领导、某项政策的正确性。因此,政策或路线之能否被贯彻执行,主要取决于它本身在理论上是否正确,在实践中是否有效,而不是虚张声势,大造舆论。树样板的方法往往是在不成熟的条件下对它作了过早、过于绝对的肯定或否定,而且必然导致简单的模仿,使政策丧失活力,成为固定的模式。对典型的宣传也容易将一些在特定条件下的经验当作普遍规律,掩盖了政策或路线本身的错误和缺陷,推迟了发现和纠正的时间。

在政治透明度不高、传播媒介还不健全、全社会的文化程度较低的情况下,采取树典型的方法难免会伴随着形式主义、脱离实际、片面性的做法,也很难摆脱长官意志的影响,并缺乏有效的舆论监督和充分的群众基础,所以实际效果是相当有限的。

原载王兆成主编:《历史学家茶座》总第4辑,山东人民出版社2006年版。

我所经历的抄家

对不满40岁的中国人来说,"抄家"一词一定相当陌生,甚至不知抄家为何物。因为在今天中国的法律中,已经没有抄家这一项,公民住宅和财产受到法律保护,搜查或没收都需要经公安部门批准,或经法院判决。但在"文化大革命"期间,抄家是很普通的一种"革命行动"。特别是在1966年"文革"初期,一度抄家成风,在任何城镇中随时发生、随处可见。当时的《人民日报》曾发表社论,赞扬红卫兵的革命行动:"好得很!"的确,抄家是从北京红卫兵的"革命行动"开始的,但这股风刮到各地后,情况有所不同,我的经历就可证明。

当时我是上海市闸北区古田中学的英语教师。这是一所只有两个初中年级、几十名教师的新学校,只有三名党员,勉强够成立党支部。我是教工团支部副书记,积极要求入党。"文革"开始时,党支部组织"左派队伍",成立核心组,我是成员之一,负责整理材料,实际成了支部书记的助手。

1966年8月,北京红卫兵上街"破四旧"经广泛报道和充分肯定后,上海当天就爆发"破四旧"热潮,随之传来红卫兵上门抄家的消息。中旬某日下午,支部书记去闸北公安分局开会,原来是布置抄家。回校后,他立即向其他两位党员和我传达:市委得到消息,北京的红卫兵将来上海抄家。为了争取主动,避免混淆敌我界线,执行政策,市委决定发动红卫兵小将统一采取革命行动,由公安部门、里弄干部予以配合。接着宣布注意事项,抄家的对象由公安局提供名单,里弄干部引路确认,不能搞错,不能随意扩大。查抄的范围是金银财物、现金、反动罪证、变天账、枪支、电台等。要造清单,查抄物资要集中保管,防止遗失和破坏。要宣传政策,坦白从宽,抗拒从严。要文斗,不要武斗,但要打击阶级敌人的嚣张气焰。日常生活用品和粮票、油票、少量现金等不要抄走,让他们能维持生活。对抄家对象要严格保密,不能走漏风声。

他带回来的名单有五家,西宝兴路的周某以前是米店老板,青云路一家是地主,济阳桥附近一家当过伪保长,另外两家已记不得了。接着马上开"革命教师"(已被"揪出"的"牛鬼蛇神"或被贴大字报多的对象自然没有资格参加)和红卫兵会议,由支部书记布置动员。当时学校党支部还牢牢地控制着局面,红卫兵基本都是原来的少先队干部和出身好的学生。接着分工,周某家估计缴获最多,由大队辅导员T带头;抄伪保长这一队特意指派复员军人Y参加,以便万一发现枪支时能现场处理。每队指定一位教师负责登记查抄物资,回校后由老党员W集中保管。我负责各队及支部书记间的联络。那时还没有手机,公用电话也不多,骑自行车来往是最快捷的联络方式。

天黑后,各路整队出发。我随同其中一队,将到目的地时,果然见民警在等候,然后由里弄干部领至被抄对象家。大概事先已被看管,主人在家恭候。红卫兵一拥而入。可是那家地主只有一间棚户房,家徒四壁。红卫兵宣布采取革命行动,经过政策宣传,那地主交出一只戒指。在一片"打倒"的口号声中,红卫兵很快将屋子翻了个遍,实在找不到什么值钱的东西,见有不少各色纽扣,就当作战利品交给负责登记保管的教师。红卫兵向地主追查"变天账",地主不知所云,立即挨了一巴掌,被斥为不老实。我悄悄叮嘱红卫兵干部"不要武斗",已有人在砸墙角,往地下挖,看能不能找到反动罪证。我知道不会有什么收获,但又不便多说,只是让负责登记战利品的女教师务必管好财物,就离开了这一家。

接着我到西宝兴路周家。周某原来是开米店的,靠马路是店堂,里面是他的住宅,有几间平房,还有一个小院,在这一带算相当阔气的,去抄家的红卫兵和教师大概从未见过。等我到达时,屋内已经翻了个遍,橱柜箱子都已打开,但除了衣服、几件小首饰和少量现金、粮票外,没有什么值钱的东西。有的学生找到一个番茄酱罐头,不知道里面是什么,一定要砸开看,还说要看看里面会不会藏着什么。红卫兵正在院里批斗周某,他赤膊穿一条短裤,低头举着双手,衣服被汗水湿透。红卫兵高呼口号后,要他老实交代将金银财宝和反动罪证藏到哪里去了,他虽然不断求饶,却一直说实在没有。

有的红卫兵急不可待,已经在房内撬地板,砸门框。我让红卫兵暂停一下,到院内休息,将周某带到屋内,让他坐下喝点水。我对周某说:"这次抄家是红卫兵的革命行动,要抗拒绝没有好下场。如果能自己交代,老实配合,红卫兵一定会根据党的政策,只查抄金银财物和反动罪证,生活用品会留下,不会影响你家的正常生活。查抄的物品都会登记,留下清单,以后会根据党的政策处理。你要不交出来,红卫兵挖地三尺也会找,到时候房子也毁了,你还得从严处理。"我还说:"我们是正规的红卫兵,是通过派出所、里弄来的,还有党支部派来的老师,严格执行政策。要是碰到自己来的红卫兵,东西抄走了连收条都拿不到。"看到他欲言又止,还在犹豫,我又劝他:"你这么大年纪了,命要紧还是钱要紧? 你听我的话,我保证你的安全。只要把东西都交出来,红卫兵不会砸房子,也不会再斗你,办完手续就离开。"这时他说:"老师,我听你的,你说话要算数。"我说:"你放心,党的政策是坦白从宽,抗拒从严,你现在交出来还是算坦白的,一定会宽大。"

他带我走到一个房间的门口,告诉我可以将门上的司必灵锁取下。原来在锁下面有一个洞,里面藏着两根小金条。之后又在一堆衣物中找到一个枕头,拆开边线,里面藏着一叠人民币。我肯定他的态度有转变,又说:"如果你真的愿意彻底交代,争取宽大,就应该先将最大的东西交出来。我们知道你不止这些。"他迟疑了一下,带我走到院子里,指着矮篱旁一根竹子,说在这里面。这根竹子顶上糊着石灰,敲掉石灰,下面露出油纸包着的一段硬物,原来是一根十两的金条。他说:"是老早就放在里面的,不是因为知道你们来抄家才转移的。"的确,竹子已很旧,石灰也是干的。我说:"你有实际行动,我们相信你,你可以慢慢想,不要漏了。"就这样他一件件交出来,老实说,要是他不交,就是挖地三尺,一时也未必找得到。最终获得的战利品是三十多两黄金、几件首饰、一千多元现金、一批毛料衣服、皮箱、电风扇等。

此时已过午夜,学校食堂用黄鱼车(三轮运货车)送来肉包子、稀饭。因为战利品多,得等天亮后找一辆卡车运回学校,红卫兵留在周家,或席地而卧,或坐着打盹。我让周某与家人睡觉,他说哪里睡得着,开始整理扔在地上的杂物。

第二天一早,从附近工厂调来的一辆大卡车开到,我们边往车上搬东西,边写清单。我根据事先传达的政策,也为了兑现承诺,给周家留下了不少维持正常生活的财物,如一百多元现金、所有的上海粮票等票证、穿过的衣服和用过的器具。如一新一旧两台电风扇,只拿走新的;零星的衣料、旧的皮箱也没有拿走。全国粮票都抄走,因为拿了全国粮票可以到外地用,要防止资本家外逃。

T和一些红卫兵颇有意见,认为我过于宽大,但因为那时我是学校公认的"左派",又是党支部组织的核心组成员,没有人怀疑我立场不稳。但周某颇有些得寸进尺,不时请求红卫兵留下某件物品,惹得T大怒:"老实些!谁跟你讨价还价!"我怕周弄巧成拙,也训斥他:"我们会掌握政策,你少啰唆!"装完车后,我让周某在清单上签字,又将一份清单交给他保存,满载而归。

　　其他几家都没有抄到什么值钱的东西,伪保长家也没有发现武器(但据说后来被其他单位抄到了)。因为当时只规定上报清单,"抄家物资"暂时由学校保存,我们专门腾出一间储藏室保管,仍由W负责。后来学生要烧图书馆中的"封资修毒草",我与管理员在夜间将可能惹麻烦的书挑出来,也放在这间房内。到12月时出现"造反派",接着批判资产阶级反动路线,夺党支部的权,成立革命委员会,W始终管着钥匙,这间屋子安然无恙。

　　据我所知,这样一类由公安局安排的抄家进行了几天,但红卫兵或"革命群众"自发的抄家延续时间更长,次数更频繁。当时有些中学党支部已经失控,只要红卫兵提出要抄家,就没有人敢阻止,所以几乎每位中老年教职员或出身不好的青年教师都给抄过家,只是程度不同而已。一些目标大的对象,往往一批抄过又来一批,甚至不知道来者是哪个单位,东西给谁拿走。有的被抄对象不得不请求所在单位贴上布告,证明已由本单位红卫兵抄过。一些中学生的抄家是毁灭性的,不管抄到什么,能砸的全砸光,能搬的全搬走,根本不留什么收据清单。

　　当时是抄家的初级阶段,目标是金银财宝、"四旧"和反动罪证,不像以后"清理阶级队伍"或"一打三反"那么专业,有特定目标。反动罪证五花八门,有的令人啼笑皆非。如一些原工商业主家中或普通人家中往往会留有旧账本,红卫兵发现后一概称为"变天账",印有青天白日满地红旗帜或徽记,或有孙中山、蒋介石头像的毕业证书、奖状、证书、纸币,有"中华民国"年号的,有"反党分子"(如当时已被打倒的彭真、罗瑞卿、陆定一、杨尚昆,或邓拓、吴晗、廖沫沙的"三家村")照片、姓名的文章,都成了反动罪证。

　　本校一位中年女教师因父亲属"反革命",抄家时也顺便到她家扫了一下,谁知发现重要罪证——原来她用旧报纸剪鞋样,而报纸上本来有毛主席的照片,剪过后就不完整了。更严重的是,在毛主席的身上还有一个个针眼。她当场被打为"现行反革命",作现场批斗。幸而学校党支部没有将她列为运动对象,她还能将学校当作避风港,尽可能早上班晚回家。

一时间上海风声鹤唳,"四类分子"(地主、富农、反革命、坏分子)、右派(含已摘帽的)、"牛鬼蛇神"(揭批对象,尚未定性处理)、"三反分子"(反党、反社会主义、反革命修正主义分子)、"流氓阿飞"自不用说,就是一部分劳动人民也胆战心惊,因为出身不好或有问题的亲友关系都会被株连,有的就因被怀疑接受抄家对象的转移而被抄。而且一般家庭也免不了有点金银首饰或"四旧"。

当时和事后都听到过一些无法证实的传言:有人将金条包起来扔进苏州河,清洁工在阴沟里拣到大批珠宝首饰。但确有其事的是,银行收购黄金白银的柜台前排着长队,拿着金戒指、"小黄鱼"(一两的小金条,当时牌价96元人民币)、银圆来兑换的几乎都是老人、小孩,因为真正的主人不敢露面。几天后,这种情况大概引起红卫兵的注意,银行宣布暂停兑换。"文革"结束后,上海的报纸上曾刊登过一条消息,抄家时有人将大量金银财物交给属劳动人民的亲戚保管,当时自然不会有什么收据或清单。事后双方发生争执,一是双方所说数量相差悬殊,一是接受方称是赠送而不是保管,最后只能对簿公堂。

报上刊登过北京红卫兵抄家的伟大成果:价值多少的金银财宝,多少反动罪证,使阶级敌人闻风丧胆,大长了红卫兵的威风。还举办过展览会。但上海似乎没有这类综合报道,也没有举办过大规模的展览会。有些单位在内部举办过战利品的展示,或者让抄家对象手持抄出的罪证,甚至穿戴上抄获的"封资修""奇装异服"接受批斗,游街示众。

我所在的学校后来调入两位教师,在"落实政策"和清理抄家物资时我得知,其中一位的父亲是资本家,抄家时发现几十两黄金,藏于煤球炉的四壁。另一位表面家庭贫困,母亲经常到菜场捡菜皮,子女衣衫褴褛,但偶然被抄到上万元现款,为此一直在审查,最后查不出什么疑问,却不知怎么处理这笔钱。

当年冬天,一些被抄对象请求领回过冬的衣被,或发还一些钱。我们学校只抄了几家,也没有抄本校教工,记得只有一个人来过。经请示上级,可以按实际情况处理。大概到了第二年,各级革命委员会先后成立,上面通知可以允许被抄对象适当领回一些生活用品。过了一段时间,下达了对抄家物资的处理办法,要求各单位成立清理小组,与被抄对象核对查清后,除必要的生活用品可以发还外,金银由银行按国家牌价收购,其他家具衣物等交旧货商店变卖,全部收入存入银行冻结,等待"运动"后期处理。"四旧"和反动罪证上缴统一处理。我们学校保存的东西不多,除了周家抄来的,其余的都不值钱,且全部有清单,大多退回了,这项工作仍由W办理。

但大量被毁灭性抄家,或者根本不知道抄家者是谁,更不可能留下清单的人就惨了。他们既无法证明家中的损失,又找不到追索对象,连本单位也爱莫能助。据说到"文革"结束落实政策时,只能适当予以补助。

一时间,淮海路旧货店等处堆满了各种抄家物资,皮大衣、料子衣服、红木家具、沙发、电风扇、收音机、照相机、留声机、钟表、工艺品应有尽有,店堂里放不下,人行道和马路边上也堆着。一把红木椅子只卖10元,一套皮沙发几十元就够了,工艺品更不值钱,却没有什么人买。因为高收入的人大多被抄被斗,工资、存款已被削减或冻结,住房也被紧缩,一般家庭住房狭窄,就是白捡也没有地方放。更重要的是,经过"文化大革命"的风暴,已经没有什么人敢保持"资产阶级生活方式"。倒是劳动人民无所顾忌,只要买得起、家里放得下就行。我看到了梦寐以求的英文打字机,以往多少次走过南京东路那家商店,看着玻璃柜里标价上百元的打字机,如今成批堆在地上,最多几十元就能买到。我挑了一台30年代的UNDERWOOD手提式打字机,花了25元。那时我住在学校,每天都公开练打字。我不怕有人说我走"白专道路"或追求"资产阶级生活方式",因为我打的都是英文的《毛主席语录》和《毛泽东选集》,或《北京周报》(*Peking Review*)。我完全按照正规的盲打训练,至今获益匪浅——用五笔法每小时可以轻松地输入四千字。那台打字机我一直使用到1986年,以后又给我几位研究生练打字。

1979年春天,我已在复旦大学历史系读研究生。一天下午,我正在图书馆看书,有同学告诉我宿舍有人找我。回到房间,见有一位不认识的老人坐着。他自我介绍说是西宝兴路的米店老板周某。他千恩万谢,说幸而当年是由我去抄家,让他渡过难关,现在落实政策,按清单完整无缺,连全国粮票都没有缺。又说他到我原来的中学问到我的地址,得知我考上了研究生,"真是善有善报,你现在高升了"。我顿感惶恐,抄人家还能算善事?连忙解释:"这是党的政策,我只是按政策办。"寒暄毕后,我才得知他的来意,现在有一张外国股票可以兑现,家里却找不到原件,问我有什么印象或线索。我告诉他,当时只注意金银财物,也不懂什么股票。要是被红卫兵当成"反动罪证",早已被撕了毁了。要是没有被发现,也可能在混乱中遗失了。既然连粮票都一一登记,要是真有这张纸,清单上不会缺少。他说当然相信我们认真负责,只是想了解我有什么印象。我说:"要是知道股票这么值钱,肯定会注意,可惜当时连股票是什么也不知道,怎么会有印象呢?"我劝他赶快按遗失的结果想办法,因为不会有比我更了解的人了。

四十一年过去了,当年的抄家者和被抄者有的已经去世,有的可能已记忆不清,有的不愿再保留不堪回首的记忆,有的甚至还在炫耀自己的"革命行动"。我倒希望有亲身经历的人都能记录下来,毕竟这是中国历史上不可或缺的一页。

原载《人间世》第二辑,上海书店出版社 2008 年版。

我经历过的"学生政审"

所谓"政审",就是"政治审查"的简称。这曾经是改革开放以前每个成年人或中学文化程度以上的人所必须经历或熟悉的过程——因为从理论上说,人人都需要通过各种方式的"政审"。

在一个"政治统治一切"、什么事情都要"讲政治"的社会,对每个人都要进行政治审查,对每件事、每个人首先必须从"政治角度"作出评价,是完全正常的。而根据毛主席的教导,"每个人都在一定的阶级地位中生活,各种思想无不打上阶级的烙印"。阶级地位和阶级烙印就被解释为一个人的家庭出身,所以在一般情况下,政审是从调查一个人的家庭出身和社会关系开始的。

进一步的政审,就要根据不同的要求,如入团、入党、参军、提干、当劳模、评奖、享受各种荣誉、当选代表或委员、成为统战对象、出国、升学、从事某种工作、执行某项任务,甚至能否在某地居住、与某人结婚、上山下乡的方式(插队、农场、军垦)或地点(内地、边疆)等,对本人的历史和言行进行审查,或者扩大家庭出身和社会关系的审查范围。这些都属于常规的、普遍的审查,结果是合适或不合适,或者需要对审查对象实行哪些限制,而不是处理或处罚。如果在政治运动中或针对某种案件,就需要成立"专案组",设立专案审查,对审查对象专门作结论,作为最后处理或惩罚的根据。

新中国成立后至改革开放前这段时期的成年人,人人都是被政审的对象,只是审查的方式有所不同。而要进行如此广泛而深入的政审,也需要大批不同等级的政审执行者。我出生于1945年,于1964年入团,同年高中毕业,1965年正式参加工作,并提过入党申请,"文化大革命"开始的1966年已经成年,"文革"中一度要借调我进市"写作班",曾报名支援西藏,1976年几乎入党,1977年被评为市先进工作者,当选为市人大代表,1978年考取研究生。我相信,这中间已经历过无数次政审。但这些,我自己是不可能知道的,最多偶然听到经办者透露有那么一回事。但从1968年开始,我被挑选进了所在中学的"材料组"("专案组"的别称),参与审查运动的对象。一年后,学生开始"上山下乡",接着又有了毕业分配,我兼做学生的毕业政审。"文革"后期共青团的活动恢复,我担任校团委书记,负责团组织的建立和新团员的发展,又需要对入团对象作政审。直到我考取研究生离开中学,我做了十年的政审,可以说说我的亲身经历。至于在材料组的经历,因为与政审并不完全相同,留在以后再说。

在上海市区,小学生毕业时还没有什么档案,转入中学的只有成绩单(包括其中的品德评语)和一张登记表。学生的家庭出身、父母亲的工作单位和政治面貌、本人曾经担任过什么干部等一般都根据学生自己的填写,个别特殊情况由校方或班主任注明。入学前后,校方都不会专作政审。对需要担任少先队、校级或班组干部的学生,一般只是通过与原来的小学联系了解。

但到中学毕业("文革"前分高中、初中,"文革"期间合并为学期为四年的中学)前,就必须进行家庭情况与社会关系的政审,填写一张政审表,放进学生档案,转入他(她)下阶段的工作、学习单位或户口所在的派出所。在毕业前的半年(有时因人数多开始得更早),学校就要派人去每位学生家长所在单位,通过查阅本人档案,摘录家庭出身、本人成分、政治面貌、家庭成员、主要社会关系、奖惩记录、有何审查结论或特别需要说明的问题。然后交单位核对无误后签署意见,盖上公章。

父母双方材料齐全后,由政审人员填写表格,摘录的材料作为附件,放入学生档案。父母工作单位不在本市的,可以通过人事部门进行"函调",对方人事部门会按要求摘录盖章后寄回。一般对方单位都很重视,会按时寄回。但遇到特殊情况,如对方单位还在"武斗",没有成立革命委员会,或者档案被封,或者被调查对象正在审查等(这些情况在"文革"中常有),就可能到学生将离校时还未收到材料。那时打长途电话既贵又难,而且根本查不到外地单位的电话号码,所以只能一次次发信催。

正常情况下,这项工作是由学校的专职人事干部做的,但由于工作量大,也可以组织教职员中的党团员协助。我所在的中学"文革"前刚建立党支部,只有三位党员,还没有专职人事干部,加上"文革"中的特殊情况,工宣队材料组的成员(包括我们几位参加的教师)就承担了这项工作。每年有上千毕业生,得摘录两千来份档案。那时我年轻,骑自行车,查档案和摘录速度快,又住在学校,所以全校学生多数是由我政审的。

查档案需要县级以上政府部门的专用介绍信,我们先开了"校革会"(学校革命委员会的简称)的介绍信和名单,再到"区革会"(区革命委员会的简称,地级单位)开介绍信。由于量太大,介绍信得一本本地开,后来就让我们领回空白介绍信,事先开好后到区里核对盖章。接待单位只认县级以上的公章,专职人员一看公章的直径就明白了。但"文革"中有的单位是新建立的,有时会因"区"的介绍信而拒绝,这时就得解释这个"区"比县级还高。介绍信上必须有调查人的姓名和政治面貌(党员、团员、群众),按规定,只能查与自己身份相当的对象,如团员或群众不能查党员的档案。群众和一般干部的档案保管在所在单位,一定级别的党政干部、统战对象或特殊人物的档案保管在上级单位或特别部门,到那里去才能解决,而且不一定就让查阅。遇到家长是党员或干部,我们非党调查者可以请对方人事干部代查代填。遇到比较复杂的情况,或对方不愿代办,只能另派党员去调查,或专门给上级部门打报告,获得批准后再去查阅。我们的家长中最高级别的是局(厅)级干部、老红军(抗战前入伍)和市劳模,有的表格是由单位代填的,非常简单:某某,党员,副局级干部,其他项目一概空白,或填上一个"无"字。"文革"前期党组织陷于瘫痪,所以不少单位只要有介绍信就能查档案,常常会把党员、干部的档案给我这非党员看。但如果接待者是原来的人事干部,一般都遵守规定,至多抽出一张登记表之类让摘录一下。其实,为了工作便利,我们倒是希望只抄一张表格。

那时中学是就地招生,按学生的居住地分块,家长的工作单位相对集中。如学校附近的3516厂,就是家长最集中的单位。每次政审,我们将名单交给工厂人事部门,去抄上两三天,百来份政审材料就完成了。但一大半家长的单位都是分散的,得一个个去,有的还在郊区。那时交通不便,一天只能跑一个地方。去崇明县要坐轮渡,当天无法往返,一般都发函调。

如果家长没有正式工作,如不少学生的母亲是家庭主妇,或只在里弄生产组工作,有的父母是临时工、外包工,他们的档案得到所属派出所去查,多数人没有档案。对这些人就抄户口本,然后找户籍警或居委会主任核对一下,由派出所盖章。但如果情况比较复杂,如属刑满释放人员、"五类分子"(地主、富农、反革命分子、坏分子、右派分子,实际包括"摘帽右派")或者"内控"(内部控制的对象),就比较麻烦,他们的档案有的在原判处单位或原来的工作单位,有的还在外地劳改单位。但这样的对象恰恰是政审的重点,非查不可。

我政审的对象大多属"劳动人民",档案袋中只有薄薄几张纸。但"有问题"的人档案会有几大包,如何能不错漏地摘录,又节省时间,既需要正确判断,也得依靠经验。刚开始时我逐张翻阅,速度很慢。后来才知道,自传、检举揭发材料、旁证材料、调查笔录等不必看,只要找到主要表格或审查结论就可以了。有的结论很不规范,如有的家庭出身、本人成分栏中所填往往与政策不符,或者纯属杜撰,有的结论前后矛盾,时间不对,等等。遇到这种情况,就得找人事干部或单位负责人。有时他们也解释不了,或不知所云,那就拣轻的抄,或者在征得他们同意后不抄。有时翻到一大包材料,出于好奇,我会仔细阅读,倒了解了一些平时从来没有机会了解的情况。其中不乏一些骇人听闻的事实,使我感受到了阶级斗争、政治运动的残酷无情。

如一位被枪决的"恶霸地主"的全部材料就是一张草草书写的"判决书",没有任何旁证材料。记得有一次到"提篮桥"(上海市监狱)抄来一份材料,此人因贪污判刑三年,罪行是当公共汽车售票员时贪污了几十块钱。检举揭发他人的信件,特别是针对领导的,往往留在本人的档案中,还加上领导要求对该人调查的批语,甚至已作了"恶毒攻击""阶级报复"等结论,可怜本人还一无所知。

新中国成立初期,绝大多数人填表格或写自传时都极其忠诚老实,特别是在政治运动中,或自认为出身、经历或多或少有点"问题"的人,都点滴不漏,唯恐涉嫌隐瞒历史,欺骗组织。那些要求入团入党、靠拢组织的积极分子,更将这当作相信党的具体行动,往往连道听途说的话也会当事实交代,心里有过的想法也要汇报。如有的人在新中国成立前当码头工人,拉黄包车(人力车),为了相互照顾,拜过把兄弟;或者为了寻求庇护,拜过师父。在填写社会关系时会写上:结拜兄弟某某系恶霸,被政府镇压;或师父某某,听说逃往台湾。有人上过大学,会将同学作为社会关系一一列出,其中免不了会有"去美国留学未归""随蒋匪逃台""是三青团骨干"等。于是,明明本人属"苦大仇深"的工人阶级,或党员干部,却已列入"内部控制",在档案中写上了"有反动社会关系","社会关系复杂,有逃台蒋匪特务"。到"文革"中"清理阶级队伍"时,这些人往往成为重点审查或批斗对象,甚至成了"里通外国""敌特嫌疑",本人受罪,还祸延子女,使他们在入团、分配工作时受到种种限制。

毕业家庭政审一般限于父母，但父母双亡的则还得调查抚养者（监护人）。如直系亲属中发现有"杀（被判死刑）、关（被判徒刑）、管（被判管制、劳动教养）"对象，则还得补充调查，至少要抄到正式结论。

这份政审表格就成为学生档案不可或缺的一部分，学生毕业后不管是下乡还是就业，都要带上这份材料。有的单位要先看档案，审查合格后才会接收。没有下乡或就业而留在家里的学生档案，到一定时候就转入所属派出所。

如家庭出身不好，属地主、富农、反革命、坏分子、右派分子（往往包括已"摘帽"的），军垦农场和黑龙江、吉林、内蒙古、云南等边疆地区的农村一般不会接收，除非是个别能坚决划清界限的积极分子典型。分配工作时，对进入国际海运、军工单位、"保密厂"、"要害部门"的人也会严格审查，有时还得补充调查直系亲属和重要的社会关系。对资本家、小业主、有"历史问题"但已作结论者、属"人民内部矛盾"的审查对象、经济问题（一般指"投机倒把""多吃多占""小偷小摸"）、生活作风问题等没有严格规定，往往因人而异。只要学生本人可以，一般会网开一面。

政审表格是不与本人见面的，班主任和其他教师也不能看，但对分配有一定限制的对象，会给相关教师提醒一下，不一定透露具体内容。教师往往颇感意外，甚至大吃一惊，例如最钟爱的好学生、学生干部就此与某些机会无缘。但当时人们都明白"政治"与"家庭出身"的重要性、神秘性，一般不会问，或不敢问具体情况。

对入团或当校以上干部，如市级、区级"红代会"（红卫兵代表大会）或团委的学生委员，如在家庭政审中发现问题，就要找本人谈认识。如果学生不知道，就让他们回家问父母，然后写成书面认识交来。如属阶级立场一类重大问题，还必须在入团审批会上公开谈认识，由团员视其深刻程度决定是否同意入团。隐瞒情况或认识不够的自然就此淘汰。

征兵的家庭政审要严格得多，不仅要查父母和直系亲属，还要查主要社会关系。不仅要抄结论，有问题还要摘录具体材料，包括正在审查或未作正式结论的问题。70届征兵时有位学生的父亲是3516厂的老工人，历史清白，家庭出身和社会关系毫无问题，却受了档案中一句话之累。原来他在业余学文化时做造句，造了一句"我们都盼望蒋介石回来"。因为当时正宣传"和平解放台湾"，国家领导人说如果蒋介石愿意回来可以让他当副委员长，所以这位刚摘了文盲帽子、对"盼望"半懂不懂的工人写了这样一句话。结果可想而知，无论我们如何解释，部队坚决不收。他父亲来找我询问原因。我内心十分同情,却不能透露,只能说些安慰的空话。

我还接手过比征兵要求还高的政审。一次是在"文革"后期,上海开始办外语培训班,按王洪文的说法,要培养"红色外交战士""工人大使"。从应届中学毕业生中挑选,经审查合格后直接入学。那次我们中学分配到一个名额,先挑出几位表现好、家庭出身等方面尚未发现问题的学生,初审后进行比较,集中在一位父亲是党员、一般干部的男生。对他的政审遍及所有能找到的家庭成年成员和社会关系,最后报送成功。

学生本人的表现一般由班主任写评语,"文革"中一度改为由"红卫兵排"(相当于班委)或"革命小将"自己鉴定。实际上教师害怕得罪学生或影响学生分配工作,都不敢再写。学生自己写的,接收单位也不会当真。我负责管理全校差生,有不少学生自己写的检查、"认罪书",还有公安局、派出所、"文攻武卫"(一度存在,相当于治安队、联防队)等转来的材料,这些都不是正式的处理决定,都不随档案转出。个别学生被公检法[①]判刑或送劳动教养的已经被开除,我们不必再管。一般性拘留审查的不算正式处理,材料留在公检法。

相比之下,学生本人的材料反而不如家庭出身重要。我的记忆中,除了毕业后出了什么事,所在单位来校了解,我们从未在毕业生档案中主动附什么材料。某年盛夏的一天下午,我们突然接到无锡传染病院打来的电话,称我校一位学生正在该院,有重要"政治嫌疑"。我与一位工宣队材料组组长连夜乘火车赶去。原来该生在其姐工作的医院过暑假,有人在公厕蹲坑旁发现"打倒毛"三个字,经当地公安局侦查,他是主要嫌疑对象。我与他谈了一个上午,软硬兼施,他都没有承认。我越来越相信非他所为,坚决要求对方提供证据,看到了公安局的鉴定书原件,上写"因送检字数太少,难以比较,该人书写的可能性较大"。我以鉴定不符合规范为由,拒绝接受该材料,将学生带回。此事在我校从未公开,连班主任都未告诉。不久该学生毕业,从未听说有任何"反动"行为。

不过,在这十年间,经我们之手产生的"政审材料",更多的是使一些学生从毕业之日起就戴上了无形的枷锁,受到种种限制和不公正待遇,被打入另册。而本人及家人可能根本不知道真正的原因,因为其中大部分纯粹出于冤假错案,或极"左"、教

[①] "文革"初,原有公安局、检察院、法院都由部队进驻接管,以后合称"公检法",至"文革"结束后才恢复正常。

条、不负责任的做法。要不是拨乱反正、改革开放,或许我会一辈子做这样一件名为"坚持政治方向,贯彻阶级路线"、实则伤天害理的事。

如今,我作为研究所所长、图书馆馆长,先后接收过很多硕士、博士研究生和新员工。他们都有档案材料,但我从来没有去查过他们的家庭出身或社会关系,我重视的是面试,看重他们的实际能力和表现。每当他们被愉快地录取、录用,或拿到毕业证明、获得学位时,我不由得感叹:"年轻人,可知道你们有多幸运!只要凭自己的努力,你们就能获得这一切。"

原载王兆成主编:《历史学家茶座》总第14辑,山东人民出版社2008年版。

青春无奈(二则)

这几年常听到"青春无悔"的口号,特别是用于回忆知青上山下乡或经历过的"文化大革命"及各种政治运动,以表示回忆者的达观,显示其"革命豪情",并影响没有这类经历的青年一代。对此,我绝不赞成。

这完全是歪曲历史。所谓"无悔",只能是就个人曾经作出的选择而言,而事实却是绝大多数人根本没有选择的自由,完全是在被强制或受欺骗的情况下才参加或卷入,只能说是无奈。

这完全是在欺骗。既然"无悔",何不干下去?但高唱"无悔"的人今天基本都是官员、企业家、学者、富人、名流、留学生,至少已回到城里安家立业并进入小康,有几个还在农村、山区战天斗地?既然"无悔",完全可以回去,或者把子女送去,但有人这样做吗?

这是一种极其危险的倾向。那些人"无悔"的事物,都与"文化大革命"和此前的极"左"路线密切相关,他们"无悔"的结果,岂不是在用事实肯定这场浩劫和此前的序幕?莫非要再来一场"文化大革命"?

所以,当我在回忆自己从"大跃进""三年自然灾害"至"文化大革命"的经历时,深感我们这一代人的青春并非是由自己选择的结果,而是这段历史所造就的。是的,我们曾经被愚弄,被欺骗,被压抑,也曾经被煽动,被吹捧,被利用,既作为"革命动力",也当过"革命对象"。我们当然应该深刻反省,但毕竟青春无奈!

中学生活自然也给我留下过美好的记忆,特别是在人到中年后,更免不了会感叹岁月无情,青春难再。但我宁可为了未来而走向死亡,也不愿意再回首那无奈的青春。不过,为了我们的后代不再经历那样可怕的年代,我不得不一次次回忆并记录下这段无奈的青春。

我正在撰写我的回忆,下面先摘录二则:

中学生的"大跃进"

我是1957年进中学的,"大跃进"兴起时正读初二,当时的狂热和荒唐至今记忆犹新。

印象最深的几件事,一是"放卫星"。

当时报上每天都在"放卫星",各种奇迹不断涌现,产量天天翻番,我们这些十三四岁的少年哪里知道什么真假?整天唱着"赶上那个英国用不了十五年","共产主义就在眼前",沉浸在狂热之中。不知是因为学校领导布置,还是少先队员出于革命热情而自发行动,或者兼而有之,学校里也开始"放卫星"了。开始的口号还比较谨慎,如有的班级提出"消灭不及格",但在其他班级"消灭3分(五级记分制,相当于及格)"的口号面前,马上有人放出了"全部5分(优)"的"卫星"。可是不几天,"全部5分"的口号也显得保守落后了,因为据说别的中学已提出在初中学完高中课程,有的学生还准备著书立说。

于是,一个个具体的"卫星"放起来了:如三天消灭错别字,办法是每天测验几次,教师来不及批,就组织学生批,甚至相邻座位互相交换批。很快就有班级向校党支部报喜,最近一次测验证明全班已消灭错别字。消息传出,其他班级也喜报频传,不到三天全校就放了"消灭错别字"的"卫星"。

又如全部通过"卫劳制"(劳动卫国体育锻炼制度)标准,初中生虽然是初级,但也有规定的指标,如60米跑、400米跑等都有具体的时间,短短几天之内如何能全部达到?于是没有通过的学生就在操场上不停地跑,累了就歇一下再跑。在这种情况下,照理不可能越跑越快,但一遍遍下来,不通过的人居然会越来越少。直到天黑,不知是学生们真的越跑越快,还是计时的教师也放了"卫星",奇迹终于出现,全校学生全部达标,报喜的锣鼓又敲到了党支部办公室门前。

二是大炼钢铁。"钢铁元帅升帐"似乎是当时的头等大事,记得具体的口号是"为1 080万吨钢而战",以后指标又成了1 800万吨。不久就轮到中学"大炼钢铁"了,教师和一些身强力壮的学生在操场上建起一座炼钢炉,其他学生全部出动收集

"废钢"。我们那所中学是新建的,实在找不到什么废钢,学校周围是棚户区,都是非常简陋的房屋,几乎没有钢铁可拆,大家就跑到苏州河以南的住宅区,将弄堂口的铁门、一些房屋上的铁栅铁栏全部拆下砸碎,有的同学还把家里的铁器拿来,有的工厂放在马路上的零件也被当废铁搬了回来。晚上操场上炉火熊熊,师生们挑灯夜战,终于把"废铁"炉成了一堆黑乎乎的"钢",接着就是抬着这堆"钢"报喜——不是向本校党支部,而是游行到区委。

再就是消灭麻雀。除了平时用各种方法完成这项"政治任务"外,还有集中的行动。记得全市消灭麻雀那天,我们一大早就到了学校,我分到的任务是和一批人一起爬上三楼屋顶,见到麻雀飞过就高呼驱赶,不让它们停留。四周到处都有人放鞭炮,敲锣打鼓,挥舞旗帜,奔跑呼号,各显神通,据说战果辉煌。虽然我们在屋顶没有抓到一只麻雀,但都相信自己为"灭四害"尽了力。

我个人还有过一项"大跃进"的成果。我们去育才中学参观了教育革命展览会后,学校提出要实现"电化教育"。我积极响应,向地理教师建议制作一件"电化教具"。其实很简单,就是在一个大木框上放一张全国地图,底下用不同线路安装不同颜色的小灯泡,用开关分别控制,演示时根据需要开灯,分别显示城市、铁路、河流等内容。学校给了我们一笔经费采购小灯泡、电线等,木工为我们做了木框,我和一位同学夜以继日忙了几天才制成,送往展览会向党献礼。但以后再未见到这件教具的下落,教师自然没有用过。

饥饿的记忆

初中时,学校附近的街道办了食堂,虽然还不像一些"共产主义"的典型或农村那样"吃饭不要钱",但价格也相当便宜,所以我还能从有限的饭钱中省下几毛钱买书。可是等我 1960 年进高中时,粮票的重要性已经尽人皆知。本来在饭馆用餐、在点心摊买早点是不要粮票的,但后来不收粮票的地方越来越少。特别是廉价饭馆和点心摊,每天供应的数量已很少,顾客必须提前排队,或等上很长的时间,才能买到限量供应的一份。为了省下粮票,家里人曾几次到浙江路一家面店门口排队,轮得到的话,每人可吃一碗素交面(就是在面条上放几小块冬瓜)。不久,所有的漏洞都给堵死了:饭馆、点心摊凭"就餐券"供应,食品店的饼干糕点凭"糕点券",与粮票一样严格配给。

进高中后我一直在学校的食堂吃包饭，午、晚餐都是八个人一桌，饭量可以各人自定，每人有固定编号的碗。女同学大多定三两一顿，男同学普遍是四两，个别有定五两的，食堂根据所定数量放米蒸饭。由于炊事员放米放水未必精确，有时四两的饭还不如三两多，有时同样的定量却相差很大，当时同学间虽还相当克制，但心里却不能不计较。如果同学间拿错了碗，定量少的吃了定量多的，那就更加尴尬。轮到十天半月一次吃肉，大家就像过节一样，但轮到分菜的同学负担就特别重，要是菜盆中的八块肉大小相仿还好办，要是有大有小就麻烦了。开始时菜盆里的青菜数量还是充足的，尽管几乎没有油水；以后连青菜也不见了，只有一些卷心菜的老叶。到了冬天，饭碗里经常是"光荣菜"。所谓"光荣菜"，就是以原来喂猪的豆腐渣为主，放少些菜叶、豆腐一锅煮成的。味道是不能计较了，再说这也是"政治"立场，再不好也得吃。由于数量不少，吃下去的时候倒很饱，只是维持不了多少时间。

在家吃饭也同样吃不饱，因为除了凭小菜卡按人头买到的蔬菜（基本都是卷心菜的老叶）和凭票买的几两肉、几分钱豆腐外，一切食品的来源都已断绝，所以每家每户都在为了让这少米、无米之炊塞饱家人的肚子而各显神通。社会上流行的一种办法是先将米炒熟再做饭，原来的一碗可以变成一碗半，吃饭时皆大欢喜，但也解决不了吃下一顿前的饥饿。报上还介绍生产小球藻，用人的粪便喂猪，将饲料省下来掺入粮食一起吃。学校的生物教师辅导大家养小球藻，到处是一个个盛着发绿的水的瓶子，可是从来没有人吃过据说极富营养的小球藻。用粪便喂猪的确实行了，但人本身已极其缺乏油水和营养，粪便中还能有多少有效成分？所以当时偶尔吃到的猪肉也是皮连着瘦肉的薄薄一片。

最倒霉的大多是各家的主妇、母亲，为了让家人和子女多吃一点，往往只能自己忍饥挨饿。但在一些多子女家庭，即使母亲整天挨饿，也无法解决子女间的争夺，往往只能采取分食制。我家的邻居家有六七个孩子，最大的是我同学，每天早上，母亲按各人定量将全家当天的粮食分好，然后各人自己决定如何吃。所以他家的煤炉整天没有空，特别是分了面粉后，有的做面条，有的摊饼。当然母亲做好了菜后也得分配，否则就无法使每人都吃到。

在饥饿的日子里，吃了上一顿就在等着下一顿，特别是上午第四节课时，都在盼快点下课。当时高中生根本没有手表，个别家里有钱的同学也不敢戴手表。轮到我们坐在靠窗一排时,就在课桌上放一个钢笔套,记下太阳影子的长度,用这方法来估计时间,又通过手势或纸条告诉其他同学。饥饿和营养不良不仅导致我们这些十六七岁的学生发育迟缓、身材矮小,而且患上各种疾病,每次体检都有新的结核病人被发现。我在1962年5月的体检中查出患浸润型肺结核,只能立即休学,一年半后勉强复学,因原班级已毕业,转入下一级。但到1964年高中毕业时,肺结核尚未钙化,体检仍不合格,因此失去了报考大学的机会。

经常性的形势报告和政治学习使我们深信,饥饿是由"连续自然灾害"和"苏修逼债"造成的,并且是暂时的。当我们听到"毛主席已不吃肉了"的消息时,更感动万分,因为我们毕竟每旬有二两肉票呀!伟大领袖的生活比我们还艰苦,于是我们咬着牙省下一二斤粮票上交团支部。我们更相信世界上还有三分之二的人民没有解放,台湾人民生活在水深火热之中,我们虽然吃不饱,但党和政府还配给粮食和生活必需品,资本主义国家的政府会管吗?要是他们那里遇到这样大的自然灾害,劳动人民不知要饿死多少!

在学校附近的北火车站一带曾出现一些从乡下逃出来的饥民,个个瘦得皮包骨头,先是要饭,说快饿死了,哀求救他一命,但哪里要得到?于是他们就开始抢吃的,从别人手里抢过大饼、油条,拼命往嘴里塞,任凭如何打骂,他们一概忍受,只是死不吐出到了嘴的食物。实在无法一口吃下的,如半碗稀饭,也会吐上一口痰,使你只得让他吃了。学校立即进行思想教育,说明这些人都是农村的地富反坏,不愿老实接受劳动改造才逃出来。不久这些要饭的果然被统统赶走,我们自然毫不怀疑他们是罪有应得。

原载《文汇报》1999年9月17日;《我的中学时代》,福建教育出版社1999年版。

病室忆旧

几次原因不详的腹痛使我住进了新华医院的病房,既然入了病房,就理所当然成了"病人",尽管我自以为没有什么病。

病房适合病人,却不适合我这个非病人,而诸多不适应中之最是早睡早起。尤其是在监护室这几天,晚上8时就得熄灯(因为几乎整天在床上,所以没有上床的概念),在家里此时我一般正在看报、打电话,还没有开始工作;而早上6点不到,护士就要来量体温了,可在平时这正是我睡眠最深的时候。

躺着睡不着,又不能随便起来,免不了胡思乱想,常出现在眼前的就是我第一次住院的情景。

那是1968年的冬天,我在苏北江都县出差时得了急性阑尾炎。在县人民医院确诊时已近傍晚,当天无法赶回上海,我接受医生的劝告留院开刀。被从手术台上推回病房已近半夜,很快就入了梦乡,待到听到《东方红》奏响,才发现天已大亮,同室病友都已起床,有的已离室而去,原来"早请示"的时间快到了,病人都得去"忠字室"参加。这时门口走过一位像我们学校工宣队队员模样的人,见我高卧未起,就喝道:"怎么还不起来,难道不做早请示吗?"我忙答道:"我昨天夜里刚动了手术,不知能不能起床?"旁边的病友解释:"人家是上海来'外调'的干部,盲肠炎刚开的刀。"那人听后顿时客气多了,但还是说:"忠不忠,看行动!我们在战术上要重视困难,战略上要藐视困难。"大概是为了对我表示鼓励,他又念了一段毛主席语录:"下定决心,不怕牺牲,排除万难,去争取胜利!"虽然他没有留下来看我的行动,我却不愿意没有行动,于是试着坐了起来。不过我终于没有参加这天的"早请示",待我慢慢穿好衣服,准备下床时,病友和医生护士都已做完"早请示"陆续返回了。当然,到当晚"晚汇报"时,我已自觉地做好了准备,慢慢踱到了忠字室。

第二天"早请示"时才体会到,那位工宣队队员念的毛主席语录还真有一定的针对性,因为那里"早请示"的程式与上海不同,时间要长得多,例行的"万寿无疆"和"永远健康"后,不但要念大段的毛主席语录,还得唱《敬祝毛主席万寿无疆》《天大地大不如党的恩情大》等好几首颂歌,差不多要20分钟,站的时间长些倒还不是大问题,最麻烦的是引吭高歌,刀口会随着歌唱的节奏而出现一阵阵的疼痛,只能将右手按在上面以减轻腹部的振动,并尽量在张大嘴巴的同时压低声音。

到了"晚汇报"结束时,另一位工宣队队员模样的人又提出了新的要求,从第二天起"早请示"要加跳"忠字舞"。此言一出,舆情大哗,医护人员只敢小声嘀咕,病人中却有人高叫"我们不会跳""你先跳个看看""明天怎么学得会"。工宣队队员却不让步:"县里其他单位都已开始跳了,落实最新指示不过夜,跳不跳是态度问题!哪一个是生下来就会跳的?还不是在斗争中学习的?"说罢他就让一位穿一身军装的"小分队"(毛泽东思想文艺宣传小分队)女孩作了一次示范。所谓"忠字舞",原来就是边唱当时流行的一首藏族颂歌,边做一些简单的动作。但这样的动作我肯定受不了,特别是最后一句"巴扎嗨"时要双手向前摊、右脚迈出一步、人作弯腰状,我真担心刀口会不会崩开。

"晚汇报"在一片哄闹声中结束,我正躺在床上想着明天的"早请示"如何对付时,替我开刀的医生——上海第一医学院的毕业生——来了,他象征性地检查了一下我的刀口,就大声宣布:"你的刀口发炎了,现在起不能下床。"毕竟是同类相惜,他让我名正言顺地躲过了第三天的"早请示"。

其实我的刀口长得很好,孤身在外住院又不方便,所以与医生商量尽快出院回上海,等到第四天"早请示"时,我已坐上了驶往六圩长江渡口的长途汽车。

想到这些,才感到现在睡不着觉实在算不得什么烦恼,心情也安定了不少。但再想想又安定不下来了,我在"文化大革命"中只有这一次住医院的经历,所知所感可谓冰山一角,但当时医院也是"阶级斗争的前线""革命大批判的战场",不知发生过多少"革命行动",出现过多少人间惨剧,"牛鬼蛇神""走资派"得不到急救而死在走廊上,"阶级敌人"与"革命群众"区别治疗,以"毛泽东思想"对付病痛,用不用针刺麻醉就是对"毛主席革命路线"的态度问题,不能让医院成为阶级敌人的避风港,清洁工也能拿手术刀,资产阶级老爷医生靠边站,如此等等,过来人都是耳熟能详的,可是要是这一代人不将这些事告诉后人,不将它们著于史册,今后又有多少人知道?连我们自己都快记不得了,还能指望我们的子孙永志不忘吗?

我希望有此经历的人第一是不能忘,第二是写下来,或者讲给能写下来的人听,第三是将这些资料出版,暂时出不了的也要妥善地保存着——不仅是给再进医院的过来人怀旧,还可以给新一代人"忆苦思甜",更应该留给我们这个民族和全人类的后代。

原载《文汇报》1997年11月2日。

我记忆中的北站[①]

1956年夏天,我从家乡转学来上海。轮船停在河南路桥附近的苏州河边,上岸后来接我的父亲叫一辆三轮车回家。讲了地址后,他又补充一句"北站后面"。过了河南路桥后,三轮车一路向北,在宝山路上驶过两条轨道,后来我知道,左边就是北火车站。

当时我家租的屋子在虬江路、公兴路口,晚上听得见火车进出站的汽笛声。此后直到1978年我迁离闸北区,我的生活、求学、工作都在以北站为圆心、不足5公里半径的范围内。原来我家住处属北站区,当年才并入闸北区,但居民沿用北站区的名称有很长一段时间。闸北区被人戏称为"赤膊区",属上海"下只角"。但北站一带,特别是天目东路以南属例外,河南路东,浙江路西,苏州河北这一区域虽属"浜北"(苏州河北),但与"浜南"差别不大。而闸北区的其他地方因在两次淞沪战争中受日本军的轰炸和战乱破坏,原有建筑荡然无存,只剩下共和路、恒丰路口一排三层楼房,因而这一带有了一个"三层楼"的地名。当时我们要购物消费,如果不想去南京路、四川路的话,北站南的天目东路和东面的宝山路就是唯一的选择,那里的百货店、食品店、饭店、药店、书店、照相馆都属闸北一流。我们高中同学的几次聚会,都在宝山路那家照相馆合影留念。那家新华书店是我经常流连的地方,1964年9月初,我拿到人生第一笔"工资"(师资培训月度津贴),就在那里买了一套向往已久的王力编《古代汉语》。在星火电影院和闸北区工人文化宫未建之前,宝山路头上的泰山电影院是闸北区唯一列入排片表的电影院,学校的学生包场都订在那里,也是我们步行可及的最近的电影院。我高中一位同学住在均益里,弄堂前门在天目东路,

---

[①] 本文是作者为当时一名为《北站》的杂志所撰。

后门在安庆路。从繁华的大楼中间走进弄堂,是一排排整齐的石库门建筑,与我住的棚房区简屋有天壤之别。

这一切当然是因为北站的存在。上世纪 50 年代,北站是上海唯一的陆上大门。从我家乡浙江吴兴县南浔镇来上海,乘轮船要坐一个晚上,乘汽车到嘉兴或苏州,再转火车到北站方便得多。加上我家一直离北站不远,步行就可往返,所以从 1957 年暑假回乡起,我大多是在北站乘火车的。那时航空还不普及,一些外宾政要也乘火车到达上海,有几次北站一带因欢迎重要外宾而封路。"文革"期间我工作的古田中学组织了一支学生迎宾队,我曾带学生在北站迎送外宾,其中有两次是在大厅欢迎西哈努克亲王。北站的大厅实在太小,欢迎队伍经常会排在广场上。知青上山下乡进入高潮,北站就容不下如此多的乘客和送客,知青专车只能移往原来供货运的彭浦车站。大约在 1984 年 6 月,我陪导师谭其骧教授去六安开会,清早到达北站,在软席候车室候车,快上车时接到通知,这班车因洪水取消。这是我第一次也是最后一次进入北站富丽堂皇的软席候车室。

对于北站在 1956 年前的 48 年,我通过学习和研究历史才有所了解,它是中国近代史、上海史的重要篇章,也是无数与北站有种种关联的人心中永恒的记忆。

这些应该是《北站》问世的理由。

本文写作于 2019 年 2 月。

治学问道

我的1978年

1977年,当高校重新招生的消息传出后,我的上大学愿望死灰复燃。但看到具体规定后,我发现对考生年龄的规定是30周岁,而当时我已满31足岁。抱着一线希望,我又去招生处询问,得知对"30周岁"的解释是"不满31足岁",我已失去报名资格,看来这辈子与大学无缘了!

我是1964年从上海市北中学高中毕业的,但在此以前,我的大学梦已经破灭。那是在1962年的5月,我正读高二,在学校一次体检透视中,我被发现患开放性肺结核。经过拍片复查,确诊无误,医院通知我立即病休,三个月后复查。拿着这张诊断书,我不知是如何从福建北路闸北区结核病防治所回到家中的,也不知是如何回答母亲询问的,直到晚上睡在床上才开始考虑自己的前途——不得不面对这残酷的事实。进高中不久我就已瞄准北京大学古典文献专业,也是语文、历史、英语等教师心目中最有希望的学生,一直享受着他们的格外关照——可以到教师阅览室看书,能通过教师借书,上历史课时不必听讲而可看我自己的书。尽管在政治学习或讨论时我也表态"一颗红心,两种准备"(准备考大学,但也准备考不上大学时服从分配,到新疆或农村去),实际却只有一种准备。要是不能在三个月内治愈,或者影响报考大学,这一切都完了。于是我将一切希望寄托在治疗和休养上,按时服药,严格按时间表作息,每天早上去公园学太极拳。当时主副食品都是计划供应,居民每十天配售二两肉,但凭肺结核病的证明可到菜场办一张"照顾卡",凭卡增购肉和鸡蛋若干,还可订一瓶牛奶。我尽量增加营养,以便及早康复。但是每三个月一次的复查都是一次新的打击——我一直无法进入钙化期,因此不能复学。直到1963年11月,同班同学早已毕业,绝大多数考入大学,我才在休学一年半后获准复学,转入下一届高三"试读"。可是到第二年5月高考报名体检时,我的肺结核还没有完全钙化,不符合报考条件。

在老师的劝说下,我暂时放弃了继续报考大学的打算,因为医生说像我这样的病情,很难保证下一年就能通过体检,而且作为一名新团员,服从组织分配是起码的要求,我接受了参加上海教育学院师资培训的安排,留在母校市北中学实习,1965年8月被分配到古田中学当英语教师。不过我并没有放弃上大学的打算,心想即使工作十年,我还符合报考大学的年龄,总能找到机会。所以当年就报名考上了上海外语学院夜大学二年级,进修英语。但"阶级斗争"这根弦越绷越紧,连我自己都开始怀疑,一心上大学是不是"成名成家"的资产阶级个人主义在作祟,所以不仅自己公开暴露思想,还一次次进行自我批判。到了"文化大革命"开始,这些都成了大字报中揭发批判的内容。"文革"期间,毛主席"大学还是要办的"最新指示发表,曾经给我带来一线希望,但马上破灭,因为毛主席特别指出"理工科大学还要办",而且随后开始的招生,都是由各单位推荐"工农兵学员",在职教师显然没有资格。

有了这样的经历,我对1977年的意外遭遇相当平静。而且当时"文革"结束不久,我对"成名成家"的资产阶级思想心有余悸,所以尽管报名处的工作人员曾建议我凭"上海市教育战线先进工作者"和新当选的上海市人大代表的身份争取在年龄上破格,我也不敢一试。

到1978年公开招收研究生时,报考年龄放宽到40周岁,而且为了"不拘一格",对学历没有任何规定。我再也无法抵制大学的诱惑,但一点儿没有把握,所以在单位开证明时还要求领导给我保密,再三说明只是想检验一下自学的结果,以免这种异想天开在学校引起不良影响。

报考研究生是要选定专业和导师的,对这些我几乎一无所知。首先想重温旧梦,选择北大。但当时新婚,小家庭新建,到外地读书显然不现实。上海的大学选择余地有限,特别是经过了"文化大革命",我不想选与意识形态关系密切或者有"政治风险"的专业,最后选定复旦大学历史系谭其骧教授指导的历史地理专业。其实我当时还不知历史地理专业的性质,只是以为历史和地理都是我喜欢的,并且在工作期间一直有所积累。对谭其骧教授,记得"文革"前曾在南京路上海先进模范的光荣榜中见过他的照片,我初中的历史教师向我介绍过他在编中国历史地图。在不久前召开的上海市人代会上,选举的全国人大代表中就有他的名字。我不知天高地厚,根本没有考虑或打听报考哪所大学、哪个专业、哪位教授的难度如何,有多少人报名,反正只是试一试,倒也没有什么包袱,所以考前还是与平时一样工作,只是在晚上和星期天稍稍做些准备。

在报名时我遇见了高中母校市北中学的历史教师W。1963年我病休时常去教师阅览室看书,W刚由上海师范学院毕业分配来校当教师。我与他相识后常去他宿舍聊天,留校实习时还有来往。我离开市北后听说他因"犯错误"而被调往海滨农校,已经多年没有音讯。W问我报什么专业,原来他也报了历史地理。当时他显得很紧张,事后有人告诉我,他得知我与他报考同一专业,连称"多了一个竞争对手"。

那年报名的考生很多,初试就近举行,我的考场在上海工学院(今上海大学延长路校区),离我工作的古田中学不远,骑自行车不过十分钟。我对考试完全没有把握,既不想惊动同事,又不愿影响日常工作。我把这三天要上的课调了一下,每天早上还是像平时那样到广播室,在升旗后的早读时间里对全校同学简单讲话,然后骑车前往考场。在五门考试中,政治是我最熟悉的,因为这些年我一直教政治,像"无产阶级专政条件下的继续革命""拨乱反正,抓纲治国""三个世界理论"等讲得很熟,只要注意答得规范就行了。英语我有上海外语学院夜大学两年级的基础,加上"文革"期间不时在学《毛泽东选集》英文版,看《北京周报》,给学生上英语课,拿到题目后觉得很容易。古汉语和历史我自以为是强项,虽然对问答题中的"魏晋玄学"一题不大有把握,但不会离题太远,因为我主要根据翦伯赞主编的《中国史纲要》复习,里面专门有一段。历史题中一个名词解释是"谭绍光"。我正好看过由复旦大学历史系编的一套近代史小册子,上面提到太平天国后期的将领慕王谭绍光,记得他是忠王李秀成的下属,驻守苏州,所以也答出了。出了考场,又遇见W,他神情紧张,问我谭绍光是什么人。听了我的回答,他连说"完了完了",匆匆离场。地理试卷中有的名词解释我没有见过,只能据字面意思猜想,瞎蒙几句,估计得分最低。

待收到复试通知,我不得不认真对待了。一方面,我有了一定的信心,尽管那时还不知道初试的成绩,但毕竟证明我能与大学毕业生一争高下,离大学的目标又近了一步。另一方面,复试时肯定会侧重于专业,而这一方面我的知识几乎是空白。当时规定参加复试的考生可以向单位请十天公假,我向党支部书记提出,他爽快地答应了,还说如果时间不够可以再通融。

我不知道应该如何根据历史地理专业的要求复习,只能去上海图书馆找资料。到那里的参考阅览室后才发现,里面坐着的大多数是考生,报考复旦大学的占了相当大部分。当天下午,我正在看《中国历史地理要籍选读》时,有人过来问我,是否报考历史地理专业,得知他也是报考复旦大学历史系,但是世界史专业。他又给我介绍了两位报考历史地理专业的考生——顾承甫和杨正秦——后来是我的同届同学。询问我的是顾晓鸣,以后是我们同届研究生中的活跃人物。交谈中我暗自吃惊,他们都毕业于复旦大学,顾(承甫)、杨两位还出自历史地理专业。但到这时也顾不得多想,只有临阵突击,多多益善。复试前上海连续高温,正好那年我的新家买了一架华生牌台式电风扇,那还是通过在市百一店工作的我的岳父托熟人买到的。晚上在斗室中复习,有风扇降温,在当时已属异常优越。

到了复试那天,我早早来到复旦大学,找到大礼堂(现在的相辉堂)。所有考生的笔试都集中在礼堂内,按专业分组,我们坐在靠主席台前的左侧。座位前没有桌子,只有一块翻起来的搁板,写字很不方便,有的搁板还吱吱作响。幸而那天气温不是很高,几百人集中在礼堂内还不算太热。主持的老师(后来知道他是研究生处的杨波洲)坐在台上,用他的宁波普通话宣布:"现在开始考试。"各系的监考老师给考生发下试卷,并在周围巡察,我们专业来的是周维衍、邹逸麟。上下午各考一门,小题目已记不得了,大题目是《史记·货殖列传》中一段话,要求今译并论说,另一段大概是《天下郡国利病书》中论述明朝建都北京的。题目中没有什么意外,考下来自我感觉还不错。走出考场,见外面等了不少人,都是考生的家属。有一位女士手持保温瓶,里面装着冷饮;有的立即送上毛巾、扇子;有的问长问短。这也难怪,听说好几对夫妇将夫妻团聚、迁回上海或另谋出路的全部希望寄托在这次考试上,能不格外重视?

第二天是导师面试,因为我们的导师谭其骧教授正住在龙华医院治疗,周维衍通知我们早上到复旦的大门口搭车。次日五位考生会齐,我第一次见到毕业于福州大学探矿专业、来自湖南岳阳煤矿的周振鹤和毕业于南京大学历史系、来自浙江长兴的周曙。我们搭乘的是学校一辆厢式货车,先要送毕业生行李去秣陵路铁路货运站,然后再送我们去龙华医院,不仅花了很多时间,而且坐在货厢中一路颠簸,疲惫不堪。周维衍与邹逸麟让我们五人抽签决定次序,周曙抽在我前面,但他被颠得脸色苍白,急需休息,自愿与我对调。

事先只见过谭其骧先生的照片,走进他的病房才第一次见到,想不到正在治疗中的他精神很好,声音洪亮。他很随和地问了我的经历,然后问我看过什么书,对什么问题感兴趣。在我提到钓鱼岛的归属时,他又问我可以举出什么证据,我尽自己所知谈了。其他还谈了些什么已经记不清,但从以后我们五人都被录取看,大概主要是了解我们的情况,而不是严格挑选。

复试过后,我感觉到成功的希望很大,开始担心学校能否同意我离开。我在古田中学已工作整整十三年,负责学生的管理工作已近十年,开始是管"差生",后来又当了"红卫兵团"辅导员,团组织恢复后改任团委书记。从学校的领导、师生,到周围街道里弄的干部和居民,所属公安局、派出所和附近单位,几乎都知道我——只要找到我,古田中学再厉害的学生也能制服。"文革"期间秩序再乱,只要我在场,学生就不敢闹事。"文革"结束后,我于1977年"五四"期间被评为闸北区团员标兵,接着又被评为闸北区先进教师,由上海市革命委员会(相当于市政府)评为教育战线先进工作者,当选为上海市人大代表。在这种情况下离开,我自己也觉得有些不妥。想不到党支部书记曹德彬告诉我:区教育局钟一陵局长明确表示,如果你能报上研究生,证明你有这个能力,也说明国家更需要你,学校应该无条件地支持。记得当时的报纸曾发表过多篇评论,强调要"不拘一格"招收研究生,要求考生所在单位不得留难。但还是有不少考生因种种原因,或无法报名,或受到"政审"或"鉴定"的影响,或者因单位不许离开而放弃。比起他们来,我实在是幸运的。

10月初,我收到复旦大学发出的录取通知。这时曹德彬告诉我,他早已肯定我会被录取,并提前向区教育部做了汇报,对接替我的人做了安排。原来复旦大学派往古田中学对我做政审的教师孙锐,在闸北区读中学时曾在课余到区少年宫服务,那时曹德彬是少年宫主任,认识了孙。遇到熟人,孙向曹透露了我考分居全系第一的底。此事在我所在的中学和闸北区中学界引起不小的轰动,本来认识我的人就不少,加上我是该区中学界唯一的市人大代表,一时间产生了不少传说。第二年,中学教师中报考研究生的人数大增,其中也包括没有大学学历的。后来我曾经遇见其中一位,他也考上了研究生。他告诉我,1978年他没有敢考,但得知我的情况后,下决心在1979年报考,终于如愿以偿。我的高中同学得到消息,纷纷与我联系。他们有的是"文革"期间的大学毕业生,1978年时担心自己没有上完大学课程,怕考不上,所以没有报考。有的是"老三届","文革"中进了工厂,没有上过大学。听了我的介绍后,就开始做报考准备,并经常来我家复习政治和英语,第二年都考上了,现在都是各自领域的知名学者。

10月下旬,我到复旦大学报到,搬进了第10号宿舍楼210室。同室六人,除了周振鹤与我以外,其他四位是李妙根、施忠连、汤奇学、吴嘉勋,都是历史系中国思想史方向的,导师是蔡尚思教授。汤奇学本是本校历史系的工农兵学员,尚未毕业,提前报考。吴嘉勋是"文革"期间的中学毕业生,原在宝山县粮管所工作。

在我们这届研究生中,没有上过大学的有好几位,原学历最低的只相当于初中。有几位是尚未毕业的工农兵学员,还有的是"文革"期间的外语培训班毕业的,如国政系的王沪宁。同学间年龄也相差很大,最年长的出生于1939年,最年轻的大概出生于1957年,比我小12岁。当时的政策,凡原来已有工作的可保留关系,仍在原单位发工资,每年由学校发一笔书报费。我继续担任市人大代表,直到五年任满,王沪宁等经常戏称我为"代表"。一位理科的女同学不仅是市人大代表,还是市革命委员会委员,不知是否有同学称她"委员"。

在开学典礼上,校长苏步青特别强调,研究生不论年纪多大、资历多高,一定要当好学生,"资料室里最年轻的资料员都是你们的老师"。他又强调要遵守学校的规章制度,后来才明白也是有所指的——因为他坚持晚上10点半一定要熄灯睡觉,所以所有的学生宿舍楼中,除了走廊、厕所、盥洗室和专职辅导员的房间可以开灯外,其他房间一律切断电源,而图书馆、资料室和所有教室到10点钟全部关门。但无论从年龄和生活习惯,还是所面临的学习任务来说,研究生都无法适应。多数研究生外语水平很低,必须恶补。每天熄灯后,走廊里顿时热闹起来,一片读外语声。与厕所相通的盥洗室中也是看书的同学,顾晓鸣干脆搬了一张桌子,几乎每天晚上在盥洗室读到后半夜。

"文革"虽已结束,复旦校园内疮痍未复,大草坪上依然种着庄稼,大字报、大幅标语随处可见,一些知名教授尚未恢复名誉,或者还不能正常工作。图书资料严重不足,不少同学在吃饭时到食堂买几个馒头就去图书馆、资料室抢占座位和书刊。工农兵学员与新招的本科生、研究生形成明显差异,往往意见相左。但是新事物、新思潮不断在校园中出现,终于迎来了解放思想、改革开放的新阶段。

谭其骧先生招收的五位研究生,正好每人相差一岁:周振鹤(1941年生,福州大学探矿专业毕业)、杨正泰(1942年生,复旦大学历史系毕业)、顾承甫(1943年生,复旦大学历史系毕业)、周曙(1944年生,南京大学历史系毕业)和我(1945年生)。周曙原在浙江长兴县当中学教师,已在长兴安家。入学后因无法照顾家庭,中途退学,回原中学任教,后任长兴县副县长等职。我们其余四人于1981年毕业,顾承甫去出版社工作,杨正泰与我留校工作。

1982年春,谭先生招收首届博士生,周振鹤与我被录取,我是在职攻读。1983年8月,周振鹤与我经教育部特批提前毕业,通过论文答辩。9月,我们获历史学博士学位,为全国文科首批。

1985年我被提升为副教授,1991年晋升教授,1993年增列为博士生导师,1996年任复旦大学中国历史地理研究所所长,1999年兼任教育部重点研究基地复旦大学历史地理研究中心主任,2007年改任复旦大学图书馆馆长。

好几家媒体对我做过采访,或要我发表谈话,有两点看法我记忆犹新:

成功固然离不开自己的努力,但取决于机遇。要是没有拨乱反正、改革开放,要是没有高考和研究生考试的恢复,绝不会有我的今天。

但大多数我的同龄人、同代人就没有那么幸运,他们成了时代的牺牲品。在我们取得成功的时候,不要忘了他们。

原载《新华每日电讯》2015年7月31日。

我的博士研究生经历

我在1978年考取复旦大学历史系谭其骧教授的研究生,到1981年秋季,已经修完全部课程,写好了学位论文,准备答辩了。当年2月,第五届全国人大常委会第十三次会议已经通过并公布了《中华人民共和国学位条例》,我们成为首批可以申请硕士学位的毕业研究生。我的论文《西汉人口考》经导师谭其骧教授审查合格后,于10月8日上午举行答辩会。答辩会由华东师大吴泽教授主持,还专门从杭州大学请来了陈桥驿教授,其他答辩委员有复旦大学经济系伍丹戈教授,历史系的黄世晔副教授、吴应寿副教授(临时因故未到)。论文以全票通过,那时只有评语,不评等第。11月9日,学校举行文科学术委员会会议,批准授予硕士学位。

那时研究生毕业留校的基本条件是有上海户口或符合迁入条件。我入学前是上海闸北区的中学教师,户口一直在上海,家属也都是上海户口。而且按当时政策,读研究生期间保留在原中学的人事关系,工资照发,工龄照算。加上我从1980年起已担任谭先生的助手,留校工作毫无悬念。

周振鹤就遇到了麻烦。尽管谭先生一直想把他留下来,并多次找过校领导,但因为他原工作单位在湖南,家属户口也都在湖南,学校无法可想。为此,谭先生在出席第五届全国人大第四次会议期间,在12月8日上交提案《各大专院校研究单位有权留用优异研究生》,请华东师大校长刘佛年代表、华东师大副校长李锐夫代表联署。只是远水救不了近火,等不到提案的处理结果,学校已经将周振鹤的档案转到了湖南某高校。

在此前的7月30日,国务院学位委员会学科评议组首次会议已经通过了首批博士研究生导师名单,历史学科有33人,复旦大学有周谷城教授和谭先生二人,上海还有华东师大的吴泽教授。谭先生希望周振鹤与我继续攻读博士学位，但学校因未接到国家教委的明确通知，一直没有公布招收博士研究生的时间与办法，但同意周振鹤暂不离校等待。

1982年初，学校通知开始招收博士研究生，周振鹤与我办妥报名手续。1月17日下午，谭先生在家里对周振鹤与我作入学口试，历史系分管研究生工作的副主任姜义华与中国历史地理研究室负责人邹逸麟参加，我们俩顺利通过，上报研究生办公室（那时尚未成立研究生院）自然没有问题，到春季开学，我们就被录取入学。我因已留校工作，是在职，应该是全国第一批甚或是第一位在职博士研究生。

复旦大学第一批博导还不多，不少博士还来不及招生，全校没有多少博士生，研究生院对课程设置和培养要求都还没有具体规定，连政治、外语公共课也没有开，一切都由所在院系和导师安排。谭先生和系里没有为我们开什么课程，我们在学习过程中遇到什么问题，就随时找谭先生。

5月7日，谭先生出席校学位委员会会议，得知有4位数学系研究生已通过论文答辩，申请博士学位。他们没有另外写博士论文，答辩委员会认为他们的硕士论文已经达到博士学位的水平。谭先生在会上提出，周振鹤与我的硕士论文也已达到博士学位的水平，我的论文已经在1981年第4期《中国史研究》上发表，周振鹤论文的部分内容也已发表。但苏步青校长说，数学有国际标准，你们文科没有国际标准，无法衡量。5月27日，党和国家领导人在人民大会堂为新中国首批18位博士（17位理学、一位工学）颁发博士学位证书，其中就有复旦大学的4位。

消息公布后，谭先生与我们谈起，理科可以用硕士论文提交作博士论文答辩，文科不可能，所以我们应尽早选定博士论文题目，早日写出高质量的论文。我与谭先生商定，在硕士论文《西汉人口考》的基础上，扩大到全面研究西汉时期的人口地理——《西汉人口地理》。周振鹤也选定了他的题目——《西汉政区地理》。

当时博士研究生人数少，各方面都很重视，经费也充足，我与周振鹤计划作一次历史地理考察。在硕士生阶段，我们曾在张修桂、袁樾方老师带领下到南京、镇江、扬州等地实习考察，这次我们准备走远一点，时间长一点，就打了个报告，申请去新疆、青海、甘肃作为期一个月的考察。研究生办不仅批了，还同意必要时可乘飞机，使用其他交通工具。那时上海至乌鲁木齐的单程机票175元，乌鲁木齐至喀什的单程机票100元，上海至北京的单程机票是64元，而我一个月的工资才54元。后来我们从塔什库尔干县城花80元雇了一辆邮局的小吉普车,去往红其拉甫山口。

1982年9月10日上午,我与周振鹤从虹桥机场乘飞机到达乌鲁木齐。我们拜访了在新疆社会科学院工作的几位复旦学长和考古学者,考察吉木萨尔等处遗址和天池。然后乘飞机去喀什,中途经停阿克苏机场。这是一架苏制安24螺旋桨客机,12排48个座位,由于飞行高度低,过天山时两侧的景观清晰可见,反差明显。第一排坐着一对老夫妇,飞机降落后,迎候在舷梯前的人群将他们接上停在旁边的吉普车,前后几辆车一列驶出机场。事后在当地报纸上见到报道,钱伟长教授到访,并作了科普报告。

来喀什前,我们已用复旦大学的介绍信在自治区政府办过手续,还办好了边境通行证。凭这封介绍信,我们住进了喀什地委的招待所。就在前几天,喀什发生了第一次骚乱,形势比较紧张,当地友人要我们尽量不要去老城。但我们参观考察的重点就在老城,所以还是去了不止一次。实际上,无论是在清真寺、墓园还是巴扎、小巷,遇到的人对我们都很友善,当然也很安全。

去塔什库尔干县城没有班车,只能搭货运车。那时还没有私车,只有地区交运公司的,由招待所帮我们联系,找到一辆两天后去塔县的。天不亮我们就等在门前路旁,一辆装满货的4吨卡车如约停下。只有一位驾驶员,我们挤坐在驾驶室内。离城不久就是山路,一路颠簸,还不时遇到路基冲塌,只能绕行便道,或者顺着前车留下的车辙小心驶过。再往前已经停了好几辆车,公路已完全冲断,无道可绕,只能耐心等抢修工修复。半夜才赶到县城,住进唯一的招待所。

我们在喀什已办好了到塔县的第二张边境证,到县公安局时得知要去红其拉甫山口还得另外申请。好在我们有经自治区政府批转的复旦大学介绍信,还有前两张边境证,当场就办成了通行证。但公安局没法提供交通工具,介绍我们雇邮局的吉普车。次日清晨,我们由一位警察陪同,首先驶到边防部队驻地,交验通行证后,由一名边防战士陪同到达红其拉甫山口。下车后就见到前面高处的界碑,周围是一个大圆圈,这是中国与巴基斯坦双方都能进入的范围,但不能越线进入对方领土。我们走到界碑前,在中国一侧照相留念。正在此时,从巴基斯坦的公路上驶来了一辆中巴,十来位巴基斯坦人下车后来到界碑前,热情地与我们握手拥抱,与我们在界碑巴基斯坦一侧合影。其中一位还邀请我们与他们一起回去,说中国人到他们那边去不需要签证。将边防战士送回部队驻地时,一位军官留我们吃午饭,战士大多来自湖南,吃的是大米饭。下午我们去了石头城,但公主堡路远,而且不通公路,只能放弃。

我们来时搭乘的卡车早已下山,连日没有从喀什来的车,只能干等。几天后来了一辆大客车,是一个歌舞团来慰问演出,等他们回喀什时才把我们带上。从喀什返回时,我与周振鹤分道,他回乌鲁木齐后去伊犁、塔城,我乘长途车经阿克苏回乌鲁木齐,去了吐鲁番,然后经兰州、西宁,在10月10日回到上海。

我因已在职,承担了所里的科研任务,同时担任谭先生的助手,所以10月14日至21日随谭先生去云南参加《肇域志》整理工作会议,27日至11月1日随他至北京参加中科院地学部会议,12月13日至24日随他去北京参加《中华人民共和国国家历史地图集》会议、去广州参加中国地理学会年会,在上海时也有不少会要参加,不少工作要做,经常到晚上才有写论文的时间。从1983年1月24日起,谭先生因需集中审阅《中国历史地图集》修订稿,住进衡山宾馆,我也随同。中间除春节几天回家外,一直住到1983年4月1日。我们合住一个标间,唯一的书桌供谭先生工作,白天连床上都放着图稿、书籍。谭先生习惯于工作到深夜,我只能利用他午睡的时间记下一些想法或写片段。4月9日至17日,我又随谭先生赴京参加《中华人民共和国国家历史地图集》会议和中国史学会代表会,26日到5月1日去洛阳参加中国地方史志年会,但终于在4月中旬完成论文初稿。在谭先生的日记上记着:

4月26日,"下午看葛论文,至晚十一点,计看45页"。27日,"归室看葛论文……看葛文至十一点"。5月6日,"开始看葛论文第二部分"。8日,"上下午、晚看葛文至后一点"。9日,"看葛文四十页"。10日,"上下午看葛文毕"。6月8日,"下午修改葛、周二人博士论文评语"。

1983年春季开学时,北京传出消息,国家要集中办好5所"超级大学",复旦名列其中。在全国首批18名理工科博士中,复旦占了4名,但文科还没有博士,如复旦能获得首批,更能显示实力。姜义华教授认为,周振鹤与我最具备条件,多次向校领导和研究生办汇报,获得同意。经校研究生办汇报沟通,教育部与国务院学位办原则同意我们提前毕业,进行论文答辩,但必须修完全部课程并考试合格。专业课好办,由谭先生根据我们已发表的其他论文和实际水平评定成绩。政治课、英语课没有开过,就为我们单独命题考试,有了成绩。但博士生要求有第二外语,幸而周振鹤和我在硕士阶段都选了英语、日语两门,并且都参加考试取得了成绩,于是我们就提出,用硕士第一外语的成绩代替博士第二外语成绩,研究生办认可。等我们写出学位论文,并经谭先生审阅通过,已经万事俱备,只欠东风了。

研究生办尚未制定博士论文答辩的规则和通过的标准,为慎重起见,将我的论文广泛送审,审阅过这篇论文的有:中国社会科学院历史研究所杨向奎、孙毓棠、王毓铨、林甘泉,中国科学院地理研究所吴传钧、黄盛璋、钮仲勋,北京大学侯仁之、周一良,陕西师范大学史念海,山东大学张维华、王仲荦,武汉大学石泉,兰州大学赵俪生,南京师范大学李旭旦,杭州大学黎子耀、陈桥驿,西安师范专科学校曹尔琴,上海人民出版社胡道静,华东师范大学吴泽、胡焕庸,上海师范学院程应镠,复旦大学周谷城、蔡尚思、吴斐丹、杨宽、伍丹戈、吴应寿等。

7月11日一早,学校让我通知谭先生10点到校长办公室参加学位评议委员会会议,在会上通过授予日本茅诚司教授荣誉博士学位,同意周振鹤与我在8月进行博士论文答辩。谭先生亲自联系,请了北京大学侯仁之教授、陕西师范大学史念海教授、中国社会科学院历史研究所杨向奎教授、杭州大学陈桥驿教授、华东师范大学吴泽教授、上海师范学院程应镠教授、复旦大学杨宽教授为答辩委员。8月上旬,万里副总理赴汉中视察水灾,临时通知侯仁之先生同行。侯先生为了不耽误来复旦参加答辩,只能返程时在西安下专列,乘飞机来上海。北大特意派青年教师高松凡一路随行护送。

因属全国首次,答辩会的举行必须由教育部副部长兼国务院学位办公室主任黄辛白批准,但学校报后一直没有收到批复。研究生办电话联系,得知黄辛白在哈尔滨开会,立即派人赶到哈尔滨,终于在答辩会的前一天拿到批文。

8月13日上午,由史念海教授主持周振鹤的论文答辩,谷超豪副校长全程参加,副所长邹逸麟教授和研究生办杨波洲主任列席。14日上午,由侯仁之教授主持我的论文答辩。两篇论文均全票通过。

10月8日上午,校学术委员会召开会议,讨论通过授予周振鹤和我博士学位的决定。19日下午3点,在600号(数学系楼)礼堂举行授予茅诚司名誉博士,周振鹤、葛剑雄博士学位仪式。会前下着滂沱大雨,我们都早早来到会场。姜义华先生发现红底白字的会标上的"博"字写错了,临时找来白粉笔涂改修正。据说4位到人民大会堂去参加颁证的博士由学校每人补助110元置办西服,我们没有西服,也来不及做,约定都穿中山装,戴上校徽。我有结婚时做的哔叽中山装,周振鹤家不在上海,宿舍里没有,向同学借了一件。

礼堂的主席台不大,坐着专程从北京来的国务院学位办公室副主任、谢希德校长、苏步青前校长、茅诚司教授夫妇等和教师代表朱东润教授,谭先生坐在台下第一排。周振鹤和我从谢校长手中接过博士证书后,走到谭先生面前向他鞠躬致谢。会后《解放日报》记者为我们三人合影,第二天的报纸上刊登了这张照片和我们第一批获文科博士学位的报道。

10月27日,汪道涵市长会见并宴请《肇域志》整理工作会议全体人员,谢希德校长向他介绍我时,他高兴地向我祝贺,并说:"今后这些工作就要靠你们了。"

获博士学位后,周振鹤留校工作,不久家属户口全部迁入。本来我们应该获得职称晋升,但当年教育部整顿职称评审工作,全部冻结,到1985年恢复,我们都晋升为副教授。我的论文《西汉人口地理》1986年由人民出版社出版,次年周振鹤的论文《西汉政区地理》也由该社出版,也是全国首批。

本文写作于2021年4月4日。

四十年梦想

四十年前,我的梦想是上大学。改革开放的先声使我能以高中毕业的学历被破格录取为复旦大学的研究生,使我有了一个超出梦想的起点。

入学时,我的梦想是今后能在大学或研究所工作,1981年毕业后留校工作,1983年在职获博士学位,是全国文科首批;1991年晋升教授,1996年任中国历史地理研究所所长,2007年任图书馆馆长;现在是资深教授。这一切,远过我当初梦想所及。

我刚当所长时,年度经费8 000元,只能按人头与职称平分,差旅费都不够。不久国家实施"211工程",接着是"985工程",所里每年经费超过100万元,到2007年我卸任时累计经费已上千万。自2000年起,我们与哈佛大学等合作研制"中国历史地理信息系统"(CHGIS),主体部分已完成并陆续发布。国际学术界公认,这是一项高水平的成果。哈佛大学主管科研的副校长来访时告诉王生洪校长,他认为我们历史地理学科是复旦大学两个最有国际影响的学科之一。

1986年,我在哈佛大学的一次学术报告会上听到一位讲中国人口史的教授声称他从来不采用中国学者的论据或结论。1991年我出版了《中国人口发展史》,后被评为首届郭沫若中国历史学奖三等奖。我与同人合作,于1997年出版了《中国移民史》六卷,于2004年出版了《中国人口史》六卷,分别被评为中宣部"五个一工程"入选作品奖与教育部人文社会科学优秀成果一等奖。四年前我在哈佛燕京学社(Harvard-Yenching Institute)作学术报告前,图书馆用小车推出我的几十本书要我签名,其中就有这三部。

1985年我40岁时第一次走出国门,如今已到过60多个国家。1996年考察了西藏阿里,2000年参加了第十七次南极考察队,2003年"走进非洲"八国,2006年"重走玄奘路"行经中亚、南亚五国,2011年到达北极点,2015年70岁时攀登乞力马扎罗山。我将其中的一本行纪命名为《四极日记》。

尽管这一切都是我在四十年前不能想到,也不敢想到的,但改革开放都使它们成了现实,我为什么不能有新的梦想呢?

本文写作于2018年。

我与改革开放:为学四十载

从中学老师到大学教授

最近经常有机构、学校要我讲改革开放四十周年。我不敢讲,对于改革开放我个人不能说我已经都理解了。而且中央的纪念会要年底才开,我不知道中央怎么分析怎么定。那么要我讲的话,我要讲什么呢?对我个人,这四十年可以说是非常幸运。在这四十年中,我从一个中学教师变成了大学教师,高中学历变成了博士学历,从主要以基础教育为主变成以科研为主,这四十年的变化,用一句话总结:超出了我原来的梦想。四十年前,哪怕我最美好的梦想,我都想不到我自己会有这个变化。

我是1978年11月份到复旦大学报到的,因为那时候研究生招生比较晚,所以11月份才开学。就这一步已经超过了我原来的梦想。我出生于1945年,以前有一句话叫"生在新社会,长在红旗下",我虽然生在旧社会的尾巴,但主要是长在红旗下。我们年轻的时候,相信苏联的今天就是我们的明天,要学苏联,我们通过课外读物建立的梦想就是国家电气化。我自己呢,一直到念高中,才有了要上大学的想法,而且慢慢明确了,我的目标是北京大学,要选择古典文献专业。但我在高中快毕业时受到一个重大打击。我生病了——肺结核,要休学。休学了一年半,到了毕业之后,体检不合格,不能参加高考,只得去工作了。我的教龄在复旦大学我的同龄人中是最长的。我从1965年开始做教师,到现在53年。

在"文革"期间,我唯一还保留下来的梦想,就是希望这辈子还能够上大学。最后连这个梦想都破灭了。为什么呢?因为当时按照毛主席的指示,大学还是要办的，这里主要说的理工科大学还是要办，我要念文科的，但文科没有了，而且后面讲学制要缩短，教育要革命，资产阶级知识分子的统治再也不能继续下去了，所以当时的学校只招工农兵。工农兵是要单位推荐的，我们中学教师已经不属于工农兵了，我们这些教师属于资产阶级知识分子，尽管我当时知识也不多，也只有一张高中文凭。等到1977年中央恢复高考，我想这是梦想要实现了。谁知道一报名，说我年龄超了。当时招考到30周岁，我已经过了几个月。在我绝望的时候，谁知道新的好消息传来了，当时中央宣布不拘一格降人才，马上开始招研究生。高考规定要高中毕业证书，招研究生什么都不要，只要你能考上。后来我发现北京的一个同学，他什么学校都没念过，从小他父亲教他，他也考上了。还有我同宿舍的一个同学，他只有初中文凭也考上了。你们真的很难想象，我们当时知道这个消息是多么高兴。我就是以高中毕业生的身份考上了研究生。这已经超越了我的梦想。当时做梦也只是能够进大学，居然成了研究生。但是1978年到现在这四十年，我就是当了研究生的时候也不会想到，国家、个人会有这样快的发展。这就是改革开放在我们每一个人身上具体的表现。我们这一代人，包括我个人，是改革开放最大的受惠者。

没有改革开放，就没有学术研究

当我进了学校以后，学校里最后一批工农兵学员还没有毕业。学校还留着许多"文革"的影子。比如校园里很多草坪都是种庄稼的。"文化大革命"期间，草坪被看作是资产阶级文化，这么好的地方长着这么多的草，所以草坪都种上了黄豆、豆角。另外，当时还要经常政治学习，往往政治学习比上课的时间还长。那一年邓小平同志的讲话传达下来，要保证大学的老师和科研人员每个星期的六天工作时间中至少有五天可以用于业务，政治学习可以用一天。大家说这个怎么做得到呢？那么现在呢，连这一天都不硬性规定了。

特别是十一届三中全会召开后，我们都有点不相信，难道拨乱反正真的是这样的吗？但是后面的事实说服了我们。比如我们历史学界，我的老师谭其骧先生要编一个中国历史地图集，当时要修订，他提出要改掉以前在"文化大革命"期间强加在地图上不实事求是、不符合历史的地方，同时要能够体现中国的历史是我们各个民族共同创造的。汉族可以画它历史上曾经到达的范围，那么其他民族为什么不能画呢？所以他提出要画一幅藏族在公元9世纪所到达的范围。虽然他是主编，可是这个提议还没有送到上面去，好几位同事就反对。他们说："这不行，你这样画，要被达赖喇嘛他们利用。他们在鼓吹建立大藏区。你现在把它画出来，那不是给他们利用吗？"我老师就问他们："我不画，他们不是已经在做了吗？我们画了，反而说明我们对历史是实事求是的。我们画的范围遵循历史事实。"后来这个事情被人报告到时任中央总书记胡耀邦那里，胡耀邦做了批示，大概意思是说历史就是要实事求是，我们认为谭其骧老教授的意见是对的。这个消息传下来，我的老师感到出乎他的意料。他原来认为这样的事情，上面要么不表态，要么是否决结果。所以后来他叫我帮他整理入党体会，为什么年过七十还要入党（他入党的时候已经七十多了），他总结了几条，其中有一条就是他看到了十一届三中全会以后，党恢复了实事求是的路线，而且真的是要解放思想。这样的事情有很大的政治风险，争议很大，最后党的领导支持了他，他对党就更加有信心了。

到了1988年，为纪念十一届三中全会十周年的大型理论讨论会逐级召开，上海开，中央开，全国开，并且公开征集论文。我提交了一篇论文：《统一分裂与中国历史》。这并不是我一个人的观点，但是一直争议很大。我把这个观点写成文章，在上海的刊物上发表出来。我拿着这篇论文在北京大兴参加了这次理论讨论会。当时全国历史协会最后选了两篇文章，一篇是我的这篇，一篇是罗隆基教授讲历史多元发展。我后来知道罗教授曾经被打成右派，他的这个观点得到了重视，他在晚年就中国的现代化过程做出了很多研究成果。

如果没有改革开放，我们对这些历史问题不要说是研究，碰都不敢碰，因为我们有教训啊。我亲身体会到，中央提出的改革开放、思想解放、实事求是，就体现在我们学术研究上。

改革开放给我们的机会还表现在国家重视文化教育、重视学术研究，为我们今天的发展提供了以前不能想象的条件。我是1996年开始当我们这个研究所所长的，2007年卸任。我刚当所长的时候，学校拨给我的年度经费是8 000块钱。8 000块钱能干什么呢？当时飞机票没有涨价的时候，上海到北京是64块。后来第一次涨价就涨到140块，到现在一千多块。那时也很简单，我干脆每个教授一人三百块全部分掉好了，根本没有想到研究所还可以组织什么。以前只有国家任务，当时要编历史地图集，上海市委马上拨出一百万。那时候一百万可不得了，放在现在一亿都不止。毛主席交代的事，要钱有钱、要人有人，其他的呢，根本不可能。你们可能不知道，我们年纪大一点的老师都还记得，那时候理论性的科研成果不受重视，教师待遇低，研究导弹不如校门口卖茶叶蛋的。

国家1997年开始实施"211工程"，然后是"985工程"。"211工程"一实施，我们所每年的经费我一算超过100万，等我离开所长的位置，2007年我们各种经费累积已经超过一千万。与今天世界上一些发达国家像我们这样的重点学科比起来，我们毫不逊色。理科我不知道，像文科来讲，无论是经费、办公条件、教师出国交流的机会，甚至重要人才的待遇，比美国还高呢。我每年都要去美国两三次，随时在比较。改革开放带来我们这方面的变化的确是实实在在的。

成功的三个条件

我们一个人要取得成功需要三个条件。第一个条件是个人的天赋。到了同学们这个阶段，我们要实事求是。以前我教中学，中学老师总是"骗"学生说天才出于勤奋，其实没有天赋你再勤奋也受限，但是我反对把天赋说得太高。在座每个同学都有自己的天赋，有比别人强的地方，尽量扬长避短。有些人逻辑能力比较强，有些人动手能力强，有些人模仿能力强，有些人记忆力强……这就是你的天赋。没有一定的天赋，念到研究生拿个证书是可以的，可绝对成不了非常突出的研究人才。当然一个社会成功的机会很多，不一定要走学术道路。

第二个，也是更重要的条件，是什么呢？是机遇，是机会。古往今来，多少天才被埋没。例如历史上大的流行病带来的灾难，文学史上的建安七子因为当时的一场大瘟疫就死掉四个。再如政治上的限制，我在中学时曾经做过学生毕业前的政审工作，你要知道有些人哪怕再优秀，他的家庭出身就注定了他不可能上大学。因此，机遇很重要。

第三，既然都有了机遇，那为什么有的人成功，有的人不成功呢，那就要看个人的努力、个人的奉献，要将奉献提到一种信仰的程度。这三个条件都有了，才能成功。

我有一个特点，我总是尽可能扩大我的知识面，因为我知道研究历史地理，光靠一些文科知识如历史知识是不够的，还要包括理科的一些原理。我有一个很大的优势,我在读研究生前曾经工作过十几年,而这十几年时间,因为一些特殊的原因,我对中国的社会了解得比较多。我曾经有三年多主要工作是在公检法。我当时管理我们学校的中学生,学生出了问题,犯了罪被抓进去,要群众办案,因为公安局来不及,你就要跟着去办。办下来,他们说你不错就帮我们办吧。一办就办了三年。一般大学生、研究生没有干过的事情我都干过。抓犯人,押送犯人,怎么戴手铐,怎么提审,怎么写判决书,怎么记笔录,怎么和九流三教打交道,我管学生期间上海周围地方那些流氓小混混我都认识,都可以和他们打交道。家庭里出了矛盾都来找我,所以我对社会基层比较了解。而这些工作对增长人的真正的社会知识是非常有益的。后来我当研究所所长、图书馆馆长,开始有些人以为我就是挂个名。像以前很多馆长都是名誉的,像哈佛大学图书馆馆长九十多岁,从来不去,只有礼仪场合才出来,他都是挂名的,真正管事的是常务。他们以为我是个学者,后来才知道什么事情我都会管,能力都是积累下来的。那么在学术上呢,我也告诉大家,一切准备都是对你有益的。其实人类发展到今天,你要想靠知识取胜已不可能,真正的本领是怎样运用这些知识,怎样通过一定的方法找到一个前人所没有找到的角度或者理念,取得突破。那么这就需要你有长期的研究、奉献,还要有一个正当的动力。

做世界水平的研究

1986年我在哈佛大学访学的时候参加一个学术报告会,做报告的人是一位著名的教授,报告什么呢?他报告的内容是中国人口史。但是我听下来很生气,他好多东西根本不从中国实际出发,而且有些明明是用了中国的东西,他居然说是他自己研究出来的。后来在提问环节我问了他,他很狂妄,他说:"我从来不用中国学者的研究成果。"但是另一方面,我想,他的狂妄也是有道理的。为什么呢?到1986年为止,中国没有一本像样的中国人口史。唯一能够为人家所接受的,就是何炳棣教授在美国用英文发表的从1644年到1953年的中国人口研究,费正清给他做的序。当时我们国内的有关论文还是低水平的重复,甚至到了80年代还没有一篇超过何炳棣在上世纪50年代已经达到的水平。这就使我认识到,你要改变人家这种偏见、狂妄,最好的办法是拿出科研成果来。所以回国以后,我就开始了这方面的研究。当初我的博士论文写的是西汉人口地理,也是中国人口史的一个篇章,我就决定我们一定要写中国人口史。后来我们的移民史项目得到国家社会科学基金资助,所以我们就先写移民史。我和我的两位合作者,首先于1991年出版了《中国人口发展史》,到2004年出版了六卷本《中国人口史》,1997年我们又出版了六卷本《中国移民史》。这些书虽然是中文的,但是国际上各主要的大学图书馆都有,比如日本的大学本科历史课本,其中"人口"部分的内容就有采纳我们的著作。我们的著作被大家所接受。

十年前,我在哈佛燕京学社作学术报告,报告开始前,图书馆用小车推出来五十几本书,都是他们收藏的我的书,要我签名,其中就有《中国人口史》《中国移民史》……《中国人口史》后来获得教育部人文社会科学优秀成果一等奖,《中国移民史》获评中宣部"五个一工程"入选作品奖,我的《中国人口发展史》获得了首届郭沫若中国历史学奖三等奖。虽然是三等奖,可我很看重。因为这个奖不是个人申报的,而且是和我老师主编的《中国历史地图集》并列获奖。我想,到这个时候,我们可以直面那位教授当时的偏见与狂妄了。尽管我们不勉强别人用我们的研究成果,但是他不得不面对这样的事实。

从2000年开始,我开始和哈佛大学一流的学者合作,例如施坚雅教授(W. Skinner),他曾经担任美国亚洲学会会长,是这些方面公认的权威,还有哈佛大学的包弼德教授(Peter Bol),他是哈佛大学的副校长,负责科研方面。那我们做什么方面的合作呢?我在与国外交流时注意到这样一个问题:历史地理能不能与地理信息系统结合起来。开始想到的是怎么把我们的历史地图数字化,后来接触了新的技术、新的理念后,觉得简单的数据化不足,要从头做起,要用地理信息系统来做这个事情。经过一段时间筹备,我们取得共识,这将是一个世界水平的项目。什么原因呢?因为我们用的制图软件,用的地理信息系统技术,是随时可以与最新的科技同步更新的,所以我们的技术与国外的先进技术是一样的,但是这些数据信息是我们特有的。比如加拿大、欧洲,他们也在做历史地图,并且把历史地图放到信息系统中,他们已经做成两百年的,他们的目标是提前到三百年。而我的老师他们画的历史地图集,不是两千年,是三千年。我们比他们精确的信息至少可以做到一千年,一般级别的我们可以做到两千年。那么你说这个项目谁先进?我们就有了这个目标。后来我向校长汇报,他说,你怎么就这么有把握。我说:你看,我们和国际最先进的机构合作,我们可以保证技术平台,保证这些软件是最先进的,我们有资料,我们可以做出成果,其他没有一个国家能够有这么历史悠久、丰富、基本延续的史料,他们做不出来的。我们最后做出来了,我们的两千年,他们两百年,谁先进呢?而且我们合作的都是国际上顶尖的人物和单位,他们就是对项目水平作出评判的人。到我所长离任的时候,项目主体部分已经完成了。我们这项成果不像一篇论文,没有什么争议,大家都能够理解。我们把阶段性成果一个放在我们历史地理研究所的网站上,另外一个放在哈佛燕京学社的网站上。这个网站在美国已经被评为三个最受欢迎的人文网站之一,是美国研究生必用的,他们要了解中国,了解中国历史,必须要用这个网站。有意思的是,美国的下载量比我们这里还多。所以那一年哈佛大学一位分管科研的副校长到复旦大学访问,他告诉王生洪校长,你们最有国际性影响的两个学科,一个就是历史地理。

追求真理,薪尽火传

那我为什么更加幸运呢?从1980年起,领导让我做谭其骧先生的助手。因为谭先生1978年2月份发病中风,生活上不太方便,包括步行啊都还要用拐杖,生活上需要有助手。以后谭先生每次开会我都陪着,包括生活上如洗澡、上楼等都需要帮忙,但这就给我提供了一个对谭先生全面了解并向其学习的机会。一般的研究生、一般的同事看的都是谭先生已经发表的成果;而我可以和谭先生讨论他还没有发表的、还在考虑的甚至他认为失败的论题。

谭先生继承了五四以来追求真理的传统。在他念研究生的时候,他曾经指出他的老师顾颉刚讲课中有错误。结果顾先生让他把情况都写下来,顾先生写了很长的回信,承认谭先生有三点是对的,但是也批评他还有三点是错的。谭先生再和顾先生辩论,又指出顾先生还有错误,结果顾先生接受了其中一部分,但还是坚持他的观点。本来这是师生间书信的讨论,没想到顾先生把这些信都公开了,还把它印在教材后面作为附录,发给每一位同学,还加了一段按语:真理是要争的,"真出乎争",现在通过我们师生这样的争,纠正了我的一个错误,而且我们共同得出了前人没有得到的结论。当时他们老师和学生就是这样的。最后复旦学报要他们把书信和论文重新在《复旦学报》上发表。

我也知道了这个过程。以后呢,一个偶然的机会,我发现当时某内部刊物提到《中国历史大辞典·历史地理分册》的一个条目"北京",我认为没有写全,可以补充好多地方。我告诉谭先生，谭先生很高兴，说你把它写出来。事后才知道这一条是谭先生写的。我不知道是谭先生写的，我这么冒失。谭先生说："你能够给我指出不对的地方，有什么不好啊。"谭先生还把我的信交到这个刊物上全文发表。我的老师就是这样的气度。他一直说："在历史地理方面，我应该超过钱大昕、王国维，而你们应该超过我，否则学术如何进步！"知道我要写中国移民史，谭先生把他自己的大学毕业论文《中国移民史要》两册送给我。这两册论文最近就在复旦大学图书馆展览。我们搞了一个小的展览《薪尽火传》。首先是谭先生的《中国移民史要》，接着是我的《中国移民史》，接着是我学生的以毕业论文为基础的著作，有好几部都已经出版了。

更可贵的是，我在写到西晋永嘉以后的人口南迁时，读谭先生的论文《晋永嘉丧乱后之民族迁徙》，这是谭先生二十多岁的成名之作，刊登于《燕京学报》。但是我觉得这里面谭先生对移民指标的计算是错误的。为什么呢？他分析移民有多少姓，来自什么地方，然后推算出一个比例，即北方移民占南方某地人口百分之几。我跟他讲人口是动态的，迁移的过程有一百多年，那么第一代迁到南方的人，到一百多年以后，已经不是原有的数量，要算上增加的人，现在用最后的数字来推算比例，用南迁的数字来推算比例，这都是把它当成静态的，这结果错了。我和他一讲，他发现确实错了。结果他坚持要在最后一篇没有完成的遗作（后来写了一半生病了）里加上一段话，表明其当初在移民史这一点上完全是错的。

因此，我时常想，要是我没有碰到这样的老师……你们也肯定听到过有些老师，不要说超过他，你要是不把他抬到一定的高度，他都会不高兴。而我们的老师呢，对于这么多年以前他的研究成果——被大家公认为经典的这篇文章，而且直到现在除了我发现的这一点外，其他都被大家推崇为典范，他居然接受批评，而且非但接受，还坚持要把它公开。所以我真感到我的幸运。

改革图书馆：服务＋公开

改革开放也给了我很多学术以外的机会，我辞掉所长职务的时候，王生洪校长找到我说，学校希望我去做图书馆馆长。我说这怎么行呢，叫我去管图书馆，管三十多个人我都嫌，现在让我管两百多人，这怎么行？他就将了我一军：你们不是对学校有意见，一直说学校不重视图书馆，历任馆长都是理科，不懂吗？现在找你文科的，你又不去。我说那我考虑一下,最后我还是接受了。临上任前,书记又来找我,他知道我其他事情比较多,所里我还是教授,研究工作还要继续,我的项目还要做。他说:"你用什么方式工作我不干涉你,你不去上班也行。反正你要负全责。"那我也讲:"你要我负全责,可以,你要给我全权。图书馆是我管,我说了算。"他回答说可以,加一个附加条件,"你不许裁人。图书馆这些人,你一个都不许减少,你要等到他们自然退休"。我说可以。一到图书馆,我才知道这句话的分量。光进过精神病院的就有三个。还有比如某老师,大家不敢碰,都传说是某某人的夫人,动不得。我都担下来了,但是我有一条:以后你要塞人,我坚决不要;你要再来,我受不了。

了解情况后,我们确定图书馆现在要改善条件,比如我们的馆舍,交大有七千个座位,我们不到两千个。我们简陋到什么程度?有一年同学跟我反映,上厕所头要碰到梁上。我们这个建筑当初还得了"鲁班奖"哎!后来我去一量,一米八。整个馆竟然有72个地方梁高一米八,都是些夹层。因为当初设计的时候想不到现在孩子们都这么高,我们的书都利用楼之间的夹层存放。那怎么办呢?有人说拆,我说这是承重墙。有人说包起来。我说包了那不就更矮了吗?最后贴条子"小心碰头"。整个馆贴了七十几个条子。

其他方面我们可以不做,我们只做好一件事——服务,我们是为老师学生服务的。怎么样做好?尽我们最大努力,另外就是要尊重每一个同学。

怎么服务呢?从最基本的细节做起。我离任的时候,有记者来采访,说你做了七年图书馆馆长,你最有成就感的是什么。我说我最大的成就感,是从我这里开始,复旦大学的公共厕所都放手纸了,而且北大、清华的图书馆也开始放了。清华一开始因为没放,引起学生公愤,学生在网上批评说:复旦能够做到,为什么我们做不到?学校跟他们说要多少钱,学生反问:难道我们没有这个钱?我一开始阻力也很大。他们说这个钱太厉害了。我说难道我们的学生是为省卫生纸去图书馆的吗?当然,我也采取了一点防范措施。我不是把卫生纸放在小间里,而是放在外面大厅,这样过分浪费的就会被注意到。

这一点也许你们不知道,以前复旦大学只有几个接待外宾的地方的厕所里才有卫生纸,其他都没有。我就从图书馆做起。阿姨很紧张,放了两卷下午就没有了。"你继续放,绝对不许缺。等到全校都放,就没有这个事儿了。"那我的根据是什么呢?我说跑到世界上非常贫穷的国家埃塞俄比亚去,他们的国立大学的厕所也是放很好的手纸的。相反我到莫斯科大学去,我1990年(那时候还是苏联时期)第一次去,人家以前讲过莫斯科大学厕所里都是报纸。我去一看,果然都是报纸。后来2004年我们再到俄罗斯开会,在俄罗斯国家科学院,可以说是他们设备最好的地方,我到厕所里面发现,七个位置有四个是套着塑料袋的,都是坏了没有修的。这是一种文化,一种文明程度,不是在于钱。我说我们中国要办一流大学,难道这一点还做不到吗? 能做到。

第二个呢? 公开。怎么公开呢? 我就规定,每年开过咨询委员会后,我们就把预算经费全部公开,公开到办公室招待费花多少。不瞒大家说,当时校办有人跟我打招呼:这个不妥当吧? 我说有什么不妥当啊,纳税人钱怎么花的,给大家知道。对方说:你能不能抽出来一点,特别是招待费,就不要列出来了。我说恰恰要列出招待费。我要告诉大家我们这个馆多少钱是花在买书上,多少钱是花在行政上。如果大家认为哪些地方该省的,我也尽量。这个时候八项规定还没有出来。

我每年公布我们办公室开销多少,我这样是得罪了很多同行啊,结果后来有人在网上骂:你这是不是自己要作秀,结果害得我们怎么样怎么样;有人就直截了当地说,你全世界满天飞,你花了多少旅费,你为什么不公布。我说很好,你讲这个,那我就公布了——总共几千块钱。为什么呢,我说都是别人出钱,不是我出钱的,你不要弄错了。比如深圳大学图书馆三十周年,要我去参加,那么当然我就通知下深圳有关同学,我有这个机会来,他说你能来我们这里做个报告那很好,我们出旅费。我根本连旅费都没有花图书馆的,都是对方的。我到时候叫对方车子送我到深圳大学去参加会议。经费公布以后,再加上其他的措施,原来对于复旦大学图书馆,我听到老师、学生就是骂,就是批评,但是以后慢慢就变了,从第三年开始,复旦大学进行公共服务系统测评,我们图书馆每次都是第一名。

在我70岁生日的时候,我女儿跟我提出来,我们找个新颖的形式过生日好不好。她提议我们去攀登非洲乞力马扎罗山。虽然最后我们没有登顶,但是也到了海拔4 800米的高度。这些在四十年前,甚至在二十年前,我能梦想到吗? 不会,所以这就是我今天给大家报告的,这就是改革开放给我带来的一切。那么在座的同学,你们的机会比我更好,改革要进一步深入,进一步开放。所以你们大胆地去做你们的中国梦,你们的梦的结果一定比我的要辉煌得多。

本文根据记录稿整理,2018年11月。

我的人口史梦

——《中国人口发展史》的自我介绍

一

我的《中国人口发展史》在去年出版以后,碰到了一个不大不小的难题:编辑先生希望我组织一些书评,而且最好能在影响大的报刊上发表。这自然是很正当的要求——出版社不怕赔钱,以很快的速度、很讲究的印刷和装帧出版了你的书,现在到了让行家来说话的时候了,你得让别人来证明一下书的质量呀!再说,书的销路、出版社的声誉、编辑的水准等,都需要这些书评,这是而今的通例,拙著自也不能例外吧!但这却着实使我伤脑筋,找谁?写什么?

最好当然要找名家,名气越大,写出来的书评影响越大,拙著的知名度无疑就越高。可是名家人人是忙人,又基本都是老人家,搞我这一行的人本来就不多,目标更为集中。一位前辈告诉我,请他写序言、评语、鉴定一类的应接不暇;要请他们花时间看完30多万字,再写一篇文章,实在于心不安,不敢启齿。办法还是有的,我替季龙(谭其骧)先师处理来往信函中就曾不止一次收到过对方已经"代拟"妥的文章,只要谭老签个字就行了。我照例都是退回去的。自己岂能这样做?自告奋勇为我写书评的朋友不是没有,只是目前知名度还差些,不知大报刊的编辑是不是看得上眼?所以我一直不开口,免得让他们做无效劳动。

而今的书评,老实说合格的极少。除非存心与你"过不去"(并无贬义,只是一时找不到合适的词汇),一般都是百分之九十五以上的赞扬,余下这百分之几虽像食盐之于佳肴一样不可或缺,却绝不会有食盐那样的味道。即便是批评文章,也往往是小骂大帮忙,甚至是与被批评者串通了的双簧,只待读者上当,好打开书的销路。这倒不是文人无行,大多也是被"经济规律"逼得急了的下策。这类书评我一般是不看的,所以我很怀疑,别人写我的又会有多少人看?欢迎批评的话我说过不止一遍,真正求得友人的批评并且愿意写成文字的却并不容易。

一拖已近半年,还无法向编辑先生交差,下一本书倒快出了,眼看旧账未清又要添新账。正为难间,《读书》登门索稿,灵机一动,计上心来:何不将写书的经过作一番自白,让读者对拙著的来历有所了解。这样虽不无王婆卖瓜之嫌,总比让人写、让人读那些逢场作戏的书评八股强些。如蒙《读书》不弃,编辑先生的账大概也可算还了一半吧!

二

我对历史的兴趣开始于读高中时,但只是兴趣而已,没有什么具体的打算。曾经觉得应该将帝王的谥号、陵号、尊号或习惯称号与纪年编在一起,为此花过不少工夫。后来又发现北洋时期政府的更迭无工具书可查,想试着编成表格。最后自然都没有完成,不是知难而退,就是兴趣转移了。尽管当时少不了对未来的种种梦想,却从未做过研究人口史的梦。

十几年后的1978年,当我成为复旦大学谭其骧教授的研究生时,我的专业是中国历史地理,具体方向还没有确定。第一学期时先生给我们讲《汉书·地理志》,提到志中户口数字的价值,我觉得很有意义。课程结束时,先生要我们每人选一个郡试做一份注释。为了完成作业,并能在户口数字方面有所发挥,我特意将整部《汉书》翻了一遍,找到了一些与户口有关的资料。看了以后,却对《地理志》中平帝元始二年(公元2年)是西汉户口最多年份的说法产生了怀疑。不久从王鸣盛的《七十史商榷》中看到他也有这样的看法,不过王氏并没有举出具体的证据。于是我将自己的理由写成一篇短文交给谭师,他认为我的说法可以成立,于是收入了《复旦学报》的一期历史地理专辑。

这使我对西汉的人口问题有了更大的兴趣,就想读一些前人的论著。但查找的结果使我大失所望,因为从30年代劳干发表了两篇论文(《两汉户籍与地理之关系》《两汉面积之估计及口数增减之推测》,载《中央研究院历史语言研究所集刊》第五本第二分册,1935年12月)以后,还没有什么超过他的研究成果问世。而某些已被视为定论的说法,如西汉初只有六百万人口,虽然得到梁启超的肯定,却是毫无史料根据的臆断。这时我萌生了研究西汉人口的念头,并就已经发现的几个问题写了一篇文章。谭师看后就问我:"何不在此基础上写成毕业论文呢?"这无疑坚定了我的信心,就此确定了研究的方向。到1980年9月,我在谭师的指导下写成了《西汉人口考》,对西汉人口数量的变化提出了一些新的观点,次年发表于《中国史研究》,并成为我的硕士论文。当时离毕业还有一年多时间,我除了当谭师的助手以外,就继续研究西汉人口,将范围扩大到人口的分布和迁移这两方面。1982年3月,我读谭师的在职博士生,因为有了前阶段的基础,所以到第二年就完成了博士论文《西汉人口地理》,以后由人民出版社出版。

在评阅我的论文时,有好几位老前辈鼓励我继续努力,并希望我能从西汉往下研究。就在我获得博士学位后几天,受联合国人口基金会资助的国家重点项目《中国人口》丛书编委会在南京开会讨论历史人口部分的撰写工作,邀我到会。当时我还不知深浅,在会上作了半天报告。会议结束时,我接受了在谭师指导下撰写《中国人口》总论册第二章《历史人口》中1911年以前部分的任务。这部分计划的字数虽只有数万,却涉及中国人口史的绝大部分,已经远远超出了我原来的研究范围。于是我酝酿着全面研究中国人口史的长远计划,写一部中国人口史的梦想也开始了,时为1983年10月。

但在初步摸索之后,这个念头就有了动摇。尽管我事先对历代户口数的种种难解之谜已有所了解,却没有料到困难竟如此之大。研究了一下东汉的数字就感到束手无策,三国、南北朝的更无从入手。我越来越觉得像走进了一个深不可测的岩洞,其大无边,不知尽头之在何处,也不知脚下的路是通向哪里,寻找回到洞口的退路已经与发现新的出口同样困难了。

三

1985年7月,我去美国哈佛大学做访问学者,目的之一就是借他山之石,来攻中国人口史的难题。

我在写硕士论文时,从王业键教授讲学的报道中得知何炳棣教授《1368—1953

年中国人口研究》一书的主要观点,感到很有说服力。但在上海和北京的各大图书馆中却还借不到这本书,所以无从研读。因此,到哈佛后的第一周,我便迫不及待地读完了此书。对书中的内容和观点,我还来不及消化,使我震惊的倒是国内学术界的闭塞和保守。

80年代初,一些学者重新发现了清初户口统计数中用的是"丁",而不是"口",因而当时的实际人口应该是"丁"数的好几倍。但不久就有人指出,早在几十年前萧一山、孙毓棠等就已经有过正确的结论。接着,争论转入"丁"与"口"的比例问题,并且至今还没有得出结果。可是他们没有意识到自己的研究步入了歧途,因为清初以至明代大多数时期的"丁"与"口"实际上根本不存在比例关系;而何炳棣这本出版于1959年的书已经作了很严密的论证。所以这场看似十分热烈的讨论,其实不过是重复二三十年前的认识过程的无效劳动。与此形成对比的是,当我在美国一些大学中问那些中国学研究生时,他们几乎都知道"丁"的真正含义是"fiscal unit"(赋税单位),而不是"population number"(人口数量)。

我丝毫无意贬低我国的学者,造成这种状况的主要原因是长期的封闭,使得50年代以后的学者既没有了解国外最新研究成果的条件,也失去了学习的能力。我也并不认为对何氏的结论不能提出异议,但不应该置之不理,因为确实有人根本不愿意了解这些,却继续坚持自己的主张。这大概是长期封闭形成的一种特殊心态吧!

我参观了一些大学、研究机构和图书馆,发现在那些被世人誉为一流水准学府所列的中国人口史研究文献中,很难看到中国人特别是大陆学者自己写的论著;即使在收藏宏富的大图书馆中,也几乎没有中国人写的中国人口史著作。语言和交流上的障碍自然是原因之一,但事实上我们的确拿不出什么像样的书来。一些我们有条件研究的课题也没有进行,应该取得的成果却让外国学者捷足先登,而外国学者已经发表的论著我们又长期不闻不问,作为一个中国人,能不感到痛心吗?能不为之内疚吗?

1986年春,我参加哈佛大学费正清东亚研究中心的一次讨论会,听来自纽约的B教授报告中国历史人口的数量和分布。他的报告并没有什么独到之处,却相当狂妄自大。他大言不惭地声称从不采用中国学者的说法和证据,尽管他所用的历史政区图和分地区的人口数据分明是取自中国人的著作。在回答我们的批评时,他竟说:"我不需要任何证据,我认为我的说法是正确的。"他还表示与中国学者没有共同语言,"或许我们的学生才能一起讨论"。

像B教授这样的人,我至今还没有遇见第二个,但那天的情景是我终生难忘的。只要我们还没有拿出举世公认的中国人口史研究成果来,B教授之流就不会绝迹,更何况世界上也还没有一部高质量的中国人口史。所以在我重新踏上祖国的大地时,尽管依然没有发现通向出口的捷径,但已经不存在任何返回入口的念头了。

四

在完成了《中国人口·总论》第二章的数万字初稿时,我已深知中国人口史留下的空白和必须重新研究的问题太多,要是没有比较彻底地解决这些问题的基础,要写出一部高质量的中国人口史是不可能的。因此,我准备先从人口的迁移入手,写出一部中国移民史,作为中国人口史的一部分。这样一部人口史不能在短期内完成,但目前又很需要一种比较简明的中国人口史,所以就产生了写这本《中国人口发展史》的动机,并且在我的梦做了九年之后,即1991年问世。

这本书是介于《中国人口·总论》第二章1911年前部分和我所梦想的人口史之间的中间产品,或者可称为一项阶段性的成果。正因为如此,我能写入书中的只能是到80年代末为止的研究结果,以及国内外已发表的有关论著中我所认为是正确的那部分。与国内外已有的有关论著相比,自认为有所进步、有所贡献的是以下几个方面:

第一,论述了中国人口史的空间范围、时间范围和具体内容,并以此为框架撰写全书。与以往一些局限于人口数量变化的论著相比,内容更加全面,涉及了一些前人尚未注意的方面。

第二,在论述中国人口调查制度的起源和发展过程的基础上,力图纠正一些长期沿用的错误成说。如所谓大禹时的人口统计数、《周礼》中的人口调查制度等。同时,对历代官方户口统计数、方志中的户口数和家(族)谱中的人口数据的性质和价值作了较系统的分析,有助于人们区别历史上的户口数与实际人口数,使中国人口史研究建立在可靠的史料基础上。

第三,对自公元前3世纪来的各个主要阶段的人口数量确定了大致的范围,其中不少是前人从未提出过的,如从秦汉之际以来各次人口谷底的估计数;有的是与以往的说法不同的,如明代人口的峰值等;有的是巩固了已有的结论,如宋代人口,根据我新发现的论据,我认为铁案可定,颠扑不破。

第四,在人口构成、再生产、分布和迁移方面,对史料的发掘和运用作了一些尝试,尽可能使现代人口学研究的各个方面在中国历史上找到对应的位置。尽管有些还只是极其粗略的估计,有的只是出于直觉的假设,但对研究方法和学科构建不无意义。

至于错误和缺点,当然是客观存在,但这还是请读者们来指出。因为在主观方面,我是尽量要避免的。如果明明知道,或者已经发现了还保留着,岂不是与读者开玩笑,和自己过不去吗?

中国学者在自己的论著或报告的前后,往往要说其中必定有很多错误一类的话,而西方学者又会大惑不解:既然有那么多错误,还有什么发表的必要,为什么自己不先纠正?其实,大多数作者的本意和我并无二致,自己写的、说的岂但不错,并且必定是有发明、有贡献的,却不愿坦率地说出来,唯恐有狂妄自大之嫌。我以为大可不必,所以直截了当说了,希望得到大家的理解。

五

对于我的同行和相关专业的读者来说,上面这些话已足够了,甚至是多余的,因为该看的会看,能用的会用,要批评的你也逃不了。但对大多数非专业的读者,我还想说上几句,这本书与你们有什么关系。要不你们大概绝不会花上 6.65 元去读这 30 多万字。

简单地说,可以了解中国人口的过去,知道今天世界上数量最多的中国人是怎样发展来的。这样说可能还过于抽象,那就谈几个与今天有密切关系的例子吧!

在今天讲中国存在巨大的人口压力早已不是什么新闻,政府高级官员也一直在说人口形势相当严峻。但在 50 年代马寅初提出新人口论,建议要适当限制人口增长时,却受到了从最高领导到专家学者的一致批判。这当然有复杂的政治因素,但绝大多数人根本没有意识到潜在的人口压力也是事实。一个重要的原因,就是大家不了解中国人口发展的历史。

西汉从公元前 202 年至公元 2 年间的人口年平均增长率是 7‰左右,如果这个今天看来相当低的增长率保持下去的话,到公元75年中国的人口就会突破1亿,而不会迟至12世纪初的北宋。如果1850年后的中国人口还是以清朝前期的速度即每年约10‰递增的话,那么到1912年中华民国建立时就该有7.45亿,1953年该有11.29亿,而不是普查结果的5.83亿。如果从公元初开始中国人口的年平均增长率是2‰,而不是实际上的不足1‰,那么今天的人口就会接近32亿。这些令人望而生畏的数字和假设实在算不上什么危言耸听,因为同1949年后中国大陆的人口增长率相比都是微不足道的——前23年中除了1960年外都超过20‰,厉行计划生育的1987年也还有14.8‰。

这些理论上的高峰之所以没有出现,竟完全是天灾人祸的功劳。如从太平天国起义爆发到解放战争结束,近百年间的天灾人祸使中国少增加了四五亿人口,仅太平天国战争这11年间损失的人口就有1.12亿。所以到1953年人口普查时,有六个省的数字比1850年还少,其中包括号称鱼米之乡的浙江,而江西的人口竟下降了31.5%。

知道了这些,我们就不难理解,当人类已经不可能也不需要靠天灾人祸来调节自己的增长的时候,消除人口压力的主要手段就只能是计划生育了。

人口压力的大小当然是与人口数量成正比的,但历史事实告诉我们,它是与生产的发达程度成反比的。中国历来的人口稠密区一般都是经济文化最发达的地区,也是生活水平最高的地区。相反,人口稀少区倒基本上是经济文化落后、生活水平也不高的地方。大规模的农民起义虽然不一定发生在人口最稀疏的地区,却从来没有在人口最稠密的地区爆发过。以长江三角洲和浙北平原为例,这里早在东晋南朝时就已成为人口较稠密的地区,从五代以来一直居全国人口密度的前列,明清以来更稳居首位。从五代以来,该区又是全国经济文化最发达、生活最富裕舒适的地区,从来没有发生过稍具规模的农民起义或破坏性的暴乱。主要原因无非是两点:精耕细作的高产农业生产了充足的粮食;发达的商业、手工业和服务业养活了大量非农业人口。

所以人口压力虽然不可避免地要影响社会的发展,但并不是人多了就一定会穷,一定要乱。在同样的自然资源条件下,不同的经济模式或生产方式完全可以供养不同数量的人口。这在中国历史上就能找到有力的证据,也能给我们以启迪。计划生育固然不能放松,但彻底消除人口压力的根本途径还是发展生产。在正视中国严峻的人口形势的同时,我们完全可以有足够的勇气和信心。

这些大概是每一位关心中国人口问题和前途的人所乐意了解的吧!那么本书也应该是他们所乐意阅读的。当然,对一般读者来说,全部看可能会感到枯燥,那就不妨选一些看,或者先从最后的《余论》看起。

六

《中国人口发展史》出版了,但我的人口史梦想还远没有实现,我的目标是一部大型的、世界第一流的中国人口史。作为基础研究的一部分,我与同事研究和撰写中国移民史的工作正在进行,一部约50万字的《简明中国移民史》已经交稿,不久也将由福建人民出版社出版。多卷本《中国移民史》的前二卷即将脱稿,后三卷可望在这两年内完成。我希望接着就能联合国内同行开始这项准备已久的工作。

但是一些基础研究目前还难以进行,这本来是不可缺少的。例如,如果我们能对全国现存的家(族)谱按随机抽样的原则选取一部分,将其中的人口数据建成历史人口数据库,中国的历史人口研究就完全可能达到世界先进水平。这在技术上并不存在太大的困难,所缺的就是经费和人员。

我不禁想起了前年访问法国历史人口中心的见闻。法国的历史人口研究成就是世界公认的,法国学者正在进行一项巨大的工程——收集数百个家族300年来的人口数据,建立历史人口数据库。当我问到他们的经费来源时,意外地得知,其中工作量最大的收集资料和抄录卡片竟主要是由退休人员义务承担的。

中国的家(族)谱资料远比法国丰富,起点也早得多,我们完全应该也可以持续500年或更长的历史人口数据库,足以代表当时的上亿中国人,这将是无可争议的世界第一。早在1931年,袁贻瑾就利用广东中山李氏族谱的记载,制成了该家族1365—1849年间的生命表。多年来,我国台湾的刘翠溶和美国的李中清(James Lee)等人已在进行这方面的实验。但这样一项巨大的工程显然不是几个人所能完成的,需要更多的同行共同努力。

1990年8月,在西班牙首都马德里举行的国际历史人口委员会会议上,秘书长夏蒙夫人邀我参加委员会。面对着一百多位来自世界各国的委员,我作为唯一的中国人宣布了我的《中国移民史》计划。在写完这篇文章的两星期后,我将再次访问巴黎,向法国同行作我们的研究报告。我还收到了历史人口委员会中唯一的一位亚洲执委、日本的速水融教授的邀请,参加明年初在东京召开的"1500—1900 年亚洲人口讨论会"。我最大的遗憾是参加这些活动的中国学者太少了,我们应该更多更快地走向世界。

1985 年在美国第一次看到别人用电脑写英文论文,觉得我们能用电脑写中文论文大概还很遥远。想不到《中国人口史》成了我用电脑写成的第一本书,这已经超出我当年梦想的范围了。所以我更加相信,随着人类的进步和中国的发展,我的人口史梦将不会是梦。尽管这个梦已做了十年,或许还要做上一两个十年。写到这里,泪水突然滴上了键盘,我只能就此打下一个句号。

本文写作于 1992 年 4 月 22 日零时,寓斋。

复旦教授不仅敢说"我不知道"

十九年前在哈佛大学访问时,我曾问过一位教授:"你认为哈佛大学的教授与其他教授最大的差别是什么?"他稍想了下后回答:"We dare to say I don't know."(我们敢说我不知道。)当时我受到很大震动,难道这就是哈佛教授的特点?事后却一直不能忘记,回国后与先师季龙(谭其骧)先生谈起,他很有感慨。或许是他研究生毕业的燕京大学与哈佛有渊源,他认为这是很正常的,他说:"只有没有本领的教授才不敢说自己不懂。"以后受先师和其他老师熏陶日深,才发现复旦的教授不仅敢说"我不知道"。

以先师为例,还是在燕京大学读研究生时,他时对导师顾颉刚先生(也曾任复旦历史系教授)开设的"《尚书》导论"中的说法提出疑问,否定了他有关汉代州制的论点。而作为导师的顾颉刚先生非但乐意接受,还鼓励他写成书面意见作公开讨论。最后顾先生基本接受了这位学生的新观点,否定了自己的旧说,还将双方往复争论的信件作为这门教材的附录印发给全体同学。

正是在这种传统的激励下,当我根据读书笔记发现由我们所教师写的《中国历史大辞典·历史地理分册》样条中"北京"条所收内容不全时,就大胆地向先师提出。当时我竟没有注意,这一条就是先师写的。他非但不以为忤,而且亲自给《中国历史大辞典》通讯编辑部写了一封信,肯定我的意见,并要求全文发表我补充的内容,以后又通知负责修订《辞海·历史地理分册》的教师,对原来的"北京"一条作了补充。要知道,当时我还是先师指导下的研究生,而先师是誉满学术界的历史地理学家、历史学家,也是复旦大学文科教授中唯一的中国科学院学部委员(院士)。

先师一再教导我们:"在历史地理方面,我应该超过钱大昕、王国维,而你们应该超过我,否则学术如何进步!"他关心的是学生如何超越前人,所以每当发现学生的成绩时都会及时肯定,他不止一次对我说过:"周振鹤对西汉政区的研究就比我高明,解决了钱大昕他们没有解决的问题。"从1989年起,我开始使用电脑,先师得知后说:"我这辈子是不能学了(他因脑血栓后遗症右手行动不便),你们应该早点用电脑。"他对不断涌现的新技术、新研究手段、新信息、新观点从不拒绝,但不了解的都坦率承认,不同意的也绝不含糊。

最近,我从数学系庆祝谷超豪院士八十寿辰的报道中得知,他的老师苏步青院士以有超过自己的学生而感到自豪,并且十分关心谷超豪院士能不能培养出超过他的学生。看来,先师这样的胸怀在复旦的教授中并非特例。说来凑巧,苏步青先生、谷超豪先生和先师都曾在浙江大学任教或求学,是否都受到浙大"求是"学风的影响?但从上世纪50年代开始他们就转入复旦,已将这种学风带到复旦,成为复旦精神的组成部分。

所以我想,复旦的教授不仅敢说"我不知道"。认识到不知道,承认不知道,只是一个起点。它的终点是超越,是超越他人,也是超越自我。

原载《外滩画报》2005年6月2日。

杂说知识分子

"知识分子"是当今中国使用率极高的词语之一,尤其是在知识界、教育界、政界、媒体,在这些界的人大多以知识分子自居,或者被别人当作知识分子。不过,在知识分子不吃香或是反动分子的同义词时,大家避之犹恐不及,能进入"革命干部"行列的人自不必说,就是只能留在知识分子中的人,只要有可能,也要强调自己的非知识分子出身或背景。"文革"期间我在中学当教师,那是无论如何也脱不掉知识分子帽子的地方,但新分配来的教师有"工农兵学员"的革命出身,与我们那些不幸早当了教师的人多少有些区别。

究竟什么样的人算知识分子,记得当年学习毛泽东《在全国宣传工作会议上的讲话》等著作时作过深刻的讨论和领会,那时的划分标准是文化程度高中以上。如果按这条标准,那今天中国知识分子所占的比例就极其高了。特别这些年大学和研究生大规模扩招,据说今年新获博士学位的就将有5万之多。看来知识分子的学历标准也得提高了。

不过,毛泽东的标准或今天政府主管部门定的标准,只是学历意义上或统计意义上的知识分子,与我们心目中的知识分子或者整个社会寄予厚望的知识分子是两个完全不同的概念。因为一方面,随着社会教育水平的提高,获得高等教育学历或学位的人会越来越多,在全部人口中所占的比例也会越来越高。但另一方面,现代的知识结构、科学技术的分类越来越细,专业化程度越来越高,绝大多数受过高等教育或获得硕士、博士学位的人所学习或研究的范围相当狭窄,从事的专业极其单纯。如果局限于专业的话,他们的关注范围就非常有限,即使对本身涉及的领域也难以有全面的理解,更不用说对整个社会。

所以我以为,当代知识分子的标准,不仅应考虑到一个人接受教育、具备知识的程度,还必须看一个人对社会的态度。所以比较全面的标准应该是:

首先,当然必须接受过完整的高等教育,或者实际上已经达到这样的水平。这并不意味着排斥没有上过大学又没有实际达到大学程度的其他人才,对社会作贡献甚至作出重大的或决定性贡献的人并不限于知识分子,如有些政治家、军事家、发明家、艺术家既没有大学学历,也没有比较全面地达到大学水平,但谁也不会否认他们的成就和对社会的贡献。但既然将知识分子作为一个范畴、一种身份,无论如何总得有一定的标准。

其次,必须拥有某一专业或某一方面的理论或比较系统的知识,即成为某一方面的专家或学者。只有这样,才能拥有与知识有关的某一方面的发言权,才能以知识为手段服务于社会,才能通过这一部分知识来思考社会现象。也就是说,作为一个知识分子,他(她)的主要职位应该是与知识有关的,主要依靠自己的知识,而不是技术或体力。如果知识分子被长期剥夺这样的权利,没有以知识为手段服务于社会的机会,那也就不成其为知识分子了。

然而更重要的是,不能局限于自己的专业或职位,而应该关注整个社会,至少应关注本专业以外的领域。正如前面已经提到的,在一个专业分工越来越细、越来越专的社会,如果每个人都局限于自己的专业,连相互间的对话都会发生困难,更不用说对共同面临的社会问题进行讨论或研究了。即使是以社会现象为研究对象的知识分子,也不能局限于具体的研究对象。现代社会是一个巨大的系统,每个人研究的领域再广,也不过是这个系统的一个细胞、一个器官或一个局部。当然,任何一个知识分子都不可能了解社会的全部,但多少要有些整体性的观念,才能对思想领域和社会现实发表负责任的意见。这一点,也是知识分子不同于科学家、专家学者的地方。

如果说上面三点是知识分子的基本条件的话,那么能否成为真正的知识分子,还取决于第四点,即必须具有批评精神。所谓批评精神,就是对一切事物应当尽可能作出是非、善恶、真假、美丑、轻重、先后等判断,明辨是非,激浊扬清。但是比较而言,知识分子的主要使命不在于美化、宣扬或维护现有的真理、秩序、规则和存在的合理性,而是发现其中的缺陷、谬误和不足,并予以揭露和批评,不断探索、发现和创新。知识分子不应是执政的党派或团体、主流社会、利益财团、学术权威的工具,而必须保持相对的独立性。这并不说知识分子一定要反对它们,或者一定要与它们唱对台戏,也不是说它们不需要有自己的工具或喉舌,而是这类角色不必由知识分子来扮演,完全可以由拥有一定的知识、技能和社会经验的官员、公务员和专业人士来承担。

一个健全的社会必定需要两个不同的方面,既有肯定和维护的人,也有怀疑和批评的人。两者相辅相成,缺一不可。这个社会之所以能够得到稳定和进步,也得益于怀疑和批评者,得益于他们使社会避免不必要的损失,预防可能出现的问题。他们质疑和批评的内容,持肯定和维护态度的人一般不能发现,或者碍于地位和立场而无法公开发表。他们的质疑和批评或许不尽全面,甚至不乏夸张,但对社会起了提醒和警告的作用。对一项政策、法令、制度、措施,一项工程、规划、方案也是如此,站在独立立场的知识分子的质疑和批评是完全必要、非常有益的。允许并接受他们的批评,能帮助当权者或决策者更全面、更深入地考虑不利因素,从而进一步加以修改或完善。三峡工程的规划和建设过程中,知识分子都发出过批评和反对意见,今天还有人在继续批评。但正是这些批评,使三峡的建设方案不断完善,作了多次调整,如降低了大坝高度,增加了环保措施,调整了移民方案,对建设过程中出现的问题也能比较及时地解决。三峡没有成为第二个三门峡,能够取得已有的成就,也应该感谢那些坚定的反对者。三峡工程如此,其他方面又何尝不是如此呢?

正因为如此,尽管作为一个社会阶层,知识分子始终存在并发挥作用,但就具体的人而言,其身份是可以变化的,既可以由非知识分子成为知识分子,也可以由知识分子变为非知识分子。如一位知识分子成为军人、官员、公务员后,尽管他依然可以保持自己的思想、观念和思维模式,但在本职上必须服从上级、政治利益和行政制度。如果他要从事经济或商业活动,也只能服从现行的经济规律,适应市场需要,追求利润和回报。

这种角色转换有时是相当困难的,往往难以彻底,但一个人无法同时扮演双重角色,特别是相互对立和冲突的两个不同角色。某一文化名人曾经以知识分子的身份走上政坛,当了几年台北市的主管文化的官员,但她坦承在任职期间无法保持知识分子的自由思想和独立立场,直到离职后才有条件恢复。有了这样的自觉,她才能较好地履行官员的职权,对社会作出与知识分子不同的贡献。可惜的是能保持这样清醒头脑的人太少,更多的人是想左右逢源,熊掌与鱼兼得。如在官员中充知分子,在知识分子面前摆官架子;或者身居政府要职,却不认真履行职责,或毫无行政能力,却以知识分子自我陶醉、自我原谅;或者身在江湖,心存魏阙,以高参策士自居,却不愿承担应有的政治责任。古人所谓"小隐隐于山,中隐隐于市,大隐隐于朝",其实只是那些假隐士的自我美化或自我解嘲,因为既然入了市,登了朝,就绝对隐不了。我并不反对知识分子经商、当官,十几年前我就发表过文章,主张知识分子大大方方地下海入仕,只要不丧失知识分子的本色,也是对社会的贡献。尽管当时我说的"知识分子"只是职业或学历意义上的知识分子,但我一直以为,这也适用于真正的知识分子。

在现代社会,由于谋生的手段相对简单,一个人用以谋生的时间可以越来越短,"业"和"余"可能完全分离。例如,多数白领在下班后不需要再在本职工作上花费时间,成功的投资人可以在短短几年甚至一次交易中为自己积累一辈子也花不完的财富。有的重要岗位退休年龄很早,加上人类寿命的延长,退休后的工作年限完全可以超过以往的"一生"。所以一部分有当知识分子基本条件的人,可以在本职以外当"业余"知识分子、"兼职"知识分子,或者在退休后当知识分子。但无论是哪一类知识分子,衡量他们的标准是一致的,他们的言论都要对社会负责,对历史负责。所以他们的本职与知识分子的角色可以完全无关,但不能根本冲突,否则即使他们自己能应付自如,在社会上也会缺乏信任度。例如,一位宣传部门主管官员如果在业余时间当知识分子,他能将他有关思想独立、言论自由的想法用真名实姓发表出来吗?其结果很可能是没有一方满意,社会效果也会大打折扣。

在现代社会的分工中,知识分子是一种职业,即社会上的一部分人以"知识"作为手段为社会服务,并获取社会的回报,维持自己的物质和精神生活。知识分子并无高人一等的地位,也不应该有什么特权。反之,社会对他们的要求,仅仅是作为知识分子的职业道德,此外就与其他公民一样。

曾经见到某位特型演员到处受到狂热欢迎,因为人们往往将他与他演的伟人、名人联系起来。这在感情上或许可以理解,在理智上却是不可取的。如果他明天改演一位暴君或流氓,那么是否也会成为众矢之的呢?其实演员的本领就是将假的演成真的,就是脱离真我。以前鼓吹"台上演英雄,台下学英雄",貌似合理,实际是典型的实用主义,因为如果照此逻辑,台上演罪犯,台下必定得犯罪才行。对作家也是如此,写出成功的作品固然需要生活源泉和真实感情,但更需要有文学天赋和写作技巧,所以写出《妻妾成群》的作者可以是一位毫无旧时代经历的年轻人,描述黑社会的作品不必出自黑道人物,否则就不可能有历史小说,或者只能有自传了。因此,对演员的艺术成就、作家的文学成就的评判标准是作品本身,与他们的人品和创作以外的行为无关,对他们创作以外的要求应该与其他公民无异。

  我一直认为,"文如其人""字如其人""画如其人"至多是一种特例,或者是人们的主观臆测。张大千仿石涛完全可以以假乱真,难道张大千有了石涛的心境?汪精卫当汉奸前后写的字难道会有本质区别,谁又看得出来?某些高官的亲笔题词要是不署名,或许会被当成小学生的涂鸦。可见对艺术品的鉴别标准也是作品本身,与作者的人品与言行没有必然的联系。知识分子的职业道德主要体现在他的言论,而不是他作为职业以外的行为,更不是他的私人生活。一般来说,在评价知识分子发表的意见是否正确、是否有价值时,只能考虑这些意见本身,不能以发表者本人的身份、行为、历史作为判断的依据。

  当然,这只是最基本的要求,对有影响的知识分子,社会完全可能对他提出更高的要求,希望他在行动上也能实践自己的主张,或他本人能成为公众的楷模。对知识分子本人而言,权利和义务应该相称,即你获得的社会声望越高,承担的责任也越大;一旦成为公众人物,个人隐私必定会受到限制。要赢得公众的信任,就只能向公众公开历史,敞开心扉。而且最低限度,知识分子的行为不能与自己所主张的相冲突。当然从理论上说,不能因此就判断他的意见是错误的,但公众对他的意见会产生怀疑。特别是对一些本来就有争议的观点,如果提出这种观点的知识分子的行为恰恰相反,这不是告诉公众实际上是做不到的吗?

  知识分子所拥有的知识不仅是指书本知识,更重要的是社会实际。即使是以理论研究为主的知识分子,也应该了解社会的现状,否则就无法实践这些理论,或者使这些理论产生实际效果,他本人也就不成其知识分子了。

  现在有一些比较年轻的知识分子,他们的经历是从学校到学校,或从学校到研究所。他们了解社会的途径不是直接接触社会各界,倾听他们的声音,而是完全根据书面材料,却不了解书面材料与实际状况之间的明显差异。对一个历史人物或历史事件,他们往往不是考察实际情况,而是一味相信本人说的话或当事人的记录,由此得出的结论必定会南辕北辙,事与愿违。尽管他们有良好的愿望,但这种书呆子态度决定了他们的无效和低能。

书呆子的另一种表现,是自己的关注范围只限于专业知识,却非要对专业以外或广泛的社会问题发表意见。自然科学背景的人常常不懂最基本的人文知识,而人文学者往往对最新的科学技术进步漠不关心。本来他们都是本专业的优秀学者,但当他们对自己毫不熟悉的问题发表意见时,却力不从心,甚至成为公众或官员的笑柄。

　　不过与知识分子中的伪君子相比,书呆子还不失其可爱真诚的一面。我所指的伪君子,是指那些连知识分子的道德底线都不能守住,却又要故作高深,伪装崇高,用岸然道貌掩盖肮脏灵魂的人。我并非对这些人苛求,因为我对自己也没有严格的要求。如果做不到或不想做的事,能躲就躲,躲不过的就承认,却不能提高嗓门,高举大旗,大义凛然,造足声势,最后溜之大吉。有一次我说,如果不能将大杂院恢复为真正的四合院,那就迟早要拆除了。一位青年学者大不以为然,他说即使是大杂院,也比高楼大厦好得多。我问他现在住在那里,他一时语塞,但答非所问地说以前也住过大杂院。我就不明白,既然如此,他为什么不继续住下去呢? 要当真君子固然很难,要不做伪君子却很容易,只要做到一点就行了:设身处地想一下,你自己能不能照你的主张办? 我曾经遇见一位坚决主张实行传统儒家思想的学者,他自己也身体力行。尽管我不赞成他的观点,但他的人格和治学态度赢得了我的尊重。但如果"环保学者"私下在搜购珍稀动物制品,"伦理学家"拥有不止一位情妇,"学术腐败"的反对者抄袭别人成果,这样的知识分子对社会还有什么价值? 对知识分子这个称号起着什么作用?

　　原载张立升主编:《社会学家茶座》总第 6 辑,山东人民出版社 2004 年版。

被高估的民国学术

在社会上出现"民国（小学）教材热"时，有记者问我："为什么民国时的大师会编小学教材？"我告诉他，那时编教材不需要哪个政府主管部门批准，只要有出版社出就行，而出版社对编者是按印数付版税的。所以编教材的版税收入一般远高于学术著作，如果能编出一种印数高、通用时间长的教材，编者等于开发了稳定的财源，何乐而不为？至于"大师"，这是现在对这些编者的称号或评介，当初编教材时，他们还不具备这样高的身份，甚至还只是初入职场的年轻人。

近年来，随着"民国热"的升温，一批"民国范儿"的故事流传日广，更成为影视作品的新宠。与此同时，一批民国的"学术大师"如出土文物般现身，或者被媒体重新加冕。于是在公众和年轻一代的心目中，民国期间成了大师众多、高峰林立的学术黄金时代。

不过如稍加分析，就不难发现，这样的"黄金时代"的呈现并不是正常的学术史总结研究的结果，或者是相关学术界的共识，大多却是出于媒体、网络、公众，或者是非本专业的学者、没有确切出处的"史料"、人云亦云的传闻。所关注的并非这些人物的学术成就，而是他们的价值观念、政治立场、社会影响，甚至风流韵事。例如，一讲到民国学术言必称陈寅恪、钱宾四（穆）的人大多并不知道陈寅恪究竟做过哪些方面的研究，往往只是看了《陈寅恪的最后二十年》，也没有读过《国史大纲》或钱穆的其他著作。称吴宓为"大师"的人根本不知道他是哪一行的教授，只是同情他"文革"中的不幸遭遇，或对他单恋毛彦文的故事感兴趣。称颂徐志摩、林徽因是因为看了《人间四月天》，或知道有"太太客厅"。

其实，民国期间的总体学术水平如何，具体的学科或学人处于何种地位，有哪些贡献,还是得由相关的学术界作出评价,并不取决于他们的社会知名度,更不能"戏说"。影视创作可以以民国的学术人物为对象,戏说一下也无妨,但他们的真实历史和学术地位不能戏说。

那么,今天应该怎样看民国期间的学术呢?

毫无疑问,这是中国学术史上重要的篇章,是传统学术向现代学术转化的关键性时期,也是现代学术体系创建的阶段,各个学科几乎都产生了奠基者和创始人,并造就了一批学贯中西、融汇古今的大师。

从晚清开始,西方的自然科学(声光电化)被引进中国,在回国的早期留学生与外国学人的共同努力下,到民国期间基本形成了学科体系,建立了专门的教学和研究机构。社会科学各学科也是从西方直接或间接(如通过日本)引进并建立的。就是人文学科和中国传统的学问,也是在采用了西方的学科体系、学术规范和形式后才进入现代学术体系的,如大学的文、史、哲的院、系、专业或研究所,论著的撰写、答辩、评鉴,学历、学位、职称的系列与评聘,学术刊物的编辑出版,学术团体的建立和发展。

以我从事的历史地理学为例,在中国传统学术中是沿革地理,属史学的一个分支,主要是研究疆域的变化、政区与地名的沿革和黄河等水道的变迁,其源头可以追溯到《尚书·禹贡》。而中国传统的"地理"也不同于现代地理学,只是了解和研究历史的工具。只是在现代地理学传入中国后,沿革地理才有了历史地理这样的发展目标,才发生了量和质的进步。20世纪30年代初,大学开的课还用"沿革地理"或"沿革史"的名称,1934年创刊的《禹贡半月刊》的英文译名还是用 The Evolution of Chinese Geography(中国地理沿革),但到1935年就改为 The Chinese Historical Geography(中国历史地理)。50年代初侯仁之先生提出创建历史地理学的倡议,自然是他接受了他在英国利物浦大学的博士生导师、国际历史地理学权威达比教授的学科理论和体系的结果。

民国时期的学术水平如何,就自然科学和社会科学而言是有国际标准的。尽管有少数科学家已经进入前沿,个别成果达到世界先进,但总的水平还是低的。人文学科的具体人物或具体成果很难找到通用的国际标准,但如果用现代学科体系来衡量,显然还处于初级阶段。如果在中国内部进行阶段性比较,则除了个别杰出人物外,总体上远没有超越清朝。而今天的总体学术水平,已经大大超越了民国时期。

至于杰出的个人的出现，主要是因为他们的天才获得了发挥的机遇，与整体水平没有必然联系。而且历史上出现过的学术天才，或许要经过相当长的年代才可能被超越，甚至永远不被超越，民国时期也是如此。

正是由于这些特殊情况，到了今天，民国的学术往往会被高估。因为每门现代学科几乎都是从那时发轫或成长的，今天该学科的专业人员，除了直接从国外引进的外，一般都是由当初的创始人和奠基者一代一代教出来、传下来的，这些创始人、奠基者自然具有无可争辩的、崇高的地位。新中国成立后留在大陆、以后成为大师的学人，大多是在民国期间完成了在国内外的学业，已经崭露头角。尽管他们的成就大多还是在新中国成立后取得的，但也被看成民国学术水平的代表。

历次政治运动的消极影响和破坏作用更加剧了这样的高估和偏见。有的学科和学人因学术以外的原因被中止或禁止，形成了二三十年的空缺，以至到了改革开放后这门学科恢复，还只是民国时期的成果独领风骚，一些学者的代表作还是当初的博士、硕士论文。例如费孝通的《江村经济》，本来早就应该被他自己的新作或他学生的成果所超越，但1952年院系调整时，社会学科被"断子绝孙"，作为资产阶级反动学科被彻底取消。后费孝通成了右派，连《江村经济》也被当作毒草遭到批判，从此消失。由于一部分民国学人成了战犯、国民党反动派、帝国主义走狗、洋奴、特务、反革命分子、右派、反党分子，或者去了海外，他们的论著被查禁，像我们这一代人从小几乎一无所知，更不用说更年轻的一二代人。我在1978年考上研究生后，才在专供教师和研究生使用的参考阅览室中看到一些民国学术著作，而直到1985年游学哈佛，才有比较全面了解民国学术的机会。

毋庸讳言，一些人对民国学术的评价、对民国学人的颂扬是出于一种逆反心态，是以此来显现、批判今天学术界的乱象，表达他们对目前普遍存在的学术垃圾、学术泡沫、学术腐败的不满，对某些混迹学林的无术、无良、无耻人物的蔑视。就像赞扬民国时的小学课本编得多好，就是为了对比今天的课本编得多差一样，应该促使我们反思，推动当前的改革，而不是压制这种另类批评。

舆论与公众出现这样的偏差，学术界本身也负有一定的责任。本来，学术和学人的史实、学术研究的成果和水平，应该让公众了解，才能获得应有的尊重，才能充分发挥社会效益。即使是高深、特殊的学问，也应该用浅近的语言、形象的方法向公众介绍。在媒体出现不实报道、舆论对公众误导时，学术界要及时予以澄清和纠正，要主动提供正确的事实和评价。但由于学术界往往脱离公众,或者不重视社会影响,对一些本学科视为常识性错误或胡编乱造的"史实"不屑、不愿或不敢公开纠正,以至积非成是,形成"常识"。而一旦被高层领导认可或采用,不但再也无法纠正,学术界某些颂圣人士与风派人物更会从学术上加以论证和提升,反成了不刊之论。

例如,在季羡林先生的晚年,从大众媒体到国家领导无不将"国学大师"当成他的代名词,有时连他的"弟子"也被尊为"国学专家",甚至"大师"。在学术界,特别是他的同行和学生心目中,季先生当然是无可争议的大师,但大家都明白他的主要学术贡献并不属国学的范畴,而滥用"国学"实际是贬低了其他学问,如季先生主要研究的印度学和梵文的地位。但谁都不好意思或不愿意向公众捅破这一层纸。当我在报纸上发表质疑季先生"国学大师"身份的文章时,好心的朋友劝我应该给老人留点面子。我说:正因为我尊敬季老,才要在他生前纠正他身不由己的被误导,而不是在他身后批评。所幸不久季老公开表明了他不是"国学大师",要求摘掉这顶"帽子"的态度。

我还看到过一篇"钱钟书拒赴国宴"的报道,据说他在江青派专人邀他参加国宴时不仅断然拒绝,而且谢绝来人为他找的"没有空""身体不好"的借口,要求直截了当回复江青"就是不想参加"。一些媒体纷纷转载,使钱钟书的形象又增添了学术以外的光环。我觉得这既不符合"文革"期间的史实,又不符合钱先生的行事风格,在看到对杨绛先生的一篇访谈后,我更断定这是夸大失实的编造,就写了批驳文章发表,此后似乎再未见到这则故事的流传。

外界对先师季龙(谭其骧)先生,也有一些不实传闻,如毛泽东曾多次就边界纠纷征询他意见,林彪也向他请教历史地理。实际上谭先生从未有与毛泽东交谈的机会,唯一近距离见到毛的机会是参加他在上海召开的一次座谈会。但因临时通知不到,等他赶到会场时座谈会已结束,大家留着看戏,他看到的只是坐在前排的毛泽东的背影。所谓林彪求教历史地理,实际是他奉命为"首长"叶群个别讲课,当时他根本不知道这位首长就是林彪的夫人。如果我顺着这些传闻扩展,或者保持沉默,完全可以给后人留下学术神话,并且会被人当成史实。所以我在《悠悠长水:谭其骧传》中如实揭开谜团,复原真实的历史。

原载《文汇报》2014年10月17日。

功夫在"书"外

《历史学家茶座》约我笔谈"治学之路",一时不知从何起笔。某日忽然想到"功夫在'书'外"这句话,觉得不如以此为题。所谓"治学",无非是指学习或研究自己的专业,我的专业是历史地理,应该讲我如何进入历史地理的研究领域才是。不过我觉得,纯粹的专业范围太窄,具体心得也难免有此局限,对非本专业的朋友未必有用。倒不如讲些专业以外的甘苦,或许能提供些经验或教训,这才想到了这个题目。所谓"书"者,是指本专业。

与今天的学生相比,我进入专业领域实在太晚了——1978年10月才考取先师季龙(谭其骧)先生的研究生,还差两个月就满33岁了。而在此之前,我的全部学历是高中毕业加上一年上海外语学院夜大学两年级就读经历。报考研究生时我并不知道历史地理专业的确切定义,以为是历史加上地理——都是我喜欢的专业。另一方面,是因为当时新婚成家,不想离开上海,所以只能在上海的大学和导师中选择。到复试阶段,看了当时上海图书馆能找到的有关书籍,包括先师和顾颉刚、侯仁之、史念海等人的一些论著,才知道并非自己所想的那么简单。

研究生入学后,发现四位同门中,两位是本校本专业的毕业生,一位是南京大学历史系本科毕业,一位虽非历史或地理专业出身,却也毕业于名牌大学,且有多年的工作经验,我自然最低。我们的年龄排列也很巧——每人差一岁,我也是排在最后。开学时,谭师还住在华东医院,为我们上的第一堂课就是在医院的大厅中进行的,以后才转到医院附近辞书出版社的一间会议室。除了政治、英语和我自己加修的日语外,没有其他课程,剩下的时间都是自己找书看。见其他同学都已轻车熟路走上正轨,我却还不知道从何入手,只能按照先师布置,从读《汉书·地理志》入手。看到有的同学确定了研究方向，有的已在撰写论文，心中更感焦急。但一年多后，学校领导决定由我担任先师的助手，使我获得了特殊的机会。当时先师已69岁，由于在1978年初突发脑血栓留下半身不遂的后遗症，左侧手脚行动不便，但他的学术和社会活动相当繁忙，承担着多项重大科研项目。我担任他的助手后，一般每周去一两次，电话联系就更频繁，帮他整理材料，处理信件，安排日常事务，也做些科研和教学的辅助工作。在他外出时，我一般全程陪同。1981年5月13日，我陪先师赴京出席中国科学院学部大会，接着又在香山参加民族史讨论会，到6月1日才返回上海。这是我第一次陪先师外出，也是平生第一次乘飞机。此后直到1991年10月他最后一次发病，除了我去美国访问一年外，我一直陪同他外出或住在工作场所，最多的一年有13次之多，最长的一次达半年。

由于朝夕相处，随时可以得到先师的耳提面命，我不仅逐渐熟悉了先师的学术思想和成果，也了解了他的治学态度和方法，包括他尚未发表的观点和正在探索的问题。例如，他对历史上的中国应如何解释、如何界定的探讨经历了很多年，在"文革"期间曾以此为题作学术报告，但当时难免不受到"左"的思潮的影响。1981年在民族史讨论会上他又就此问题作了一次报告，但在整理发言稿时仍有一些地方不满意。多年后此稿发表，但他仍不时与我谈及其中一些观点。《中国历史地图集》出版后，媒体上发表了一些有影响的评价文章，他觉得有些方面没有说清，或者并没有涉及要害。在他的启示下，我也写了一篇，较深入地讨论了一些旁人较少涉及的方面。他觉得有新意，认为有些问题应该在编绘《中华人民共和国国家历史地图集》时加以改进。又如他撰写《论〈五藏山经〉的地域范围》一文时，我陪他经历了从确定题目、搜集资料、解决难题，到分享完成的喜悦的全过程。与其他同学及同事相比，我不仅增加了很多接受先师言传的机会，更能随时接受他的身教，学到只可意会的学问。1981年10月8日，我顺利通过硕士论文答辩，该文当年底即在《中国史研究》发表。1982年3月，我被录取为先师的在职博士生，一年多后，我完成了课程和博士论文，经教育部特批提前毕业，于1983年8月通过论文答辩，8月获博士学位，为全国文科首批。1985年提升为副教授，1991年晋升教授，1993年评为博导。1996年任复旦大学历史地理研究所第三任所长，1999年兼任教育部首批人文社会科学重点研究基地"复旦大学历史地理研究中心"主任，2004年被聘为中国地理学会历史地理专业委员会主任。

由于我对先师的道德文章有更多亲身体验的机会,对他的学术和经历有更深入的了解,我先后为他起草了自传、学术概述,在赵永复先生整理的基础上整理编辑了他的论文选集《长水集》上下册,还帮他整理了几篇论文。先师归道山后,我整理编辑了《长水集续编》《谭其骧日记选》,为他撰写了70多万字的传记《悠悠长水》。在协助他工作的过程中,我也有机会分担了一些重大科研项目,如《中国历史地图集》的修订,《中国历史大辞典·历史地理分册》的编纂等。1982年12月,我因陪同先师而列席了《中华人民共和国国家历史地图集》的首次编委会,后担任其中的人口图组组长,以后增补为编委,兼任编辑室主任,承担日常编务。这些经历不仅使我较快地具备了独立从事重大课题研究的能力,而且增加了这类大型、长期、多学科、多单位合作科研项目的运作管理方面的经验,使我受益无穷。

在担任先师的助手期间,我随同他参加过很多重要活动,如几次中国科学院学部委员(院士)大会和相关活动(如视察和评估相关的研究所、选举新院士等),国务院学位委员会学科评议组、国务院古籍整理出版规划小组、中国社会科学院、中国史学会、中国地理学会、中国地方志协会及其他很多学术会议或工作会议,到了国内很多地方,有机会见到很多学术界前辈,有时还能问学受教,对上世纪80年代还健在的历史学界和地理学界的大家名人,我几乎都有直接的印象。这些都是中国学术史的组成部分,我有机会亲历,曷其幸哉!

我的第二项"书"外功夫,是对专业以外的关注。由于高中毕业以后就当中学教师,除了读过一年夜大学外没有受过正规的学术训练,所以在报考研究生前,我并没有什么"专业"的概念,只是随心所欲地看书,积累知识。虽然我一向喜欢文史,但对自然科学也有兴趣,加上"文革"期间既无书可看,又不敢再作"成名成家"的打算,只是满足个人兴趣及当教师的需要,所以只要能找到的书报杂志我都会看。当时有一种内部发行的《国外科技动态》,我每期必看,遇到弄不明白的地方,或者一度流行的新技术,我会找学理科的同学请教。但我不求甚解,浅尝辄止,明白基本原理就行了。像射流、可控硅、风洞、仿真学、大规模集成电路、超导等概念和知识,我就是这样弄明白的。年轻时记忆力强,当时学到的往往能长期保持。对国内外新闻中涉及的科技知识,我也会想方设法找书看,找人问。林彪外逃和尼克松访华后,《航空知识》一度成为我的必看杂志。上海开始造大飞机后,我一位学航空的同学正好参与,使我又学到不少飞机方面的知识。

读了研究生,特别是选择历史地理专业后,我才发现以前无意中积累的知识对我大有裨益,因为历史地理本身就涉及历史、地理和不少相关的人文、社会和自然学科,需要较广的涉猎和触类旁通。这样的兴趣我一直保持至今,只要有机会就会利用。去年暑假参加学校的工作会议,我与高分子化学系主任同住一室,趁机问了不少问题。参观山西平朔安太堡露天煤矿时,矿方专门派了一位技术人员陪同,让我证实或更新了一些旧概念。

在信息爆炸的时代,不加选择地吸收新知识既不现实,也绝无可能。但这并不等于说,一个人只能或只需要将自己局限于本身狭小的专业。与此同时,在知识的汪洋大海中,的确要有所节制,分清主次,不能贪多务得,或者随波逐流,没有自己的目的和主见。正因为如此,我对其他学科的了解,一般仅限于基本原理和最新进展。对过于高深或自己一时弄不明白的问题,我总是及时放弃,留待以后,绝不坚持。

尽管如此,这些专业以外的知识还是使我受益无穷。学问的基本原理是相通的,研究的基本方法也是通用的。历史地理研究本来就涉及人文、社会和自然科学的不少领域,借助于其他学科的研究手段,正是开拓新领域的捷径。我在历史人口地理、人口史、移民史、环境变迁、人地关系、文化地理、文化史的研究中,都曾得益于以前随意涉猎的结果。我曾写过一本《未来生存空间·自然空间》,多少提出了一些个人见解,其中就运用了不少自然科学的研究成果。

近年来,我们与哈佛大学等单位合作,研制"中国历史地理信息系统",目标是达到世界最先进的水平。由于中国有世界上最悠久的、延续的、完整的历史地理资料,在内容上的先进是有保证的,但在技术方面,也要保证先进,才能在总体上达到世界最先进的水平。我没有能力掌握先进技术,但作为项目主持人,我必须了解有哪些先进技术可以利用,并解决利用中可能遇到的困难。在制定编码方案时,我们曾经请国外一位专业人员设计,他搞了一段时间没有成功。在与他讨论时,我明确提出对"一地一码"的技术要求,将他做不到的原因归纳为:现有的技术达不到我们的要求,现有设备的容量与速度满足不了我们的要求,资金与人力不足,他缺乏能力。由于我对相关的方面有一定的了解,他不得不承认是他个人的原因。我们停止了与他的合作,自己解决了编码中的难题。我们确定的"一地一码"的编码原则和具体方法,用"数据标准化"处理史料中时间和空间的模糊性,都得到了国际同行的肯定。

如果说我的第二项"书"外功夫毕竟是"书"的延伸或扩展,那么我的第三项"书"

外功夫就与"书"完全无关了,那就是社会经验——各种社会活动的参与和对社会的了解。对我来说,并非出于自觉的选择,而是不得已的。

我从1964年开始当实习教师,1965年8月正式当中学教师,但不到一年"文革"爆发,此后的十余年就不务正业了。作为学校的"笔杆子",我自己写或代别人写过各种各样的文字——表态性或揭发批判的大字报、大批判文章、致敬信、决心书、"斗私批修"材料、"活学活用毛泽东思想"讲用稿、自我检查(曾代党员、当权派起草)、批林批孔文章、先进典型总结材料、审查报告、处分决定、各种布告、讯问笔录、判决书(以区"公检法"名义)、慰问信、悼词,凡当时用得上的文体,几乎都写过。在学校里,上至"第一把手"(如工宣队队长、革委会主任、党支部书记)的报告,某人在市、区会议上的发言,下至某党员的"斗私批修"材料、某小流氓的检查书,都写过或改过。1976年,毛主席逝世后开全校追悼会,全部发言稿都出自我一人之手。1973年,上海市写作组为了适应教育"大批判"的需要,物色年轻、有实践经验的教师,我被选中,学校已开了欢送大会,只因临时被别人顶替,才使我未进"写作班子"。

"文革"开始当天,我就搬进了党支部办公室,负责整理材料。学校革委会成立后,我成为材料组成员。工宣队进驻学校后,我被留用于材料组,"清理阶级队伍""落实政策""清查五一六""一打三反"等运动的内查外调和材料整理大多是我做的。我外调的足迹南至广州,西至成都,北至京、津,像苏北各县,几乎都跑遍了。还有日常的材料工作,每位学生离校,无论是上山下乡、分配工作,还是参军、上学、入团,或者某种特殊需要,都需要查阅学生家长的档案并加摘录,像进外语培训班、当国际海员等还得"查三代"和社会关系,这些年间我不知看过多少份档案,也了解了不少以往根本想不到的事实。

"复课闹革命"后,我开始管理差生,以后当了"红卫兵团"辅导员、学生团委书记和"教革组"(相当教导处)成员。当时公检法实行"群众办案",我校的学生被抓了或涉案,学校就派人去协助办案。我去了两次后,就被邀继续办下去,对象也不限于本校学生。三年间我俨然成了闸北区公检法的一员,有合用的办公室,出入拘留所、派出所,在分局食堂用餐,提审,做笔录,整理报批材料,拟判决书,押送犯人去外地,行使拘留逮捕,这些事都干过。与此同时,我也成为学校的"派出所所长",对学校管不了的学生,就移送公检法。当时学生都按地区入学,来自同一街道,加上不时有与街道里弄配合的活动,我的管理范围又扩大到校外。我处理过的事件,既包括父女乱伦、持刀行凶、聚众殴斗、"反动标语"等一类必须交公检法处理的大事,也有家长里短的小事,如邻里纠纷、家庭失和、同学打架、教室失窃、师生冲突等。学校或地区举办重大活动,我总会在场坐镇。有些教师课堂秩序无法维持,我也得赶去"镇压"。

这样的经历,一般教师或校长大概很少会有的,这也使我学到了很多在书本、课堂、校内学不到的东西,对社会有了比较深刻的了解。当我进入史学领域后,我认识到,要读懂史料的文字内容固然不易,但真正困难的是要读懂文字的真实含义,即文字背后的事实真相,那十余年的经历积累下来的经验意外地帮了我的大忙。所以我经常对学生说:以往的社会现象是无法重现的,但如果你了解了今天的社会,再了解过去的社会就比较容易了。

以上三点只是个人的体会,并非普遍的经验。例如第一点,就是可遇不可求的机会,多数人没有那么幸运。但如果有了机会或可能,就应该积极争取,倍加珍惜。第三点其实也是意外收获,当时是不得已的,并不值得效仿。但现在的学生和学者同样需要了解社会,增加实践能力,对从事人文科学研究的人来说尤其重要。

原载王兆成主编:《历史学家茶座》总第 8 辑,山东人民出版社 2007 年版。

书缘终身

我的书和书房

我的书数量既不多,质量也一般,只能大致满足专业研究的需要,离藏书家相差甚远,也从来没有指望能当藏书家。但这些书连着我近40年来的学习、工作、生活和梦想,已经成为我的历史的一部分。

1958年"大跃进"时,学校附近办了街道食堂。我本来是带午饭在学校蒸了吃的,但母亲常加班,没有时间做饭,加上初办的食堂带有"共产主义"性质,饭菜相当便宜,家里就给我一些饭钱,让我在食堂吃饭。这使我生平第一次在口袋里拥有了一些可供自己支配的钱,原来强行抑制住的欲望再也挡不住了。只要吃饭时不买菜,打一碗不收菜票的汤,就可以省下5分钱或一毛钱,可以在书摊上借一本书看上几天。一年下来,附近书摊上的书差不多全看完了,就开始动买书的脑筋。

第一本被我看中的是有光纸石印的《唐诗三百首》,在书摊上见到时已经散了架,我理了一下发现并无缺页,就花了几毛钱买下了。1960年暑假回到南浔镇外婆家,发现了几本舅父留在家里的旧书,有《四书集注》《书经》《古文观止》《涌幢小品》《郑板桥诗》《孤山集》等,我如获至宝,全部接收了。回家后没有地方放,好在我家住的是棚户板屋,就找了一块旧木板,钉在壁上,拦出一格放书的地方。

我在参加闸北区少年宫举办的课余文学班时,孙书年先生担任辅导教师。与孙先生熟悉后,我经常到他家去求教。在孙先生的指点下,我开始逛旧书铺。那时书铺虽已不多,而且都生意清淡,但还能找到一些好书。我还是从伙食费中省钱,口袋里积到一两元时,就运用孙先生教的版本知识挑书,居然陆续以很便宜的价格买到了几种:年代最早的是一部明版的《陆士龙(陆云)集》,版子较好的是清刻本《历代名儒传》,还有两种红印本、蓝印本《适园丛书》,朱墨套印的《六朝文絜》。孙先生很推崇《两般秋雨庵随笔》,我买了一种石印本。从孙先生那里借阅了几种笔记后,感到收获很大,正好古籍书店经常有零本《丛书集成》供应,每册只有五分或一角,我陆续买了一些。

1964年我高中毕业,因病不能参加高考,留在母校市北中学接受师资培训。不久开展"面上的"社会主义教育运动,每人都要"洗手洗澡放包袱"。我认识到自己存在"严重的资产阶级思想",一心想成名成家,迷恋古典文学和历史,梦想拥有一间小小的书房和一架子书,所以在小组会上作了彻底的交代和检查。我没有提到孙先生,但心里却很害怕,他的出身肯定有问题,说不定本人也有历史问题,万一有什么事就说不清了,所以从此再也不敢去他家,古旧书也不敢再买。

我是在进高中后才开始学英语的,学了后就很有兴趣。当时有一种《英语学习》月刊,我开始是零买,后来就订了一份,每期都看得很仔细。后来在上海旧书店看到有不少苏联出版的英语课本,精装的只卖一两角钱,我先后买了四五册。决定担任英语教师后,我自知只读了两年半英语,基础太差,就集中精力学英语,其他书基本暂停读了。

1964年9月,我第一次领到每月18元的津贴。走过北站附近新华书店时,忍不住买了两册王力的《古代汉语》,这是我第一次购买"大部头"的新书。那时外文书店楼上专门供应"内部版"(盗版)外文书,凭教师工作证或单位介绍信入内,我先后买了《英语灵格风》《英汉双解辞典》等工具书。1965年8月,我正式成为教师,到古田中学报到,见习期的工资每月37元,对发来订单的英文"内部书"一般都买。1966年初预购《毛泽东选集》,我订了一套四卷精装合订本,定价7元5角,这是我当时最贵的一本书。以后我又在外文书店预订了英文版毛选四卷,也是豪华的精装本。

到了当年8月,"破四旧"之风刮到上海。当时我虽已尽力紧跟伟大领袖干革命,日夜住在学校,却惦记着家里的几本旧书,当然更没有下过将它们作为"四旧"烧掉的决心。我抽时间回家将放在"书架"上的线装书都塞进一只旧的藤箱,放到阁楼上去。幸亏家里没有被抄过,这几部明、清刻本逃过了劫难。

1966年底,造反派声势日盛,我成了"保皇派",与党支部书记一起被打倒。造反派们到市北中学调查,回来贴出大字报,将我当初自己暴露的思想都作为罪行公布出来,最典型的就是我梦想拥有一个书房和很多书,一心想上北京大学古典文献专业。到了1967年春夏,学校实际已无人管理,但我的一言一行还很受造反派注意。我百无聊赖,又为了证明自己已回到毛主席的革命路线上来了,索性在学校过起了逍遥生活:在三楼找了一间朝南的教室住下,每天早上起来打羽毛球,上午下围棋,下午睡足以后去学游泳。除了毛选,其他书是不能看了。我从旧书中找到一卷颜真卿家庙碑的拓片,是以前只花两毛钱在摊上捡来的,就天天练习裱糊。反正有的是浆糊和纸张,再拆下一批书橱的玻璃门,教室的一半就成了晾纸片的场所,每天可以完成四页。裱完后有寸把厚,学校的切纸刀无计可施,只能送到纸张店加工。这本特殊的字帖现在还藏在我的书橱中。几个月后,造反派虽然没有承认我已经回到毛主席的革命路线上来,却也找不出我坚持资产阶级反动路线的证据,居然吸收我参加了"清理阶级队伍"的材料组,开始"内查外调"。

"评法反儒"开展后,一些"法家著作"陆续出版,但我对哲学、思想史一直提不起兴趣,只买了几本看得中的注释本。郭沫若的《李白和杜甫》发行时,上海盛况空前,连老太太都上街排队。我没有去凑热闹,因为知道学校肯定会配到,借来看看就行了。章士钊的《柳文指要》我也是看学校图书馆的,但翻了几页就没有兴致了。范文澜的《中国通史简编》重版时,单位预先登记,我想这可是常用的工具书,就订了一套。

1976年10月"四人帮"倒台后,买书的人日益增多,而新书来不及出,重印的旧书也相当紧俏,买书往往要托人走后门。1977年底,我出席上海市人代会,会场的小卖部既有市场上买不到的香烟糖果,也有图书邮票,我买了不少书,其中一本《现代汉语词典》现在还在供女儿使用。

1978年10月,我成为复旦大学的研究生。那时我的工资是48元5角,一年后加到54元,每年还有一笔书报费。为了在家工作方便,我开始购买专业参考书。我常到福州路上海书店拣旧书,居然也买到几种很难买的书。如我们历史地理专业的一本必读书——侯仁之主编的《中国古代地理名著选读》,1959年后从未再版,图书馆借不到,却被我买到了一本旧书。我开始写硕士论文时,《后汉书》还没有买到,一次在古籍书店看到一套精装本,要18元,比平装本贵了好几元,我犹豫再三,还是买下了。当我将这个故事讲给现在的学生听时,他们都怪我没有先见之明,现在一部平装《后汉书》也不止百元了。可是他们没有算一下,当时18元钱是我月工资的三分之一,等于我现在拿出四五百元。再说即使我有先见之明,又哪里来余钱作增值的资本呢?

"文革"期间，中华书局新版二十四史是按级别配到各单位的，这时一些大工厂的图书馆纷纷将二十四史卖给旧书店，我从旧书店买来的几种就都盖着工厂图书馆的章。一位同学打听到某区图书馆也有二十四史处理，就通过历史系全部买下了，我分到新、旧《唐书》等几种，以后又买了一套《宋史》，终于将二十四史配全了。

1981年留复旦大学工作后，工资逐渐有所增加，每年多少有些稿费收入，科研经费也能买书，尽管书价不断上涨，倒也不是都买不起，但随着书的增加，买来了往哪里放就成了大问题。

我在1978年结婚时，凭着双方家庭都是住房困难户的证明和市人大代表、市先进生产者的身份，又通过熟人说情，才分配到一间不满11平方米的住房，好不容易在新房中挤进了一个书橱，放不下的书只好打成包放在床底下。1982年迁至复旦大学宿舍，增加了一个5平方米的小间，我又添置了一个书橱。但这间房中还得放一台冰箱、缝纫机和杂物。每当朔风起时，朝北的木窗嘎嘎作响，寒气袭人，实在受不了时只能到南面房中暖暖身子。不过，有一个小书房的梦总算圆了一半。1986年又搬了一次家，我定制了三个两米多高的大书架，但"书房"中还是保留了冰箱和饭桌，有一次还只能在"书房"中请一位日本朋友吃饭，因为这套房子只有一条走廊一样的厨房。我为这"书房"付出的代价，是直到1992年即女儿满13足岁后，一家三口还挤在一个房间。1992年底我才真正实现了有一间书房的梦想，为此新买了一张一米七宽的大写字台，配了一只皮转椅，写字台旁是一张电脑桌，有电脑和打印机。我将一面墙壁做成顶天立地的书架，多年来被冷落在床底下的书得以重见天日。我的书房配有空调、煤气取暖器、电话、传真机、一套带CD机的音响设备和一对沙发，还有一盆硕大的龟背竹，偶尔放上一束鲜花。有一二知己，可以谈至尽兴；听一段音乐，足以心旷神怡；面对两壁图书，浮想漫笔，临"机"而作，无论寒暑，不舍昼夜，真是神仙过的日子。朋辈到过的无不称羡，我也沾沾自得。这书房超过我当年的梦想已不知多少，要是再搞"文化大革命"，被批判时恐怕不会再是"资产阶级思想"，大概得称为"官僚地主"或"腐朽没落的剥削阶级生活"了。

可是好景不长，不时涌来的书籍刊物很快就填满了书架底下一点空地，堆起一座小山，桌上的三四叠书使桌面也显得狭小了。另有一个书橱已经侵占了女儿的房间。尽管我已非常克制，从来不敢有非分之想再去买与专业无关的书，但还是得买些书，师友们也不断有新著寄来，所以常常对着一大堆书发愁，不知如何安置它们。

另一个烦恼是,这么多好书没有时间看,不仅对不起朋友,也造成了浪费。当年没有能力买书时,借了一本书总是认真读完的,如今却往往只翻了几页就搁下了,以后就没有再看的机会。有时下决心要将一本书看完,但催稿的电话一来,又不得不放下了。

我当然希望书房能再大些,但不敢妄想,因为我这建筑面积67平方米的住房已经私有化。而据校方称,我们的住房标准已经到位。就是说,凭我32年的教龄、1991年评的教授和1993年评的博士生导师资历,不可能再给我增配住房了。商品房目前还买不起,除非工资和稿费提高5〜10倍。不过就算房子能扩大,恐怕也很难与书籍的膨胀同步。看来,我们只能将希望寄托在彻底告别书籍了。

不知新兴的电脑信息技术什么时候可以将我们需要的资料输入光盘或网络,让我们也能像目前一些作家那样,带上一台笔记本电脑,走到哪里写到哪里。到那一天,可能不会再有躺在沙发上,边听音乐,边品茗,边随便翻翻的乐趣,但绝对不会有资料匮乏之虞,也不会再嫌书房不断变小,总是利大于弊吧!

十几年来书增加了不少,但资格最老的依然是"文革"前买到的明版《陆士龙集》。一些书上有作者的签名,包括先师季龙(谭其骧)先生和很多前辈、知名学者、友人的签名,所以就弥足珍贵。

我有几本特殊的签名本,那是1986年春在美国哈佛大学的哈佛燕京学社买到的。美国大学的图书馆有个规矩,每年或定时要清理复本图书,将富余的书在规定的时间公开出卖。说是卖,实际上是半卖半送,因为来买的都是本校师生。一般开始时定一个价,过一会儿就买主自己付一点钱,结束时还余下的,谁愿意就谁拿走吧。那天我去得晚了,剩下的书已经不多,但还是挑到了《兴宁先贤丛书》第六、七两册,都是罗香林签名送给他的老师洪煨莲的;另外还有几册也是作者签名送给哈佛燕京图书馆的。据说前几天还有人买到郭沫若签名送给费正清的书。原来美国的教授在收到赠书后,一般都转赠给图书馆,或者在退休时赠给图书馆。图书馆清理图书时,都临时雇学生帮忙,他们不识中文,或者懒于逐本翻阅,只要见有复本就拣出来,结果常将有签名的书当复本处理,而将没有签名的留下了。为此我向馆长吴文津教授提出意见,希望今后避免这样的情况,特别不应该将作者签名赠给图书馆的书卖出来,否则中国的学者将不愿意再向哈佛燕京图书馆赠书。

我的书橱里珍藏着两册先师的手稿,这是他1929—1930年写的大学毕业论文——《中国移民史要》。上面贴着几条用红笔写的批语,是他的老师潘光旦先生的手迹。我自己写过的文章中,保留了一份硕士论文的手稿,因为硕士论文是我自己抄清后扫描油印的。复印机普及后,我在将发表的文章寄出前,往往会复印留底。但从1989年底开始用电脑写作后,除了软盘外已没有任何手稿。现在至多是用笔写信,离开了键盘,似乎就写不出文章了。

  1990年,我凭出国护照用近1 000美元购买了一台长城8088电脑,但很快就不适用了。于是又花1 000余美元购进了一台386笔记本,日常用的电脑也换成了386,配了金山汉卡。这两年电脑飞速更新,价格直线下降,使我免不了有点后悔,要是在今天,这些钱足以买到最新的型号。但转念一想,何悔之有?我不是比别人先用了这几年吗?要不,1990年后写成的这些书和文章未必完成得了。所以我一直舍不得将第一台电脑处理掉,如果将来有大一点的书房或客厅,我希望将用过的这几台电脑(包括即将换下的正在用的一台),与同样为我立下了汗马功劳的20世纪30年代产UNDERWOOD英文打字机("文革"中以25元购得的"抄家物资")一起永久陈列。即使到了网络上能提供一切图书资料时,我也还会保存那本明版的《陆士龙集》,希望还能翻《六朝文絜》。正因为如此,我还在做着有一间更大的书房的梦。

原载《书屋》1997年第5期。

我的新书房

有一间属于自己的书房的梦想早就有了,但直到十多年前迁入复旦大学第二宿舍时才实现。在那套建筑面积不足 70 平方米的二室半居室中,我将一间 12 平方米的房间作为自己的书房。只是由于进门的"厅"只有几个平方米,放了一张小餐桌后就毫无余地,所以在书房中还得放两把小沙发,兼作会客之用。

1999 年搬到平江小区的公寓,建筑面积扩大到 126 平方米。但由于是高层建筑,使用面积打了一个很大的折扣。而且除去一个 37 平方米的大厅和一间稍大的主卧室,其他两间都不足 10 平方米,都不适合做我的书房。我只能将书房安置在大厅中,将一间房间与厨房打通后兼作餐厅。可是大厅中还得安排一个会客区,有时免不了干扰,总不像一个真正的书房。

三年前经友人介绍,以比市区公寓还低的价格买下了郊区一幢三层别墅。近年房价飞涨,这幢别墅的市价至少已经翻了一番。但我从来不想作为投资,并不在乎它值多少钱,最高兴的还是有了一间真正归属于自己的书房。

按设计,三楼一般是作主卧室,我认为卧室不必那么大,作书房恰到好处。朝北一个小间被我用作书库,听说江晓原的书房中用上了移动式金属书架,容量很大,我也想安装。联系了宁波一家专门生产和安装这类书架的工厂,却被告知房屋的承重不够,除非装在底层。于是只能充分利用墙壁,将大间的一堵墙和小间的三面墙都装上固定式书架,终于容纳了我的大部分藏书。为了便利工作,我自己设计、定制了家具。在北窗下做了一个长桌,兼作电脑操作台,并安放各种附属设备。我设计了一个底下装万向轮、每层都有万向转轴的移动书架,可以将临时要用的书籍、地图等分层放在上面,移在写字桌、电脑桌或躺椅旁。

书房宽敞后,原来一直无处安放的纪念品、工艺品也有了容身之地。墙上挂了几幅我在外出时拍的照片,书桌上一个小玻璃盒中是从南极带回的企鹅头骨,咖啡桌上有几件非洲人和印第安人的小工艺品,以后还可不断更换。

朝南有一个大阳台,我没有像一些邻居那样将它用玻璃封闭,毕竟新鲜空气、阳光、雨露是人居不可少的。透过玻璃也能看到外面的世界,却无法代替直接感受。迁入虽才数月,夏夜的清风、中秋的明月、绵绵的秋雨、灿烂的阳光都已光临过这阳台。

由于地处小区深处,书房中极其宁静。唯一的缺点是坐在朝北的窗前还是听得到外环线上不断的车声。或许等路旁和小区中的树长得高些密些,噪声会有所降低。

从十几岁做书房的梦,到近六十岁时终于如愿,并且已经超出了当年和前些年的梦想,该心满意足了。但人生往往如此,真正梦想成真了,却未必能享受。现在我能坐在书房的时间越来越少,大批新书没有时间翻阅,桌上总是堆着看不完的报纸杂志和材料,记录待办事项的单子上圈了旧的又加了新的。于是我有了新的梦想:什么时候能倒上一杯茶,坐在书房的阳台上,在和风丽日中以绿树鸣鸟为伴,翻翻朱墨套印的《六朝文絜》,纵情于山阴道上、富春江畔。

原载《上海新书报》2004 年 12 月 9 日。

藏书的归宿

最近看到某君的大作,谈自己与他人藏书的归宿,透露出种种无奈和尴尬,颇有同感,也有个人的回忆和感受。

我第一次近距离了解名人学者的藏书在其身后的归宿,是1981年5月随先师季龙(谭其骧)先生在北京香山别墅出席中国民族史学术讨论会期间。5月28日上午,谭先生在会场开会,工作人员说有客来访。我陪先生回到房间,顾颉刚夫人与顾先生生前助手王煦华先生已在等候。顾师母路远迢迢,换几班车赶到香山,主要是为了请谭先生向社科院领导陈情。顾先生的藏书数量多、内容庞杂,其中不乏精品珍品,但也有不少是图书馆的复本,没有收藏和保存价值。顾先生逝世后,家人决定将全部藏书捐给中国社会科学院,但希望能获得一定数额的奖金。社科院方面对捐赠一直持积极态度,但内部有不同意见,有人认为其中好书不多,不值得发多少奖金;顾先生生前所在的历史研究所有人认为,这些书太杂,相当一部分不适合由历史所收藏,应该由院里处理;还有的领导认为社科院大学者、名人捐赠藏书的不少,奖金发多少要注意平衡。因此,社科院方面非正式透露的奖金数额与顾师母的期望差距很大,并迟迟未作正式答复,顾师母很焦急。谈了一回,翁独健先生闻讯而来。翁先生当时是社科院民族研究所所长,他与谭先生都曾经是顾先生在燕京大学的学生,深知顾先生的学术地位和影响。在谈及有人提出"平衡"的主张,翁先生说:"顾先生的贡献、顾先生的书不是多少钱能衡量的,也不是什么人可以比的。"最后,谭先生和翁先生让顾师母宽心,他们一定会尽力向社科院领导进言,争取奖金数额有较大幅度的提高。

以后谭先生先后与社科院副院长梅益、历史所负责人梁寒冰等谈过,他们都赞成奖金应该多发点，但也说明处理此事的难处。最终社科院发的奖金是数万元，这在当时已经是一个很大的数字，基本符合顾师母的期望，据说还是由主管社科院的中央领导胡乔木拍板的。

令人欣喜的是，不仅顾先生的藏书得到妥善保存，顾先生的遗著遗文和个人资料也能及时出版。更令人钦佩的是，顾先生的后人继承了顾先生的实事求是、尊重历史、豁达大度的精神，将包括日记、书信在内的顾先生个人资料不加任何删节，全部如实公布。例如，顾先生日记中详细记录了他对谭慕愚（惕吾）女士单恋至老的细节，也有"文革"中家庭关系被扭曲以至在家中被斗被打的事实，还有对健在的名人的议论批评甚至詈骂的内容。

如今有些名人后人，对先人的藏书遗著视为奇货，漫天要价，视先人为摇钱树，千方百计挖掘利用其价值唯恐不足，但对其个人资料中任何被他们认为不利的内容隐讳、删节、销毁，不得已问世时也大开天窗，动辄兴讼索赔，他们的先人地下有知，不知作何感受。而顾先生的藏书和遗著遗物已经有了最好的归宿，顾先生应能含笑于九泉了。

山东大学教授王仲荦先生去世后，王师母让他儿子找我，为了筹集出国留学的费用，他们想将王先生的藏书出让给国外的机构，问我有什么办法。我告诉他，对文物级的书籍出口是有限制的，他说，王先生的藏书中没有什么善本佳椠，只是收罗广，保存全，如有整套的学术刊物，不属文物。我与何炳棣先生联系，正好他从芝加哥大学退休后又受聘于加州大学尔湾分校（UC Irvine），如能说服该校买下这批书，既能救王家之急，也为自己的研究提供了便利，因为该校图书馆原来没有这方面的收藏。我提醒他，大批书籍的出口需要申报，没有政府批文不行，他说自有办法。王师母让人带信给我，事成后一定让他儿子来重谢，我说不必，为老师尽点力是应该的。

过了一段时间，我见到何先生，他告诉我王先生的书已经在尔湾分校图书馆上架了。我很惊奇，怎么这么快就办成了，他不无得意地说："我找国务院特批的。"还说他为王家要到了一个好价钱，对得起王先生了。过了很久，我与刘统谈及此事，他曾是王先生学生，还当过他助手，与王师母很熟。下一次刘统见到王师母，就问她为什么书卖了也不给我打个招呼。王师母大呼冤枉，说书根本没有卖成，不信你可以到书房看,还打开橱门:"你看,不都在吗?"此事自然没有深究的必要,王师母如何说有她自由,但王仲荦先生的藏书早已到了美国。即使不是全部,也必定是其中主要的,否则美国人何至于出好价钱?

也有人对此持批评态度,认为再需要钱也不该将书卖给外国人,我也不该促成其事,我不以为然。这些书既不是文物,也不涉及国家机密,那就是普通旧书。有国务院批文,属合法出口。放在美国大学的图书馆里,得到妥善保管,并满足了何炳棣这样的专家和专业师生的需要,可谓物尽其用,岂不比长期搁置着强?至于为什么不卖在国内,那是因为当时大学、研究所、图书馆的经费太少,或者主管不重视图书资料的收集,知识分子的收入太低,才不愿买或买不起。要是放在今天,国内的收购价比国外高,或者早就有人上门求购,或者王家不卖书也有自费出国留学的能力,会出现这样的结局吗?

不过在当时,这件事还颇引人注目,尽管我从未宣扬,外界还是有不少人知道。稍后遇到中华书局的张忱石先生,得知武汉大学教授唐长孺先生生计窘迫,也打算将藏书出让,问我能否通过何炳棣先生联系美国的机构。原来唐先生一向没有积蓄,唐师母一直是家庭主妇,不享受劳保福利,患病后无法报销医药护理费用,唐先生负担不了,已影响生活,只能与吴于廑先生家合用一个保姆。唐先生在第一次定级时就是二级教授,属高薪阶层。但唐先生加入中共后刻苦改造,自律过严,认为不该拿这么多薪水,借调中华书局整理二十四史期间每月都自愿上交100~150元党费。后来物价上涨,教授工资贬值,又遇特殊困难,就无可奈何了。中华书局考虑到唐先生对整理二十四史和学术研究的特殊贡献,曾想给予补助,唐先生却坚决拒收。

唐先生是我尊敬的老师和乡前辈,自随侍先师后常有机会求教,又蒙他多次垂询。我出生于浙江省吴兴县南浔镇(今属湖州市南浔区),并在那里度过童年。唐先生虽是江苏吴江人,但南浔小莲庄和嘉业堂藏书楼主人刘承干是他舅父,年轻时常住南浔,曾在南浔中学执教历史,我姨父是他学生。新中国成立后唐先生为在政治上划清界限,讳言与刘家的关系,也避谈南浔。改革开放后思想解放,晚年的唐先生抑制不住对南浔的怀念,见到我时经常会谈及,或问我南浔的情况:"土地堂前面还有什么好玩的吗?""南浔还有橘红糕、寸金糖吗?"先师听了笑道:"你以为他几岁了,这些旧事他能知道吗?"好在我还听老人说过,勉强能答上几句,多少解些唐先生的乡愁。有几次在京西宾馆开会,那时的会议开得长,十天半月都有。京西宾馆的房间里还没有彩电,只在长走廊两头各放一台。唐先生视力差,阅读不便,晚上常见他坐在电视机前,与其说看,不如说听着京剧,还合着节拍轻念浅唱,怡然自得。

那一阶段不时能听到老教授在经济上、生活上、工作上遭遇的困难,先师也在所难免,有的事我已写进了他的传记《悠悠长水》。但得知唐先生的困境,我特别感慨,当年唐先生如此克己奉公,连个人辛勤工作应得的工资也要上交,如今遇到困难,"组织"却坐视不救,或者徒唤奈何。尽管以这样的理由向外人求助实在有损国家体面,我也知道上次何炳棣先生促成王先生的藏书成交有偶然因素,但还是不得不求助于何先生。幸而突现转机,中华书局以预支唐先生一部旧稿稿费的名义给唐先生寄去一笔钱,而唐师母医治无效离世,唐先生不必卖书救急了。他在给中华书局的感谢信中称自己"如贫儿骤富",令人不胜唏嘘。

文人学者的藏书来之不易。季龙先师(谭其骧)的看法,一是要有钱,一是要有闲,还得有房。

抗战前在北平,他不过是以课时计酬的讲师,已经有三家书铺送书上门,需要的留下,每年到三节时结账,不需要的到时还可退回。那时一节课的酬金5元,千字稿酬也是5元,老板不担心你付不起书款。到了1948年,他在浙江大学和暨南大学同时担任"专任教授"(专任教授薪水高,但一人不能同时在两校当专任教授,因而在暨南大学只能用谭季龙的名字),两份教授全薪只能供一家六人糊口,哪里还有钱买书?上世纪50年代初苏州古旧书源丰富,价格便宜,顾颉刚先生经常带章丹枫(章巽)先生去苏州淘书,章先生大有收获。先师也想去,却经常忙于教务与研究,以后承担《中国历史地图集》的编纂,更没有属于自己支配的时间了。

抗战前先师已经积累了一批藏书,成家后租了一处大房子,完全放得下。1940年去贵州应浙江大学之聘时,留在北平的家改租小房间,只能将大部分书寄放在亲戚许宝骙家中,新中国成立初才取回。1950年到复旦大学后,藏书又不断增加。尽管1956年分到了最高规格的教授宿舍,有四大一小五间房间和独用的厨房、卫生间,还是赶不上藏书增加的速度。"文革"期间住房被紧缩,1979年我第一次走进他的会客室兼书房,只见书架上、写字台上、沙发旁和茶几上到处是书,稍有空隙处都塞满了杂志,有时要找一本书还得到卧室去找。1980年上海市政府落实知识分子政策,先师迁至淮海中路一套新建公寓,三间住房合计59平方米,住着一家三代、一位亲戚和保姆共七口。他将最大的一间用书橱一分为二,里面约10平方米作他的书房兼卧室,外面的14平方米做会客室并放书橱,晚上还要供家人睡觉。另外两个房间包括儿媳的卧室也都放着他的书。但书不能不增加,他家不得已在阳台与围墙间小院内搭了一间小屋,放了10个书架。这小屋自然属违章建筑,也挡住了邻居院内的阳光,引起邻居不满,要求房管所下令拆除。先师无奈,除亲自登门道歉外,又将屋面拆至围墙以下,才把此事拖延下来。他逝世后,我和他家人清理他的藏书,发现小屋里阴暗潮湿,闷热难当,书架间挤得难以转身,一些书发霉生虫,粘连成团。先师生前经常感叹,要是有放书的地方,何至于会与几部好书失之交臂?

其实,藏书还得有另一个条件——贤内助,先师虽未直说,在当他助手这十多年间我了解不少。先师在遵义时的助手吕东明先生生前告诉我,师母在与先师发生争执时,经常会拿他的书出气,甚至直接扔在门前河中。我不止一次听师母抱怨先师的钱都拿去买了书,弄得家里开销不够。其实先师买书大多是花工资以外的稿费收入,但在师母面前也得运用模糊数学。有一次与顾颉刚先生的助手谈及,才知道我们的太老师有相同遭遇,太师母甚至管得更紧。顾先生购书不仅得动用小金库,而且还不敢将大部头的书一次性取回家,只能化整为零,以免引起太师母注意后查问购书款的来历。

先师从来不把自己的书当藏书,只是工作用书,少数与专业无关的书也是为了"好玩"。他一直说:"除了那部明版《水经注》,我没有值钱的书,不像章丹枫的书。"有的书买重复了,或者又有人送了,他就会将富余的书送掉。上海古籍出版社送了他新版的《徐霞客游记》,他将原来的一部送给我。有了《读史方舆纪要》的点校本,他就将原有的石印缩印本给了我。他自己留的讲义、抽印本、论著,只要还有复本,也会毫无保留地送给需要的人。得知我准备撰写《中国移民史》,他就将自己保存了四十多年的暨南大学毕业论文手稿送给我。这份手稿封面上有周一良先生的题签,里面有不少其导师潘光旦先生用红笔写的批条,中文中夹着英文,是一份珍贵的遗物,我将归入本所已经设置的"谭其骧文库"。中华书局出了明人王士性的《广志绎》,他觉得此书重要,以前历史地理学界重视不够,于是专门向出版社买了几本送给我们。

先师的藏书中有半部六册《徐霞客游记》,那还是抗战前在北平时他的老师邓之诚(文如)先生送给他的。封面有邓先生的题识:"《徐霞客游记》季会明原本。此本存六、八、九、十凡六册(九、十分上下),其七原阙。一至五册昔在刘翰怡家,若得合并,信天壤间第一珍本也。"70年代末,先师得知上海古籍出版社拟整理出版《徐霞客游记》,即将此书交给参与整理的吴应寿先生,供出版社无偿使用。正是以邓先生的题识为线索,几经周折,在北京图书馆找到了曾为嘉业堂收藏的五册季会明抄本。经赵万里先生等鉴定,这就是当初徐霞客族兄徐仲昭交给钱谦益,又由钱推荐给汲古阁主人毛晋的游记残本,这部湮没了三百多年的最完整的抄本终于重见天日。与长期流传的乾隆、嘉庆年间的刊本相比,此后由上海古籍出版社出版的《徐霞客游记》字数增加了三分之二以上,游记多了156天(原为351天)的记述。

1981年5月19日,先师将这六册书送给邓之诚之子邓珂,建议他将此书出让给北京图书馆,使两部残本合璧。王锺翰先生得知此事,颇不以为然,问先师:"这是邓先生送给你的,为什么要还给他儿子?他儿子没有用,无非是卖几个钱。"先师答道:"邓先生送给我,是供我使用的。现在新版已出,我不必再用这套抄本了,应该物归原主。如果真能由北京图书馆配全,不是更好吗?"不过,邓珂是否接受先师的建议,这几册书究竟能否与另一半合璧,就不得而知了。

1991年10月7日上午,我应召去先师家,他郑重地向我交代他的身后事,其中就包括对他藏书的处理。他说凡是所里(复旦大学中国历史地理研究所)有用的书可全部挑走,作为他的捐赠,剩下来的书卖掉,所得由子女均分。1992年8月28日零时45分,先师在华东医院病逝。1时20分,我在先师的遗体旁向他的长子转达了先师的几点遗嘱。

以后他的子女找我商量这些书的处理办法,因他们的意见无法统一,决定不向复旦捐书,但可以让邹逸麟(时任所长)、周振鹤(先师学生,我同届师兄)和我挑些书留作纪念。我当场表示,先师留给我们的纪念够多了,不需要再挑书,同时说明如这些书出售,我们三人都不会购买,复旦也不会买,以减少双方的麻烦。据我所知,他们曾请人估过价,打听过卖给外国机构的可能性,还接洽过几家机构,商谈过捐赠条件,但都没有成功。

几年后,我已担任研究所所长,先师子女终于取得一致意见,将先师的藏书捐赠给复旦大学,同时捐赠先师的手稿、日记、书信、证书等全部文件,条件是学校必须完整收藏,妥善保存。我立即向校方申报,提出具体条件,还建议发给家属20万元奖金,由学校与本所各筹措一半,都得到校方批准。但由于种种原因,学校这一半奖金拖了好几年才发出。学校图书馆大力支持,同意在完成编目入账后,将其中的古籍和专业书籍、刊物拨归本所集中收藏。由于先师家那个小间保存条件太差,又没有及时清理,放在那里的不少书已霉烂损坏,只好报废。

2005年复旦百年校庆前,光华楼建成启用,我们在西楼21层本所最大的一间(80平方米)设立"谭其骧文库",除了收藏先师的书籍、文件、纪念物外,还集中了所里收集到的先师遗物——编绘《中国历史地图集》的有关资料、内部出版物和用品。

央视、凤凰卫视和上海电视台等曾先后就先师的生平、贡献和我们的师生关系采访过我,我都将拍摄地点放在这里。每当我谈及先师的学术贡献和嘉言懿行,追忆他树立的人格典范,重温他的教诲,经常禁不住会凝视他留下的遗产,抬头仰望他慈祥的遗容,总觉得我就在他身旁。

原载腾讯网《大家》专栏,2016年5月16日,原题为《大师的藏书怎么到了美国图书馆》;腾讯网《大家》专栏,2016年5月26日,原题为《大师离去了,他们的藏书去了哪儿了》。

未建成的施坚雅文库

2006年4月7日,在出席美国亚洲学会年会期间,施坚雅(William G. Skinner)教授的友人和学生在旧金山一家餐馆聚会,庆祝他的八十大寿。事先我收到倡议邮件,欣然响应。举杯祝寿后,每人简短致词。我说:"第一次见到施坚雅先生,是1986年7月,在斯坦福大学他的办公室里。当时乐祖谋为我们合影,后来我太太见到这张照片,说:'看你只有人家教授的三分之二高。'我说:'能有他的三分之二就不错了。'实际上我到现在都在为这三分之二而努力。"言毕引来一片欢笑,施坚雅先生也不禁莞尔。此前我们去加州戴维斯开会,施坚雅先生亲自开车将我们从火车站接至住地,去年还来上海访问,连续作了多场学术报告。在致答词时,他说即将退休,但会继续完成中国空间数据分析系统的研制工作。看到他神清气爽,精力旺盛,我们衷心祝他健康长寿,也祝这项已历时多年的科研项目顺利完成。

但在2008年8月12日,我收到了施坚雅先生群发的邮件:

我要直接告诉你们一个已经在小道传播的坏消息,我被诊断患了舌癌,不幸的是已至扩散阶段。目前在进行化疗,并取得了令人鼓舞的结果。我正抓紧时间完成我的研究项目和论文,并与家人、亲密的朋友交流。贤妻苏姗和女儿爱丽丝照料备至,儿孙们亦不时来省视。

9月20日又收到施坚雅的好友、哈佛大学的包弼德(Peter Bol)教授的邮件,施坚雅先生希望将他的西文书籍和刊物赠与复旦大学图书馆,问我是否愿意接受。同时他也提醒我,将这些书刊从加州戴维斯运至上海很不容易,并且需要一大笔钱,如果我愿意接受,得认真考虑如何解决。我立即回复同意,并请他转达我们对施坚雅先生的祝福和感谢,我保证会尽快解决运输问题。

10月26日,施坚雅先生去世,包弼德教授再次与我商议如何实现他的遗愿。11月11日,我确认复旦大学图书馆会承担将这批书刊运至上海的责任。我知道,这将包括书刊的整理和编制目录,装箱,运至集装箱码头,托运至上海,向海关申报,海关审批通过后提取,图书馆编目入库。这些环节缺一不可,每一环节都需要由专人办理,并得付一大笔钱。如要在美国将数千册多种文字的书籍和数十种刊物(估计)完成编目绝非易事,但如果没有一份详细精确的目录,就无法向海关申报。我咨询了美国图书馆的同仁,也联系过国际集装箱公司,即使愿意付高价,也没有哪一家公司能够承办全部托运、报关手续。

2009年1月12日,施坚雅的学生马克发来邮件,施坚雅的办公室是加州大学戴维斯分校为他租的,校方通知租期将至1月底截止,办公室中的书籍必须在月底前搬出。我心急如焚,忽然想到我馆进口书刊的代理中图公司在美国有派驻机构,或许有办法,就让编目部主任武桂云联系求助。虽然中图公司的驻美机构设在新泽西州,但仍愿意帮我们从加州将书运至东部,再以集装箱运回上海,并为我们办理报关手续。中图公司的慷慨支持解决了全部难题,我立即将这一好消息告诉马克,同时请他务必要求戴维斯校方宽限时间。

几天后,中图公司通知我运送办法,已委托运输公司在约定时间去戴维斯取书,但必须事先装箱,所需纸箱可以先送去。我与马克商量,如果请专人打包,得花不少钱,而且由于施坚雅先生生前来不及处理,装箱前还得作些清理。马克答允找学生利用课余时间来完成,但起运时间不得不推迟。得知施坚雅捐书的遗愿,戴维斯分校也同意将办公室保留至3月底。马克请了几位学生帮助装箱,到2月12日装完约80箱。

3月21日,我到达旧金山后立即给马克打电话,约定去戴维斯的时间,并请他为我预约会见施坚雅夫人苏姗教授。23日,马克开车来接我,到戴维斯后我们直接去施坚雅的办公室。全部书籍都已装箱,我与马克一一清点。马克说中图公司已派人来看过,约定时间后就会来运走。当晚,我们在一家旅馆见到苏姗教授,她请我们吃饭,为我订了当晚的房间,还预付了房费。我于心不安,再三表示感谢,她却说:"我应该感谢你们,是你们帮我实现了比尔(施坚雅)的心愿。"她告诉我,家里还有不少书籍刊物,根据施坚雅的遗愿,这些也属捐赠的范围。我们约定,等她清理完后,再安排托运。

4月初,马克发来邮件,办公室的书合并为69箱,已由中图公司运走。5月15日,全部书籍运抵图书馆,中图公司代办了海关报关手续。

7月8日,苏姗告诉我,她即将卖掉现在的住房,希望尽快运走第二批书籍刊物。中图公司要她提供大约数量,以便安排装运。7月14日,苏姗发给我邮件,她无法估计书刊的数量,只能用尺量了排在书架上书刊的长度,约113米。我将此数字告诉公司,请他们据此安排运力。8月25日,从苏姗家中运出重约3吨共161箱书刊。这批书在10月底运至上海,11月16日运到我们馆。

我在江湾分馆辟出专室,收藏施坚雅捐赠的全部书籍和刊物,准备建为"施坚雅文库"。我请苏姗教授提供施坚雅先生的照片,请包弼德教授提供他的生平事迹和论著目录,待布置就绪后正式举行一个仪式。得知我的计划后,苏姗教授却不以为然,她问:"文库"起什么作用?是为了陈列吗?是将这些书当作纪念品吗?这不是比尔所希望的。比尔将这些书送给复旦图书馆,就是希望它们与图书馆中其他书一样,能够被复旦大学的师生很方便地阅读利用。如果他值得你们纪念,这就是最好的纪念。

我决定停建文库,待编码完毕后,这些书籍刊物将全部向读者开放。苏姗教授非常高兴,她给我发来邮件:"这真是一个好消息!我欣喜地获悉,这些书刊将被阅读和利用,就像比尔珍视它们一样被珍视,想到这点我笑逐颜开。"

以后我陆续收到读者的邮件。一位社会科学教授说,他翻阅了施坚雅赠书,发现西文的人类学著作相当齐全,这批书的价值无论如何都不会被高估。一位研究生告诉我,有一本书他已找了多年,由于出版年代早,印数少,国内外大图书馆都无收藏,现在施坚雅赠书中找到了。还有知道这批书来历的读者赞扬施坚雅先生的高风义举,建议我努力开拓捐赠资源。

我突然意识到,施坚雅文库已经建成,它就在我们图书馆中,就在我们读者的心中。

原载腾讯网《大家》专栏,2016年6月20日,原题为《大师的遗孀为何反对将他的赠书建成文库?》。

图书馆的难题

1985年我在美国哈佛燕京学社访学期间，正值图书馆年底处理复本图书。一大堆书放在那里任凭挑选，一般每本收一美元，有的几本收一美元，甚至一大捆才收一美元。我是第一次遇到这样的机会，等我下午去时，剩下的书已不多，不再收钱，看中的拿走就是。我挑了几本，居然有罗香林签名题赠的《兴宁语言志》。听说上午有更多的作者签名本，以前还有人买到过郭沫若等人的签名本。

以后与哈佛燕京图书馆吴文津馆长谈及，建议在处理复本时应保留作者赠书，而将其他复本清出，否则会影响作者向图书馆赠书，而且会被认为对作者不尊重。吴馆长赞成我的意见，答应下次处理时会给工作人员特别提醒，但他也坦率地告诉我，实际上很难避免。因为美国大学的图书馆一般一种书只购一本，为了延长图书的流通寿命，有精装本的都购精装本，没有精装本的也加工成精装。而中国作者的赠书大多是平装本，如果图书馆已经有同书的精装本，就不会再加工成精装。清理复本时由于时间紧，工作量大，往往雇非专业临时工，或由打工学生承担。他们遇到复本书时，肯定会留下精装本，处理掉平装本。其中多数人不懂中文，能识中文的也不会花时间仔细检查封面里面的内容。就是偶然见到有某人的题词或签名，又有谁能当场判断这本书的价值？

后来我与一位美国教授谈起，他并不认同我的意见。他认为，作者既然将书送给图书馆，就是为了给人看，给人用。既然图书馆有复本，与其留在那里没有人看，不进入流通，还不如卖掉或送掉，让这本书继续发挥作用。他反问我："难道作者赠书的目的是将书永久留在图书馆作为自己的纪念品吗？"

所以当我在报上看到巴金捐赠给国家图书馆的外文杂志流失到市场的消息，我怀疑是不是图书馆工作人员也是将这些杂志当复本处理掉了。

1986年春我在波士顿拜访潘毓刚教授,看到他家的一个大房间中密集的书架上都放满了书。他告诉我这些书都是别人捐赠给中国大学的,还得筹集运费才能运往中国。"你如果需要,自己尽量拿。你们学校的某某就拿了不少。"尽管当时国内很难获得外文原版书,但考虑到运费昂贵,其中又没有我需要的专业书,我还是谢绝了他的好意。实际上我已经有一大包书无法随身带走,回国前办了海运。

2007年我当了复旦大学图书馆馆长,几年下来与国内外不少图书馆馆长有了交往,发现馆长们的最大一致性就是,没有一个馆长认为钱够了,也没有一个馆长认为房子够了。我会见哈佛大学图书馆常务副馆长(馆长年逾九十,属礼遇性质,不管事)时,说到我们馆实在太小,新书无法上架,"我有像你们怀德纳图书馆这样的大楼就好了"。谁知她马上说:"你大概好久没有去怀德纳图书馆了吧!你去看看,连走廊里都堆着书。"美国大学图书馆大多已设置远程书库,将闲置的或出借率很低的书籍调去,以缓解书库的压力。所以,除了坚持"零复本"原则外,也不轻易接受捐赠。了解这些情况后,我们馆与国外馆建立的交换关系都是各取所需,而不是单方面赠书。我自己也不再主动向国外图书馆赠书,在交往中至多赠送一二册估计对方还来不及订购的新版书,或者是经检索对方没有收藏的书,对方会将馆藏中我的书集中起来,让我签名留念。

当馆长的时间长了,我更明白,除了缺钱缺房外,中国的图书馆馆长在处理捐赠书刊时还有更多的难处和尴尬。

首先是接收的标准。国内的正式出版物自然没有问题,但非正规的或境外的出版物就麻烦了。不时有作者将自己的非正规出版物寄来或亲自送来,条件是给他发一张捐赠证书。本来大学图书馆应该兼收并蓄,多多益善。人家送了书,给一张捐赠证明或感谢信也完全应该。但有的捐赠者会以此为证据,证明其出版物的价值和地位——"已由复旦大学图书馆收藏",甚至还要求我与他合影为证。这类出版物如果只是质量差,或毫无用处,顶多就是浪费了图书馆的空间;但如果不符合主流价值观或政治不正确,我这馆长日子就不好过了。一次我收到从境外寄来的一包书,还来不及打开,某部门的电话就来了,要我立即上交。

另一次我们收到上百册由某少数民族企业家捐赠的某族文字的书籍,已经开放外借,某部门下令全部上交。我断然拒绝,理由是这些都是正规出版社的正规出版物,为什么不能接受?我责问:"如果是汉族企业家的捐赠,你们会管吗?为什么少数民族企业家就不能捐赠呢?"我非但不予理睬,还在全国政协常委会分组讨论时以此为例,批评这种名为"维稳"实际影响民族平等的做法,要求国家民委检查处理。但听说其他两所高校图书馆就相当被动,在遵命上交后,某族学生追问这些书的下落,馆方无法应对,只能另行采购替代。几个月后,我收到该区教育厅的公函,称这批书中有几本是盗版,让我们收回,并表示如果我们需要少数民族文字的书籍,可直接向该厅索取。看来本来很简单的事,被某些部门的经办人有意无意地扩大化、复杂化了,但对图书馆在少数民族同学中造成的负面影响却一时难以消除。

2004年,国际资深图书馆学家、曾主持过多家美国和欧洲东方图书馆的马大任先生在二次退休后,在美国发起"赠书中国计划",募集美国图书馆的复本书及私人捐赠的图书运往中国,送给中国的大学图书馆。我最后一次接待马先生时,他已年近九十,但仍然精神矍铄,热情感人。他身体力行,带领一批七八十岁的老人和志愿者,将几十个集装箱的几十万册图书运到中国。但我们双方都遇到了难以克服的困难,马先生的崇高目标和良好愿望变得有些渺茫。在美国,教授退休后大多愿意将自己的藏书捐掉,教授去世后家属子女也愿意将其藏书捐赠,但他们没有时间和精力整理分类,更不可能编出详细目录。图书馆乐意捐赠复本图书,但一般也没有经费提供包装运输,或者专门为此编目。马先生与他的同道尽了最大努力,包括亲自包扎整理,动员子女捐款,也只能将这些书从教授家或图书馆全部集中起来装箱运走,无法做任何清理分类。到了中国后得向海关申报,其中少数书是禁止进口的,退回还得花钱,也没有人接收,只能销毁。能够进口的书中还有一部分已经没有利用价值,如应用学科中一些旧版书、残缺破损书。随着高校图书馆对外文原版书籍的采购增加和更多外版书在中国翻译出版,一些本来可以利用的书也成了复本,即使不收费用,图书馆也得考虑储存空间和收藏的成本。所以除了定向捐赠的书在报关后由接收单位自己运回外,其他书只能集中存放在青岛,让有兴趣接收的各馆自己去挑选,选中的书每本付8元成本费(报关、仓储等项)。加上人员的差旅费和书籍的运费,每本书的最终成本还会更高,这些书成了食之无味、弃之可惜的鸡肋。

几年前,本馆一位退休多年的员工拿来几部祖传古籍要求收购,他提出一个很低的价格,他只想凑一笔钱为自己预购坟地。我请古籍部查了市场价,比他要的价高得多,建议他不要卖给我们,他却不愿意。他表示这些书是应该捐给图书馆的,实在是一时凑不满买坟地的钱,才希望卖些钱,但绝不会卖到市场上去。我觉得我们不能乘人之急以如此低的价格买他的书,应该在成全他捐赠愿望的同时解决他的实际困难。在学校的支持下,我们接受他的捐赠,同时给他发了一笔奖金。尽管奖金的数额超出了他的期望,但比市价还是低得多。

并非所有的捐赠都那么美好,有些就令人啼笑皆非。有一次我在书库里看到一批书,是一位已故教授的家属捐的。我粗粗翻了一下,竟没有什么像样的书,有的还是过了时的学习材料。原来家属已将教授遗书的大部分挑出来"捐"给其他部门了,这些是挑剩的。我批评了相关员工,为什么未经批准就接收了这样一批书!当废纸处理还增加我们的工作量!这未必符合这位教授的遗愿。但由于他生前没有作出处理,外人就很无奈,也不知内情,实际损害了他的清誉。

在国内外大学的图书馆中,我都看到过一些著名教授、学者留下的文库或特藏,完整地收藏着他们的藏书,有的还包括他们的手稿、书信、日记、笔记、照片、文具和纪念物品。我了解大概有三种情况,有的是本人或家属无偿捐赠的,有的是图书馆或某项基金购买的,有的是通过各种途径收集起来的。

我很羡慕,尽管复旦校史上不乏名教授、一流学者、藏书家,却还没有能在我们馆中设置这样的文库或特藏。但我也预感不安,要是今后出现这样的机会,本校、本馆能有合适的场所、充足的资金和专门人员来建设和维护吗?与此同时,如果出现"供过于求"的状况,或者有人自不量力要给自己设文库,建特藏,有没有健全的评审制度加以鉴定或充足的理由予以拒绝呢?

我也要向藏书丰富的同仁友人进一言,为自己的藏书落实归宿,最好在生前就作出明确决定。愿意捐的就像施坚雅教授那样无条件贡献,而不是将这些书当作自己的纪念品。想出售的就直截了当报价,本校买不起就卖给别人。只要不属禁止出口的文物,如果捐给外国能发挥更大的作用,完全可以捐往外国,本国卖不掉也不妨卖往外国,或者争取卖一个好价钱。总之,如果希望自己的藏书继续发挥书籍的作用,就让它们像其他书一样,无条件交给图书馆流通。如果要将自己的藏书当成商品,完全可以投入市场,光明正大地获得收益。至于这些书是否够得上文物,能否被后人当作纪念品,那还是让后人定吧。

原载人民论坛网《文化》专栏,2016年7月15日,原题为《并非所有的捐赠都那么美好》。

我为藏书找到了归宿

我自己购书是从读高中时开始的。但那时家里穷,父母根本不会给零用钱,只是偶然经手花一笔小钱时父母会同意留下一两角尾数,积累起来也只能买一两本旧书。买得最多的是中华书局的活页文选和上海古籍书店的零本《丛书集成》,最便宜的五分、一毛就能买一册。也曾经在犹豫再三后花"天文数字"两元钱买了一册朱墨套印的《六朝文絜》,又以差不多的价格买了明版《陆士龙集》、清刻本《历代名儒传》等。这些书现在的身价早已以万元计了,这是当时绝对想不到的。即使想到了,我既没有更多的钱,比现在清高得多的我也不屑于为赚钱而买书。当时中苏关系还没有公开破裂,外文书店还有苏联出版的书,其中有中学英语课本和课外读物,都是精装彩印,每本只卖一两角钱,估计属"处理品"。我高一刚开始学英语,陆续买了好几本。1964年9月我第一次领到十几元实习津贴,回家的路上就在宝山路新华书店买了一套向往已久的《古代汉语》。1965年正式参加工作后有了每月37元工资,以后陆续增加到48元5角、58元、65元,手里有了宽余的钱,自然想买书。可是阶级斗争的弦越绷越紧,旧书摊已经消失,古籍书店、旧书店可买的书也越来越少。到"文化大革命"开始,终于除了红宝书以外就无书可买了。我知道这几册古籍属于"封资修黑货",还是舍不得扔掉,将它们塞在一只小藤箱底下,放在家里阁楼上最矮处。幸而我家不属查抄对象,这几册书躲过一劫。那些苏联英文书属"修正主义毒草",被我找找机会扔了。

"文革"期间天天要读毛主席语录,学《毛泽东选集》,我为了同时学英语,专门买了英文版《毛主席语录》《毛泽东选集》。当"批林批孔"进入"评法反儒",荀子、韩非子、商鞅、王安石、王夫之、魏源等"法家""改革家"的著作和杨荣国、赵纪彬、高亨等人的书有了内部供应,"文革"后期,范文澜主编的《中国通史》重印发行。但直到1977年底,新华书店能买到的书还很少,《新华辞典》《各国概况》等书我都是在出席上海市人代会期间在会场内买到的。

1978年10月我成了复旦大学历史系的研究生,一方面是有了研究的方向,对专业书的需求更加迫切,购书目标也更明确;另一方面,每学期有20元书报费,在一部中华书局版《史记》定价10.10元的情况下,每年也可多买不少书。工作后工资不断增加,又有了稿费收入,科研经费中也能报销一部分购书款,尽管书价也不断涨,但大多数想买的书都能随心所欲。以后,相识或不相识的友人赠送的书、有关或无关的出版社和机构寄来的书也不断增多。当然,这类书不是白受的,或已经或将要回赠,或得写出推荐、评语或序跋,或因此而欠下了文债,但也有毫无缘由又无法退回的,结果都是藏书量大增。

三十多年下来,我面临的难题已经不是买不到书或买不起书——当然只限于研究或兴趣所需的书,而是书往哪里放。1999年我迁入在平江小区的新居,有了一间37平方米的客厅兼书房,我的书基本上了书架。但好景不长,只一两年后,新来的书就只能见空就占。2004年迁入浦东新居,三楼归我所用,除了专用的书房外,辟了一个10平方米的小书库,客厅里还放了两个书柜和一排放大开本精装书及画册的矮柜,一些不常用的书只能留在旧居。2005年我们研究所迁入学校新建的光华楼,教授都有了独用的办公室,2014年我按资历搬入面积最大的一间;2007—2014年我当复旦大学图书馆馆长期间,在图书馆有一间办公室。这些地方,都被我日益扩张的书籍所占。不过,直到2010年前后,藏书多多益善的观念我还没有改变。

当了图书馆馆长后,我发现藏书没有地方放也是图书馆面临的难题,不仅像我这样馆舍面积本来就不足的馆长,就是我结识的世界名校的图书馆馆长也无不抱怨书库太小,新书太多。美国大学图书馆大多建了远程书库,并且越建越大,但面对信息爆炸形成的天文数字的书籍、刊物和读者无限的需求,还得另辟新路。

一是加速以数字化和网络资源取代纸本书籍和刊物,一是减少并清除无效馆藏,我们馆也是这样做的。以前报纸、学术刊物、论文集占了馆藏一部分,并且逐年增加,现在基本都已为数据库所取代,一般不再订纸本。由于价格原因不得不同时订的纸本报刊,使用后也及时处理,不再收藏。随着中文数据库的增加,一般书籍有一本就能满足流通的需要,完全可以减少以至消灭复本。除了有版本或收藏价值的书,其他的复本也及时处理。

由此我想到了自己的藏书,是否也应该同样处理呢？如原来我已买了一套《中国大百科全书(简明版)》以及《中国大百科全书》中的历史、地理等卷,2000年我去南极时带的是地理等卷的光盘,回来后再也没有用过纸本。一些卷帙浩大的工具书早也已为网络或数字化资源所取代,检索之便捷、准确不可同日而语。如果从使用价值看,占了一排书架的这些大百科全书和那些工具书已成无效收藏。早些处理,还能供他人使用,留到以后只能成为废纸。何况近年房价飞涨,再要扩大住房几乎没有可能,要增加居室面积、改善生活质量,及时处理无效藏书不失为可行的办法。周有光先生的寓所只是一套小三居室,他在退休时就将自己的藏书全部赠送给原来供职的国家语委。他的书房兼卧室只有9平方米,唯一的书架也没有放满。但就在这间房间内,他以百岁高龄出了多种新著,他告诉我,多数资讯是通过网络获得或核对的。

几年前有人告诉我,网上在拍卖我签名送给某学生的书,我一看果然如此,自然很不愉快。后来遇到这位学生,他主动称冤,说此书早已被一位同学强索而去,他也要向这位同学问罪。又有友人告我,潘家园出现了我签名呈送吴小如先生的书,当时吴先生还健在。原来这是他家保姆擅自将他一些不常用的书当废纸卖了,反正他也不会发现。我去西安参加复旦校友会时做了一场讲座,结束后一位听众拿了我的博士论文的油印本要我签字,并希望我写几句话。我很惊奇,当时只印了30册,记得只给陕西师范大学的两位评阅老师寄过,如何会到了他手里。感慨之下,我庆幸这几本书有了一个好归宿,既暂时避免了当废纸的命运,也强似当主人的无效收藏。这更使我打定主意,为我的藏书早些找到归宿。

我将现有的书分了类,定了不同的处理办法。长期不用或与我专业无关的书立即处理,分批交本所资料室,由他们决定是留在资料室,还是交给校图书馆,或者报废。自己只偶然用到,而对其他读者较有用的书,特别是新出的、多卷的、定价贵的,及时交给图书馆,以发挥更大作用。已有网络或数字化资源替代的书,也尽快处理。还要用的书,或还想看的书先留着,随着学术研究和写作的减少,或今后退休,再陆续交出。工作中会用的书,先转移到我办公室,便于以后交出。那些对我有特殊意义的书,我特别喜欢的书,几种现在够得上善本的书,数量有限,我会一直保留,等我完全无用时由后人处理。先师季龙先生赐我的几册书,包括他的大学毕业论文手稿

《中国移民史要》,将赠给本所的"谭其骧文库",与先师的藏书、手稿、信函合璧。至于杂志,除保留刊载拙作的外,只拟留完整的《历史地理》和《中国国家地理》。以往在学校新收到书刊,我都带回家。现在先分类,大部分留在办公室或直接交出,不用的杂志送给学生。

  一度犹豫的是如何处理别人赠我的签名本。今后作者或其后人得知,会不会感到不愉快甚至气愤?读者见到,是否会有不良影响?以己之心度人之腹,显然是多虑了,这些书如能为图书馆接收,自然比闲置在我书架上,或堆积在屋角落强。但我还是在对方的签名旁写上"转赠图书馆",并签上名,或者补盖一个藏书章,使读者了解这个过程。

  我决定不将书送给私人,包括关系亲密的学生在内,放在图书馆毕竟能使更多人受益。

  原打算集中处理一批,发现分类并不容易,有的书拿在手里会犹豫再三,数量与重量也出乎意料。请所里雇了辆小卡车,只取走了一批画册与那部10大盒100册的《中国历史地理资料汇辑》。于是决定细水长流,平时陆续清理,每次去学校时带走一小拉杆箱。同仁在电梯中见到,常以为我刚外出归来,或准备出差。这些书在办公室里积到够装一平板车,再让资料室拉走。只是从我当图书馆馆长的后两年开始,至今已有四年多时间,家中的书房与藏书室的利用空间尚未显著改善,看来得加快处理速度。

  我还没有达到施坚雅先生的境界,但可以对得起自己辛辛苦苦积累起来的书和师友好意送给我的书了,它们已经或将要有更好的归宿。

原载腾讯网《大家》专栏,2016年6月20日。

生活经历

我当市人大代表

1976年9月,毛泽东的追悼大会结束后的一天晚上,我与一位当时最密切的友人议论中国可能发生的变化。当时流行一句话:"两个人说真话,三个人说假话,四个人说笑话。"意思是说,只有两个人之间才能说真话,因为万一对方检举揭发也不会有证据。三个人在一起说话就比较危险,万一其中两个联合起来揭发另一个,此人必败无疑,所以千万不能说真话。人再多就更麻烦,还是说笑话稳妥。我与他只有两人,说的是真话。我们都认为在毛主席逝世后中国将会发生变化,他认为在三年后,我估计只要一年;他认为会回到"文革"前,我估计至少要回到"大跃进"前。谁也没有想到,惊天动地的变化不到一个月就出现了。

"四人帮"倒台的消息传到上海的第二天晚上,我所在的中学党支部召开教工大会,传达上海市委负责人马天水的讲话。我一方面为这个消息得到证实而兴奋,另一方面对马天水所强调的"上海市委没有问题"深为不满,几次打断支部书记的传达进行批驳。当时我是该校"红卫兵团"的辅导员,负责全校的学生工作,手下有一帮学生干部。会议一结束,我就带着他们刷出一幅大标语,责问上海市委站在什么立场。接着又写了一份大字报,让学生抄了两份,与他们一起骑着"黄鱼车"(上海一种三轮车,一般用于运货,也可坐人)或自行车,贴到了火车站和外滩"市革会"(上海市革命委员会所在地,当时上海市的权力机构)附近。那里已是人声鼎沸,大幅标语铺天盖地,但有内容的大字报并不多,所以我的大字报吸引了不少人。当晚,我们又骑车去了康平路(上海市委书记办公处),大门前已不见警卫,进出的人络绎不绝。张春桥家已人去楼空,进院的人都会去转一圈。其他几幢楼门窗紧闭,一片漆黑,一圈圈人就着灯光在议论各种小道消息,来自复旦、交大的人最受欢迎,无不成为人群的核心,大概是因为他们传播的消息比较可信。

很快尘埃落定,党中央派苏振华、倪志福、彭冲到达上海,任市委第一、二、三书记,原市委书记马天水、徐景贤、王秀珍都成了揭批对象。这几天我忙得不可开交,最多一天参加三场集会游行——带学生参加区、市两次游行,参加全区教师的集会游行,庆祝粉碎"四人帮"的伟大胜利。这几天还先后去人民广场等处参加揭批马、徐、王的大会。连日来我处于高度亢奋的状态,很像十年前"文革"爆发那一两个月间,当时我曾狂热地拥护毛泽东发动的"文化大革命",唯恐稍有落后。

我对"文革"和毛泽东当时实行的路线的怀疑是从林彪事件开始的,但并没有理出一个头绪,而长期接受的"左"的影响却根深蒂固,往往是站在同样"左"的立场上反对某些"左"。例如,上海市写作组的罗思鼎在《红旗》杂志上发表文章,总结秦王朝迅速覆灭的原因是因为新兴的地主阶级缺乏经验。我立即给《人民日报》写信,批判此文否认阶级斗争,美化地主阶级。

但与此同时,"文革"十年期间我在任职的中学所起的作用是独一无二的,就是反对我的人也不得不承认这所学校离不开我。

"文革"一开始,我紧跟党支部"横扫一切牛鬼蛇神",真正做到了"党(支部)"指向哪里我就打到哪里。批判资产阶级反动路线时,我成为学校头号"保皇派",与党支部书记一起被打倒。上海的"一月革命"后,党支部被夺了权,支部书记被监督劳动,学校实际瘫痪。我当了一段时间的"逍遥派"后,又成为新成立的校革会下属材料组的成员,等工宣队和军宣队进驻学校后,我继续留任,经历了清理阶级队伍、"一打三反"、"批林批孔"、"评法反儒"、"反击右倾翻案风"等运动。学校的重要材料,包括工宣队负责人的讲话、党支部的总结、红卫兵团的报告、学校代表的大批判文章,不是由我代笔,就是由我改定。学校举行悼念毛泽东的大会,几个发言全部由我一手包办。到1972年,我这支笔杆在所在的区已小有名气,正好市写作组要物色有教学经验、适合教育大批判的写手,区里决定选送我,学校里已开了欢送会,后来才知道临时换了人。不过这并没有影响我的笔力,党支部副书记在市区大会上的发言稿,1976年在上海市青年纪念"五四运动"大会上以学校"红卫兵团"名义发表的批"资产阶级法权"的文章,也是由我起草或定稿的。

1967年后,学生中的犯罪行为增多,学校专案组中由我联系警方(当时称为"公检法军管会")和"文攻武卫"(名义上是群众组织,实际可随意施行专政手段)。我逐渐成了学校的"派出所所长",管理所有犯罪或越轨的学生,处理校内外各类事件,镇压学校里随时可能出现的乱子。我与警方的关系也越来越熟,有两年多时间在分局参与"群众办案",从协助调查、拘捕、审讯、押送去外地,到整理积案,都干过。还经手判过一个案子,已确定无罪释放,因为所在单位的工宣队不答应,改为判刑三年(实际已关满时间)。1974年,我又担任红卫兵辅导员,从学生干部到差生都管上了。我积累了一套管理各类学生的办法,加上有强大后盾,所以只要我到场,无论是在校内,还是学生所在的街道里弄,没有哪个学生(包括已毕业的)敢捣乱,其他地方的流氓差生也退避三舍。我带领学生外出,无论是红卫兵干部还是一两千名学生,我都能指挥自如,维持良好的秩序,这在当时简直是奇迹。

我对工作可谓全心全意,一年365个日夜,除了除夕夜回家睡以外,其他晚上都住在学校。校内唯一的一部电话就安在我的房间,随时上通下达。有几次上级在半夜发通知、传达文件,到我这里是最顺利的,这也给他们留下很深印象。到"四人帮"倒台,学校转入"拨乱反正""抓纲治国"时,我自然更加努力,学校面貌特别是学生工作方面,也为之一新。

1976年"五四"青年节,团区委安排我在全区大会上发言,并将我树为标兵。不久我被评为区教育战线先进工作者,当年9月,又被评为上海市教育战线先进工作者。我的"先进事迹"中,除了我历年的工作表现外,又增加了两个"与四人帮作斗争"的例子,一是我带头贴出大字报,揭露原上海市委与"四人帮"的关系,一是我写信给《人民日报》,批判罗思鼎的文章。后一件事是支部副书记反映的,因为我的信寄出前给他看过。实际上我当时是害怕写信会出事,所以先给他看一下以便多一个证明。颁奖那天,我们戴着大红花,在夹道欢迎中进入上海万人体育馆,又当众上台领奖。市委书记彭冲给我发奖状时,问我在学校教什么课,我告诉他是红卫兵团的辅导员,相当于以前的大队辅导员和团委书记,他说:"这工作很重要呀!我以前也做过。"电视转播更扩大了我的影响。

1977年,上海市准备恢复人代会。由于来不及先开基层的人代会,所以代表是由各区县通过酝酿提名,征求所在单位意见,再在一次临时召集的会议中选举出来的。区领导或者知道我的情况,或者听过我的发言,马上想到了我。正好教育界已经提了两位小学的候选人,一位是老模范教师,一位是中年总支书记,都是中共党员、女性,就缺一位中学年轻男教师,最好是非党员,我在哪方面都符合。于是,我在自己毫不知情的情况下,顺利当选为第七届上海市人大代表。

尽管我在1978年10月就离开了中学和所在区,但这一届任期为五年,到1981年才结束。这几年正是中共十一届三中全会召开前后和改革开放发轫阶段,市人代会也发生了显著变化。1977年底召开的第一次会议的模式几乎是"文革"期间大会的翻版,全体代表早早入场坐定,在乐曲声中,苏振华等领导登上主席台,全场起立鼓掌。在小组会上,市领导很少露面,偶尔到达,都有充分准备,记者的镜头早已对好,领导在发言后,照例表示因公务繁忙,立即离开。其他代表的发言大多照本宣读,在坚决拥护的表态后,工农代表多作忆苦思甜,干部代表少不了声讨"四人帮"罪行,知识分子代表在控诉之余,少不了歌颂英明领袖,掌声不断,甚至不时响起口号声。有位老劳模一直被当成典型,"文革"期间批林批孔时让她在大会发言,她怒斥"孔老二这只黑甲鱼",批邓时仍骂为"黑甲鱼",到人代会上又批"四人帮"这批"黑甲鱼"。我们区代表分为两组,我所在一组除了我们三位中小学教师外,还有上海工学院的几位代表,干部、知识分子较多,每次讨论总嫌时间不够,不得不推迟散会。另一组大多是工农代表,掌声、口号声虽多,却经常提前结束。

开会期间每天由专线车接送,伙食丰盛,午间休息时有电影招待,每天晚上安排观赏戏剧、杂技、歌舞演出。会场内特设的商店货物充足,质优价廉,大多是外面需要凭票供应,或经常脱销的,像久违的大白兔奶糖、花生、生梨等,还有同样紧俏的书籍、邮票。我买了不少书,包括《现代汉语词典》,也买了一些商品,准备孝敬父母。这是我从来没有享受过的待遇,但除了听报告、发言表态、鼓掌通过外,实在没有什么代表人民的内容。最后选举新的一届市革委会和出席五届全国人大的代表,也是完全等额,照单通过如仪。在选举的全国人大代表名单中有复旦大学历史系教授谭其骧,想不到一年后我成了他的研究生。有一位女性市革委会委员一年后也考上复旦大学研究生,成了我的同届同学。市外办主任李储文(后出任新华社香港分社副社长,现为上海市政府顾问、市社联主席)与我同组,第二次会议期间他得知我考上研究生,而他的儿子也成了研究生,于是彼此间增加了一个共同的话题。

不过从第二次会议开始,无论是形式还是内容,逐年在发生变化。例如,领导人出场不再奏乐、全场起立鼓掌。晚上的演出改为自己购票,一般只安排一两次。记得有一年是看关肃霜的京剧,我买了票与列席会议的谭先生一起观看。随着市场供应的好转,会期的内部购物也只是提供便利了。市革命委员会撤销,恢复为市人民政府,由人代会选举正、副市长。对市政府的工作报告,开始强调审议,不再先表示坚决拥护,具体意见增加,有的还相当尖锐。我开始意识到自己作为人民代表的职责,并且不限于大会期间。

十一届三中全会后,平反冤假错案、落实政策全面展开,有人开始向我们这些代表反映一些情况。我尽力而为,总算解决了两件。一位住在长宁路的周某给谭其骧先生写信,他因冤案被判刑,现虽落实政策返回上海,却一直没有安排工作,请全国人大代表转达要求。那时我已担任谭先生助手,就代他回信,并将材料整理好,让谭先生带到北京,交给全国人大。但会后仍杳无音信,周某不断来信。到下次大会时,我与谭先生联名上书,又直接找市人大反映。周某也知道了我的身份,有的信直接写给我。大约经过两年间多次反映,终于收到周某来信,他被安排到一所大学(或许是他原来的单位)工作。他要求与我们见面,当面致谢,我谢绝了他的好意。我觉得他恢复工作是理所当然的,而且远远弥补不了他所受的损害,我既不忍听到他的感谢,更怕当面推辞不了他可能作出的表示。

另一位给我写信的是所在区一位中学教师,"文革"期间因邻里纠纷,被对方串通公检法拘捕,长期没有得到平反。我虽已离开该区,但在公检法还有不少熟人,包括几位领导。有人劝我不要管此事,因为牵涉到某领导,当时就是他办的案。提了一年毫无结果,我直接找了区委书记,经他批示,让我与公安局、教育局领导直接讨论商谈。在这种场合与熟人见面颇为尴尬,我只得公事公办,据理力争,驳斥公安局的种种借口,最后达成一致,为这位教师彻底平反,恢复名誉。多年后,我回母校作报告,结束时一位教师来见我,问我还记得他吗?原来他就是那位教师,后调入我的母校。校长向我介绍,他现在负责全校的电化教学,成绩突出。想起往事,我十分感慨,这样一位优秀教师的命运很可能就断送在"文革"之中,我曾经尽过代表的责任,自然感到欣慰。

"文革"结束后的第一次工资调整时,复旦大学的几百位研究生中有一大半是属于加工资的对象,但因为有的是在原单位拿工资的,有的已与原单位脱离关系,纷纷找我反映情况,要我向市政府和有关部门提出。为此我开过几次座谈会,提出了确保在职或带薪研究生的权益的提案,以后又将政府的答复张贴在宿舍区。因此,很多外系的同学都知道我是市人大代表,王沪宁等见面时一直戏称我为"代表"。

人大会恢复提案制度时,大多数代表不知提案为何物,更不会写提案。我除了自己提出外，又增加了帮助其他代表写提案的任务，一般由他们告诉我具体要求，我整理为提案文本，然后交他们签字。我自己写的提案，也找合适的代表签名后递交。当时对提案没有严格规定，只要有人提，一般都立案。会后发下两厚本提案汇编，我提的数量名列前茅。其中一项要求电影院恢复学生场的提案被采纳后，《光明日报》还在头版作了报道。但有些牵涉范围稍广，或有实质性内容的提案往往无疾而终，或者仅仅得到圆滑有礼的答复。当学校出现竞选所在地区宝山县人大代表的热潮时，也有几位研究生同学打出竞选旗号，有的还配上大幅漫画造势。看到有的竞选宣言中出现"改善教师待遇"等口号时，我不禁哑然失笑——复旦教师的待遇，宝山县人代会管得了吗？这说明我这个市人大代表没有白当，至少我明白了哪些事哪一级人大代表能管，市人大代表该做什么。其实，只有在解决一些具体问题时，才会立竿见影。谭先生的家从复旦宿舍迁入淮海中路新居后，一直装不上电话，工作很不方便，学校出面反映了几次都没有解决。我在会期直接找了出席会议的市电信局局长，特别强调谭先生是全国人大代表，他记下了姓名地址。当晚我到谭先生家去，得知午后电信局已来人安装电话，立即开通。

五年后市人大换届，我早已脱离了中学教师和这个区，自然不会连任，但这一段经历成为我人生的宝贵记忆。2000年我被增补为上海市政协委员，次年大会期间，我正在南极考察。直到2001年初出席市政协大会时，我列席市人大开幕式，并听取政府工作报告，又回到了同一会场。想起22年前初次出席人代会时的情景，不胜今昔之感。

原载《中外书摘》2007年第8期。

1982年的记忆:搬家

1981年底,我从复旦大学历史系研究生毕业,留校工作,成为历史系的教师,我的人事关系也从原来工作的中学正式转到复旦大学。到了1982年3月,我又被录取为复旦大学的在职博士研究生,同时继续担任导师谭其骧教授的助手。

正式成了大学教师,最大的愿望就是改善住房。我在1978年结婚时,凭着上海市人大代表、上海市教育战线先进工作者的证明,加上夫妻双方家庭均属住房困难户的条件,分配到了一间不到11平方米的房间,另有两家合用的一个小厨房和卫生间。随着女儿的出生和成长,随着书籍的增加,这间小屋已经被塞得满满的。更麻烦的是,由于不住在校内,晚上或假日只能在家里工作,但唯一的桌子同时要供一家人吃饭、太太做家务和女儿玩耍,所以摊开的书得一次次收拾让位。谭先生的家住在淮海路,我常常奔波于淮海路、学校和自己家之间,那时上海的交通还很不便,有时路上就得花两个多小时。眼看学校宿舍区一幢幢新房拔地而起,但分配对象主要是已经住在校内的教师。而根据当时的政策,不住学校的教师只能由所住地区的房管部门分房,执行的是一般市民的标准,我们一家三口已经高于困难户的标准。所以对我来说,争取迁入校内宿舍才是改善住房的第一步。

但要迁入学校并不容易,我先写了一个书面报告送到系总支,又请谭先生向学校领导反映,再经学校的分房领导小组讨论通过,才由房管处通知我办理手续:将现在的住房交给学校,在宿舍分配给我一室半户。所谓一室半户,就是一大一小两间房间。但同样一室半,也有很大差别,最好的是有独用厨房、卫生间的新公寓楼,最差的是两户合用厨卫的旧房,一般是按各人的积分次序挑选。我是照顾迁入学校的,不列入正常排队,所以没有挑选的余地,配给我的是第六宿舍楼。我只求迁入学校,接到通知就迫不及待去看房。

那是一排建于20世纪30年代的日式两层小楼,据说曾是侵华日军小军官的宿舍,楼下是一间房间、一个壁橱和一间厨房,楼上是大小两个房间,在楼梯的拐弯处是一个小卫生间。半个世纪前一位日本小军官的住房得由两位中国大学讲师合住,还供不应求。尽管建筑已破旧不堪,但毕竟多了一个房间,合起来约18平方米,屋后还有一片归楼上住户使用的小院,隔壁一位生物系教师家的土地上长着绿油油的蔬菜。我与太太满心欢喜,简单粉刷一下就准备搬家。

我离开中学才三年多,于是从原来的学生中请来几位身强力壮的,借了一辆卡车,一个半天就解决了搬家问题。当时人们家里的家具都很简单,邻居对我家搬出来的东西居然满满装了一卡车,还相当惊奇。等傍晚将女儿从幼儿园接到复旦大学第六宿舍,她才发现家已经变了。

搬家后最大的变化,是我有了一间小书房,尽管不满6个平方,朝北的窗使房内永远是冬冷夏热,但毕竟容下了我一张书桌和一个书架,还让一道板壁构成了我的小天地,虽然它没有一点隔音作用。更使我感慨的是,一度被批判是资产阶级思想的愿望居然成了现实。还在高中读书时,我曾经梦想将来能有一间小书房,哪怕很小,让我能关起门来读自己爱读的书。到1964年"面上四清"(社会主义教育运动)时,我暴露"资产阶级名利思想",在小组会上作了自我批判,1966年"文化大革命"期间又被翻出来作为批判的内容,在此后十多间年已经不敢再想了。

初期的陶醉以后,新居的特殊性使我逐渐回到现实:蚊子密度高、品种多、生命力强,从仲春到初冬不绝,耐各类蚊香,善突破窗纱。老鼠数世同堂,无处不在,机动灵活,意志坚强。我曾用鼠夹夹住一只硕鼠,也曾用胶粘住两只幼鼠,但丝毫起不到警告作用。生物多样性表现充分,不知名的虫子不仅视厨房为乐土,而且可以沿墙壁爬上楼来。房屋抗震性强,马路上每有车驶过,楼板、墙壁都有剧烈震动,窗户会嘎嘎作声,但不必担心房子会震坏。住在这里还能充分感受经济繁荣,墙外就是自由市场,并且紧靠家禽摊,每晚我开始工作时就能听到摊主往鸡鸭肠胃中强行灌食的声音,鸡鸭的挣扎和惨叫声一直伴随着我的工作,而午夜或凌晨我要睡觉时公鸡啼鸣不绝于耳,鸡鸭气味自然不可抗拒。好处也不少:我去办公室、图书馆,送女儿上幼儿园,菜场买菜,食堂就餐,都在5分钟之内。每当陪谭先生出差,还能在学校车队搭去接他的汽车,不必挤公交车了。太太在后门的地上种上小葱,还发现遍地有自生自灭的马兰头可供食用。不过权衡利弊,我自然在等待下一次分房,以便能根据自己的积分逐级上升。

1986年底,在我从美国当了一年访问学者返回后不久,终于分到了两室户,1992年迁入两室半户,1998年通过学校补助和住房公积金贷款有了现在住的126平方米的高层公寓商品房,在53岁时实现了安居乐业的愿望,并且真正有了一间合用的书房。

但我永远不会忘记1982年那次搬家,毕竟那是我改善住房的开始。我也经常会想,要是我早一点能有一间真正的书房该多好!

原载《葛剑雄文集⑥:史迹记踪》,广东人民出版社2015年版。

我与游泳

熟悉我的朋友都知道,我有保持多年的游泳习惯。一般情况下,我每星期都要游泳一至两次,常年不辍。每到一地,只要有可能,我都要找地方游泳。我曾经游泳过的地方,国内北至黑龙江,南至海南岛,东至东海,西至云南保山;国外包括太平洋、大西洋、地中海,也包括美国、英国、法国、日本、澳大利亚等好几个国家的游泳池。

不过,在20岁以前,我与游泳基本无缘。即使偶尔去一次游泳池,至多也只能在池边浅水区划几下。在读书时我最不重视的是体育课,上课时都预先带着一本书或一本笔记本,只要教师带领的操练一结束,我就会离开在活动的同学,找一个僻静的角落,看我的书或笔记了。但高中时的一场大病改变了我的态度,在1962年初夏的一次体检中,我被查出患了浸润型肺结核,只能就此休学。本以为三个月后就能复学,谁知检查的结果依然不合格。直到第二年11月,医生才勉强同意我复学,但此时我原来所在的班级已经毕业,我只能插入下一届。可是,第二年做毕业体检时,肺部的病灶还是没有钙化,这就意味着我只能放弃梦寐以求的目标,无法报考大学了。肺病一直好不了当然与那时的营养不良有关,但我的体质如此之差,显然也是根本不作体育锻炼的结果。痛定思痛,我开始重视体育活动。1965年,我成为中学教师,为了工作方便,第一件事就是学骑自行车,但工作和学习太忙,又没有时间活动了。1967年夏天,我工作的学校迁到了游泳池附近,加上学校停课,于是天天去游泳,虽然连换气都没有学会,但横渡游泳池已经没有问题。次数一多,与游泳池的教练熟了,他们知道我们是旁边中学的教师,就拉我们几个人帮他们管训练班。就这样,我还当了一段时间的教练,教初学者学游泳,尽管那时我自己还没有完全学会。

"文革"中有一项"政治任务"——每年7月要组织大规模的游泳活动,以纪念毛主席横渡长江。加上要让全国多少亿人学会游泳是毛主席的"最高指示",所以游泳是每年夏天学校的一件大事。我分管全校的学生工作,几乎每天都要到游泳池,或在池边维持秩序,或下水游泳。从1968年起,我每年还几次带学生参加横渡黄浦江活动。第一次与学生渡黄浦江时,我的换气水平还很差,经常要抬起头来游几下,所以速度很慢。好在这种横渡非但不讲速度,而且要在水中排成队形,有时还要拥簇着标语牌,举着红旗,唱语录歌,所以我也不会掉队。就这样,凭着那初学的水平,我也好几次带着学生横渡了黄浦江。第二年,我的胆子更大了,居然与几位学生中的游泳好手一起参加黄浦江中的长游——从港口到龙华,大概有十几公里。由于距离长,我游得慢的弱点越来越明显。由于我一直落在后面,保护船上的人几次要拉我上船,我都以能够坚持拒绝了。离终点不远时,我已成为最后一名,只得上了船。虽然没有能游完全程,但也创造了我自己的一项纪录,毕竟已超过10公里了。

从此游泳成为我生活中重要的一部分,但60年代还没有对外开放的温水游泳馆,所以等夏天一过游泳池关门,我的游泳也只能暂停了。而且,要不是我有管理学生的便利,要每天游泳也会是一笔不小的负担,虽然一张游泳票不过两角钱,但我的月工资也只有48元5角。秋天以后,我觉得锻炼太少,就开始洗冷水澡,一直洗到冬天,但有一次因为外出而停了十来天,回来后就再也没有能恢复。到1968年,我的肺病病灶已完全钙化,除了新发现胃病外,体质明显增强,这当然有多方面的原因,但无疑得益于经常游泳。

过了几年,有人告诉我,体育俱乐部内的游泳馆冬天开放温水游泳,我去试了一次,觉得不错。虽然票价贵些(大概是夏天的一倍),但游完后还有热水洗澡,那时洗澡得上浴室,最便宜的大池也要一角钱,所以还是合算的。不过,到了1977年后,随着成家、读研究生,我感到越来越忙,有几年连夏天都随先师谭其骧教授住在外面工作,游泳的次数越来越少,几乎停顿。

1985年,我去哈佛大学做访问学者。9月的一个周末,费正清东亚研究中心主任孔飞力教授邀了一批学者和家属到他的山地小屋去度假。上午到附近一座水库游玩,美国人纷纷下水游泳,几位老者也在水中舒展自如。待我一跳下水,就觉得刺骨的冷,新英格兰的秋天本来就比较凉,地处深山的水库中很少流动的水自然更冷了。好在有几年前冬天洗冷水澡的余力,游了一段我就适应了。其他两位下水的中国学者虽然都比我年轻,却受不了。一位马上上岸,但已脸色发白,好一阵缓不过气来;另一位知难而退,游了一两圈就结束了。下午的活动是棒球和排球,又是美国人占尽上风。棒球不用说,我们从来没有玩过,只能练扔几下,接球时棒能沾到球边就不错了。排球可是打过的,但也不是老美的对手,像杜维明的太太一上场,这一边就挺不住了。

这使我很感慨,中国学者人到中年,往往就远离体育活动了,至多偶一为之,而美国学者几乎很少没有自己钟爱的体育项目,即使已年近古稀。这当然与物质条件有关,如在哈佛校园内和所在的剑桥,网球场、健身房、游泳池比比皆是,而我所在的复旦大学虽一直以"世界一流"为目标,直到今天还没有一座像样的游泳池,更不用说能常年使用的游泳馆。但观念的陈旧也是人们投身体育锻炼的障碍,似乎体育是年轻人或学生的专利,人过中年就只能养生了。那年我刚40岁,但到了这年纪还坚持常年锻炼的人已经不多,在教授、副教授中更是屈指可数。或许是美国人的体育热情感染了我,或许是我悟到了中年后锻炼身体的重要,或许是发达的体育设施提供了方便,这一年间我除了跑步外,游泳是经常的活动,这也是我第一次经常享受室内温水游泳。

回国后,跑步无法坚持了,因为我活动后总是一身大汗,不洗澡不行,家里却没有洗澡的条件,游泳没有这个问题。开始两年还只能以夏天或秋天为主,有一年复旦大学的游泳池一直开到11月份,我也是少数坚持到底的人,大概只有一位比我年纪还大。由于池水不再更换,一池水已经发绿,终于在冬天来到时关闭了。大约在1988年,经泳友指点,我开始去游泳馆游泳,较近的杨浦工人游泳馆、杨浦游泳馆、虹口游泳馆都去过,而以虹口为主。这些游泳馆一般在每年10月开放,每周晚上两至三次,使我常年能保持每周两次、至少一次游泳。在这类游泳馆游泳的人,不像如今高档俱乐部的会员,各行各业都有,一般并不富裕,进游泳馆的目的就是为了锻炼,所以都有自己的锻炼规则,甚至连游的位置都固定不变。我遇到过年过60的常客,也经常与比我游得快、游得久的人在一起游,使我自叹弗如,决心给自己订下规则,每次得有定额。经过一段时间的锻炼和调整,我确定每次游1 600米,即在25米的泳道上游32个来回,或者在20米宽的游泳池内往返40圈。时间大约是40分钟,中间不停顿,不休息。十多年来,虽免不了有不得不中断的时候(如1996年夏天去西藏、1997年冬天在日本京都），但基本上坚持下来了，所以在我55岁时还能轻松地完成每次的指标。

我游过几个特殊的游泳池，也有过特殊的游泳经历。我游过的池中数英国剑桥的那个最长，有99米。加上剑桥夏天的气温低，水很凉，游一圈特别累。澳大利亚悉尼一个泳池也比较长，不知是不是受英国制度的影响。最短的池大概是在澳大利亚凯恩斯一家旅馆，只是供旅客泡泡水的，下池后脚一蹬就碰到了对面的池壁，比日本一些温泉浴池还小。云南腾冲火山景区有一处温泉游泳场，也是适宜洗澡而不宜游泳，因为水太热，游几下就浑身出汗。相比之下，东北五大连池里的水温不高，但因为池子大，新流入的泉水到不了中心，所以越往当中游越冷。香港沙田王朝酒店的游泳池一半在室内，一半在室外；而哈佛大学某宿舍楼内游泳池深藏地下，在地下室二层。日本水户市的一个室内泳池利用焚烧垃圾的热量，门票只收200日元，而且时间不限。云南保山的游泳池或许是我游过的海拔最高的，感觉是阳光辐射特别强烈，也特别容易累。我本想在海拔四千多米的西藏象泉河游一下，可惜营地附近的河道太浅，而河水又太冷太激。1988年在黑河市，我曾在黑龙江游泳，顺水而下很舒服，不知不觉中已接近几艘停泊着的苏联货船，看来这些船已经偷越国境，好在中苏关系已经正常。听说在南极度夏的科考队员曾下海游泳，我很希望自己也能增加一项这样的纪录。

我外出时一般都带着游泳用具，但经常是白带的，因为多数地方没有合适的游泳场所。偶然不带时却又有游泳条件，于是我一次次临时买游泳裤，如在北京香山饭店、香港沙田的王朝酒店、青岛的汇泉王朝酒店等。只是舍不得再买防水眼镜，只能忍受含氯的池水对眼睛的刺激。在黄山温泉倒是带着游泳裤的，但50元一张门票就搭卖游泳裤一条，不拿白不拿。为此我还在《人民日报》华东版上写了一篇短文，稿费收入可买两张门票，赔了点时间，算是没有吃亏。十几年来，游泳馆的门票已从2元涨至12～15元。为了游泳，我在池里和路上花费的时间也不少。但我认为这钱和时间花得值，它们给我换来了健康的身体和充沛的精力。这些年来，我到过国内全部省区市和世界上十几个国家，不受环境与时差的影响，能在海拔四五千米的地方活动和露宿，平时不为病痛所干扰，每天可以工作到半夜一两点钟，从不失眠，今年还准备去南极走一次，不能不说是拜游泳之赐。

游泳也给我带来了其他活动无法替代的乐趣。人当然有体力和情绪处于低潮的时候,有时正好遇上游泳时间,或者又是刮风下雨,我也会犹豫,是不是停一次算了。有时游了几圈(我都是边游边计圈数),感到特别累,自己也会怀疑今天还能不能游满指标。一般我都坚持了,游完全程时往往精疲力尽,但回家后喝上一杯热茶,坐在沙发上略事休息,就会感到一种说不出的轻松愉快,当晚的工作效率也大为提高。所以我经常劝朋友们,要舍得在体育活动上花些钱和时间,得到的肯定比付出的多,在结束这篇文章时也要这样劝读者。

本文写作于 2000 年,原载《健报》。

我与上海

我在 1956 年 12 岁时迁入上海,今年 74 岁,在上海生活了 62 年。

改革开放开始的 1978 年,我刚离开中学老师的职位,以高中学历考上了复旦大学的研究生。1983 年我成为中国第一批文科博士学位获得者,以后一直在复旦大学工作,成为教授、研究所所长、图书馆馆长,40 年来培养了 30 多位博士。上海这座城市中的几十所高校,实现了无数年轻人的梦想,当年我的同学中如今有国家领导人、两院院士、文化名人和各行各业的杰出人物。

1978 年我结婚时,很幸运地分配到一间 11 平方米的公租房,已经高于上海的人均住房面积。直到 1991 年我晋升为教授,学校租给我的房子还只有 60 多平方米,我经常为没有地方放书发愁。以后上海实行住房改革,有了商品房,我以住房公积金贷款先后买了两套房,终于有了放得下全部藏书的书房和书库。四十年前,上海是中国人均住房面积最小的大城市,现在上海居民的住房已经有了根本性的改善。

1986 年我从美国访学回国时卖掉了汽车,那时上海根本没有私家车。回到上海后,我女儿问我"我们的车哪里",我告诉她"我们今后不会再有车了",但十几年后,我与她都有了自己的汽车。当时上海还没有一条地铁,现在上海已经有了十几条地铁,通车里程世界第一。

我当中学教师时,教育学生的一项是"不要围观外宾"。在上海偶然出现外国人,不是当作贵宾夹道欢迎,就是由警察或街道里弄干部阻止民众围观尾随。今天上海的常住外国人已有几十万,在上海的每个角落几乎都可以见到外国人。同时在世界各地,几乎都可以遇到上海的游客,或者在当地求学、工作或定居的上海人。

  我是研究历史的,在中国有文字记载的 3 800 年历史中,还没有哪一段时间、哪一座城市在短短四十年间取得如此迅速巨大的进步,而我有幸经历见证了上海这一段有史以来最辉煌的历史篇章。

本文写作于 2019 年 4 月 19 日。

我的人文观

多年前,一些学者发起了一场有关人文精神的讨论,当时我虽也颇为关注,但对"人文精神"的确切含义并不十分明白,而且参与讨论或卷入争论的人似乎也没有统一而明确的说法。争论的双方都有我的朋友,我也曾将双方的一些意见作过沟通。尽管我的努力似乎并没有弥合双方的分歧,但我却发现,他们的观点其实有不少共同的地方,即使看来针锋相对的提法,如果撇开抽象的概念,把话说得明白一点,也不会水火不相容。

究竟什么是人文精神?我一度想弄个明白。但稍一留意就急流勇退,因为这个问题的答案即使不会超过对"文化"所作的定义,大概也少不了多少。所以,我放弃了寻找标准答案的念头,而代之以考虑一种自己的定义。我一直认为,对不同的定义,每个人都能自由地取舍,只要自己一以贯之,遵守选定的定义,或者在需要改变时加以说明就可以了。更重要的是,我们应该明白,"人文精神"对我们自己、对我们所处的社会、对人类究竟意味着什么?

近年来商品经济大潮的冲击固然是促使我思考人文精神的重要因素,但随着环境保护日益受到人们的重视,人类与自然环境的关系也迫使我更多地考虑人的价值,即在人类与环境的关系中人类应该处于什么样的地位。在《未来生存空间·自然空间》一书中我说明了我的观点,最近的南极之行使我更坚定了原来的信念。

由于要探求人类与自然的关系,不可避免要涉及科学技术的作用,使我不得不将人文观与科学观联系起来,或者说在思考人的价值和人的作用时比较注意从科学的角度作一番考察,看看是否现实,是否可行。同时,由于我从事的专业——历史地理——兼有人文社会科学和自然科学的特征,研究的过程也在不断加强我的思考。

不过,我至今还没有形成自以为完整的人文观和科学观,要不是组稿人的推动,我还没有勇气写这篇文章。也正因为如此,本文不是系统的论述,只是与此有关的一些想法。

一、人要不要精神生活

这些年来,一些人常表现出赤裸裸的物欲,上至党政高官,下至平民百姓,以至历来被视为神圣纯洁的学术、教育、文艺、医务、宗教、司法各界中,都有那么一些人,公然为追求个人的物质利益,不择手段,不知羞耻,甚至不顾法律,不计后果。尽管表现方式不同,这些人所信奉的都是钱和物。这并不是说他们不要名誉和地位,但就他们的目的而言,名誉和地位只是换取金钱的手段,对不能为他们带来利益的名誉和地位,他们完全可以弃之如敝屣。如果说,以前有人还会给自己的行为找个借口,或者盖上一块遮羞布,现在却已堂而皇之,甚至可以提出理论根据。说一句大白话,就是在这世界上,只有钱是真的,其他都是假的。

在这里我不想讨论自私自利或个人主义的问题,也不想涉及公与私的关系这方面,上述现象的出现当然与此有关,我只想说一点,除了物质生活之外,人要不要精神生活?

表面看来,那些人追逐的只是某一样具体的东西,如一台彩电、一辆汽车、一套房子或者一叠票子,即使如此,在物的背后也还有物质以外的东西。任何一种用品,除了它的实用功能外,一般都有其象征性的、心理的、精神的功能,往往会与身份、地位或权力有关,而且会因地因时而异。例如,在改革开放之初,一部单喇叭录音机就足以炫耀拥有海外关系或外汇,提着它在大街上走过,必定会招来啧啧称奇的议论和无比羡慕的注目礼。但如果今天再有人用它招摇过市,不是被当作找不到工作的民工,就会被人怀疑精神不大正常。当初这部录音机对主人来说,绝不仅仅限于录音或放音,或许他还不懂如何操作,显然更大程度上是一种精神的满足。同样,在今天穿一条牛仔裤,除非是顶级名牌或十分特殊,否则决不会引起旁人的关注,所以穿的人只是考虑是否舒适或是否美观。但如果在改革开放之前,如果有人穿牛仔裤,那肯定是出于精神方面的考虑——要么是刻意追求"资产阶级生活方式",要么是出于一种特殊的审美情趣,以至不惜冒受到鄙视以至批判的风险。

显然，那种声称不需要精神生活的人并非没有精神生活，只是自己不觉得，或者故意不承认而已。当然也有的人是由于物质生活的极度贫乏，因而不得不放弃对精神生活的追求。例如，一些知识分子长期处于贫困状态，除了设法维持温饱之外，已经没有任何精神享受，久而久之对精神生活就会麻木不仁。但即使在这样的条件下，人性对精神生活的渴望也会顽强地表现出来，就连尚未脱贫的农户过年时也会在家里贴上春联和窗花，在门上倒贴一个"福"字。另一类物质生活已经极其丰富的人却还在拼命攫取财富，他们得到的钱和物已经远远超出了实际需要，甚至为如何花掉这些钱、用掉这些物而发愁。如果仅仅是为了物质利益，他们完全不必这样做。当一个富商在他十只手指上套上沉重的足金宝石戒指时，当一个贪官不时在计算他的赃款增加了几个零时，当一群暴发户在豪华酒店斗富时，难道能说他们没有精神生活？至于人们在政治压力或暴力作用下被迫放弃某种精神生活时，他们必定已被要求接受另一种精神生活。"文革"期间红卫兵彻底"破四旧"的结果毁灭了大量人类文明的精华，剥夺了大批人享受精神生活的权利，但红卫兵的目的是"破旧立新"，代之以红海洋、"三忠于四无限"，以便建成一个红彤彤的"新世界"。

过度强调精神生活，甚至企图以虚幻的精神生活来抑制或取代物质生活，无疑是不现实的，或者只能用虚伪的形式而存在。尤其是在人们基本的物质生活都没有保障的情况下，盲目地提倡和追求精神生活，结果往往连正常的物质生活都会受到影响。除非实行强制手段，或者采用迷信欺骗，一般人不可能在衣食不继的情况下追求精神生活。一个国家或一个民族如果不顾具体条件，将过多的精力和物力用于精神生活，必然会影响自身的进步和发展。古代中国社会曾经有过相当发达的精神生活，创造过灿烂的精神文明。在一个完全依靠手工劳动的农业社会中，这样的追求几乎已经到了最大限度。但是，中国古代知识分子中，除了少数已经担任了行政官员的人多少从事一些行政管理方面的工作外，绝大多数文人并不直接或间接地参加生产劳动和科学研究，也很少学习儒家经典和传统的人文学科以外的知识。他们不仅鄙视体力劳动，也蔑视经营管理和科学技术。中国历史上不乏杰出的文学家、诗人、画家、书法家和人文学者，但科学家、有文化的技术人才却与知识分子的总数不成比例，少数今天被我们称为科学家的人，往往也是科场或官场失意后的业余爱好者，或者是有职务之便可利用，例如有资格参与天象的观察、历法的修订，或者保管着地图和档案。

然而，如果走到另一个极端，忽视社会对正常的精神生活的需要，看不到精神生活对社会进步和人口素质提高的重要性，甚至将"经济效益""为现实服务"作为衡量科学研究和学术活动的唯一标准，就会带来灾难性的后果。因为仅仅要满足人们最低限度的物质需求，任何一个社会都不难做到的。而且如果将人的需求都物化了，例如，吃饭就是为了获取必要的营养和热量，穿衣只是为了保暖和遮羞，那只要生产达到标准的复合食品就行了，只要制造统一的制服就行了。可是对大多数人来说，吃饭和穿衣并非单纯的物质需要，同时也是一种精神享受，所以才有所谓的饮食文化或服饰文化。随着生产的发展，要满足人们对基本物质生活的需求已经变得越来越简单，越来越容易。衡量一个社会的发达程度，精神生活所占的比例必定会越来越高。如果社会对精神生活的需求不足，剩余的生产力就会无用武之地，经济的发展会缺乏动力。与此同时，人们的余暇时间会越来越多，除了用于健身养生之外，都离不开精神生活。这反过来又对精神生活提出了更高的要求，从事精神生产的人应该越来越多，才能满足全社会在这方面的需求。

追求精神生活是人类的天性，也是人类与动物的主要区别。但精神生活离不开人的个性，不能简单地复制，也不一定能不断进步。前人在精神方面的高峰，或许永远没有人再能超越。精神方面的活动主要是通过人来传播的，一旦中断，或许再也无法恢复。精神活动的价值既不能用物质来计算，也难以用现实来判断，今天视为无用的东西或许正是前人经验的结晶和未来智慧的源泉。因此，尽管在一段时间内不讲求精神生活，甚至完全停止精神活动，当时似乎没有什么明显的影响，用毛泽东的话说"地球照样在转"，但这样的中断肯定会导致某些精神活动的衰退或断绝，尤其是那些不绝如线的孤门绝学。

二、衣食足就能知荣辱吗

十多年前我曾经参加过一位高层领导召开的座谈会，在他花了两个多小时谈了如何将城市建成现代化的国际大都市后，我问他："你没有谈到文化教育，如果没有现代化的文化教育，一个城市能成为现代化的国际大都市吗？"他的回答相当坦率："给我几年时间，等我将经济理顺了，手里有了钱，一定会发展文化教育。"尽管我不完全赞成他的看法，因为不重视的原因并非完全是没有钱，但我还是欣赏他的基本立场——一旦有了钱,就会发展文化教育。

不过,这并不是一般性的规律,即政府手里有了钱就自然而然会去发展文化教育,或者说有了钱,精神生活就会丰富,质量必定会提高。精神生活当然要有一定的物质基础,不能指望人们饿着肚子去欣赏古典音乐,也不能要求连续几个月领不到工资的山村教师讲究仪表风度。即使我们能找到这样的例子,但肯定不会有任何代表性。衣食足了才有重视荣辱的基本条件,自古以来都是如此,今后也不会例外。问题是,此话能不能倒过来说,衣食足了就必定能知荣辱?前些年的确有不少人认为,只要中国的经济发展了,文化教育、科学技术、人口素质、社会风尚都可以自然提高,现在一二十年过去了,这样的必然结果是否都出现了呢?回到前面那位领导的意见,一个国家或一个地方的政府有了钱,是否都会大力发展文化教育呢?显然未必。

反对我的意见的人会举出中国历史上的例子,一次次的改朝换代,无数人事沧桑,多少草莽英雄、贩夫走卒、平民百姓成了帝王卿相、达官贵人,以至文人雅士。开国之初或得势伊始,他们或许粗俗不堪,胸无点墨,以至士人落魄,斯文扫地,但稍假时日,或数代以后,这些人的后裔无不知书达礼,至少也会冒充斯文,皇帝同样会稽古右文,士人照样得到重用。两三千年来,中国文化,包括其精神文明方面,虽然经历了无数次破坏,但屡废屡兴,长盛不衰。依照他们的说法,目前的情况不过是兴衰间的一个过程,随着经济的发展和时间的推移,文化的提高和精神生活的丰富是自然而然的事,就像中国历史上曾经一次次重复出现的那样,所以完全不必作杞人之忧。但是他们忽视了一个基本的历史事实:从春秋战国至清朝取代明朝,中国基本价值观念和文化走向一直没有改变,所以任何王朝如果要确立它们的政治地位、巩固它们的统治,就不得不接受这一传统并且加以利用。甚至连入主中原的异族统治者,尽管已经是军事上的征服者,最终却只能成为文化上的被征服者。所以,尽管改朝换代,家族兴替,文化或精神的传带者可以变化,但文化或精神本身没有改变,谁想成为统治者、社会的上层或拥有文化或精神财富的人,就只能接受传统的文化或精神。由于传统精神武器从未丧失,因而即使是在大乱之后,精神文化不绝似线,知识分子也会充满自信,为传统文化的复兴做不懈的努力。而且由于不存在其他更强大、更有生命力的新文化的竞争,统治者、知识分子和整个社会也别无选择。汉朝的开国皇帝刘邦自己没有文化,最看不起儒生,以至当着众人的面拿儒生的帽子当尿壶。但投奔刘邦的前秦朝博士叔孙通千方百计使他认识到"马上得天下"不能靠马上治天下的道理,使他亲身体会到按照儒家礼制做皇帝的尊严,开始重视儒生的作用。经过叔孙通等儒生不懈的努力,儒家学说在汉朝达到了至高无上的地位。要是汉朝的皇帝找到了其他治理天下的精神武器,要是儒生们不坚持自己的学说和人格,为了顺从刘邦而将自己的帽子全部改成尿壶,结果又会怎样呢?前一个条件当然是重要前提,但后一个条件是同样重要的。如果没有叔孙通等知识分子的坚持,刘邦等统治者不会自动接受自己原来不熟悉、不喜欢、不合自己兴趣的传统文化或精神武器,即使他们已经有了足够权力,即使社会经济已经恢复和发展了,也完全可能将掌握着的人力物力用于穷兵黩武,修建宫室陵墓,求神访仙。

还有的人会以美国为例:美国开发之初也是物欲横流,人们不惜一切手段寻求土地、黄金,剥削黑奴。不少产业巨头既无文化,也不讲究道德,起家的手段并不正当。但随着经济的发展,美国早已跻身于文化发达国家之列,比之于西方文化传统悠久的国家来也毫不逊色。那些产业巨头也已繁衍出文化层次高的家族,俨然精神贵族。而兴办学校、图书馆、博物馆、医院或各种慈善事业所需款项,相当大一部分就出于富翁的捐赠。在他们看来,中国只要能像美国那样成为经济强国,也自然会成为文化富国,有了强大的物质基础,精神文明的发达就是必然结果。其实他们又忽略了两个主要的因素,一是西方传统的价值观念的作用,一是美国政治制度的作用。美国初期的人口虽然是以因种种原因逃离欧洲的移民为主,但西方价值观念并没有因为他们迁离欧洲而削弱。实际上,从首批移民乘"五月花号"到达美国之际,到十三州宣布独立之初,西方的价值观念从未在美国中断过。在商品经济飞速发展的过程中,美国的基本价值观念也没有改变过。那种认为美国因商品经济发达而"一切向钱看"、不要传统文化、不讲究精神生活的观点,完全是出于误解。还应该看到,英国、法国等欧洲国家,或者说美国人的母国,在相当长的一段时间里,一直是美国精神文明的源泉和榜样。英国人与欧洲人长期视美国人为暴发户,讥笑美国人是不文明的乡下人,客观上正是促使美国在精神文明上进步,希望他们对欧洲文化亦步亦趋。在这样的文化环境下,新兴的美国人也充分意识到自己在精神文明上的差距。那些暴发后的亿万富翁为了摆脱自己的卑微出身,改变致富过程中的罪恶形象,只有根据西方传统文化的要求重塑自己,教育后代。其他由温饱步入小康和富裕的美国人大多也经历了这样的过程。如果说价值观念或宗教信仰只能起到引导和规范作用的话,法律则扮演了强制的角色。有关遗产继承、捐赠文教和慈善事业、减免税等法律法规迫使美国的大小富翁将大笔资产用于文化、教育、艺术、科学、公益和慈善事业,使全社会对精神文明的投入大幅度增加。

反观中国的情况,就不容乐观,因为我们正是缺少这两方面的条件。

从价值观念上说,经过20世纪国内的剧烈变革,特别是经过后期一次次的政治运动,在中国延续了两千多年的以儒家学说为主体的价值观念已经冲击殆尽,近年来对传统文化的提倡又受到政治与商业利益的双重影响,不仅没有起到创新的作用,反而导致了不少糟粕的沉渣泛起。而西方的价值观念虽然早已在中国传播,并随着开放而长驱直入,但影响毕竟有限。加上西方价值观念在中国的传播一直受到中国传统文化的顽强抵制,所以即使在中国比较西化的人群中,这种价值观念也往往是实用的、不完整的。今天的中国很难说有哪一种思想或价值观念已经取得了真正主导的地位,从而成为新的精神文明的规范。在这种情况下,已经有了足够的物质生活条件的人,即使非常愿意丰富精神生活,也会不知所从,甚至南辕北辙。

与此同时,中国远没有建立起与物质文明进步相适应的法律和制度,并不足以引导或强制富人将财富投入文化事业和精神文明的建设。即使是拟议中的遗产税开征,具体的措施还是很不够的。相反,近年来党政官员中日益严重的腐败现象,以及由此而在社会生活各方面造成的恶劣影响,正将社会风气引向反面,并且为民间的富人树立了恶例。官商勾结、官匪勾结的黑暗势力正在侵蚀着社会的各个方面。即使是通过合法途径积聚了财富的新富人,为了自己的发展,或者仅仅是为了自己的生命和财产安全,也不得不顺从或迎合这种黑暗势力。由于官员、富人的社会地位和炫耀作用,他们的行为自然而然地为相当大一部分人所仿效。

总之,衣食足只是提供了知荣辱的物质条件,是否能真知荣辱,至少还要有上面这两方面的条件。

三、人文精神与以人为本

我认为,人文精神的精髓和本质就是以人为本,将人类的利益放在首位。人类有物质利益,也有精神需求,两者固然不能相互替代,也不能偏废,但对不同的人、不同的场合、不同的阶段,会有不同的侧重点。对衣食不继的人来说,解决生存问题自然是当务之急。但即使对挣扎在饥饿线或死亡线上的人,也不能无视他们的精神需求和人格尊严。

以人为本的另一个原则,就是推己及人。自己是人,别人也是人。对自己讲人文精神,对别人也要讲人文精神。关心人,但不强加于人。己所不欲,勿施于人。己所欲,未必就能施于人,还得看别人是否需要,是否愿意。

以人为本,看来十分简单明白,不过遇到实际问题时,一些人的想法和做法往往与这一原则相悖,包括一些自以为很有人文精神或很文明的人。

十多年前,在哈佛大学一所宿舍楼的大厅中,一位娶了洋太太而自然成为洋人的青年在展出他的画。一幅素描上画着一大片低矮的草房和木板房,他特意在上面写着:"这是我家乡的旧房,可惜现在已经被拆除,建成毫无特色的新房。"我问了他一句:"你家乡人喜欢住旧房还是住新房?"他支支吾吾没有回答。画上的旧房显然并无多少特色,更不像是值得保存的文物,至少在画上没有专门说明,为什么他非得让自己的家乡父老一直住下去?此人如果十分爱好,完全可以不离开家乡,长住在那样的房子中发思古之幽情,或者好好体会一下其中的人文精神。人在美国,也可以掏些美元出来,请家乡人保留一些老房子下来。但即便如此,他也没有资格阻止家乡人自愿迁居新房。至于新建筑毫无特色,也得看具体原因,刚解决温饱时顾不得那么多,也是情理中的事。

类似的情况其实经常能遇到。住在独门小院或高层套房中的专家学者们大谈石库门房子和四合院的优点,现在的石库门和四合院如何宝贵,住在里面如何有文化情趣,却根本不顾目前大多数石库门、四合院早已住上了"七十二家房客",成了充分利用、无限分割的大杂院,哪里还有什么优点可言?专家学者们考虑过如何维护这些住户的基本人权,改善他们的居住条件吗?还有些居住在明清古屋中的居民,不仅要忍受房倾屋漏、冬冷夏热之苦,还得面对每天涌来的大批游客,甚至夏天午睡时也得面对门窗外指指点点的人群。在我亲眼看到这一幕时,听到的是主人愤怒的声音:"这房子怎么不早点坍了!"

我这样说并不是反对保护文物,包括保护有价值的旧建筑和成片的旧民居,更不是主张要一律拆除,而是认为研究这些问题时都不能离开对人的关怀,既要考虑他们自己和其他观赏者的兴趣,更应该顾及居民和当事人的权益。我曾经在江西乐安县的千年古村——流坑村做过考察,发现那些积淀着深厚文化基础的古建筑在经历了千百年的风霜之后,已经无法满足村民的居住要求和精神生活。有的是古建筑先天不足造成的,如:年久失修,摇摇欲坠;厅堂以外的建筑面积狭小,通风和采光条件很差;建筑密度过大,人口增加后没有扩展余地。有的则是变革后的生产方式和社会制度造成的,如流坑村当年的经济繁盛依靠的是竹木贸易和水运,其文化的发达也离不开科举制度和当地人雄厚的财力,而今这些都已不复存在,名人用过的书房只能改作卧室,或者用来堆放柴草,甚至权充猪圈。留在村里的人至多只有中学文化程度,打工青年也只能远走他乡,守着老屋、翻着族谱的老人中几乎没有人真正了解本族本地的历史。如果我们真讲人文精神,难道能不首先关怀这里的人?反之,如果离开了生活在这个古村中的人,即使将这一批古建筑保住了——且不说需要多大的代价或者实际上是否可能——与古建筑同在的文化也就永远消失了。

这些年来环境保护越来越受到重视,这无疑是人类的一种进步。从中国的现实看,环境保护还刚刚开始,还做得很不够。但与此同时,我们也必须面对这样的现实问题:环境保护的根本目的是什么?是为了环境本身,还是为了生活在环境中的人?在环境保护与人的利益发生冲突时,应该如何协调两方面的利益,平衡两者的关系?

如果将我们所处的环境分为两部分,即社会环境与生态环境,前者自然与人类活动密切相关,就是后者,只要有人类存在,也难以再保持纯粹的生态平衡,实际早已变成了人类生态系统。人类的利益和需求不可能与所在的生态系统完全一致,即使是关系到长远利益时,人类首先也要考虑自己的生存和繁衍。要是人类自己灭绝了,或者在这一生态系统中的人灭绝了,那么这一生态系统对于人类来说就不会有什么意义。如果一种昆虫所吃的是人类所必需的粮食,人绝不会等到粮食被昆虫吃完了,再等昆虫的天敌来消灭它们。如果土地的肥力不足以保证粮食的生产,人可能会放火烧掉地面的植被,或者杀死一批小动物或砍下一些植物当肥料,在工业发达后也可能生产出化学肥料,不能为了保持生态平衡而听任土地贫瘠。在生存与破坏生态平衡不能两全时,人类只能选择生存,哪怕这样做会留下长期的祸患。在提高自己的生活水平与破坏生态环境产生矛盾时,人类可以有所选择和调整,向自然环境作暂时的妥协,但也不会放弃提高生活水平的追求。

在人类生态系统中,人是主人,是本位。人不应该也不可能仅仅为了自然的完美与和谐才去保护环境,只能为了自身的生存和发展而去追求自然的完美与和谐,而且判断自然是否完美与和谐的标准只能由人来决定。离开了人和人的利益,自然环境、生态系统对人类又有多大的意义呢？为了保护环境，维护生态平衡，可以在某一段时间内让某些人牺牲一些利益，但首先必须保证他们的生存。正如适度人口只能通过人类自觉的控制来达到，而不能用天灾人祸来屠杀一部分人的方法来实现一样。当一只濒危动物危及一个人的生命时，当然最好的办法是在不伤害它的情况下保护人的安全。但如果只能在二者间作出选择的话，就只能选择人，即使那是一只世界上独一无二的动物。同样，在一些人的最低生活水平还无法维持的条件下，即使他们的生产方式有害于环境保护，也只能暂时容许，除非其他人能够在不损害他们尊严的前提下提供足够的帮助，让他们能先摆脱困境。一条鲸在发达国家的海滩上搁浅，人们千方百计将它推入海中加以解救，但当它搁浅在非洲海滩时，却被饥饿的人们当食品吃了。我们固然应该赞扬解救鲸的人，但也没有理由指责吃掉它的饥民，如果他们确实找不到其他食品，又没有得到及时救助的话。如果有谁应该受到批评，那就是为什么世界上其他地方的人竟然没有给他们必要的救援，而与此同时，一些人正为改善他们宠物的生活条件而不遗余力。国际保护南极海豹的条约就将"必要时作为人与狗的食物"列为允许捕猎海豹的例外情况之一，如果在南极活动的人以及为他们拉雪橇的狗到了不得不以海豹肉维持生命时，平时的保护对象海豹也只能作出牺牲。这样的规定充分体现了国际社会对人的生命的珍惜和对"以人为本"原则的共识。我并不反对保护动物，将人类的爱心施及动物本身就是人文精神的体现——连动物都会受到人的保护，人对同类无疑更应该关怀有加。何况任何事都有次序，有轻重缓急。与人相比，动物毕竟是第二位的，动物的利益岂能与人类的利益相提并论？

四、人文精神与科学精神

说到底，人文精神只是一种理念。要使这种理念转化为物质力量，就离不开科学精神。

庄子"一尺之棰，日取其半，万世不竭"的说法经常被人们引用，作为中国古人对物质可以被无限分割的认识。但我们不得不承认，庄子的说法只是一种哲学观念，或者说是一种逻辑推理的结果。"日取其半"，这"半"是永远存在的；如果说哪一天"竭"了，那这一半跑到哪里去了呢？但是从单纯的逻辑推理，也有人可以从另一个角度来反驳:"日取其半"是有限度的,因为到了一定的程度,人已经没有能力"日取其半"了,所以用不到等"万世",这一过程就停止了。无论如何,这一说法并不说明两千多年前的庄子已经充分认识到了物质可以被无限分割的真理,更不能证明当时的人们已经提示了物质结构的秘密,了解了分子、原子、中子、质子,或者掌握了纳米技术。只有科学发展到了一定的阶段,这一说法才得到了验证,它的科学意义才得到了阐发。

现在往往将"天人合一"解释为人类与自然的和谐相处,其实这是今人对这四个字赋予的新含义,并不符合这句话的原意。不过,在中国古代的哲人却不乏这方面的精辟见解。概括起来,都主张保持人类与自然的和谐,而不是对自然无限制的索取;认识到人类的局限,而不是将自然的意志强加于自然;注意自然界的休养生息,保持生态的自然平衡,才符合人类的根本利益;爱护人类,也爱护人类赖以生存的自然。但这些认识并没有成为人类的自觉行动,在相当长的一个历史阶段中,自然环境遭受的破坏越来越严重,而主要的破坏因素恰恰是人类的活动。原因何在?就是人类缺乏科学,不能掌握与自然相处的主动。在极其复杂的自然现象和自然规律面前,仅仅凭着一种善意、一种良知、一种观念,而不了解自然界的实际情况和基本规律,想和谐也和谐不了。

应该承认,即使是一位平庸的统治者,对关系国计民生的大事,也不会不认真办理。例如,资源的利用怎样才算适度?土地利用的方式怎样最有效?水旱灾害怎样才能减少?如果有正确的答案,他们不会不听。可惜长期以来,没有人能够找出正确的解答。乾隆四十六年(1781年),黄河在江苏、河南决口,第二年,朝廷派出的特使阿弥达再次出发探寻黄河的正源,因为当时人们认为,只有找到黄河真正的源头,在那里祭祀河神,才能使河神显灵,保证黄河的安流。乾隆皇帝和他的臣子可谓用心良苦,结果却无济于事。要是当时就能对黄河水患的形成作出科学分析,就不至于把希望寄托在河神身上。

即使对自然规律有所了解,也还得有一定的物质基础,才能使正确的认识产生实际作用。例如,早在西汉时,人们就已注意到了黄河挟带的巨大泥沙量,也知道这些泥沙的危害。此后直到清朝,不断有学者指出,山区或河流上游的滥垦滥伐是导致中下游河道淤塞、水旱灾害频繁的根源。但在无法缓解人口压力,使大批无地少地的农民和嗷嗷待哺的灾民有饭可吃的情况下,谁又能制止他们疯狂地涌向山区,采用掠夺开垦方式,以便养活他们自己呢?明朝初年,当局曾将地处今湖北西北,与陕西、河南交界的荆襄山区划为禁区,这固然是为了防止它成为潜在的反势力的基地,但客观上也起了维护生态平衡、防止水土流失、涵养水源的作用。可是当不断涌入的流民、灾民达到数十万,当局的军事镇压和武力遣送已经无济于事时,就不得不同意他们就地入籍,并设置了新的行政区域。清代中期以降,类似的情况一次次在汉水上游、南方山区、云贵高原重演,但政府除了采取默许态度或最终给予承认以外,确实想不出更好的办法,因为谁也无法使如此多的流民和贫民有饭吃、有田种。而要解决这些实际问题,除了充分运用科学和技术手段之外,是别无选择的。所以仅仅从人文精神出发关怀人类,充其量只是给被关怀的对象一种精神享受或精神力量。要把这种精神转化为物质基础,只能依靠科学技术。

即使是科学技术的观念或想法,也只有变成现实之后,才能产生物质产品和社会影响。李约瑟主编的《中国科技史》从大量史料和实物中发掘出了中国古代在科学技术上的成就,但必须注意的是,书中举出的不少成就实际上只具有思想史上的意义,只说明当时人们已经有了这样的观念。但这种观念一般都没有引起当时社会的注意,更没有变为生产力,制造出具体的产品,有的只是一种想法,甚至连提出这种想法的人自己也没有意识到它的意义和后果。比起没有这种想法或观念的人来说,这当然是一种领先或成就,但与已经产生了经济效益与社会影响相比,毕竟有本质的区别。从提出或假设一个科学原理,到进行证实并加以运用,还需要作长期的艰苦努力,有的到现在还没有成功。

还应该指出,前人的一些科学观念一般都不会是完整的,有的只包含了若干科学成分,有的只是一些基本的、普遍性的原理,不顾实际地一味夸大拔高,加以神秘化,就会产生迷信。而且其中的科学、合理的成分发展到今天,早已为更加先进完整的体系所取代,除了要作科技史的研究之外,一般人根本没有必要再学习,更不必奉若神明。

像被一些人吹得神乎其神的风水,在地理学思想史上的确具有重要的地位,因为它反映了古人对地理环境的认识和选择,包含了科学的成分,如对环境的整体评价,对地表水、地下水、流沙、岩洞、地形、地势、方向、风向、降水量、植被、景观、心理等因素的了解和运用,一些建筑物或设施的选址在今天看来还是相当成功的。但用今天的科学技术,我们完全可以更准确、更全面地考察这些因素,凡是风水中包含的科学内容已经都可以得到正确的解释和运用，为什么放着现成的科学技术不用，却要用模糊不清、真假参半的风水原理呢？难道使用罗盘比今天的全球定位系统和激光测距更精确？难道凭经验在地表的观察比各种科学仪表和设备对地质结构的调查更详细？其实，就是那些声称相信风水的建筑师，又有哪个不是受过正规的建筑学训练，有过建筑设计的实践经验？而风水师们所鼓吹的恰恰是那些玄而又玄、无法验证的教条，或者是他们随意编造出来的"灵验"故事，可是他们却从来不提，古往今来有多少人因为迷信风水，为了一块风水宝地而倾家荡产，导致争夺械斗？无数被风水先生选定的"阴宅"耗费了中国多少宝贵的土地和资源？

又如《周易》及阴阳说，也被一些人抬高到了无以复加的地位，似乎成了集科学的大成，成了中国以至世界一切科学的源泉。其实稍懂一点中国历史就不难看出，在先秦时代人们绝对不可能掌握现代科学技术所涉及的各方面知识。一般来说，精神、理念、个人的能力未必会不断进步，不存在后人超过前人的规律，但知识、科学、技术、人类的整体能力总是不断积累和进步的。先秦的学者再伟大，也不可能超越时代的局限，达到现代的科学技术水平。现代科学家学习和运用《周易》或阴阳说所取得的成就，与《周易》或阴阳本身的科学价值不能混为一谈。例如，尽管莱布尼茨发明二进制是从中国的阴阳说得到启发的故事已经不止一次被指出并非事实，但不少人还是津津乐道，以此来证明《周易》的伟大。姑且不论此事的真伪，就算真有其事，那么，比莱布尼茨对《周易》不知熟悉多少倍，又不知有多少《周易》专家的中国为什么没有人发明二进制并进而研制出计算机呢？

有些人担心我们过于强调科学会导致"科学主义"，但是我认为，在今天的中国，对中国学者来说，主要的问题还是缺乏科学精神，科学讲得太少。就是为了确立人文精神，我们也应该确立科学精神。

原载侯样祥主编：《我的人文观》，江苏人民出版社2001年版，原题为《我的人文和科学观》，有删节。

财富断想

在我的观念中,财富是由财与富两部分组成的,两者含义不同,内容各异,但又密不可分。当然这是就物质的、具体的财富,而不是抽象的或精神的财富而言。所谓财,无论是指物质、商品,还是货币,在一定的时间和空间范围内,是可以量化的,例如有多少人民币、多少美元,或者是一套公寓、一幢别墅。但富却未必能通过财的数量来体现。据说富裕国家通行的富人标准是拥有随时可支配的100万美元、一套住房、一幢别墅、两辆汽车;但在中国似乎不必那么多。而且,同样的财在不同的人手里会体现出不同的贫富。前些年,上海市政府规定最低收入标准,引起西部一位处级干部的不满,说所定标准比他的工资还高。其实,谁都知道,即使那位处级干部的工资更少,实际上也会比上海的低收入者富。就像有一次一位总理对凤阳的农民说,你现在的收入比我的工资还高。但从来不会有人相信,凤阳哪怕最有钱财的农民会与某些高官一样富,因为高官的实际待遇是无法用工资来衡量的。因此,除了财以外,是否算富,富到什么程度,还取决于其他很多因素,如政治地位、社会声望、权力资源、人缘友情,甚至个人品行。这种现象在世界上哪个国家都免不了,但在穷国或像中国这样处于转型中的国家,肯定更为突出。

对这一点我深信不疑。当年在课本中读莫泊桑的《项链》时就想,为什么同样的假项链,戴在阔太太脖子上就成了真的?而小职员的太太却非要以为戴了真项链才有自信呢?我一位久居国外的朋友回上海后,给他的孩子买了不少假名牌服装,从来没有人怀疑这位外籍华人的孩子浑身的名牌。但小贩的儿子偶然穿上别人送的名牌服装,周围人都以为是冒牌货。中国开放以来,我们都曾看到过有人提着正在放录音的单喇叭收录机招摇过市,年轻人戴的墨镜上贴着一张不小的"PASS",大款后面跟一位捧着砖头般大小移动电话的随从,当时多数路人会向他们行注目礼,但要是今天看到这种情况,大家或许会怀疑这些人精神不正常。这固然有物价的变化,这些东西现在已不那么值钱了,更有精神因素,因为当时令人艳羡的条件已不复存在。可见,财富并不是纯粹的物质,至少与精神因素有关。

我虽然出生于号称江南名镇并以拥有众多豪富著称的浙江省湖州市南浔镇,但我家却是外来的小户,自幼向往的只是免于饥寒,至多温饱,从来没有想到过能有什么财富。1962年初,我在《青年报》发表一副"新春联",获得5角钱稿费,是我平生第一笔现金收入。1964年9月,我进上海教育学院的师资培训班,每月领到18元津贴,从此不再依赖父母。1965年8月,我正式成为教师,每月工资37元,开始有了积余。但直到改革开放,"财富"二字还与我完全无缘。一方面是工资低,当我于1978年离开中学到复旦大学读研究生时,是十年一贯制的月薪48元5角,虽足以维持生计,但连买书也得精打细算,所以无财可理。另一方面是囿于当时流行的观念,考虑生活和享受是万恶的资产阶级思想,想多挣钱当然更可耻。

此后,这两方面的情况都发生了变化。1979年,我在复旦大学学生会办的杂志《大学生》上发表了一篇译文,拿到了22元稿费,几乎相当于我半个月的工资。以后开始陆续发表论文,稿费成为工资外的重要财源。1984年,我与同人完成了一项古籍整理,获得了3 000元稿费,在当时不啻一个天文数字。1985年7月,我到哈佛大学做一年访问学者,哈佛燕京学社给我的津贴是每月约1 300美元,那时美元与人民币的比价约3.2。开始到美国,每花一块美元就会在心里乘以3——相当于3元人民币呀!手都会发抖。但来了几年的朋友告诉我,应该除以10,因为你的收入至少是国内的10倍。可不,那时我作为复旦大学的讲师,月薪还只有人民币65元。实际上,美国的物价相对于收入来说并不贵,除去一家三口的开销,我的津贴还是每月能有积余。加上这些年来的思想解放、观念更新,我逐渐形成了自己的消费和理财观念。

大概是前35年深受无钱之苦的缘故,我一直以为与节流相比,开源是最重要的。所以只要有利于开源,必要的投入应毫不犹豫,冒些风险也值得。1986年秋我从安徽乘火车回上海,按规定副教授只能报销硬座车票,上车后我自费补了十来元的差价,坐进了软席车厢。同行者不理解,觉得硬席车也有座,何必多花这钱?我有自己的算法:那时的软席车很空,完全可以占着一张小桌,我随身带着待标点的古籍复印件,每千字的稿费约3元。车到上海,我已点完五六千字,所得远超过所付,而且能及时完成,何乐而不为?所以,只要发现有利于改善工作条件的设备,我总是尽早购买。1986年夏天买摄像机;1987在房间里装窗式空调;1990年买台式电脑;1991年买笔记本电脑;1992年买手提摄像机;1997年买数码照相机;1998年买第二台笔记本电脑和掌式摄像机;2000年买第二架数码照相机、第一个数码录音机;2001年买第三台笔记本电脑。百分之百自费。钱花了不少,但除了摄像机只供个人收集资料外,其他设备都产生了很大的效益。这些新、轻、精的设备,随着我走遍七大洲,在飞机、火车、轮船上,身处旅途、旅馆、会场、野外、家居,我都能随时运用。像今年在非洲期间,几乎每天在路上,但我用笔记本电脑写的文章,用数码相机拍的照片,都能及时发回国内,在网络和媒体上发表。我的第二架数码相机是专为南极之行买的,用它拍摄的南极照片广泛发表于报纸杂志和画册,也用于我自己的书中。所以我以为这样的投入是值得的,比一味节流的效益要高得多。

在财力允许的范围内,应该适度并且积极地消费。钱存在银行、留在家中,或一味追求保值,至多只能产生精神上的满足,只有通过消费,才能既改善物质生活,也满足精神需求,还能促进社会经济的发展,于公于私都有利。1985年到美国后,我感到有汽车很方便。向留学生了解一下,觉得完全有财力购买和使用,而且我的使用率比别人高。于是马上学车,考驾照,买二手车。那时买车的都是年轻的留学生,没有我这样40岁的访问学者;他们买的都是几百美元的旧车,上千美元的也不多,而我买了一辆1 800美元的。不少朋友不理解,或者以为我准备长期留下去了。我告诉他们:正因为岁数大了,今后全家一起到国外来的机会不多,更值得享受一番。车买得好些,是为了明年回国前能卖个不错的价钱。第二年一开春,我一家用这辆车游了纽约、华盛顿、尼亚加拉瀑布等地,还在加拿大玩了一个星期,周末几乎走遍了波士顿附近,有时还带上其他朋友。有了车,参加各种活动、看书、访友方便多了。周末购物也不再限于中国城,只要在报上看到便宜品的广告,一下子就到了,太太经常能用减价券换到日常品。这辆车我一直用到回国的前一天,按预先协议转让给一位朋友,卖了1 200美元。要是我贪便宜买几百元的车,不仅不敢跑长路,去不了加拿大,临走时也未必卖得掉,还得花一笔钱处理。

1987年我分到了一套两房独用公寓,在卧室装了窗式空调。当时整个复旦大学宿舍区,除了学校的小招待所外,还没有一家装空调。安装手续也很麻烦,先得向供电局交申请报告,花100元换电表,接专用线路的人工和材料费另付,还得按每月12元标准交4个月共48元的"超量使用费",外加这台空调每天耗电约10度。不少人问我怎么舍得花这些钱,或者打听究竟要用多少电,合算吗?我的算法却是:空调是回国时带来的,钱已支付,不用也是浪费。一次性的安装费虽不少,还付得起。每月开支增加一百多,但每年最多用三个月,一家人舒舒服服度夏还是值得的。何况以往盛夏晚上根本做不了事,现在照样能写文章,提高了工作效率。

1990年我买的第一台台式电脑还是长城牌8088型,黑白显示屏,另配一个很小的硬盘,花了近1 000美元。我买的第一台笔记本电脑是286黑白显示,又笨又重,也花了1 000余美元。这类产品日新月异,价格也直线下跌,所以有些朋友花同样的钱买到了很先进的设备,认为我不合算。国人也普遍有这样的心态,一种商品出现后要等它跌到心理能接受的价位后才买,早买了的人会感到后悔。我不赞成。我与朋友开玩笑说:"很好,你现在什么都不要买,等临死前全套送给你。"商品的价值在使用,不存在绝对便宜的价格。我固然比别人多花了钱,比别人早用了多少年,享受的时间比别人长,或者以此创造的财富比别人多,有什么不合算呢?相反,如果使用不了,享受不到,即使拥有,又有什么意义?但我到现在不用手机,因为我觉得只会给我带来更多麻烦,使我丧失自己支配时间的自由。为此我得经常给别人解释,为什么不能提供个人手机号码,包括在上级有关部门的表格上手机这一栏内填上"不用"两字。

经常见有人批评"高消费",如不久前报上揭露某餐馆开数十万的酒席,一致声讨,我觉得毫无道理。我曾专门发表文章,说明我对所谓"高消费"的态度。简言之,消费不等于浪费,也没有绝对的高或低。上海博物馆的门票大概是同类博物馆中最便宜的——20元,但对于贫困地区的家庭来说,是一个学童一年的学杂费,给希望工程捐款可以救助一名学童。那么是不是上海博物馆应该关门,或者所有的参观者得先捐款?对于亿万富翁来说,数十万的酒席费本来算不了什么,如果他不消费,除了增加银行存款外毫无意义;如果他花了这钱,政府可以收到十来万的税,餐馆和相关企业(如酒厂、供货商)可以获得大笔利润,一大批人(服务员肯定很多,据说还表演歌舞)可以因此而就业。其实真正吃掉用掉的东西是很有限的,大量的是附加产值,何浪费之有?至于说到社会影响,本来就是反对者制造出来的。要是媒体不报道,谁知道?与此同时,如果民众都有正确的观念,就绝不会大惊小怪。贫富差别本来就存在，富人多花钱，政府才有更多的财力给穷人帮助，穷人才有更多就业机会。拿最新的例子来说吧，故宫博物院花了政府2 000多万买了一幅画，够高消费了吧，还是公款！卖主没有透露，但他肯定得交一大笔税，拍卖行也得交一笔税，政府实际已经收回了一部分。如果这位卖主愿意高消费，不是可以回收得更快，下岗工人也多些就业机会吗？总比他将钱全部存在入银行好吧！

有些人担心这类高消费都是用公款，会导致腐败，这是另一回事，应该通过党纪国法来解决。我也认为，在任何情况下，财的来路必须清白，也要花得合法，既不损害国家利益，自己也心安理得。1986年，我带了一架摄像机回国，事先问过我国驻外使馆，得到的答复是，可以使用两个"大件指标"（即电视机、录像机一类的免税指标）。但在上海出关时，海关人员告诉我，摄像机不属免税范围，要进关至少得交3 000元税——相当于我两年的工资。一位关员对我很同情，示意我作为录像机申报，就可按一个"大件指标"放行。我谢绝了他的好意，筹钱交了这笔税。我赞成合理避税，在法律许可的范围内减少自己的损失，但聚财以道的原则适合于任何人，不应该为了省钱而违法，更不能通过非法途径积聚财富。

我的观念还没有新到举债消费，不敢花明天的钱来提前消费。但到1999年购买现在住的商品房时借了10万元公积金，分10年偿还。我也明白应该以钱生钱的道理，但深知目前的市场不规范，自己既无经验，又没时间和精力，至今还墨守成规。先师谭其骧先生生前捐资创立的一项基金，前几年已积累到约20万元，一位同事建议交给他经营，保证每年生利百分之多少，并表示如达不到就由他个人补偿。我断然拒绝，怕将好不容易积起来的这笔钱败了，对不起先师。我采取最稳妥的办法，将10万元存入一项三年期基金，总共获利高达45%。后来股市低迷，利息下跌，那位同事是否获利不得而知，我暗自庆幸当时没有心动。不过，随着国家法制的健全，经济秩序的稳定，市场经济的发达，我相信我的观念也会进一步开放，就像以往这20年一样。

原载《上海证券报》2003年9月20日，原题为《有财未必富，开源胜节流》。

会海一勺

古人以为海中物产丰富,无所不有,故秦汉时的关中号称"陆海"。今人则有"会海"之称,以喻会议之多且繁。既名之曰海,自然光怪陆离,不乏趣事逸闻。笔者虽有幸"下海",所见所闻不过沧海一粟而已。

礼仪小姐

某国际会议,不知是主办者欲与"国际"接轨,还是宾馆过于热情,启用了礼仪小姐。开幕式时,冠盖如云,政要乡贤纷纷登场,主席台两侧礼仪小姐肃立,倒也相得益彰。不料到学术报告开始,又有两位礼仪小姐在台旁亭亭玉立。自问孤陋寡闻,不识为何国、何地礼仪,请教本地学者,亦无所知。忽然有同行道:"此乃中华国粹,东汉大学者马融讲学时,不也是'后列女乐'吗?"休息时,议及此新鲜事物,或以为使会场生色不少,或以为不妥者有二:报告人若目迷心移,难免胡说八道;摄影时如取景不当,带回家必引得河东狮吼。

品 种

某地文化搭台,经济唱戏,在某节期间套开一国际学术会议。市长早有打算,开幕式时从到会外国学者中挑选几位坐在主席台上,让全市父老在电视中一睹洋人风采,以示该节已引起外国重视,具有国际影响。可是到会洋人寥寥,只有几位日本人和外籍华人。市长自忖:如今假冒伪劣产品甚多,要是台上坐的是日本人和华人,岂不会引起百姓怀疑？当即下令从省城某大学借来正在教英文的一位美国老太和几位西洋留学生，还让美国老太代表到会学者讲话，市长宴请时自然也请她坐了主桌。市民目睹真正洋人，耳听正宗英语，对此节的国际性深信不疑。到次日讨论会开始，洋老太已与留学生们同游名山去了。日本人和外籍华人对如此安排颇为不满，那位华人更是勃然大怒："何物老妪，竟冒充学者登场！我堂堂某国教授，反受冷落。"笔者见他不知趣，只能直言相劝："市长所需者，品种也，非学者也，何怨之有？"

限　时

某学会开年会，众理事提出作报告和发言都应限定时间，报告不得超过 20 分钟，发言不得超过 10 分钟，决议一致通过。主事者却暗自叫苦，因为开幕式后第一位作报告的某老，惯作长篇大论，以往的报告非两小时不可，但某老是学界泰斗、本会顾问，又是自己老师一辈，岂能限制他报告时间？思来想去，只能硬着头皮去征求某老意见。不料某老闻言，满口赞成："我最反对说话啰唆，有 20 分钟还不够吗？"次日开幕如仪，学术报告开始，主持人重申规则，每人不得超过 20 分钟，到时以铃声提醒，即请自动下台。又将闹钟取出，演示一番，嘀铃之声，响彻全场，引得一片掌声。某老登台开讲，虽有备好的讲稿，却想到了其他话题，于是一发而不可收，嬉笑怒骂，皆成文章，区区 20 分钟自不在话下。霎时铃声大作，某老却岿然不动，依然滔滔不绝。原来他为了专心报告，特意将助听器摘下，铃声奈何他不得。听众纷纷鼓掌，某老虽不闻其声，却见其状，急忙欠身答礼，越发讲得起劲。主持人无计可施，递上纸条一张，某老阅后莞尔，朗声说道："不用提醒，我的报告不会超过 20 分钟。"

身份证上搞错了

会议必有集体摄影，但座次安排却大不易，往往令老于会务者伤透脑筋。党政领导自然得坐前排，老前辈也不能让他们站着，还有洋人和海外来宾，要是站在后面，照不清楚，还像什么国际会议？可是第一排就那么几个座位，安排起来实在颇费周折。某会开幕前夕，主事者讨论通宵，还拿不出合适的方案。天色将明，终于有人出了个好主意，除党政领导外，一律以年龄为界，满 65 岁者前排就座。当下取来众人登记的身份证号码,检出合格者八人,前排足以容纳。次日摄影,政要、洋人次第对名入座,主持人宣布请65岁以上代表坐于前排空座。众老尚在谦让时,却见不在八人名单的某君从容就座,主持人只得悄声问道:"某先生也有65啦?""是啊,早过了。""可是您的身份证上……"某君勃然:"身份证就那么可靠吗?我的年龄就是让身份证搞错的。"站在后排一位青年是某君助手,闻言立即证明:"没错,去年办退休手续时,某先生已经说过了,他还不到63岁呢。"

"这位先生说的是哪国语言?"

某国际会议,四年一届,与会各国代表逾千,颇著声望。某年在美国B大学开会,国内及中国海外学人数十到会。某君来自北方某校,行前请人将论文译成英语,并已将摘要背熟,自思只要洋人不提问题,当可应付裕如。海外学人见某君年已半百,数日来从未听他说过一句英语,怕他开口困难,主动问他是否需要帮助,某君谢绝:"英语尚能凑合,作报告不成问题。"次日轮到某君在一委员会报告,他胸有成竹,登台后即将摘要从头背起,为求生动,还辅之以手势;几句背毕,又向主席点头致意。主席一中年女教授,虽来自北欧,而英语纯熟,此时却颇紧张,原来听了几分钟,还不知某君说些什么。她只能走到一位中国学者身边,悄声问道:"请问,这位先生说的是哪国语言?"同行尴尬万分,只能答非所问:"他说的不是中文。"主席还在犹豫,是否要制止他发言,某君却已背毕,正等待听众提问,自然什么也没有等到。会后,某君颇自得:"还是我的办法好,摘要背得熟,洋人也不敢刁难。"回国不久,当地报纸称"某教授在国际会议上以流利的英语作了学术报告,引起轰动"。

外国"博士"与中国老师

某教授年近七十,担任博士生导师多年,去年收了一位美国女留学生,今年出席学术会议,带上女留学生开开眼界。该女生本是美国某大学博士候选人,故名片的英文一面印着某大学"Ph. D. Candidate"身份。会议组织者某君粗识英文,自然懂得"Ph. D."的意思,安排合影座位时就将该女生安排在头排要人中间。或以为不妥,提醒某君,某教授是她老师,又是博士生导师,理应坐在头队。某君倒也虚怀若谷,想在头排为他找一席之地,无奈这次会议得到领导重视,"五大班子"都将到会,头排难有空座,只能委屈一下某教授,"他身体不错,站一会儿无妨"。或建议将该女生与某教授换一下,某君说:"那怎么行!人家是外国名牌大学的博士,请还请不来。古话说'师不必贤于弟子'嘛,老师站一下有什么关系?"

羊毛衫尺寸

某君将出席某学术会议,会前收到通知,要求他将回执填妥寄回,其中有一项是身高。某君颇以为怪:订飞机票、软卧票有身份证号码即可,莫非又有登记身高的新规定?报到时方知,会议的礼品是高级羊毛衫一件,为各位代表穿得合身,特意先统计身高,以便量体购衣。安排可谓周到,仍然有人不满。某女代表个子矮小,领得小号一件,自觉吃亏,叹道:"早知如此,应该报得高点,领一件特大号的更值钱,还好让儿子穿。"

临别赠礼

某会开了几天,仍不见发礼品。忽见会议主席夹着印有会标的皮包,会众哗然,涌向会务组问罪。会务组人员打躬作揖,吁请各位息怒,并以人格担保,待各位离开时均可获得礼品一份。又从内室取出样品展示,除印有会标的皮包外,包内还装有若干纪念品。众人转怒为喜,却不解何以不及时发放,经解释,方知本地风俗,会议礼品见者有份,上至党政要人、会议来宾、公安干警,下至宾馆服务、保安、司机,旁及协作单位、关系户、车站码头,所需数倍于会议代表,不得已出此下策,岂料会议主席迫不及待用了皮包,差一点坏了大事。果然,在将代表送上火车、汽车后,工作人员方敢递上礼品。至于此秘密是否为当地人发现,实际效果如何,不得而知。

国际会议

某地开一有地方特色的学术讨论会,广邀学界名流,无奈交通不便,议题又窄,响应者寥寥。忽来一函,某教授处有一外国访问学者,欲来此旅游,想趁会议之便同来。主办者闻讯,大喜过望,何不将此外国人邀为正式代表,会议不就成了国际会议?当下召开领导小组会议,各位领导群情振奋,无异天上掉下馅饼。会议副主席、当地师专新任校长尤其得意,原来该校规定,凡在国际会议上宣读论文一篇,即可不受年资限制,晋升正高,校长虽刚提副教授,看来下月即可成为教授。另一副主席、政协主席亦有厚望,本人退休在即,尚未出过国,此次若以主席之尊接待好某国学者,说不定对方报之以李,会邀请去访问。秘书长、市府行政处长立时想到,既然是国际会议,就不能过于寒酸,应将会场移至市内最高级的宾馆,大大提高伙食标准,礼品从厚,接待从优,经费自不成问题,盈余若干正好解决机关年终奖金。分管副市长接到报告,大笔一挥,经费申请照准,追加若干万。盖该市从未举办过国际学术会议,此会一开,明年人代会报告工作时少不得加上一段,故特别关照,外国学者的一切费用均由会议承担,到时将请市长接见宴请。万事齐备,从省城返回的专车却只接得某教授一个,原来某学者国内有急事,昨天回国。次日,当天报纸头版头条刊出消息"我市首次国际学术讨论会隆重开幕",副标题是"国际著名学者、某国某教授等参加会议并作学术报告"。不过细心的观众发现,有关会议的电视新闻只是一闪而过,未见有洋人露面。原来有人出一主意,让人将此洋人以往发表过的论文在会上念了一遍,会议自然仍为国际规格,于是化被动为主动,皆大欢喜。

文件难题

开会不能没有文件,但没有一个会议不存在文件难题。

除了少数经费极其充裕的会议可以统一为与会者印制文件外,一般会议都规定参加者按规定数量或规格印好带去,但来者往往交不出那么多。这也难怪,不少单位经费紧缺,连旅费都支付不起,打印论文的钱能省就省,能交几份给会议已经不错了。有的单位实行经费包干,省下打印论文的钱能归自己,少印一份就省下自己一份钱,何乐不为?当然另一些人是写不出论文,或者因为开会太多,来不及为每次会议准备一篇论文。不过只要有钱,就不难办事,一篇论文能反复使用,笔者就在不同的三次会议上收到过一位先生同样一篇论文。我很怀疑这位先生已用了不止三次,因为上面连"文革"中流行的称呼"法家"也没有从曹操的名字前删掉。

但即使与会者都按规定的份数交了论文,往往还是不够,因为不少会议的出席者都会超过原定计划,特别是开幕式。政要名流或许只是逢场作戏,或者纯属"赶场子",对会议的文件大多不屑一顾,但主办者却不敢不发或少发文件,否则就会引起不必要的误解或麻烦。甚至随员、秘书、司机、警卫也得人手一套——谁知道你们的包里装了什么东西,为什么不给?某名学者百年诞辰纪念会,多位高层领导出席,随员为八位警卫索取"文件",会务人员赶紧收罗了八个文件包应付这计划外的支出。随员打开一看,见是空的,勃然责问:"会场上开会的人也是拿空包吗?""只有两本书和一些论文,的确没有其他东西。""难道我们就不需要书和论文?开会的人拿什么,我们也要什么!"会务人员无奈,只得从会场上熟人手中收回八套书籍和论文,以应急需。

好景不长,到了会议最后一两天,拼命争来的文件又成了累赘。以前邮费便宜,往家里一寄就是了,如今文件不能当印刷品寄,一次会议的材料少说也得要数十元邮费。再说,不少论文即使不像前面那位先生这样印了三次,也是改头换面、东拼西凑成的会议"入场券",带回去有何用处?公然扔掉不好意思,于是壁橱深处、抽屉角落或床垫下面往往成为疏散的场所。某会从实际出发,组织宾馆服务员作废纸回收,既省了大家处理的麻烦,又免了与会者当主人面扔掉的尴尬。

也有例外:有的单位规定凭带回的资料报销"资料费",那就只能多多益善,领了"资料费"后如何处置这些资料就不得而知了。

不让座的心态

此事并非发生在会上,但是在赴会路上遇到,亦可视为会海岸边的浪花或泡沫。

1982年夏,我陪同老师去长春开会。上了软卧车厢,我发现他的票号竟是上铺,而我在相距三节的硬卧车厢。且不说他根本爬不上去,就是帮他上去了,晚上要下来怎么办?我又不能都等在这里。找来服务员,他表示爱莫能助,下铺都已售出,除非有人自愿换。这列车的软卧只有前半节车厢,已到的下铺客人,非老即病,只有一间是两位年轻人,但声称有重要任务,不能移动。开车前不久,本间上来三位干部模样的旅客,看起来不过六十来岁。心中窃喜,立即笑脸相迎,帮他们将行李就位,然后说明老师年过七十,又不良于行,此次是去东北出席学术会议,请他们照顾换铺,岂料被一口回绝,毫无商量余地。我只得设法将老师托上铺位,他们倒主动相助,其中一位力气甚大,简直是把老师抬了上去。他们又要我放心回去,如老师要下来,也可叫他们帮忙。

半夜我回来看看,却听到了他们的议论:"现在这世道也真奇怪,我们身强力壮就让离休了,人家又老又瘸倒还在干活。""人家是知识分子,是人才,我们算什么?""倒不是我不肯让铺位。走不动了就别出门,出来太方便了跑得不更欢?""他不出来,也轮不到你开会啦!"

原来如此。

太太的座位

年高体弱的会议代表需要有人陪同,陪者或秘书、随员,或太太、子女,或同事、学生,最令会议组织者头痛的是太太。因为对秘书、随员,公事公办;同事、学生,则按本人身份对待;子女只要能同吃同住同游同乐,至多同领(礼品、资料),唯有太太往往不好对付。

太太之安排之最费心机者,乃主席台、前排要人席或集体摄影时头排的座位。

大凡年高体弱又有太太相陪者,都是学界前辈、一路诸侯,至少也是有头有脸的人物(否则会议不会请,他也来不了),开闭幕式时少不了在主席台或前排就座,摄影时也有坐头排的份儿。可是粥少僧多,再要给他太太匀出一席实非易事。但某些先生往往不知会务之苦,自己就座后又让太太坐下,有的太太也心安理得,在台上与政要鸿儒一起曝光。某会有鉴于此,索性在主席台上放上某夫人的席卡,让几位太太着实风光一下,却招来了会众愤怒,因此而未能上台的"某老"及其学生们差一点罢会。一位太太也不领情,坚决拒绝上台:"我来是侍候老头子,让我坐在上面不是损我?"

某会为安排摄影时的座位费尽心机,最后只能按需分配,又留有余地:甲老坐中间,太太坐其旁,座上不挂姓名纸条,事先个别通知。因甲太太惯于与先生享受同样待遇,稍有不同就会怒形于色,必定影响甲老情绪。乙太太从不在会场露面,不必留座位。丙老是首次有太太陪同,太太态度不明,故丙老座旁先安排其他人,但在左边留一空座。如丙太太喜傍丈夫而坐,立即将他人向左调整;如她不耻旁坐,则请坐左边空座;如不愿参加摄影,则由会议秘书长(本单位人员)补缺。可谓细致周密,天衣无缝。

女作家的风度

某会在香港某大学召开，上午会间休息，按惯例在场外设咖啡茶点。内地某青年女作家，气度不凡，谈锋甚健，颇引注目。会议甫散，女作家直奔场外，稍一扫描，即对准含粉量最高（含油量自然也不低）的一盘饼干（恕我记不得这玩意儿的香港名称），如风扫残云般享用。等众人从洗手间出来，或酌好咖啡茶水，盘子已经见底，女作家也已手持纸杯，与同人侃侃而谈。

次日又是如此，不免引起不懂得尊重女权和个人隐私的内地来客窃窃私语："怪不得早上在餐厅见不到她，原来……""别胡说，早餐才10块港币……"

第三天是闭幕之日，女作家照例出场，扫描后不禁愤然，今天不知何故，桌上只有一盘水果和一盘糖果，却没有含粉含油量高的食物。于是听到了她的高论："香港人办事就是小气，要在内地开会，点心都吃不完。""上次在台湾开会，发了红包后照样管饭。"原来此会三天只发1 000块港币，除了两次宴请和一次工作午餐外，得自己付饭钱。

原载《文汇读书周报》1996年10月19日、1996年11月23日、1997年1月11日、1997年1月18日、1997年2月8日、1997年4月12日、1997年4月19日、1997年7月26日、1997年8月2日、1997年8月9日。

觅食经验看排队

海外的中国餐馆越开越多，有时很僻远的地方都会不止一家。我去南极长城站途中经停智利最南端的小城彭塔阿雷纳斯，发现也有两家中餐馆。至于欧美各国，就更难找到中餐馆的空白点了，在唐人街或华人聚居区往往一家连着一家，密度似乎比国内还高。

面对众多中餐馆，洋人如何选择呢？我问过一些朋友，除了少数老食客外，一般的经验都是选有人排队等候的餐馆。他们的想法无非是，既然有那么多人在排队等候，这家餐馆肯定物美价廉，物有所值，或者一定是地道的中国菜。所以我们经常会看到这样的景象：一家餐馆门庭若市，待位的顾客从店门排到街上；而旁边另一家门可罗雀，甚至空无一人。

老板和服务生自然都知道这种排队效应，所以总是千方百计制造人气。记得有一次我在伦敦市中心一家中餐馆吃午饭，偌大的餐厅中只有我一位顾客。老板客气地与我商量，能不能移到临街的大玻璃窗前的桌上用餐。我自然明白他的用意，让过路人看到餐厅中并非空无一人。尽管等我吃完离开时还没有第二位客人光顾，总聊胜于无吧。

我开始以为洋人的这种选择方法过于盲目，但等到我自己在陌生地方找餐馆时，无论是国内还是国外，也只能学这种办法，居然行之有效。那年在威尼斯，第一次吃饭是贪方便，在路旁一家很空的餐馆坐定，要了一盘意大利面，花的里拉折合10美元，还不算小费和当地特有的"桌面费"。第二天见另一家餐馆人头攒动，还有人在待位，就赶快加入，结果只花了不到7美元，同样一盘面量足味佳。

在国内，这一经验显得更重要，特别是"生猛海鲜"一类食品，餐馆的顾客越多，周转越快,自然能保持鲜活。而乏人光顾的店家,要不是不敢进鲜活原料,就只能靠冷冻储藏。好不容易来一二位顾客,自然要狠下功夫,宰上一刀。顾客不仅会不得不多付钱,有时还会有更大的风险。有次与友人从法门寺返回西安,途中在一家小餐馆午餐。本想点些好一点的菜,本地友人马上制止。他告诉我们,当地人收入低,生活贫困,牛肉、鱼鲜一类菜会嫌贵,很少有人点,所以都不新鲜,说不定会食物中毒,还不如吃些蔬菜保险。

当然也有例外。1990年夏天在莫斯科,由于食品匮乏,几乎没有一家餐馆不排队,区别只在队伍长短、等候时间多少。一天路过北京餐厅,见无人排队,立即进入,才知道只有饺子一种可供。花两个卢布吃了满满一大盆,而一般餐馆一顿饭总得花三四个卢布——尽管用当时国内的标准看也是便宜得惊人。

世界上还有些名餐馆用餐必须预约,并且限额,有的得提前一年半载登记,否则花多少钱也休想吃到。这类餐馆永远不会排队,更不会允许其他人进去看热闹。虽然同样是例外,对我辈影响却不大,我还舍不得吃掉那么多钱,也想不到如此提前预约。

原载《新时空》2005年6月号。

访台琐记

三四月间,我应台湾"中研院"中山人文社会科学研究所之邀赴台讲学。一个月间,除在该所和历史语言研究所、近代史研究所外,还在台大、师大、中央、政大、暨南、东海、成功、文化等大学作学术报告或交流,并参观了台北、桃园、台中、南投、台南、高雄、屏东等地的名胜古迹。虽然只是走马看花,但还是留下了深刻的印象。

中国史与台湾史

作为一名中国历史地理学者,我报告和交流的题目自然离不开中国历史。我讲中国移民史、人口史、疆域变迁史、历史地图,介绍学术动态和最新成果,台湾同行和研究生、大学生都很有兴趣。我在历史语言研究所以《历史上的中国和中国疆域》为题作学术报告时,正副所长和前任所长都参加了。我根据先师谭其骧先生在编绘《中国历史地图集》过程中确定的原则,强调尽管归属于中原王朝的时间有早晚,但包括台湾在内的边疆地区都是历史时期中国的一部分,当地民族都属于中华民族,中国的历史是各族人民共同缔造的。在讨论中和会后,他们都表示赞成我的观点。

近年来,台湾一些学者提出加强台湾史研究,强调"本土特色","中央研究院"还成立了台湾史研究所筹备机构,还有些人甚至主张以台湾史取代中国史。台湾同行不止一次与我讨论过这种趋势,有人问我:"你们是否也研究地方史?大陆的学校是不是也教乡土历史?"我回答,我们当然研究地方史,学校里也开设乡土历史和地理的课,各地都有研究乡土历史的专家。我们一向重视乡土历史,大陆已经普遍新修了地方志,编写了地方史,最近上海刚出版了15卷本的《上海通史》,大陆早已重版了连横的《台湾通史》。我坦率地说:"台湾历史的研究不能说已经充分了,台湾学者多做些研究,或者多几位专门研究台湾史的专家,让学生多学一些乡土历史,本来是很正常的。问题出在有人要将台湾史与中国史对立起来,否认台湾史是中国史的一部分,想以台湾史取代中国史,这是我们大家都坚决反对的。"

在出席"中国海洋发展学术讨论会"时,我果然听到了这样的谬论,一位文化大学教授在一篇称为"发现台湾"的论文中,居然说台湾在15世纪有了自己的第一个"国号"——"小琉球国",二百多年前台湾是一个"独立国家"。为了掩盖他的用心,报告中他又声称"要将政治与学术区别开来"。我本想在他报告完后立即加以批驳,但由于10点钟要到近代史所报告,时间来不及了。事后得知,他的报告虽已受到批评,但一些报纸依然作了报道。第二天下午会议闭幕前,我有十分钟的总结发言,我指出,像那位教授的所谓"发现",实在是对学术的亵渎,他连起码的历史常识都不具备,连基本的概念都不讲,完全是别有用心的。可惜此人昨天讲完后就跑了,没有能当面加以驳斥。会场上热烈的掌声说明了绝大多数与会者的态度,会后不少人向我握手致意,说"讲得很好","痛快"。

交流才能增进了解

我在台湾时,正值电视连续剧《人间四月天》播出,各种有关徐志摩、林徽因、梁思成的出版物十分热销,林徽因之子梁从诫的到达更是引人注目。在台北,上海拍摄的动画巨片《宝莲灯》的广告不时可见。一个月间,我先后遇到北京、福建、苏州、上海的朋友,或来台湾参加会议,或讲学,或查阅资料,或拍摄电视片。我会见的台湾老朋友大多到过大陆,都是在大陆相识的。我在东海大学的讲座刚结束,就来了几位同学陪我参观校园,其中两位都到过复旦大学。而复旦一位研究生在政治大学的短期访问,至今还是台湾同学的话题。应该说,海峡两岸的交流已经有了相当大的规模。

但是由于长期的隔绝、互信的缺乏、部分传媒的误导和人为的破坏等种种原因,两岸同胞的了解还很不够。

我交往的人大多是"中研院"或其他大学的教授,不少人曾留学欧美,大多到过大陆,但他们也常常会提出一些我意想不到的问题。例如,一位理科教授问我:"大陆收回香港后,真的不向香港收钱吗?"我说:"中央政府非但不收税,还负担驻香港解放军的军费。"一位教授夫人问:"大陆那么穷,将来统一了会不会把我们的钱都拿走了?"我说:"大陆没有香港富,不是也没有向香港拿钱吗?再说,改革开放以来大陆已经富了不少,你知道上海这些年的变化吗?我想要不了多少年,上海人就能与台北人一样富。"

由于国民党和台湾当局长期的歪曲宣传和片面灌输,今天台湾的中青年人往往不了解历史,不了解大陆和台湾分离的真实原因。在"中研院"近代史所的一次座谈会上,一位中年教授问我:"50年代初大陆的知识分子真的拥护共产党吗?""当然!""为什么?"我回答:"要说他们当时已经认识了共产党,或者已经信仰了共产主义,这倒未必;但他们已经看透了国民党的腐败本质,所以真心拥护一个能推翻它的党。"我惊奇地发现,一些研究近现代史的学者居然不了解抗战胜利后国民党迅速腐败崩溃的真相。更年轻的人往往完全不了解台湾是中国领土一部分的历史事实和原因,认为"我们过得好好的,大陆为什么还要统一"。

正因为如此,我利用一切机会,讲真实的中国历史,讲大陆的实际情况,讲我们对台湾同胞的感情。即使有的朋友与我的看法不尽一致,但大家都消除了不必要的误解,互相有了更深的了解。

目睹震灾

曾经在电视中看过台湾去年大地震造成的惨象,又在报刊上读过不少有关的报道,但到了现场还是感到震惊。

那天,暨南国际大学代校长徐泓教授从中坜接我去学校讲学,进入南投县不久,就看到了几座岩体裸露的童山。徐先生说,山上本来都长着树,地震将表面的土层连同树木全部震塌,成了现在的样子。暨南大学离震中近,损失不小,为了安全,师生临时迁往台北上课,3月初才回原校开学。进入校门的大道,原来是双向四车道,现在还有一半压在塌下的山石中,只剩下一半通行。校长办公室里还堆着被掉下的天花板砸坏的家具,徐先生告诉我,那天他刚离开办公室,还在回宿舍的路上,突然灯光骤灭,声如雷鸣,地动山摇。在校园中,还可以见到一道道深沟,旁边放着"危险"标志,就是地震留下的印记。

埔里市面虽已恢复,但地震废墟在闹市中心也随处可见。几幢一二十层的公寓楼空无一人,因为震后已成危楼,有的已开始在拆除。我们在"台湾地理中心碑"照相时,路对面就有一片清理过的废墟,在旁边幸存的建筑物墙上,可以清楚地看到叉形的裂纹。

更惨的景象出现在风光秀丽的日月潭畔:著名的涵碧楼只剩下一片台基,最高档的中信酒店完全倒塌,金碧辉煌的文武庙已成危房,潭边的竹叶大片枯黄。我本来打算从日月潭再去雾社,但由于地震造成的破坏尚未修复,加上不久前的豪雨,交通困难,友人劝我不必冒险。

看来,要弥补灾震的损失,是一项非常浩大的工程,而要消除震灾的影响,就更艰巨了。

王先生的心愿

王先生已经77岁,但还在中山人文社会科学研究所当工友。他是福建长汀人,随国民党军队到台湾,当了"荣民"后本来可以颐养天年,但家里生活负担重,他也闲不下来了,所里为了照顾他,总给他找些事干。

见到大陆来的客人,王先生都像见到亲人一样高兴。我是该所邀请的第二位大陆学者,王先生格外客气,每次我在休息室坐下,他就忙着倒茶、冲咖啡,还不时问大陆的情况。开放后,他已回家乡7次,太太回去了8次,最近又去了。他说:"都是那个该死的李登辉不让'三通',要不,从台北坐飞机到厦门,再叫个计程车就能到我家,多方便!"他说这辈子还没有去过上海,很想去看看,问我:"现在经香港到上海的机票,两万元(新台币)钱够不够?""要是'三通'了,能直接飞上海,我肯定去得起。"看电视时,一出现李登辉,王先生就会大骂"枪毙他"。

王先生盼"三通",当然也希望回家时能方便省钱,但他并不只是为了钱。就是这样一位始终靠自己辛勤劳动的老人,还给家乡捐钱修桥,他的名字被刻在故乡的石碑上,受到乡亲的传颂。王先生日夜盼望的,还是真正能够回家。

得知我将回上海,王先生执意专门为我泡了一壶茶,他说:"李登辉下台了,快

'三通'了,我一定要到上海去玩玩。"

但愿台湾领导人顺应历史潮流,顺应民意,让这位老人的心愿早日实现。

原载《新民周刊》2002 年第 19 期,原题为《台湾水荒亲历记》;《上海对台工作》2002 年第 8 期,原题为《变化中的台湾》。

安检种种

"9·11"事件后我还是第一次去美国和欧洲,在两周内经过中国、日本、美国、法国和德国的10个机场。原来就听说各个机场和飞机上采取了种种严格的安检措施,经历以后才知道还有不少见所未见、闻所未闻的花样。

我是乘美国西北航空公司的班机由上海经东京、明尼阿波利斯、底特律去印第安纳波利斯的。出发前,航空公司特别提醒,至少要提前两个半小时到机场。与以前不同的是,办登机手续前就对部分托运行李作开箱检查,还让每位乘客随身贴上一个标志,到登机前再回收。在进登机桥后,又有一道对随身行李的检查,这也是过去所没有的。在东京转机时,还有部分乘客在登机前被要求开包检查。不过到了美国后才发现,浦东机场和成田机场的措施不过是小巫而已。

在明尼阿波利斯机场入境后重新登机时,我的手提包被退了回来,检查员问我:"里面是否有笔记本电脑?"原来所有的笔记本电脑都必须单独放在一个盘子中通过安检线,我照要求做了才通过。但过德国纽伦堡机场和巴黎戴高乐机场的安检时,还得将电脑启动一下,经确认后方能通过,大概是怕有人将危险品或爆炸物做成电脑的样子混过关。等我回到亚特兰大,安检员也要求我启动电脑,莫非由于DELTA的航线往来于欧洲,也要学习欧洲的先进经验了?

美国的每个航班中都要挑选出一些乘客在登机前作重点检查,我被挑到过两次,概率低于20%。抽样的根据不得而知,从被挑到的乘客来看,既有经济舱的,也有一等舱的,既有有色人种和外国旅客,也有衣冠楚楚的白人,对明显阿拉伯服饰的人也没有特别关照,似乎是完全随机的。连飞机驾驶员和乘务员都毫无例外,不仅在进门时得一一核对胸卡上的照片,登机前也得像重点对象一样接受检查。一般都是在登机前广播抽检名单,最地道的是亚特兰大机场,抽检名单就公布在登机处的大屏幕上。乘客如没有听见或看见,就会在临登机时被请到一旁,查完后方能登机。

亚特兰大机场DELTA的候机室中还在大屏幕上公布安检新规定,其中包括每位旅客必须出示带照片的身份证件,每人随身带一件行李。以往到美国来,入境时用过护照后,一般要到出境时再用,现在却每次必用,而且办登记手续时、检查行李时、登机时处处都得查。怪不得连美国人都随时拿着驾驶执照等证件。

在明尼阿波利斯机场看到别人被重点检查时,不仅得全身扫描,连钱包和化妆品都得逐一查看,想不到在底特律机场登机时自己就被当了典型。就在我交上登机牌时,被示意等在一边,看来名单上显示我属于抽查对象。等前面一位查毕,我将背包放在桌上,让检查员放开全部拉锁,一层层逐个检查,对装着邀请信的信封也往里瞧了一下。检毕背包,她示意我平举双手,面对着她,手持仪器将我从头至脚扫了一遍,又让我转过身,在背后又扫了一遍。这些动作我已见过多次,自然配合自如。谁知事情还没完,待转过身来,她又说:"请将皮带解开。"我吃了一惊,不知还有什么花样。她以为我没有听懂,就指着那边一位老年男士,他正放松皮带接受检查。我只得放开皮带,露出裤腰上的铜扣,她将探测器往上一放,"嘟"一声响过,她脸上露出轻松的笑容:"OK!"刚才的响声得到证实,检查结束了。

这样的频繁和过细的检查自然不是什么愉快的事。那天在印第安纳波利斯去底特律,将登机时一位正准备登机的小伙子被叫到一边,准备接受重点检查,他嘴里轻轻骂了几句脏话,做了个鬼脸,但还是老老实实等着。谁都知道这可不是闹着玩的,机场上不时可见的穿着迷彩服、荷枪实弹的军人和警察自然不是摆设,就是因此而误了机,也只能咎由自取。那小伙子是最后一位登机的,正好坐在我旁边,他又骂了几句,就闷头听音乐了。

中年人的反应要平和些。也是那天,在随身行李过安检时,旁边正站着一位颇有风度的男士,见自己的手提包经过检测机两次往返都未通过,正在由检查员一层层打开时,对旁边一位旅客说:"看来航空公司不希望我们再乘飞机,我们得好好练练长途驾驶,免得再自找麻烦。"偏偏他的大手提包里里外外一层层拉锁特别多,他耐心地辅导检查员如何开启,如何不断将背包一次次翻过来,以免漏掉任何一层。最后终于发现了一个小针线包,打开后先拿出一把微型旅行剪刀,检查员也无法断定能否放行,就过去请示主管,经"OK"又放了回去。接着拿出一根穿着线的针,主管一声"NO",就被扔进一边的箱子中。我的背包经过检测机后,检查员问我:"有没有电子用品?"我说:"有一个掌上电脑。""请拿出来。"再过了一次,"好像还有一个照相机"。我又将照相机拿出来,这下顺利通过,免了开包检查。

　　托运行李前,这几句话是必问的:"这些都是你自己的行李吗?有没有别人托你带的东西?你肯定行李没有离开过你吗?"为了怕不懂英文的旅客弄不明白,有些柜台上还放着各种外文写的说明,旅客阅读后点头才行。西北航空公司对托运行李的检查特别严格,每个旅客和行李必须由专人陪送到一台巨大的检测机前,通过检查后才能贴上条码,将登机牌交给旅客。送入机器后,旅客不得再接触自己的行李,即使需要开箱检查,也不能帮助动手,只能在一旁观看。这可苦了那些年龄大的职员,每办完一位乘客的登机手续,他们就得从柜台后跳出来,跟着乘客走到机器前。如这位乘客需要开箱,还得等到检查结束,将贴了行李条码的登机牌交给乘客后才返回柜台。办登记手续的时间自然会拖得很长,所以航空公司规定国际航线必须提前三小时到机场,国内航线也得提前一小时半。

　　在印第安纳波利斯机场的机器旁,我等了很久,因为前面一位乘客的箱子已被打开。在衣服和杂物中出现了一个包装得很好的盒子,一位老法师模样的检查员立即拿来刀片和剪刀,将包装一层层全部剪开。里面是一个崭新的VCD,但还是不能放行,因为按规定得试放,于是这位乘客与行李一起被请走了。这时,终于听到"嘟"的一声,我的箱子从机器的传送带中跳了出来,送行李的小伙子高兴地说:"通过了!"因此,他的事也完了。同样的机器,不同人掌握的尺度也不同。我这只箱子顺利地通过几处西北航空公司的检测机,离开底特律时却被扣住了,照例得开箱。看到前面一位老太太的纸箱被查得七零八落,正由工作人员用胶带横七竖八地在封固,我不禁担心那塞得满满的箱子能否重新顺利关上。幸而检查员只要看一下里面的一个CD-ROM,见到后就关箱放行。

　　不久前在网上看到美国某机场的安检人员让旅客脱鞋检查的消息,颇有匪夷所思之感,但这次亲自看到了。一些鞋底较厚的旅客往往被要求将鞋脱下,放在盘子中通过检测器。穿高跟鞋的女士不得不光脚走过安检区,再从盘子中取下鞋子穿上。

　　尽管安检已到了如此烦琐的程度,但形势依然严峻。据说,有人做了试验,故意让一些人带着刀子登机,多数人居然没有被查出。而且"道高一尺,魔高一丈",现代科学技术也不断给安检增加新的难题,例如,用陶瓷材料制作的刀具,锋利程度并不亚于金属刀,检测器上却显示不出来。看来安检非但不会简化,还会越来越严格,越来越烦琐。航空公司自然也有苦衷,明知这样做会增加人员和开支,还会得罪乘客,减少乘客,但安全第一,人命关天,舍此又有什么办法?这样的安检,对美国人一向讲究的个人自由和个人尊严也造成了影响,有人问:"为了防止恐怖活动,难道我们还应该付出更多的自由吗?"

看来,恐怖活动的威胁存在一天,在安检面前就谈不上什么个人自由。怎样消除恐怖活动的威胁呢?这是我们不得不面对的问题,相信美国人也都在思考。

原载《南方周末》2001年2月11日,原题为《遭遇美国安检》。

杂忆乘飞机

现在我几乎每星期都乘飞机,有时连续几天往返于机场,国内主要航空公司的里程卡都有,其中有两张金卡、一张银卡,累计里程早已超过 100 万公里。但乘飞机的梦我曾经做了二十多年,直到 1981 年我 36 岁时才第一次乘上飞机。

我读小学六年级前生活在浙江省吴兴县的南浔镇(今属湖州市南浔区),"飞机"这个词是从课本上学到的,飞机的形象是在连环画中看到的。抗美援朝战争期间,听到空军英雄张积慧的名字和事迹,也听到了美国王牌空军驾驶员的飞机被击落的消息。偶然听到空中的响声,大家会跑出门看飞机,那时飞机飞得慢,一般都能看到它从上空飞过。有一次飞机飞得很低,可以看见机舱的模样,有人说是从嘉兴的军用机场飞过来的。

六年级起转学到上海,慢慢知道在龙华和大场都有飞机场,但一直没有机会去看一下。那时放电影前往往加映新闻简报,以后还有了专放新闻纪录片的红旗电影院。我喜欢看新闻片,经常会见到国家领导人与外宾走下飞机舷梯的场面,有时还会见到大型客机起降和领导人坐在机舱内的画面。特别是看周恩来总理访问亚非十多国的彩色新闻纪录片,见到他坐在舱内,旁边的舷窗外有旋转的螺旋桨和蓝天白云的景象,我不禁做起了坐飞机的梦——什么时候也能坐上飞机,哪怕只是在空中转一圈也好。

那时我们的印象中,乘飞机是领导人和外宾的事,与一般人无关。直到我高中毕业后当了中学教师,接触到的人中间,无论是上级、同事还是家长、亲友,没有听说有谁坐过飞机。"文革"开始后,在"红卫兵、革命师生大串连"中我到过北京、南京,有的同事和学生走遍了大半个中国,在"清理阶级队伍"时我参与单位的"外调"(去外地、外单位调查),天南地北走了两三年,乘过火车、汽车、轮船、卡车、军用车、拖拉机、自行车,却从来没有动过乘飞机的念头,也不知道怎么才能坐飞机。1969年夏天,一位女同事得到在四川德阳的丈夫患病的消息,急于赶去,上海去成都的火车却因故停运,心急如焚,于是我们帮她打电话到民航站,得知上海隔天有飞往成都的航班,票价116元,可以凭单位介绍信和本人工作证购买,原来革命群众(要是"阶级敌人"或"审查对象",肯定开不到单位的介绍信)有钱就能坐飞机。但当时上海的大学毕业生实习期满的起点工资为每月48元5角,大学讲师是65元,一般青工是36元,这钱可不是轻易敢花的。果然,那位同事犹豫再三,还是舍不得花两个多月的工资坐飞机。

1970年,我工作的古田中学被闸北区革命委员会外事组选为外事迎送单位,要在学生中训练组成一支腰鼓队。我因分管学生工作,经常作为带队教师之一执行任务。迎送最多的是西哈努克亲王,经常是在北火车站和沿途路旁。以后随着外宾的增多和这支迎宾队质量的提高,有了去机场的机会,并且往往会排在最重要的位置。

第一次近距离看到飞机降落是到虹桥机场迎接南斯拉夫一个代表团从南京飞来,那天阴云密布,我们的队伍两次排列在停机坪上,又两次被拉回休息室。那时机场上一个下午没有一架其他飞机起落,候机室里也没有见到其他人。时近傍晚,终于见到一架双螺旋桨客机在远处着陆,并且滑行到我们面前。舱门打开后,放下一个小梯,外宾一一下梯。在一片鼓乐声和"热烈欢迎"声中,我的眼睛始终盯着那架飞机,因为这是我第一次与一架飞机离得那么近。

1971年10月,迎宾队奉命去虹桥机场参加欢送埃塞俄比亚皇帝海尔·塞拉西一世的仪式。在事先召开的领队会上听到介绍,这位皇帝的随员很多,其中一位在代表团中排名第四的人物还为他牵一条爱犬。我们向学生传达了这些内容,以免大家到时会大惊小怪。那天到机场后,到处是军人,而且都穿陆军服,连王洪文(时任上海市革命委员会副主任)也穿上了军装。事后才知道,因林彪事件陆军接管了机场,而王洪文已被任命为上海警备区政委。

我们的队伍被排在专机前面,我站的位置正对着舷梯。浩浩荡荡的车队直驶到专机前,我数了一下,足足一百余辆,大多是上海牌轿车。周恩来总理和塞拉西皇帝下车后,并肩步向舷梯,皇帝身后果然有人牵着一条狗。周总理陪同皇帝登上专机,张春桥(中共中央政治局委员、上海市革命委员会主任)、王洪文等站在舷梯前送行。

车队上下来的众多人员全部登机后,周总理又走了下来,和张春桥讲了好一会儿话后才重新登机。那次是我离一架大型客机最近、观察时间最长的一次,可惜由于机舱门位置高,尽管一直开着,却看不到舱内的景象。

1978年10月,我成了复旦大学历史系研究生,师从谭其骧先生。从1980年下半年起,学校让我当他的助手。谭先生在脑血栓治愈后不良于行,外出开会我得随从。当时教授出行乘火车可以坐软卧,乘船可以坐二等舱,按财务制度,我只能坐硬卧、三等舱。但如果谭先生乘飞机,我也可以陪同,这样就给我提供了破格乘飞机的机会。

当时购机票只能到陕西路民航售票处,而且只有"中国民航"(CAAC)一家,大多数航线是每星期几班,只有像北京、上海之间才每天有航班。我们得先到校长办公室开一张证明,带上自己的工作证,才能去购票。第一次乘飞机时是否由我自己去购机票,已经记不清了。但以后一般都是我去陕西路民航站购票,民航售票有代理是多年以后的事。

1981年5月13日,谭先生赴京出席中国科学院学部大会,他的日记中记录如下:

> 早五点一刻起床,五半葛来,六点出租汽车到,出发赴机场。候车场遇刘佛年(华东师大校长)一行。七点许登机,卅五分起飞,九点十分到北京机场。地学部孟辉在场迎接,等行李,约一小时始取得。

由于是第一次乘飞机,我的印象也很深。早上4点一过就从杨浦区平凉路家中出发,转两路电车到淮海中路谭先生家。出租车是谭先生凭"特约卡"(当时出租汽车少,出租汽车公司给一些照顾对象的优先服务)电话预订的。那时去机场没有公交车,只能到陕西路民航购票处乘班车。虹桥机场只有一个不大的候机室,但因航班少,乘客都能有座位。我预先打听了乘飞机的手续,所以办登机牌、寄行李都还顺利。广播通知登机后,有人引导乘客由候机室出门,下台阶,乘上摆渡车,到停机坪的飞机前下车,再上舷梯进机舱。谭先生与刘佛年等人就是在上车前遇到的。谭先生右手拄着拐杖慢慢走,登梯时我得在左边扶着他。

这是一架三叉戟客机,中间是过道,两边每排各有三个座位。谭先生的座位靠窗,我的座位在中间,但他让我坐在窗口,自坐中间,以便出入。我自然求之不得,坐定后就贪婪地看着窗外。飞机在滑行一段后加速,窗外的景物急剧倒退,突然窗外的一切向前倾斜,飞机腾空而起。这使我想起5岁时第一次乘轮船离乡时的情景,忽然见岸上的人后退了,才明白这是船向前移动的结果。那天天晴少云,飞行平稳,沿途的景观看得很清楚。因为时间不长,谭先生没有上洗手间,我的观赏一直没有中断。平飞后服务员送过一次饮料,每人发了一份糖果。我因为专注于窗外,喝了什么吃了什么都没有留下印象。

飞机到达北京后取行李花了近一小时。那时寄取行李都是手工操作的。寄行李时服务员手工写行李牌,一块交给旅客,一块系在行李上。取行李时也得交验行李牌,然后才能一一取走。多数机场还没有行李输送带,是由行李车一车车运来,一车车卸下,再由旅客认领。在一些小机场,旅客则等在飞机旁边,直接在卸下的行李中取走。那时旅客的行李也各式各样,皮箱、帆布箱、木箱、纸箱、包裹,什么都有,完全一样的箱子也不少,经常遇到行李牌脱落、行李散架或行李装错的事。很多人都是到出国时才买行李箱的,我也是1985年第一次出国时才买了第一个行李箱。

我随谭先生乘上中国科学院来接的小汽车,直驶京西宾馆。以后我自己乘飞机时都是坐机场的班车去民航售票处,开始时在隆福寺,以后迁到西单,再往后才有公交专线车。那时还没有机场高速公路,只有那条双车道的机场路通往东直门外,两旁是密密的杨树林。因为来往车辆有限,非但从不塞车,而且显得非常幽静。

6月1日从北京返回,据谭先生日记:

> 八(点)半出发,同车广东民所黄朝中,九(点)半许到机场,十一点餐厅吃饭,十二(点)半起飞,二点到合肥,二点四十分合肥起飞,三点二十(分)到上海,约四点到家。

我再乘电车回家,近6点才到,花了整整一天。这一天京沪间只有两个航班,因为我们是从香山别墅出发的,来不及赶早上一班,只能乘下午这班,得经停合肥。这是因为中国科技大学在合肥,科学家、教授经常要往返于北京和合肥间,但省会城市还不能天天有到北京的直达航线,京沪航线经停合肥是为了照顾他们。

因谭先生不良于行,不便下蹲,在旅途中多有不便。为了缩短旅行时间,他一般都选择飞机,我因此获得更多乘飞机的机会,最多的一年有十余次,所以有了各种愉快的和不愉快的经验。

开始时最好的民航机是往返于京沪间的三叉戟,以后才淘汰,改为波音和空客。多数航线还用伊尔18、安24、安14等,后来又有了图154。伊尔18的噪声极大,特别是坐在第四排(或第五排)靠窗的座位,实际那个座位旁是没有窗的,又靠近螺旋桨,就像坐在一个铁箱里,一直伴随着震耳的噪声和剧烈的颤动,又看不到任何窗外的景象,实在难受。安24虽然较小,坐得却比较舒服,两排48座,过道一边两座,进出方便。飞行高度只有几千米,遇到少云时看地面一清二楚。缺点是航程短,当年10月17日随谭先生去西安,途中就停了两次,谭先生的日记有记录:

> 早五点三刻起,葛来,六点半出发赴机场。七点三刻起飞,八点五十到南京,机场休息半小时,大便。再起飞,十一点五分到郑州,机场午饭。十二点起飞,一点二十到西安。

以后一次从长春回上海时,先乘安24,经停沈阳,再到北京,转机到上海。从乌鲁木齐去喀什时,也经停阿克苏。

经停时如正值用餐时间,机场免费供餐。那次我们过郑州机场,就在候机室用餐。旅客不多,可二三人自由组合,送上四菜一汤和米饭馒头,不比一般餐厅差。较长航程又值用餐时间,飞机上也供餐,那时觉得比平时的伙食好。一般旅客对塑料餐具很新鲜,用完餐后都将匙、叉用餐纸擦干净后带回家。但碗盘是要再次使用的,有的旅客也悄悄留下,空姐在配餐时少不了一次次提醒,还得提高警惕,及时发现。首次乘飞机的旅客往往不敢吃饭,怕呕吐。实际上有人既不习惯又紧张,不吃不喝也会呕吐,那时坐飞机经常遇到坐在附近甚至邻座的旅客呕吐。1982年8月我与周振鹤从上海乘飞机去乌鲁木齐,途中用午餐,坐在旁边的维吾尔族旅客大概怕所供不是清真食品,直接递给我们。

在1981年我刚开始乘飞机时,机舱内是不禁烟的,所以每个座位一旁扶手上有一个小格,推开上面的小盖就能放烟灰。飞机上发的糖果点心中偶尔还有香烟,是五支装的小盒,据说头等舱里每次都发香烟。后来改为将吸烟乘客集中在客舱后部,换登机牌时会问是否吸烟。既然允许吸烟,自然不能限制带火柴或打火机。外国航班开始禁烟后,中国民航容许吸烟还维持了一段时间,往返日本的航班因此增加了不少日本乘客。因为日本的航班已经禁烟,日本烟民为了在旅途中能吸烟只能乘中国航班。即使在中国航班开始禁烟后,国内的候机楼一般还有吸烟室或吸烟区,而欧美的机场大多严格规定室内不能吸烟,朋友中的烟民在出国或国际转机时叫苦不迭,有的至今还不适应。

80年代乘飞机时几乎没有安检的概念,我记得在办登机手续的柜台旁有一张告示，说明哪些东西不能带上飞机，寄行李时有时会问一下是什么东西，但没有什么检查，更没有安检仪器或设备。对带茶水登机没有限制，那时还不大有保温杯，有的乘客拿着一个装满茶水的大玻璃瓶。以后开始有了对乘客和行李的安检，并且越来越严格，禁止的范围也越来越广。如饮料茶水，开始时只要当着安检员喝一口就能带入，以后大多完全禁止。

中国的安检特色还一度包括对乘客的限制。卓长仁劫机案发生后，民航规定乘客购票不仅应持有厅局级以上单位的证明，还必须由厅局长签名盖章。我们复旦大学出差乘飞机的人多，本来只要到校办开介绍信就可以了，这下子都得找校长谢希德教授签字，她不胜其烦，但又不能不签。好在实行不久就恢复原规定了。一时乘客大减，正好谭先生与我乘上海去沈阳的航班，飞机上没有几位乘客。

最严格的安检还是在"9·11"恐怖袭击事件后的美国机场，包括飞往美国的航班。那时我去美国，发现它的国内航班安检比国际航班还严格，航空公司提醒乘客提前两小时甚至三小时办登机手续，经过机场前的路上会有对车辆和人员的检查，装甲车、荷枪实弹的特种兵、警察、警犬随处可见。等待安检的长队一直排到候机楼外面，乘客误机、航班晚点比比皆是。安检手续极其烦琐，对"特殊乘客"已无隐私可言。行李稍有疑点，就会被移到隔离区（乘客绝不许进入或靠近）彻底翻检，任何锁具封带一律打开，包装全部拆开。乘客取回箱包和凌乱的行李后，往往再也无法放好或关上，有些被撕毁精致包装的物品已不能再当礼品，我亲眼见到有人就此扔进垃圾桶。轮到重点检查的人更烦，得带着随身物品随安检人员到一旁的隔离区或隔离室，先查遍全身，再远观检查随身物品。重点对象或随时指定，或在登机柜台上方告示牌上公布姓氏，乘头等舱、商务舱的也不例外。有一次我在几个航段都被抽到，不禁向警察抱怨，结果得到客客气气的回答："这是随机抽的，没有任何歧视。"不过，实际上外国人和某些特定服饰相貌的乘客被抽到的更多。美国人对液体查得特别严，有一次我忘了将保温杯中的茶水倒干净，过安检取出杯子时才想到。刚想倒掉，安检员一把拦住，问里面是什么东西，我告诉他是茶，表示可以喝一口。他二话不说，取过杯子就往里走。等了好久才见他回来，将倒空的杯子还给我，显然是作了化验或鉴定。在中国机场，经过安检进入候机区后就不禁止带液体上飞机了。由于国际航班供开水不足，乘客往往会泡上一杯茶带上飞机，多数国际航班是允许的，唯有飞往美国的航班例外，在登机桥前安排专人检查，对饮料茶水一律收缴或倒掉，最客气的做法也是倒掉水,留下茶叶。

经常听到乘客抱怨:"看来不让我们乘飞机了","干脆将机场关了,免得我们受罪",但在行动上,谁也不敢有丝毫不服从或不配合。只要想到恐怖活动的惨痛后果,再严厉的安检措施也不过分了。当我看到电视新闻中那架从波士顿洛根机场飞往西雅图的出事飞机,立即想到一个月前我正是乘这一航班由波士顿到西雅图转机回国的。听说上海一位教授全家就是9月10日乘同一航班离开波士顿回国的,要是晚一天,结果不堪设想。

除了恐怖活动的影响外,乘飞机还是最安全的出行方式。每次空难后,同一航线、同一机型往往乘客锐减,有的不得不临时停飞。有的朋友问我:"你怎么还敢坐?"当然有时是因为没有替代的交通工具,但我一直认为空难本身是极低概率的事故,而在空难发生后,同一航线、同一机型必定会采取更可靠的保障措施,应该比平时更安全。三十多年来,我的航程大概已超过100万公里,遇到过最紧张的经历还是剧烈的气流。印象最深的一次是1992年从昆明飞成都,开始时还只是剧烈抖动,不久就变成猛然大幅度上下,机舱内一片惊叫。乘务员强作镇静,也掩盖不住紧张的神色。刚安定下来,突然又感到更大幅度的下坠,接着又急速上升。终于等到飞机落地,大家如释重负,夜里躺在床上竟感到从未有过的疲劳。还有一次是上海市出席全国政协会议的包机,遇到强气流时大家正开始用餐,这架空客大飞机上下起伏,放在餐桌上的饮料都溢出杯外,拿在手里也止不住。京沪航线极少遇到这样的情况,空乘人员不停地安慰乘客,但也不得不停止服务。这时我见机长从驾驶舱出来向领导汇报,已经申请升高,到万米以上就没事了。果然,飞机很快平稳,大家可以安心用餐了。

民航机座位上一直有安全带,起飞前空乘都会提醒乘客系上安全带。但一开始乘客往往不以为然,空乘也不严格检查。那时乘客中有不少是领导,空乘常用"首长"相称,也不敢检查。我就听到过邻座有人洋洋得意地说:"我坐那么多回飞机,从来没有用过这玩意儿。"也亲眼看到有人将安全带放在腰间,却并不系上,等空乘一过就松开了。但那时在飞机升空改平飞后就可以解开安全带,并不建议乘客全程使用安全带,国际航班也是如此。以后出了几次因气流引起的大事故,如东航飞美国的一个航班在太平洋上空遇到强烈气流,飞机急剧下降2 000多米,正在服务的空姐被撞成植物人,没有系安全带的乘客被抛上舱顶受重伤,飞机不得不紧急降落。

外国航班也出过这类事故,所以现在的航班除了在起降时严格检查乘客安全带是否系好,还建议或要求乘客全程系安全带,有的国际航班还要求商务舱旅客在睡觉时将安全带系上,放在被子外面。2000年我从智利彭塔阿雷纳斯乘智利空军的运输机去我国南极长城站所在的乔治王岛,舱内是几排长条凳,没有正规的安全带,但每人坐的地方两边都有帆布带,起降时可扎紧。去年乘东航刚使用的空客大飞机,头等舱内可并成一张双人床,我不知道两者睡在那里是否需要分别系安全带,或许如此豪华的舱室已经另有安全设施。

这些年航班晚点成为媒体的热门话题,实际上航班晚点或临时更改一直有,只是以前乘飞机的人少,航班更少,所以一般不会引起外界注意。1983年7月31日,我随谭先生从长春返回上海,航班原定7时50分起飞,经停沈阳,11时到北京,下午有好几班京沪航班,肯定能回到上海。我们起了个大早赶到机场,得知由于前一天飞机没有到,不能准点起飞,只能在候机室耐心等待。那时长春机场没有什么航班,等早上的航班飞走,候机室就只剩我们两人了。吃完早餐,以为等一会儿就能登机了,谁知吃过午饭还不知飞机踪影。直到4点半才起飞,5点一刻到沈阳,8点一刻才到北京。虽然在沈阳机场也安排了晚餐,还不至挨饿,但京沪最后一个航班已经飞走,连售票柜台也关了。那时没有手机,临时无法找住处。我打听到离机场最近的旅馆是那家在机场路旁的机场宾馆,先到那里订了房,再回机场接谭先生去。第二天一早再去机场售票处,买到8点20分的机票,总算在午前回到上海。本来长春会议的主办方建议乘火车回上海,谭先生因为在火车上过夜不方便改买机票,结果比乘火车花的时间还多,人也更累,他在日记中感叹"弄巧成拙"。

另外两次则是遇到异常气候,属"不可抗力",却被我遇上了。1988年冬天,也是随谭先生由北京回上海,我们是傍晚的航班,虽然天气预报说晚上有雨雪,但我们以为能赶在雨雪之前正常起飞。到了机场,才发现候机室里人山人海,由于北方已大范围降雪,很多航班晚到或取消。加上机场已降冻雨,跑道结冰,往南方的航班一时也无法起飞。送我们的车已经离去,想回招待所也回不了,好不容易给谭先生找到一个坐的地方(不是椅子、凳子),我守在柜台等消息。8点多登机,乘客们庆幸不已。机舱门关上后却不见动静,再等了会儿听到广播,要求乘客全部回候机室等候。当晚肯定走不了,也没有任何工作人员来安排食宿,进城的班车已停开,偶然出现的一辆出租车立即成为人群争夺的对象。天无绝人之路,我遇到了同一航班的一位军官,他说有车来接他进城,但没有住的地方,我请他带我们到海运仓招待所,我们可以安排他住宿,我知道我们会议的房间还没有退,有好几间空着。驶离机场的道路已经积雪,我们坐的车不止一次出现打滑,有一次已经绕了半个"S",途中还看到有两辆车滑出路面,陷在雪中。回到招待所已过午夜,睡了几个小时又得不停往机场打电话询问航班何时起飞。拨号后十之八九是忙音,偶然接通也无人应答,直到午后才得知第二天早上可到机场等候。第三天中午到虹桥机场,又遇到了难题,因为事先不知道到达时间,无法通知学校的车来接。机场出口处没有出租车,连公用电话也没有,只能扶着谭先生艰难地挤上民航班车,再改乘公交车回家。

三年前的初夏,我乘晚上的航班去合肥。候机室遇到一位朋友,他问我为什么不乘火车,我告诉他白天有事,而晚上没有动车,我还不无自信地说:"还是乘飞机方便,不到一小时就到了。"刚与朋友告辞,就得到晚点通知,我并不着急,反正平时睡得晚,再晚到也不影响明天上午开会。12点多飞机终于起飞,半小时后我发现情况不对,照理该开始下降了,怎么还不见动静。果然,空乘悄悄告诉我,因合肥雨太大,飞机降不了,决定改降武汉。在倾盆大雨中住进武汉市内一家宾馆,上床时已是凌晨3点半。早上不敢晚起,吃过早餐就不时打听消息,等不及的乘客决定改坐动车,但后来又回来了,说是路上积水太深,汽车进不了车站。原定合肥的会是上午开的,是否赶得上对我来说已毫无意义,现在只考虑如何回家。下午3点终于坐上去机场的大巴,路上也是走走停停,有几处积水都是涉险而过,熄火的小车随处可见。办登机牌时得知,我们的航班还是飞合肥,而不是返回上海。我与柜台人员交涉,要求改签去上海的机票。我告诉他们,原来我订的是下午回上海的机票,现在再去合肥,说不定今天已经没有回上海的航班,再得等上一天,而东航正好有武汉飞上海的航班,为什么不能通融?实在不行,我就买一张去上海的机票,将其他两张票退了不行吗?我只好掏出证件:"我是你们的VIP,让你们主管来,必须给我解决。"经过请示,总算同意给我改签上海。花了差不多30个小时,除了中间睡了三四个小时外,全部花在途中,却根本没有到过目的地,这是平生唯一一次,但愿是最后一次。

在国外也经常遇到航班晚起飞,一般时间不长,往往到达时已基本赶回来,甚至会早到。即使时间长,乘客也波澜不惊,一则大家理解航空公司肯定有不得已的原因,一则一旦晚点都会有周到的安排。第一次遇到是在美国丹佛机场转机,一宣布航班要晚点一个多小时,航空公司就给每人一个密码,可以到旁边公用电话上打一次免费电话,另有一张免费饮料券。另一次由波士顿经西雅图、东京回上海,因东京大雪飞机改降大阪。当晚公司给全部乘客安排高标准食宿,提供免费国际电话,第二天在东京转机时每人发一张 1 500 日元的免费餐券。还有一次是因为我所乘的前面航班晚点,没有赶上同一航空公司的下一程航班,除给我改签最近的航班外,还送了我一张一年内使用该公司航线美国国内任何地点间的往返票。当时我颇高兴,似乎因祸得福,实际上这张免票只能是一件纪念品,因为我没有一年内在美国因私旅行的机会,而有次想利用它节省因公出访经费时才知晓,必须在美国国内办理手续,而且不能保证时间、航班是否合适。

  从 1981 年至 1985 年,我以为机票都是一个价,不知道还有不同的折扣。1985 年 6 月,我去上海民航买去纽约的机票,我按两张成人票、一张半票(二分之一)付款,却被告知钱不够,这才知道我订的全票属于 Y 舱,是有折扣的,而为女儿订的儿童半票是全价的二分之一,不是折扣后的半数。从我家到售票处要换三次车,回家取钱肯定来不及,只能到附近谭先生家中向他借钱。到美国后知道可以通过旅行社买机票,而价格五花八门,有各种选择。我让旅行社给我订由波士顿往返芝加哥的机票,收到多种方案。其中最便宜的不到一百美元,是从波士顿先飞达拉斯,再飞芝加哥,返程还得转一个地方,单程得花十几个小时。我选了直达的早班,价格适中,只是很早就得出发。如果选好的时段,价格几乎贵一倍。那时还没有互联网,好在美国打电话和开支票很方便,电话商定,将个人支票寄去,机票就寄来了。1986 年 6 月回到国内,连电话订票的服务还没有,哪想到二十多年后也可以通过互联网在全世界找折扣机票了。

  1981 年从上海到北京的机票价 64 元,多年不变。第一次涨到 90 元,以后一百多,再以后我也记不住了。1988 年,谭先生的老友、四川大学历史系的缪钺教授邀他去主持博士生答辩,并告诉谭先生已向系里申请到包括我的机票在内的经费。他们俩都已八十上下,多年未见,都盼着有这次机会。就在我准备购机票时,机票涨价的消息公布了,而且幅度颇大。我与谭先生商量,川大历史系未必能按新价报销机票,不如主动提出不去,以免对方为难。果然,缪先生回信表示只能如此。我想,得知谭先生主动取消,川大历史系分管财务的领导一定如释重负。但谭先生与缪先生再也没有见面的机会,成为他们终身憾事。本来各单位对报销机票控制很紧,如只有教授可以,副教授以下都要特别批准。有一阶段机票的涨幅大,但高校的经费没有增加，对乘飞机的审批反而松了，只要你有经费，助教都能报销。从1996年起我当研究所所长，每年归我支配的经费是8 000元，直接分了，教授每人300元，副教授以下每人250元，出差报告上随便你写乘什么，照批不误。

现在的年轻人乘国际航班，主要关心的是行李是否超重，实在超重也不是付不起超重费。但二三十年前我们乘国际航班，超重费等于天价，所以在装行李时精打细算，随身行李用足政策，办托运手续时软磨硬缠，实在不行时还有备用方案——不是转移到随身行李，就是让等候在旁的亲友带回，付费是绝对舍不得的。

主要的麻烦还是买不到或买不起合适的箱包。1985年7月我们一家三口去美国，可以带六件行李，新买了一个行李箱，加上家里唯一稍大些的箱子，其他四件只能用纸箱。那时买不到封箱带，只能用行李带和绳子扎紧。国内买的行李箱很重，却不结实，最糟糕的是锁具，不是打不开就是锁不上。出国前得到警告，美国机场搬行李的工人都随手摔，必须加固加锁。但在纽约机场取行李时，还是有好几个箱子坏了，有两个已经散架。我有两个纸箱虽已变形，却没有散开。以后国内开始生产新款行李箱，有的还是中外合资企业引进外国技术或样品生产的。但由于品牌款式有限，同一航班往往有好几个颜色款式相同的箱子。有的箱子没有明显的标志，经常发生相互拿错的事。1990年我与复旦大学历史系几位同仁访问日本，在大阪机场取行李时，一位同仁就发现自己的箱子已被取走。他次日参加会议时要穿的西服及日常用品都在箱子里，幸而机场的服务效率很高，经过查询，第二天早上就将他的箱子送到我们住的旅馆。

行李没有装上所乘飞机，或者误送至其他目的地的事，在国内外航班也时有发生，所幸我只遇到过一两次。印象最深的一次是与一位青年同人由上海去美国印第安纳，在底特律转机，行李是托运直达的。深夜到印第安纳波利斯机场时，却等不到他的行李。我陪他到行李柜台查询，得知在底特律机场漏装了，已经转到明天第一个航班运来。他首次乘国际航班就遇到这样的事，有点不知所措，值班人员一面道歉，一面宽慰他，明天上午一定送到我们的住处，并且送上一个小包，里面装着一件T恤、一条毛巾和一套洗漱用品。

还差两个月就是我乘飞机35周年，"航旅纵横"App上显示我自2011年以来乘了393次飞机，总飞行时长938小时40分，总飞行里程是524 450公里（不包括乘外国及我国港台航班),还有10次未使用的航程。这一切不要说我年轻时的乘飞机梦中不敢想,就是40岁乘上去美国的航班时也不会想到。既然梦想早已成真,为什么在有生之年不做更美好的乘飞机梦呢?

原载腾讯网《大家》专栏,2015年12月11日,原题为《我曾做了二十多年的飞机梦》;腾讯网《大家》专栏,2016年2月16日,原题为《80年代乘飞机遇到过的尴尬事》;腾讯网《大家》专栏,2016年3月24日,原题为《35年前乘飞机的窘事》。

《成蹊集》序

1964年我高中毕业,尽管此前已经过一年半的病休,但报名高考的体检还是没有通过。考虑到我患的肺结核病非短期内可以完全治愈,而参加工作的条件却能符合,班主任老师劝我报名接受师资培训——为解决师资紧缺,上海市教育学院试办一年制的师资培训班,直接到中学培训实习。在知道我还没有放弃上大学的目标后,他又劝我选择当英语教师,以便工作后可以有相对较多的自由支配时间。他自己是语文教师,他告诉我,每星期要批两个班级的作文,连业余时间都没有。就这样,从1964年9月开始,我成了上海市教育学院师资培训班的学员,安排在我母校市北中学培训实习。实际上,我们连教育学院的门也没有进过,只是由闸北区教育局的人事科科长给我们作了一次报告,提了具体要求。到1978年,上海市教育学院同意给这批培训班学员补发大专一年的学历证明。那时我已经成了复旦大学的研究生,觉得没有必要,所以始终未领。

从1964年10月起,我与另一位培训学员在市北中学外语教研组的办公室里有了一张课桌,每人有一位教初一英语的教师作为指导教师,跟着她们备课、写教案、批改作业,听她们和其他老师的课,在她们面前试讲。另外,还在初一一个班级跟着班主任老师实习,协助组织班级活动,做学生教育工作。

一个意外的机会使我提前走上讲台,有了第一次上英语课的经历。11月初,教初三英语的老师突然请病假,没有人代课,教研组组长是我高三的英语教师,知道我的英语基础,要我去代课。时间太紧,根本来不及备课,他同意我不上新课,将这节课改为复习。我在学生们异样的目光中走上讲台,因为我比他们大不了多少,读高中时这个班的不少同学就认识我。好在英语的课堂用语我已很熟练,马上就进入正常的复习课。进入提问练习阶段,我按课文内容问了问题:你经常去图书馆看书吗?一般多少时间去一次?当时提倡"精讲多练",每个问题都会指定一排学生依次回答。轮到一位认识我的学生时,不知是为了出我的洋相,还是给我捧场,他没有按常规回答"Yes",而是说"No",然后马上问我:"老师,'近视眼'英语怎么说?"幸而我知道,但我没有直接回答他,而是用英语问:"为什么你现在要问这个词?这个词与回答我的问题有关系吗?"当时规定,英语课上无论老师还是学生都要尽量讲英语,我也想给他出点难题,让他因回答不清楚知难而退。他大概也作了准备,马上用英语回答:"我想讲'因为我是近视眼,医生让我少看书,所以我不去图书馆'。"这时我才告诉了他答案。这次意外有惊无险地过去。如果从这次上讲台算起,到现在整整55年了。

1965年7月培训结束,我被分配到新建的古田中学工作,8月5日去该校借用的闸北区和田路第一小学校舍报到。按现行人事制度,我的工龄和教龄都是从这一天算起的,到今年也已进入第55年。

1978年9月,我被录取为复旦大学历史系的研究生。但按当时的政策,我属于"在职",人事关系还在原来的中学,工资待遇不变,还是在中学领,只有研究生的书报津贴由复旦大学发。所以我的工龄、教龄是连续计算的,虽然在这三年间我完全是在学,而不是教,更没有在原单位从教。

1981年底我研究生毕业,根据刚实施的《中华人民共和国学位条例》首批获得历史学硕士学位,留复旦大学工作,这时我的人事关系才转到复旦大学,成为复旦大学的教师。其实从1980年起,系里安排我担任导师谭其骧先生的助手,已经在承担研究生学业以外的工作了。留校不久,首批博士研究生招生,因为我作为谭先生助手的工作不能中断,须保持复旦大学教师的身份,所以1982年3月我被录取为在职博士研究生。到1983年8月通过博士论文答辩,在此期间我的确是以工作为主的,通过课程考试、写论文基本是利用业余时间,是名副其实的"在职"。

1982年6月,经教育部批准,复旦大学历史系的中国历史地理研究室设置为中国历史地理研究所,成为专业研究机构。此后曾试验性地招过两届本科生,此外都只招研究生,是全国首批历史地理硕士学位点,谭其骧教授是全国首批历史地理博士生导师。留校工作后,我先后为历史系、经济系本科生开过历史人口地理、人口史、历史地理的选修课,在本校和外校作过很多学术讲座。1989年9月,我招收了第一位硕士研究生,同年被校学位委员会确定为博士生副导师,协助谭其骧教授。1991年10月,谭先生突患重病,失去工作能力,他的一位博士生由我代行指导,在他逝世后通过博士论文答辩。1991年5月,我晋升教授,1993年增列为博士生导师,开始招收博士生。1996年我担任历史地理研究所所长,见几位新晋升的副教授招不到硕士生,而完整地培养完一届硕士生是当时晋升教授、增列为博士生导师的必要条件,我就要求两位已被我录取的硕士生分别改投两位副教授同仁,并建议甚至规定本所博导只招博士生,以便让硕士生导师能及时具备培养硕士生的资历,并各尽所能,各得其所。所以此后我只在特殊情形下招过两位硕士生,一位是因为在入学一年后的双向选择中未选到合适的导师,一位是想招他的导师没有名额,只能将学生挂在我的名下。到目前为止,由我指导完成学业的博士研究生有42名(其中有两位因个人原因肄业)、硕士研究生10名,在学博士生4名。接受过合作研究的博士后6人,均已出站。还接受过多位访问学者、进修教师。得知将在年底办理退休手续,从今年起我已停止招生。

我自己是"不拘一格"的受益者,又有导师谭先生和他的老师顾颉刚先生垂范,我在招生、教学过程中注重学生的实际能力,鼓励他们自由创新,欢迎他们批评讨论,希望他们能超越自己。我的硕士生、博士生、博士后的前期专业,有历史、地理、中文、社会、宗教、思想政治、考古、文博、财政金融、电子通信、电子工程、规划、设计、古建筑等,有来自地方院校、三本学院的,还招过一位只有财政金融本科学历的博士生。感谢校研究生院给我的特招权,使我能自主录取那些本来连复试资格或报名资格都没有的考生。我从来不指定研究生的研究方向,一般也不为研究生出学位论文题目,只是在他们征求我的意见时提出一些建议。令人欣慰的是,经过刻苦努力,其中三位同学的博士论文被评为"全国百篇优秀博士论文",一位同学的论文获得"全国百篇优秀博士论文"提名,六位同学的论文被评为"上海市优秀博士论文"。

从年初起,就有同学提出要为我从教五十五年作点纪念,我以为等到六十年时再办不迟。后来得知年底将要退休,今年就是工龄、教龄的终点,不妨与同学们一起做一回顾总结。于是有了编一部能集中反映同学们学术成果的论文集的建议,并使《成蹊集》最终问世。

命名为《成蹊集》,自然是出于"桃李无言,下自成蹊",只是此"桃李"溯源植根于先师季龙(谭其骧)先生,他的老师顾颉刚先生、潘光旦先生、邓文如(之诚)先生、洪煨莲(业)先生等,他的同门师友史筱苏(念海)先生、侯仁之先生、周太初(一良)先生、王锺瀚先生等。我和同学们正是在这片茂盛参天的桃李下瞻仰感悟,切磋琢磨,徘徊反侧,欣然会意,奋力前行,才成其蹊者。

是为序。

原载《文汇学人》2020年1月10日,原题为《我是"不拘一格"的受益者》。

世纪杂感

世纪之交:幸?不幸?

随着 2000 年的接近,"世纪"一词的使用频率越来越高了,如 21 世纪、跨世纪(跨世纪人才、跨世纪工程、跨世纪××)、新世纪、中国世纪、东亚世纪、太平洋世纪,还有世纪末,不但几乎天天见诸传媒,而且似乎已成为非常时髦的词汇之一。在北京、上海这样的大都会,没有听到过"世纪"的人大概极少吧!

可是,知道"世纪"本义的人可能也不多,因为现在将它当作每一百年的代名词,只是引进公历以后的概念,普遍使用是在中华民国元年(1912 年)以后的事,用这个概念迎接新世纪在中国还是第一次。

当然,中国早已有了"世纪"这个词,但那是指帝王们的世系,如西晋的皇甫谧编过一本《帝王世纪》,叙述的就是公元 3 世纪前历代帝王的世系。所以尽管古人也将百年作为一个重要的整数,如孟子说"五百年必有王者兴",却从来没有与"世纪"挂上钩。在辛亥革命以前,中国只有干支纪年、帝王在位的年代或年号纪年,没有百年一度的世纪,也就没有现代的世纪概念了。古来多少"跨世纪人物""跨世纪事件"和与"世纪"有关的一切,当时人们是没有丝毫感觉的,既不会有"世纪末"的恐惧,也不可能有"跨世纪"的荣耀。

其实,就是在西方世界,在普遍采用公元纪年的公元 6 世纪之前,人们也没有"世纪"的概念。古埃及的法老、巴比伦的君主、希腊的先哲、罗马帝国的伟人,多少风流人物,又有谁在生前享受过与"世纪"相关的殊荣?

生在今日世界的人实在是幸运极了！中国12亿人口中、世界50多亿人口中的绝大多数都将"跨世纪"，这几年出生的说不定还能跨三世纪；其中稍有一技之长或堪称"人才"的人都将成为"跨世纪人才"。就是世间万物也将沾光，一项计划、一个项目都可以"跨世纪"；已经或即将开工又将在2000年后才完成的工程，自然成为"跨世纪工程"，我甚至怀疑会不会有人故意慢些施工，以便拖到下一世纪；包括各种商品在内的事物也可以冠以"世纪"的美称；说不定地球上还会有一次"跨世纪"的战争呢！

但仔细一想，福兮祸所伏：接近新世纪的年代也正是旧世纪末，我辈岂不都是"世纪末"人物？所思所言不正反映了"世纪末"心态？而且，安知下一世纪的人不对"旧世纪"的人和事来一番批判扫荡呢？

再说，几人欢乐几人愁，有沾光的必有倒霉的：到2000年零时后出生的人，要不活过一百岁就跨不了世纪，再有本领也当不了"跨世纪人才"。到那时开工的工程，再宏伟、再浩大，能成为"跨世纪工程"的大概绝无仅有，岂不哀哉！

这样看来，有了"世纪"未必就是好事。

中国史上的"世纪之交"

说到世纪之交，人们总少不了一种神秘感，无论是留恋本世纪的，还是看好下一世纪的，抑或对未来怀着莫名其妙的恐惧感的，都以为这一段时间是一个什么"转折点"，至少有点不同寻常。

对未来的预言我们已见得很多，甚至很神，自问没有这个本领，但平时接触较多的还是过去的记录，特别是中国的，所以干脆翻开史书，来查一下过去的"世纪之交"究竟发生过什么大事，与不是"之交"的年份到底有什么异样。

这个"世纪之交"就定在上一世纪的最后10年和下一世纪的开始10年。可是结果却令人失望。从有比较确切的纪年开始的公元前841年（西周共和元年）算起，以往的27个世纪之交中，称得上发生巨变的似乎只有6次，即：公元前3世纪与前2世纪之交是秦汉之际，秦始皇去世，陈胜、吴广揭竿而起，楚汉相争，西汉建立并巩固；公元前1世纪与公元1世纪之交正值西汉末期和王莽代汉之初；2世纪与3世纪之交，东汉实际崩溃，三国鼎立的局面形成；3、4世纪之交是西晋后期，经历了"八王之乱","五胡十六国"时期已经开始；9、10世纪之交是唐朝覆灭，进入五代十国；上一个世纪之交发生了甲午战争、戊戌变法、义和团运动、八国联军入侵等一系列大事，实际已是清朝覆灭的前夜。

另外有几个世纪之交虽然也不平静，但或者算不上太大的变局，如7、8世纪之交武则天改唐为周和唐中宗复辟，14、15世纪之交朱棣发动"靖难之役"，用武力夺取了帝位；或者还只是巨变的序幕，如12、13世纪之交，成吉思汗统一蒙古诸部，开始进攻西夏和金，16、17世纪之交，女真首领努尔哈赤正在东征西讨，却还没有统一东北诸部。

要是当年有人把公历的公元1年推迟50年左右，那么"世纪之交"就会出现唐朝安史之乱、北宋建立、明清之际西方列强入侵、清朝太平天国运动、中华人民共和国成立这样的大事，但前面列出来的事也就沾不上边了。

而且，无论怎样算，总有一些世纪之交是相当平静的，我们在史书上找不到什么值得大惊小怪的记载。

再来看看这6次"世纪之交"之间的关系吧：它们的间隔从100年至1 000年不等，显然没有什么规律。如果一定要说有的话，倒是越来越不明显了，因为第四次与第五次之间相隔600年，而第五次与第六次之间间隔已达到1 000年。所以除非有人再活1 000年以上，否则，大概只能先冷冻起来才有可能目睹下一次"世纪之交"的盛况了。

世界史上的"世纪之交"

翻了中国的史书，说的是中国史上的世纪之交。这一段写完后就自觉不妙，这公历本是洋人的玩意儿，要是上帝真的只眷顾西方世界，替他们安排了一个个世纪之交，而我关起门来翻中国书，岂不是一个封闭意识？现在凡事要讲与国际接轨，还得查一查世界史上的"世纪之交"究竟是怎么一回事。

为了接轨，使用的阶段和标准与中国史一样，也是从公元前841年开始，以上一世纪的最后10年与下一世纪的开始10年为限。当然，既然称之为世界史，选择的标准就得看是否有世界性的影响，至少也应该是超过一国一地影响的大事。

公元前8世纪与前7世纪之交，亚述成为西亚空前的大帝国。公元前7世纪与前6世纪之交,亚述灭亡,梭伦任雅典执政,实行改革。公元前6世纪与前5世纪之交,希腊、波斯爆发战争。公元前5世纪与前4世纪之交,雅典、斯巴达大战,波斯帝国濒于崩溃,科林斯战争开始。公元前4世纪与前3世纪之交,亚历山大帝国瓦解。公元前3世纪与前2世纪之交,第二次布匿战争、第二次马其顿战争爆发。公元1、2世纪之交,罗马帝国征服西亚。2、3世纪之交,罗马帝国进入最混乱的时期。3、4世纪之交,基督教在罗马帝国盛行,波斯败于罗马,阿拉伯人攻入美索不达米亚流域。4、5世纪之交,罗马以基督教为国教,迫害异教,罗马分裂为东罗马和西罗马。6、7世纪之交,波斯、拜占庭之战最终导致波斯帝国灭亡。7、8世纪之交,阿拉伯、拜占庭之战爆发,阿拉伯征服地中海南岸和中亚。9、10世纪之交,北非各地脱离埃及独立。11、12世纪之交,十字军第一次东征。12、13世纪之交,十字军第四次东征,拉丁帝国建立。13、14世纪之交,十字军东侵告终,奥斯曼帝国建立。14、15世纪之交,帖木儿出征印度,击败土耳其。15、16世纪之交,哥伦布到达美洲,意大利战争爆发,达·伽马开通至印度航路。16、17世纪之交,英国、荷兰东印度公司成立。17、18世纪之交,英法争夺北非殖民地,第一、二次俄国、土耳其之战爆发,大北方战争爆发,普鲁士王国成立。18、19世纪之交,法国大革命爆发,拿破仑政变,"反法同盟"与法国五次开战。19、20世纪之交,世界经济危机爆发,日俄战争爆发,协约国形成,奥匈帝国并吞波斯米亚黑塞哥维亚,美菲战争爆发,日本合并朝鲜。

林林总总,列出了21次,似乎是中国史的三倍半。但真正要以有世界性影响的标准来衡量,就绝对没有那么多了,恐怕与中国史上的不相上下。相反,有很多影响更大的事件偏偏没有发生在世纪之交。就说上一次世纪之交吧,第一次世界大战、第二次世界大战、俄国十月革命等都发生在这以后。

这样看来,世界史上的世纪之交与中国史上的世纪之交并没有根本性的差别,历史与世纪没有什么关系,当然更不会有以一百年为周期的规律了。

新世纪与新年

小时候对过新年有特殊的期盼,天气一冷就盼新年。好不容易盼到了,一眨眼又过去了,就盼下一个新年。过年可以比平时更尽兴地玩,但最吸引人的还是能吃到平时吃不到的东西。特别是在"三年困难时期",过年总能吃几天饱饭,吃几块肉,尝到鱼。那时虽已是高中学生,还是免不了做白日梦:要是天天过年就好了。

等自己工作了,独立生活了,慢慢体会到过年实际上是一种负担、一种自我欺骗。那时没有奖金和其他任何工资外的收入,过年时能得到的唯一优惠只是提前发工资,所以得提前省一些钱出来才能保证过年的开支。一般的办法是年初买一个"贴花"(零存整取储蓄),每月存入若干元,到年底取出正好用来过年,无非是自己省下钱来到过年时集中花。个人是这样,政府也是如此。那时上海有户口的居民每户供应的年货中有鱼票一张,按大、小户(以人口数量划分)分别供应若干斤鱼。无论是黄鱼、带鱼还是小杂鱼,都是冻得硬邦邦的,原来是全年积累起来的,所以平时从来见不到上市。鱼是这样,其他食品如鸡鸭、花生、瓜子、黄花菜、木耳等都是如此。这还是在1963年"形势好转"以后。

尽管如此,大家还是盼过年,我也一样,因为深信"前途是光明的",所以希望新年能带来好运。那时想象得出来的好运绝不是发财、升官、出国、提升职称、买车买房,多数人只敢想争取入党、评上先进、普调工资、上调进厂、病退回城、结婚有房,或者平安度过运动、落实政策、发还抄家物资、出"牛棚"。每年的元旦社论总要将新年描绘得光明灿烂,尤其是逢十的年份,如"六十年代第一春"、"七十年代将是……的年代",但等来的往往是一场新的运动,或者又是一个"一号文件"。但一年过了还是在盼新年,至少还对这一年终于快过去了感到宽慰。再说,不盼又能怎样呢?

改革开放以来,新年意识反而逐渐淡化了,因为我们已经不需要用新年来自我安慰,不必再离开现在去企盼并不存在的明天,尽管我们依然深信"明天会更好"。

可见新年本身不会给我们带来什么东西,对未来的信心并不来自新年。新年是这样,新世纪又何尝不是如此呢?

2000年后还是新世纪

如果我们迎接的新世纪只是每百年一遇的周期,那么即使正好是千年一遇甚至万年一遇,也不会有多大意义,因为它毕竟只有一年,而真正的"世纪之交"只有一天。过了2000年的1月1日,我们还能等什么呢?

当然也有一种可能,还没有过足瘾的各国"世纪癖"会联合起来,论证真正的世纪之交应该在2000年的12月31日与2001年1月1日之间,然后由联合国或什么国际组织通过决议,全世界再迎接一次新世纪。即便如此,2001年1月1日以后还能等什么?

其实,我们完全可以不必担心,因为我们期待的"新世纪"实际上是新时代的代名词,而这个新时代正在来到。

中国人经历了无数磨难曲折,终于踏上了现代化的大道。

世界上两个阵营对垒、两霸争雄已成过去,烽火渐息,面临和平和发展的前景。

科学技术突飞猛进,酝酿着一次新的飞跃,必定引起社会的巨大进步。

世界将越来越成为一个整体,人类将越来越学会荣辱与共,共同的文明将有可能在交流融合中诞生。

这个新时代正好在2000年前后来到,从这一意义上说,这只是历史的巧合。正因为如此,2000年后还是新世纪。

不过,且慢给新世纪戴上什么"太平洋世纪""东亚世纪""中国世纪"或"××世纪"的帽子,因为新世纪本身不会给我们带来什么,帽子也改变不了身子。一百年或一千年后能与2000年共存的历史究竟会记载谁? 这就看我们自己了。

原载《华人文化世界》1997年第4期,原题为《咱也跨它一回"世纪"好不好》。

往矣昔人

超越死亡

那是在 1988 年 2 月 1 日，先师季龙（谭其骧）先生在北京开完了《中华人民共和国国家历史地图集》工作会议，利用一天的空闲时间访友。上午 10 点，我陪先师到了后拐棒胡同周有光先生家。周先生和夫人张允和热情款待，张先生还抱怨先师不早一点通知，好让她有个准备，现在弄不出什么菜吃，尽管几款精美的菜肴已经让大家吃得津津有味。他们是 50 年代初就相识的老朋友，我也已随先师去过很多次，所以他们总是谈得很自在。

先师告诉他们，今天是他脑血栓发病十周年，大难不死，还能来访友，很高兴，还说："今天到你这个寿星家来，也好图个吉利，多活几年。"周先生听后哈哈大笑，说："你错了，我只有 3 岁。"面对我们的惊奇之色，他徐徐道来："我过了 80 岁生日，就宣布旧的周有光死了，我已经获得了新生，新的周有光只有 3 岁。所以别人过了 80 就在担心还能活几年，在数日子，我过了 80 却从头算起，这些年都是额外得来的，还能不高兴吗？"随后，他兴致勃勃地给我们看海外一本杂志封面上他和张先生的大幅合影，还在一台电脑文字处理机上作操作表演，边打出一串串词组，边解释使用汉语拼音输入的好处。他的言语、动作和思维真使人难以与一位 83 岁的老人联系起来。

归途车上，先师十分感慨，说："周先生真了不得，不但身体好，心境也不同一般人，肯定能活一百岁。不过，要像他那样算法，我也已经赚了十岁了。"当时，先师快满 77 岁了。

就在当年 7 月 28 日，先师出席中国史学会年会，住在北京京西宾馆。晚上近 12 点，他临睡前洗澡。平时我在盆外扶着他，他用健康的右手拉住扶手，就能站起来，可是那天却怎么也站不起来。我看情况不对，赶快踏进浴盆，双手抱住他的腰，好不容易才将他架到浴盆外。我劝他赶快上床,他说再洗一把脸,但脚下已站不稳,说话已含糊不清,立刻失去了知觉。我不知哪里来的力气,将他抱到室内床上,但再也没有劲挪动他的身体,只能用一把椅子搁住他还悬在床外的双脚。打完医务室的电话,我又跑到隔壁会议室,将正在统计选票的几位先生找来。医生在紧张地抢救,先师不断地说着胡话,从断断续续的词语中可以判断,他的记忆中出现了毛泽东、"文化大革命"、地图集和家庭生活,还问过我为什么还不来。打针以后,他就完全入睡了。直到2点多,在301医院的急救室中他渐渐清醒了。但事后他就记不清当晚发生的事情了,尽管核磁共振检查证明死神的确曾经逼近过他,他却更相信这是提前服了安眠药所致。

1990年6月16日下午,先师发现自己走路非常吃力,本来能正常活动的右手执笔用筷都很困难。家人晚上送他到医院急诊,却没有查出什么问题。第二天下午再送医院时,他连翻身都得靠别人帮助了。我到医院看他,把一支笔夹在他的右手手指间,请他签一个名,他写了,但分辨不出字形。医生告诉我们他病情严重,能否康复毫无把握。死神又一次向他走来,但最终又被他拒绝了。到6月29日,先师恢复使用筷子,7月28日出院。11月12日,他不用人扶持走上国际会议的讲台,作了主题报告。

一年后的6月23日晚上,在京西宾馆新楼507房间,正在出席中国科学院学部委员(院士)会议的先师又经历了1988年7月的那一幕,只是这一次是临睡前坐在椅子上失去知觉,最后也是在301医院恢复的。

回上海以后,先师似乎不愿意别人问起那天晚上的事情,但他心里却很清楚,留给他的时间不多了。他坦然地和我谈到了死亡,说:"我不像周有光,我是活不到90岁的。我不会等到《中华人民共和国国家历史地图集》出版,但希望再活几年,看到第一册出版。"他一直认为骨灰撒海是好办法,"将来把我的骨灰撒在海里,她(指1985年逝世的夫人)的也一起撒掉"。

对死,他是有准备的,但更希望生命能延续几年,所以直到他最后一次发病前一天,日记上还记着:"找到《两汉不列传人名韵编》。晚对《青田县志》提意见,三点。"就在他记完日记后的九个小时——1991年10月18日中午12时,他给我打了电话。不到一小时,他突发脑出血,在餐桌上倒下,从此再也没有能够恢复。

他与死神搏斗了十个多月,有几次我们又产生了希望:他拿着报纸看着,不愿放下,有一次显得特别兴奋,原来上面登着他的老友谈家桢先生访问台湾的消息。他不愿一直躺在床上,要坐着轮椅到屋外转,面对着门口的马路久久不肯回来。看到熟人来了,他会紧紧拉着人家的手,有时等他睡着了才松开。但一次次又使我们失望,有一次我将一支笔夹在他的右手手指间,拉着他的手在纸上画,才画了几下,他的手松开了,并且再也不愿意握笔。医生的病情报告也从来没有出现一点令人乐观的迹象。

我打电话告诉周有光先生,他说:"告诉他,这是自然规律,要坦然处之。"我附着先师的耳朵,传达周先生的话。或许他根本没有听懂,或许他已没有接受能力,但即使是这样,周先生对生死的达观态度在几年前已经给了他深刻的印象,或许正是支持他与死神抗争的潜在意识,或许会使他坦然迎接死神的到来。

1992年8月28日零时45分,先师走完了他近82年的生命历程。3点过后,我们推着灵车走过寂静的庭院,送他远行。一年以后,我们将一束菊花敬献在他的遗像和骨灰盒前,第二天,菊花伴随着他的骨灰撒入东海。

没有哀乐,没有祭品,没有坟墓,没有碑铭,先师不需要这些,因为他已回归大自然,永远与大自然在一起。他虽然没有能像周有光先生那样长寿,但同样超越了死亡。

原载《文汇报》1996年2月27日。

真正的学者

——悼石泉先生

3月初在武汉大学作学术讲座时,得知石泉先生病情加重。当时我的日程很紧,在武大只停留半天,也怕干扰他正常的治疗和休息,只能遥祝他能安渡难关。岂料到五一长假期间就听到石泉先生离去的消息,深以未能见到他最后一面为憾。

石先生对我虽无师承关系,但我一直视他为老师。这不仅是因为他长我二十多岁,是历史地理学界的老前辈,而且是因为在我的心目中,他是一位真正的学者。

石先生以治荆楚地理知名,但曲高和寡,赞成他的具体结论的人不多。由于石先生的论证结果从根本上改变了原定的并为绝大多数人所接受的地名体系,所以旁人无法在两者间调和或兼顾,只能作非此即彼的选择。1989年8月,石先生将他的论文集《古代荆楚地理新探》赐我,我认真地读了他长达56页的《自序》,他数十年来孜孜不倦的探索过程和严谨的治学方法使我深受感动。但在读了几篇论文后,我对他的立论仍未理解。后来见到石先生时,他问我对他的书有何看法。面对这样一位真诚的长者,我不敢隐瞒自己的观点,只能回答说,我还没有看懂。他淡然一笑:"我知道,连我的学生也不同意我的观点。"石先生继续坚持他的探索,这也没有影响他对我的厚爱。几年前,我到武汉大学作讲座,将开始时石先生出现在座位上。这给了我意外的惊喜,也使我深感不安,因为我知道他一般已不参加这类活动,而且我讲的内容完全不值得他亲自来听。

先生给我的印象一直是平和淡泊,与世无争。但他对学术的不正之风却深恶痛绝。1982年春,以某人自吹自擂为依据的一篇报道在国内主要媒体上发表,8月初他来上海开会时,就要我转告先师谭其骧先生,建议对此人的行为予以揭露批评。他告诉我,报道中提到的那次楚史讨论会他正好在场,到会的美国学者并没有对此人作什么赞扬。此后的一次会议期间,他对某位学者近年的学风也作了尖锐的批评,他说:"某某是应该给你们年轻人作出样子的,怎么能这样不负责任?他现在写的东西太随意,重复也太多。"

先生长期担任民进湖北省负责人和湖北省政协副主席,完全可以享受副省级待遇,但他在参加学术活动时,始终只愿接受普通学者的身份。有一次他到上海来开会,由于旅客多,站台上太挤,他在学生们的帮助下才从窗口登车。在学术会议期间,他从不接受高于其他教授的照顾,也不愿在主席台就座,对先师和侯仁之、史念海等先生十分尊重,遇同辈人也总是谦让在后。有一次听中国社会科学院近代史研究所的张遵骝先生闲谈,才知道石先生是他表弟,原名刘实,1949年前曾为革命作过贡献。但从未听石先生谈及,连他的学生也不知道。

古人所谓"立功,立言,立德",石先生可以当之无愧。武汉大学在人文社会科学学科首批评选资深教授,石先生名列其中,实至名归。无论石先生的学术观点和研究结论今后是否能为学术界所接受,他对历史地理学的贡献和对荆楚历史地理的开创之功永不可没。作为一位真正的学者,他铭记在我们后学的心中。

原载《中国历史地理论丛》2005年第7期。

记忆中的筱苏(史念海)先生

我第一次看到筱苏(史念海)老师的名字,是在1978年初夏。我因年龄超过31足岁,在1977年恢复高考时无法报名。到1978年研究生公开招生时年龄放宽至40足岁,又没有学历要求,就抓住了这最后的机会。当时只是为了圆此生"考大学"的梦想,并未寄多大希望。初试结果我获得复试资格,按规定可以享受十天复习假,这才临时抱佛脚,一本正经地复习了。知道复试时要考专业了,但家中和供职的中学根本没有历史地理方面的书,只能去上海图书馆。到了参考阅览室,才发现其他考生早已捷足先登,周围坐的几乎都在准备复试。那天我到得早,居然顺利地借到了《中国历史地理名著选读》。正看着,一位读者过来问:"你是报复旦大学历史地理专业的吧?"因为此专业在上海只此一家,他一猜即中。原来他就是报考复旦历史系的顾晓鸣,经他介绍,认识了同时在复习的、以后成为同门的顾承甫等人。原来他们是因为借不到这本专业性很强的书,肯定室内已有同专业的考生,才找到我的。在他们的桌上,我看到了史先生所著《河山集》和侯仁之先生所著《步芳集》。

在以后几天里,我第一次读《河山集》,尽管我那时毫无历史地理专业基础,更不懂他所论述的具体内容,但读来觉得明白易懂,引人入胜。对其中《释〈史记·货殖列传〉所说的"陶为天下之中"兼论战国时代的经济都会》一文的内容我以前并不了解,但读后留下深刻的印象,在以后撰写《西汉人口地理》时还运用于论述关东的经济地理基础。对三国和诸葛亮的历史我是比较了解的,有关史料大多看过,史先生的《论诸葛亮的攻守策略》却使我耳目一新,因为此前我从来没有想到过还能这样考虑问题。

成为复旦大学历史系的研究生后,我开始在先师季龙(谭其骧)先生的指导下,比较系统地学习已有的研究成果,史先生的《河山集》和其他论著自然在必读之列。但直到1981年10月我作为谭先生的助手随同他去陕西师范大学开会,才有机会瞻仰史先生的风采,接受他的教诲。10月17日清早,谭先生与我在上海登机,经停南京、郑州,下午1时半才到达西安机场。那时没有手机,连打电话都不方便,史先生早早就在机场等候。在出口处,我第一次见到史先生。尽管已年近七旬,身材魁梧的他精神矍铄,热情地向谭先生问候,扶持上车。到了学校专家楼,史先生详细询问助手和接待人员,知道全部安排妥当了才放心。

这次会议安排了考察壶口瀑布。10月21日一早不到8点就出发了,一行四十余人坐一辆大客车,中午就以面包充饥,翻山越岭经过黄龙山脉,晚上7点半才到达宜川。第二天五点半就出发,在孟门山下的公路桥步行至对岸的山西吉县,又返回北行,近距离观赏瀑布。陈桥驿先生在现场讲解,将《水经注》中的记载与现场一一对照,说明自6世纪来地貌的变化。下午从宜川返回,途经白水县晚餐。由于路程长、路况差,直到午夜1时才回到专家楼。史先生全程同行,还要兼顾安排,比大家更劳累,但第二天一早又出现在专家楼。谭先生对他说:"你胆子真大,带着我们这批老头走那么一次。"史先生笑着说:"这条路我走了不止一次,没有问题的。"原来在"文革"后期,陕西省军区为了落实战备,请史先生为他们研究历史军事地理,专门调拨一辆吉普车给他用,史先生如虎添翼,走遍了黄土高原各地,为《河山集》开了新篇。

1986年秋,谭先生应河南安阳市之邀参加七大古都的论证会。安阳应列为七大古都之一的观点是谭先生提出来的,得到了由史先生发起成立并担任会长的中国古都学会的响应和肯定。会议期间考察安阳、内黄、汤阴等地,谭先生和史先生全程参加。当时一些考察点尚未通汽车,离公路有一段距离,有时还是走山路,史先生健步如飞,毫无倦容。去内黄时一路黄沙滚滚,从停车处进寺庙时就像走在沙漠中,步履维艰。看史先生踩着稳健的步伐,我仿佛看到了《河山集》中他考察过的路程在不断延伸。

第一次见到史先生时,他就对我说:"我也是谭先生的学生。"关于这段历史,在我为谭先生起草自传稿时已经听谭先生说过了。其实史先生只比谭先生小一岁,出生于1912年。不过因为谭先生上学早,中间又跳了几级,所以到1933年,谭先生已毕业于燕京大学研究院,并在辅仁大学兼中国沿革史的课了,而史先生上学较晚,还是辅仁大学的学生,选修了这门课。此后,史先生就与谭先生成了禹贡学会的同人,并且是学会的驻会会员、顾颉刚先生的学生,与谭先生师出同门。中国地理学会设立历史地理专业委员会后,他与谭先生同为副主任。他还担任过陕西师范大学副校长、省民主党派负责人。但他对谭先生一直执弟子礼,往复信函中都是如此,前辈的谦恭风范令人感动。

但在学术讨论中,他们却总是当仁不让,毫不含糊。上世纪70年代末,谭先生研究西汉以前的黄河下游河道,意外地发现了一条《山经》中记载的下游河道,并对西汉前的黄河下游河道作出了多次改道的新说,撰写了两篇论文,其中涉及史先生以往论著中的观点。谭先生将文稿寄给史先生提出商榷,史先生仍坚持己见,复长函辩论。谭先生进一步查找文献,仍不同意史先生的观点,又逐点讨论,并最终写入论文公开发表。有一次他们对本地学者王重九的一篇论文产生分歧:谭先生认为王文不失为一家之言,可以在《历史地理》上发表;史先生觉得王文学术水平差,观点牵强,不值得发表。他们之间不仅书信往复,还当面发生争执。我见他们言辞颇激烈,又不便插话,只能避之室外。但等我返回时,他们已恢复平静,继续谈其他学术问题。他们之间的友谊和合作并未受到学术观点不同的影响,当史先生的历史军事地理论文结集出版时(即《河山集》四集),谭先生热情地撰写序言,给予高度评价。而当谭先生主编《中华人民共和国国家历史地图集》时,史先生欣然出任编委,担任农业图组主编。

原载《中国历史地理论丛》2012年第4期。

怀念侯仁之先生

1978年初夏,我收到了复旦大学历史系历史地理专业研究生的复试通知。本来我对考上研究生并没有抱太多希望,只是舍不得放弃试一试的机会,此时就不得不认真对待了。加上当时规定参加复试的人可以享受十天复习假,我就天天到上海图书馆去看书。在那里,我借到了侯仁之先生主编的《中国古代地理名著选读》,也第一次将这个名字与历史地理这门学科联系起来。其实我此前并不了解历史地理是门什么样的学科,误以为是既学历史又学地理。

入学以后,我才开始了解历史地理学,也逐渐知道了导师谭其骧先生以外的其他老师和前辈。我读了侯先生新出版的《历史地理学的理论和实践》和《步芳集》,不仅加深了对学科理论的理解,更折服于侯先生的科学精神和实践经验,也为他优美的文笔所吸引。

1980年,学校指定我担任谭先生的助手,此后先生外出时我一直随侍左右,因此有更多的机会见到侯先生,多次面承教诲。1981年5月,我随谭先生赴京出席中国科学院学部大会,在京西宾馆见到了来房间看望谭先生的侯先生。他和谭先生同时当选为中国科学院学部委员,同属地学部成员。侯先生比我想象的更年轻,更有活力,其实他与谭先生只相差不足十个月。谭先生刚向侯先生介绍我,他就亲热地说:"我也是谭先生的学生,我们是同学。"谭先生忙说:"别开玩笑了,以后得多向侯先生请教,你问的那些国外历史地理的问题只有侯先生懂。"

以后我在研究学科发展史和撰写谭先生传记的过程中,具体了解了两位老师早期的交往。他们虽是同年,但谭先生求学时间早,中间还跳了几级,所以在1930年还不满20岁时就进入燕京大学当了顾颉刚先生的研究生,1932年就登上大学讲台,先后在辅仁、北大、燕京三校当兼任讲师;侯先生入学晚,1932年方进燕京大学读本科,至1936年毕业后继续读研究生深造。侯先生选择燕京是出于对顾颉刚先生学识的仰慕,研究生期间又当了顾先生的助教。顾先生让侯先生选修谭先生的课,一方面固然是专业学习的需要,另一方面也是为了支持谭先生这位年轻讲师。据在北京大学选过谭先生课的杨向奎先生告诉我,当时北大的制度是一门课必须至少有五位学生选,否则就不能开,所以顾先生就动员杨向奎先生等选这门课。

1934年2月,谭其骧先生协助顾颉刚先生创办《禹贡》半月刊,目的之一就是让他俩讲授中国地理沿革史的三所大学——北大、燕京和辅仁的学生有发表习作的园地。顾先生将《〈汉书·地理志〉中所释之职方山川泽寖》一题分给侯先生,促成他在《禹贡》发表了首篇学术文章。46年后,侯先生还保持着清晰的记忆:"尤其使我惊异的是这篇文章的结论和结语,都经过了颉刚老师的修改、补充和润饰,竟使我难于辨认是我自己的写作了。这件事大大激励了我,我决心去钻研古籍,就是从这时开始的。"1936年,《禹贡》为编辑《后套水利调查专号》,组织了后套水利调查团赴内蒙古调查,侯先生说:"有机会参加这一工作,又使我初步体会到野外考察的重要。"

1993年秋,我为撰写《悠悠长水:谭其骧前传》收集资料,实地考察,侯先生以82岁高龄坚持步行带我去成府大街蒋家胡同,找到了3号顾颉刚故居,告诉我这就是当年《禹贡》半月刊的编辑部和禹贡学会筹备处。《悠悠长水:谭其骧前传》中用的插图,就是我当时拍下的照片。侯先生又领我去燕南园拜访周一良先生,在那里又谈了不少顾、谭两位先生和燕京的旧事,他们还商量了《燕京学报》复刊事宜。

老师之间的深情厚谊使我们这些学生获益匪浅。20世纪80年代刚实施学位制时,首批历史地理专业的博士生导师在全国屈指可数,侯先生属地理学一级学科,史念海先生与谭先生属历史学一级学科,石泉先生也属历史学,但具体方向是荆楚历史地理,其他大多还是硕士生导师。所以当时他们相互之间都要评审其他导师指导的学生,方能达到规定的评审数,也使我们的论文答辩委员会的阵容特别权威而豪华。1983年8月,周振鹤与我作为全国首批文科博士生进行论文答辩,研究生院为我们聘请了侯先生与史念海、杨向奎、吴泽、杨宽、程应镠、陈桥驿为答辩委员。就在答辩会前几天,侯先生突然接到通知,万里副总理代表中央赴陕西汉中视察水灾,邀他随行。为保证能参加我们的答辩会,侯先生不顾任务紧迫和旅途劳顿,由高松凡陪同直接乘坐停在安康的专列来上海,使我们的答辩会如期举行。在招待宴请时谭先生问侯先生:"你本领真大,到哪里都能对付。"侯先生说:"没有办法,接到任务就要出发,只能临时找了几本书,一路上都在看在查。"

1982年初,中国地理学会历史地理专业委员会决定8月份在上海召开首次国际历史地理讨论会,由复旦大学筹办。这是历史地理学界第一次举办国际会议,也是复旦大学当年为数不多的几个国际会议之一。学校很重视,对会议筹备作了周到的安排,要我协助做好对外联系。经学会秘书长翟宁淑女士与几位前辈学者的介绍,很快确定了三位日本学者作为邀请对象。但由于历史地理学界与欧美长期没有交流,了解西方地理学界的人也很少,翟宁淑与谭先生都认为只有请侯先生介绍。侯先生果然介绍了好几位欧美学者,还详细说明了各人的情况和联系办法。那时还没有互联网,国际电话也无法打,或者根本不会打,唯一的办法就是写信邮寄,所以要是没有侯先生提供的地址就毫无办法。我不会拟邀请信,只能依照样本写了草稿,寄给侯先生改定,然后再如法炮制。虽然出于种种原因,欧美学者未能参加,但美国的哈瑞斯教授寄来了论文,使这次会议增加了国际因素。

侯先生是在燕京大学取得历史学硕士学位并留校工作后,再去英国利物浦大学,由著名历史地理学家达比教授指导,取得地理学博士学位的。在中国地理学界,有这样完整的学历,先后得到中西权威学者培养熏陶,侯先生是第一人,直到改革开放初期也仅他一人。那时一般的会议开得比较长,特别是学术性的工作会议,像学部委员大会、地学部会议、地理学会的会议、国务院学位委员会学科评议组会议,还有成立于1982年底的《中华人民共和国国家历史地图集》编委会会议等,谭先生与侯先生都会参加,因此我向侯先生问学求教的机会不少,使我对西方历史地理研究的背景和现状有了一定了解,对外交流学习有了明确的目标。1998年我获得王宽诚基金的资助,选择去剑桥大学地理系访问,联系的指导教师艾伦·贝克教授(Alan Baker)就是达比的学生,与侯先生师出同门。

有一次侯先生告诉我,在美国一所大学,校长向他展示了装在玻璃盒中的"中国文物",原来是从北京城墙上拆下的城砖。他感慨地说:"有机会我要告诉北京市市长,再不重视保护,后人只能到美国去看北京城了。"正是他从国外了解到联合国教科文组织设立"世界文化、自然遗产名录"的信息,引进"世界遗产"的概念,与其他几位全国政协委员联合提案,促使中国正式申报"世界文化、自然遗产",发展成为今天的世遗大国。

《中国历史地图集》正式出版前,要将序言、编例等译成英文,我介绍了研究生同学、复旦大学英语系的周敦仁。周先生的译文准确典雅,但有几处专门性强、含义微妙之处我没有把握,谭先生嘱我向侯先生和夏鼐先生求教。他们都做了仔细推敲,对个别词他们一致认为,英语中找不到最确切的对应词,只能不得已而求其次。

大约在90年代后期一个冬天的下午,我去燕南园侯先生家中谒见,主要是汇报《中华人民共和国国家历史地图集》的进展与其中城市图组的情况。那天侯先生谈兴颇浓,在我汇报完后谈及往事。他告诉我,他是燕京大学校务委员会中唯一还在世的,因为当时他最年轻。燕京校友强烈要求办成三件事,他有责任办成这三件事。但现在只有《燕京学报》勉强复刊,而燕京大学恢复无望,司徒老校长的骨灰不能回到未名湖畔。他叹了口气,说:"在我这一辈子是办不成了,对不起司徒老校长。"我告辞时,他坚持要送我出门。地上还有残雪,我力劝他留步,他说要散散步,我只能请他小心。折过一段短墙,他告诉我这就是冯友兰家三松堂。又走了一段,我建议送他回家。他说不必,我只得伫立目送。

这是我最后一次见到侯先生。而今人天永隔,但那天的情景如在眼前。

原载《中国历史地理论丛》2014年第1期。

最忆康桥风雪时

读研究生时就知道杨联陞先生的名字,知道他是美国当今多数汉学家的老师。1983年9月24日,我随先师季龙(谭其骧)先生去北京大学历史系,当天作报告的除先师外还有武汉大学的吴于廑先生。在他们报告后,周一良先生致辞,他谈到当年在美国哈佛大学的中国留学生中有两位最杰出的,一位是现在美国的杨联陞先生,一位就是吴于廑先生。这使我更增添了对杨先生的崇敬和仰慕。但由于国门始开,我们所能看到的杨先生的论文还很有限,就连先师也只闻杨先生的盛名,知道他是自己的好友缪彦威(钺)先生的亲戚,而未曾有过交往的机会。

所以,当我在1986年7月1日一到康桥(Cambridge的旧译名),就向哈佛燕京学社的职员了解杨先生的近况,得知杨先生已经退休,平时不来校,开学后每周来两次,还得等上两个月。快开学时,图书馆的戴廉先生告诉我,老先生去了香港,并将从香港回内地,一时不会回来。由于与戴先生已熟识,他还告诉我,杨先生近来精神受过刺激,心情一直不好,加上已经退休,不再参加学术活动了。

在新英格兰的红叶落尽时节,一天,我刚走进图书馆善本室,戴先生就对我说:"杨先生来了,他说现在就可以见他。"我赶快跑到杨先生的办公室,终于见到了这位向往已久的大师。面对这位慈祥睿智的银发老人,就像我第一次见到先师那样,我感到学术泰斗与普通人的距离似乎从来就没有存在过。我转达了先师对他的问候,他说:"我与你老师可惜从来没有见过面,但我们的朋友都是熟人。"我说:"这几年我随谭先生见过周一良、缪彦威、吴于廑等各位先生,多次听他们谈到过您。"他说:"我知道大家老是传这句话,其实并不是这样。""我与你老师本来是有机会成为同事的,抗战胜利后,浙大一度想聘我,可惜后来没有去成。"他还告诉我,中美关系恢复后,他曾回国访问，但那时还不能自由行动，他的内兄缪先生他们都是赶到北京去，在宾馆中见面的。这次本来是想由香港回内地，不料摔了一跤，怕身体支持不住，只好返回美国，失去了一次会见亲友的机会。他说："你来了很好，还可以多告诉我一些老朋友和国内高校界的情况。"我见早已过了12点，就向他告辞，他说："门上贴的时间表不是对你的，下次我们尽可以谈得长一些，我把午饭带来，我们边吃边谈。"于是我们约定下星期四再见。

戴先生知道了我们的约会后，高兴地说："好！老先生好久没有这样的兴致了。"我问戴先生，到时候我要不要根据美国人的规矩自己也准备一份午饭。他说："这可使不得，杨先生会替你带来的，他约人一起吃午饭都是这样的。杨师母的菜可做得好呢！"果然，第二次在我们谈了一会儿后，杨先生拿出带来的菜和面包，还递给我一罐啤酒，说："我不喝，这是为你准备的。"我不敢拂他的好意，毫不推辞地喝着酒，吃着菜，我记得其中有很可口的鸡。以后这样的会见方式就成了惯例。

我将带去的论文呈送给他，请他指教。他说："指教是谈不上的。美国人说我对中国史无所不知，那是因为他们知道得太少，真正无所不知的还是你们大家。但文章我一定认真看，看过后再同你讨论。"然后他详细地问了有关《中国历史地图集》编绘的情况，最后他约我两星期后再谈，说："天冷了，我不一定每星期都来，你的文章我也要花时间看。"我知道他住在阿灵顿，自己不开车，来学校是乘公共汽车的，车子班次少，下车还得走一段路，来一次不容易，就说："我反正都要到图书馆来，如果到时候您不方便就别来了。"

尽管朋友们说，这是一个多年不见的少雪冬天，纷纷扬扬的大雪还是撒满了康桥。当我踩着雪，花了比平时多一倍的时间到达图书馆时，心里希望杨先生今天千万不要来了。11时快到时，我忽然想起，最好到车站去看看，可发现他已经出现在走廊上，或许觉得任何感谢的话已属多余，我居然没有说出什么话来，只是随着先生走进了他的办公室。这次谈的话题自然是我的论文，杨先生谈得很多，还把文章拿给我，说上面有他的具体意见，可能一时记不得了，可以带回去看。他说历史地理是很重要的，以前我们对于地理（环境）对历史的影响注意不够，不具体，主要原因是懂得太少，并说以后要多看一点地理书，特别是自然地理方面的。他说话的态度是那么认真，使我不能不怀疑戴先生说过的杨先生不再参加学术活动的话了。事后我看到文章上果然是好几处意见，如在《秦汉时期对西北地区的人口迁移》一文论述"强制性人口迁移"一页上,他写道:"前些年的干部下放和青年下乡,是否也是强制性迁移?是否也应作历史总结?"在另一处写着"可能还有其他解释",等等。

一次我到图书馆地理类书架前翻书,见杨先生也在架上找书。我没有打扰他,却再也不相信他会有真正退出学术活动的念头了。下一次我们又在这里碰到了,他问我:"你看过李好问的《长安志》吗?书里有很好的水利资料,以前好像没有人注意过。"我回答没有看过,他说:"那我算没有白看了,看来历史地理的题目真不少呀。"这段时间他果然已经查阅了不少历史地理书籍。我想,这大概就是他能获得"无所不知"的美誉的真正原因吧!

我们仍然每两星期谈一次,我请教过日本人来华行记、他与法国汉学界的交往、台湾史学界的现状、制度职官的英译等方面的问题。在我请教他的治学方法时,他却不愿多谈,倒向我介绍了香港严耕望先生的一本谈治学的小册子。在问到美国汉学界的情况时,他说对他的学生还是满意的,其中有很杰出的学者,对学生的学生却并不满意。

可是到了冰雪消融后不久,就因我不时外出开会或访问,见杨先生的次数减少了,而我回国的时间也接近了。根据美国方面的规定,我们回国前填写的表格中应该有一位美国教授签署意见,我想请杨先生写,办公室的穆瑞小姐说,由于杨先生已经退休,我必须先征得他同意。5月7日向他告别时,我提出了这一要求,杨先生说当然可以。他拿出一本自己的论文集《国史探微》,说由于书已不多,只能合送给谭先生与我这一本。我接过书,说希望他有机会来上海。他微微叹道:"去不了啦,还是你再来吧!"我说:"那一定再来看你。"我将我们合拍的照片送给他,他高兴地收下了,还在我留下的一张上签了名。就这样我告辞了,他站在门口,默默地目送我下楼,直到我在楼下挥手。

我没有能再见到杨先生,即使再去康桥也见不到他了。但我记下了康桥永远的风雪,杨先生在风雪中来到的情景时时犹在目前。两年前先师也归道山,或许杨先生能与先师研讨历史地理,弥补生前未能聚首的缺憾。两位老师,你们不会寂寞吧!

原载《联合时报》1995年2月24日。

汪老远行感言

在岁末的寒风中传来了汪（道涵）老远行的消息。虽然他以九十高龄告别人生，又为历史留下如此丰富的业绩，已经无愧无憾；虽然我已多年无缘面聆他的教益，得知他一直在医院静养；但去年在电视中见到他先后会见连宋时还是神采奕奕，总以为还有求教的机会。

我第一次接近汪老是在1983年10月，我随先师季龙（谭其骧）先生参加《肇域志》整理工作。由于国务院古籍整理规划领导小组组长李一氓对此项目特别重视，曾以国务院办公厅名义通知上海市和云南省政府，又亲自向时任上海市市长的汪老打过招呼，所以当云南方面的同人来上海参加《肇域志》整理工作会议时，我们就向杨恺副市长作了报告，汪老决定在国际饭店会见并宴请会议人员。那天上午11时，谢希德校长、我们复旦大学的人员与云南图书馆馆长吴锐等云南方面人员到达不久，汪老与杨恺、市府一位副秘书长就来到会见厅。由于前一年谭先生主编的《中国历史地图集》获得上海市哲学社会科学特别奖，汪老与谭先生的谈话很自然地集中在这套地图集上。汪老忽然问起："怎么不请元化（王元化，时任中共上海市委宣传部部长）同志参加？"我们说怕他太忙，他马上说："这件事与他有关，赶快找他来。"等王元化到后，宴会才开始。合影时，他得知我刚获得历史学博士学位，是全国文科首批，高兴地说："你们是后起之秀，这些工作今后就要靠你们来做了。"

1989年1月，中共上海市委书记江泽民主持常委学习会。我和其他六位刚从北京参加"纪念党的十一届三中全会十周年理论讨论会"归来的同志列席，由带领我们出席会议的市委宣传部部长陈至立、副部长刘吉作汇报。当刘吉传达了"宣传有纪律，学术无禁区"的精神后，已经退居二线的汪老发言。他问："我曾经是市委书记、市长,但也是太平洋学会的会长,如果我在会上发表意见,是算宣传,还是算学术讨论?应该守纪律,还是无禁区?"在刘吉作了解释后,他又说:"你说的是刘氏定律,我也可以有汪氏定律,问题是我们怎样理解中央的精神?如果没有一个明确的解释,没有明确的界线,恐怕很难实行。"这番话当时就给我留下深刻印象,十多年来的实际完全证明了他的远见卓识。

我参加这次理论讨论会的论文是《统一分裂与中国历史》,以此为提纲,我又写成了《普天之下——统一分裂与中国政治》和《统一与分裂:中国历史的启示》两书。前者生不逢辰,后者先在台湾出版,大陆版则在三年后才由北京三联书店推出。再见到汪老时,他就说已经看过这本书,在作了肯定的同时,他问:"为什么不写到当代?"我坦率地回答:"我不敢写,写历史已经够麻烦了。但我有我的看法,可以说。"后来他问我:"中国历史上究竟有没有和平统一?"我说:"严格说来,还没有。"他说:"北宋统一中,像吴越国那样的方式可以算吗?"我说:"那是兵临城下或大兵压境时投降的体面方式,并不是双方大致平等的和平统一。"

在谈到国共第二次合作的历史时,我问他当时内战是否不可避免,内战是否确由蒋介石挑起。他告诉我:中共方面是有和平诚意的,并且已经在作具体准备。"你们年轻人或许不相信,我们是过来人,当时在延安和解放区已经安排一部分人学英语,准备参加联合国中国代表团的工作,还准备派人参加联合政府机构。如果只想打内战,我们党内部还做这些准备工作干吗?"

汪老说还希望看到我的其他书,我早已听一些出版社的资深编辑谈过他爱书的轶事,就问怎样送到他那里。他马上拿过一支铅笔,在一张小纸上写上"宛平路某弄某号汪道涵",交给我说,"寄给我就可以了"。以后我如约给他寄过几本小册子。等我主编的《中国移民史》六卷出版后,考虑到部头大,邮寄不便,就请东亚研究所所长章念驰先生带给他。事后我得知书送达那天,正是汪老85岁寿辰,拙著有幸成为一份薄礼,实在不胜荣幸。

汪老不仅愿意了解历史,还一直鼓励我们说真话。那年他正做去台湾再续"汪辜会谈"的准备,他说:"你们要讲各种意见,可以代表台湾方面说话,包括那些主张'台独'的人究竟有什么说法,对我们的政策有什么意见。你们自己的想法更要谈出来,千万不要有顾虑。""我不知道台湾各界的真实意见,到时候怎么与他们谈?""当然我只能在中央授权的范围内谈,只能'舌战群儒',但总要有的放矢,有针对性才行。"要不是李登辉掀起的逆流使这次会谈流产,相信汪老的宝岛之行一定会对和平统一大业作出历史性贡献。

以汪老丰富的阅历、广泛的交游,像我这样有缘承教的人何止万千?在他海量的阅读和收藏中,拙著能占几万分之一?但在我60年的人生中,他属为数不多的给我留下深刻印象的人,于是我不禁写下这些文字,送他远行。

原载《南方周末》2006年1月12日,原题为《汪老二三事》。

我所知的俞大缜

1981年5月中旬，我随侍先师谭其骧先生赴京出席中国科学院学部委员（院士）大会，住在京西宾馆。那是"文革"后中国科学院恢复学部后的第一次大会，会期较长，中间有一天休会。会务人员问谭先生想到哪里去，可以提供车辆。于是谭先生上午去沙滩人民教育出版社宿舍拜访老友周有光，下午去看俞大缜。谭先生已多年未去俞家了，只记得是美术馆后黄米胡同，在司机的协助下，居然顺利地找到了。

事先谭先生曾告诉我他与俞大缜的关系。他在燕京大学当研究生时，俞大纲是他的好友，来往密切，因此也结识了俞大纲的兄弟姐妹。新中国成立后，俞大纲与俞大维（曾任国民党政府国防部部长）、俞大綵（傅斯年夫人）去了台湾，俞大绂（中国科学院院士、曾任中国农业大学校长）、俞大綱（曾昭抡夫人、曾任北大西语系主任）、俞大缜留在大陆。谭先生与俞大绂本来就不熟；俞大綱住在北大，偶尔也见过几次；而俞大缜住在城里，谭先生在北京工作时常有来往。俞大缜早已离婚，女儿也不跟她住在一起。

突然见到谭先生，半睡在躺椅上的俞大缜高兴得拍手高呼"谭其骧！谭其骧！"又拉着谭先生的手讲了好一阵话。俞大缜告诉谭先生，由于严重哮喘，她只能整天在躺椅上半坐半卧，晚上也不能平卧在床上，生活都靠保姆照料。但她精神健旺，思维、言语正常。她说现在白天主要是教英语，完全免费，某些要人的子女都曾来学过。

此后我每年都会陪谭先生去北京几次，也随他去看过俞大缜。有一次俞大缜告诉谭先生，俞大绂在美国的儿子娶了蒋经国的女儿孝章。本来俞家担心蒋孝章难相处，实际她非常贤惠，一点没有"公主"习气。

有一次，正值中秋，谭先生从上海带了几盒月饼送给北京的友人，其中一盒是给俞大缜的，让我送去。送到后，正好俞大缜也空着，她要我陪她聊聊。我知道俞家与曾国藩家的关系，趁机问她李秀成供状的真伪。她说："李秀成劝文正公（曾国藩）当皇帝，确有其事。这是我母亲告诉我的，她是基督徒，一辈子不会撒谎。"俞大缜的母亲是曾国藩的孙女，而她的姐夫曾昭抡又是曾国藩的曾孙。俞大缜说，这在曾家不是秘密。她母亲不止一次说起，在曾家的其他房与长房（曾国藩长子）发生龃龉时，常有人说："还好文正公没有听李秀成的话当皇帝，要不，他们（指长房）不知会多厉害！"

最后一次见到俞大缜时她已病危。那时她已由女儿接到中央美院宿舍，谭先生打听到后赶去。神志不清的俞大缜认出谭先生后，竟喊出了30年代称呼他的小名，或许她已经回到了青春年华的美好记忆之中。

本文写作于 2008 年 8 月 3 日，原载《文汇报》。

雁归来兮寻根

去年10月听到周雁离去的消息,既觉得十分突然,又感到无比痛惜。因为她调往杭州之初曾经给我打过电话,此后一直没有联系,我总以为她像以往一样,正忙于策划一种重要的出版物,或许是在精心准备"浙江版《寻根》",说不定哪一天会突然出现在我的面前。而且事后得知,她弥留之际我正在郑州出席黄河水利委员会的会议,本来是可以见到她最后一面的,却留下了终身遗憾。或许世界上的事就是那样残酷,或许是她不希望我在这样的时刻与她告别,只愿望给我留下她的美好!

当时我感到有很多话要与远行的她说,但到坐在电脑前,却又不知从何说起,如此几次,文件上依然是空白。直到何宝民先生规定的时限在即,我才忽然想到了这个题目,因为我认识周雁、与她的交往,都离不开《寻根》。在我的印象中,周雁就是《寻根》的一部分。

无论是邀我到郑州参加选题讨论会,她专程来上海我家中,还是我们正好在外地出席同一个会议,《寻根》总是我们的话题。有时她路过上海,或者因为时间紧来不及来我家,也会打来电话。每次她都会静静地倾听,然后将有关情况娓娓道来。有一次我与她谈及每期杂志上选用的美术作品,实际她考虑在前,并且比我想得更深更远,但她依然耐心地听着。就是在我答允的交稿时间已经过去,她在电话中也只是善意地提醒。不过如果我的允诺没有兑现的话,她绝不会放弃努力。当《寻根》声名鹊起时,她还是那样沉静,就像它刚问世一样。只要有机会,总要我指出有什么不足,存在哪些问题。我曾与她谈过,杂志要着重寻文化之根、民族之根、国家之根,在此基础上寻家族之根。她非常认真地记录下来,而且《寻根》在这方面一直把握得恰如其分。

她经办的事总是安排得很妥帖,不仅是出于女性的细腻,也显示了她的热情和责任心。有一次她很早就到我家来,是赶在返回郑州之前。要不是前天电话预约,说不定我还未起床。她给我带来一包活蹦乱窜的河虾,说是经过菜场时买的,里面还放着一束香葱。我很惊奇,她怎么会为上海的朋友考虑得如此周到?她笑着告诉我,她先生家也是南方人,所以她知道油爆虾要放香葱。要不是她与《寻根》的关系,这或许只是生活琐事。但我明白,离开了《寻根》,我们间不会有此交往,而她完全可以用更多的时间和精力享受天伦之乐。

除了《寻根》,她的确没有给我留下更多印象,甚至我记不得有署她名的文章,只知道她的文采和佳句已经融汇于《寻根》之中。其实,一个人能与这样一份杂志联系在一起,就足以让后人记取了。尽管她走得太早,太匆促,有了这一段经历,可以问心无愧了。

她随秋风飞去,愿她每年随秋风归来,安慰一下思念着的亲人友人,再看看《寻根》!

雁归来兮寻根!

原载《忆周雁》,中州古籍出版社 2005 年版。

亡友李仁一年祭

——特殊年代的特殊情谊

8月13日是老友李仁离去的一周年忌日。在我的师友中,李仁或许是最平凡的一位,但在1978年10月我考入复旦大学研究生之前,是对我影响最大的一位。

1965年8月,我被分配到闸北区古田中学工作。这是一所才建立一年的初中,三四十位教师中只有两名党员,李仁就是其中之一。他年长我10岁,参过军,看起来比他的实际年龄要大,处事沉稳,待人热情。我还不满二十,对未来的工作充满幻想,虽然入团才一年,却想早日入党,自然将他当作党的代表、老师和兄长,于公于私都相当亲近。

"文革"初期的1966年底,学校的造反派揭竿而起,夺了党支部的权。他是三位党员之一,当然属于批判对象。而我虽非党员,却是支部依靠的"核心"之一,又一直坐镇支部办公室,整理"黑材料",成了头号"老保"。我们当然不甘戴"保皇"帽子,一面与支部书记这个"走资派"划清界限,揭发批判我们曾经参与执行的"资产阶级反动路线"外,还要与造反派一争高低。不过为了避免授人以柄,我们人自为战,各自组织了"战斗队"。忽然有一天,造反派贴出一张全面揭发李仁的大字报,列出了一大串"罪行",看来经过调查,似乎还查过他的档案材料。我一下子给吓蒙了,要真如此,他就是算不上阶级敌人,也够得上错误严重,我平时怎么一点也没有觉察呢?他看出我的惊慌和怀疑,却没有做任何解释,只是重复了那时最流行的两句毛主席语录"相信群众,相信党"。学校的运动一个接着一个,李仁一直做着最普通的工作,长期当"乡办"(动员上山下乡办公室)派驻里弄人员、班主任,甚至曾被工宣队负责人当成"幕后黑手",但他勤勤恳恳地工作,毫无怨言,并且尽可能做得出色。在最艰难的时候,他与大部分同事、学生、家长、里弄干部、工宣队队员保持着亲密的关系。大字报贴出不久,我对他的戒心就已解除,我们一直保持着友谊和信任。

1969年5月"清理阶级队伍"期间,我作为学校专案组成员,与一位工宣队队员外出调查,其中包括去李仁大哥的工作单位调查他的情况。当时他的大哥(工程师)、大嫂(党支部书记)和母亲正关在"牛棚"接受批斗和审查。经查阅档案,听取对方专案组介绍,问题似乎相当严重:他大哥的大学同学去了台湾,可能是国民党特务,他们间有通信来往。单位里曾发生过一次破坏生产未遂案子,他大哥有重大嫌疑。"文革"前他们兄弟间通信(抄家时缴获)用暗语,提到"司令部自应设在北京"。抄家时还发现保存有反动证件。但我发现,除了他父亲的情况无法进一步调查外,其他问题都难以肯定,有的毫无根据。大学同学去台湾,通过一次信,是他大哥自己填在履历表中的,但对方可能是特务却是专案人员想象的。单位那次"破坏生产事故"本来就是"未遂",对他大哥的怀疑也举不出证据。所谓"暗语",只是他们兄弟间通信时商议母亲应该常住哪里,其中一位不知怎么用了一个"司令部"。那些所谓"罪证",只是新中国成立前留下的旧证件。我征得那位工宣队队员的同意,没有抄录任何材料,要求对方有了结论再通知我们。事后我严守纪律,一直没有向李仁透露,直到"文革"结束才与他谈及这段往事。

其实,李仁15岁就离家参军,那时福州刚解放。即使他父亲在新中国成立前有什么问题,与他又有什么关系?尽管他早已成为革命军人,又入了党,这个家庭包袱还是让他背了大半辈子,直到改革开放才担任校长。

李仁的晚年是幸福的,加上他一向精力充沛,豁达乐观,谁也没有料到他竟会患上绝症。动手术后他一度康复,大家都相信他已渡过难关,但奇迹没有再次出现。

向他告别那天,西宝兴路殡仪馆最大的厅堂中站满了人。这是一个普通人的葬礼,但有谁能够享受如此多的亲友和学生的真情送别?李仁,你可以安心了!

原载《新民晚报》2004年8月19日。

《周有光百年口述》读后

2014年1月,在恭贺周有光先生一百零八岁寿辰时,我写过这样一段话:

> 天之降大任于斯人,必予以优秀遗传基因,使之健康长寿,智力超常;须自幼接受良好而全面的教育,使之具备全面优良素质,掌握古今中外知识;给予历史机遇,既使其历尽艰辛,又获得发挥其智慧才能的机会;更重要的是,本人在大彻大悟之后,能奉献于民众、国家和全人类。古往今来多少伟人天才,具备这四方面条件者罕见记载。而周先生不仅具备,还创造了新的纪录。

这本《周有光百年口述》(以下简称《口述》),就是一项新的纪录。

《口述》的基本内容,是根据周先生在 1996—1997 年间的口述录音整理的,在 2014 年补充了一段"尾声"。周先生口述时已 91 岁,但他所说的内容并不止这 91 年,也追溯了他的家世和见闻。而在补充"尾声"时,周先生已是 109 岁,称之为"百年口述"名副其实。

周先生的长寿、完成口述时的高龄、高龄时的记忆和思维能力世所罕见。这部回忆录内容的丰富程度,在中外名人中是少有的。涉及的重大历史事件,包括太平天国、"五卅"惨案、救国会、抗日战争、西迁大后方、民主运动、国共合作、太平洋战争、"二战"胜利、战后美国、思想改造、文字改革、汉语拼音方案的制定、"大跃进"、人民公社、"文化大革命"、"五七"干校、尼克松访华、唐山大地震、改革开放、早期国际交往、《中国大百科全书》的问世、国际标准化组织的活动等,涉及的地域有日本、美国、英国、法国、意大利、波兰、苏联、缅甸、新加坡,以及中国从东北到西南、西北到东南与香港等,涉及的人物有吕凤子、屠寄、刘天华、刘半农、孟宪承、陈训恕、张寿镛、胡适、沈从文、尚仲衣、陶行知、梁漱溟、聂绀弩、陈光甫、章乃器、赵君迈、吴大琨、沙千里、宋庆龄、胡子婴、邹韬奋、宋子文、张充和、卢作孚、翁文灏、何廉、梅兰芳、吴蕴初、杜重远、许涤新、陶大镛、徐特立、黄炎培、常书鸿、向达、李方桂、赵元任、罗常培、老舍、杨刚、刘尊棋、刘良模、范旭东、马凡陀（袁水拍）、潘汉年、村野辰雄、李荣、桥本万太郎、倪海曙、叶籁士、马寅初、叶圣陶、丁西林、胡愈之、陈毅、林汉达、姜椿芳、钱伟长、吉布尼、梅维恒、傅汉思、爱因斯坦等。

长寿的人未必经历丰富，经历丰富的人未必长寿，长寿而又经历丰富的人未必愿意并能够记录下来，周先生口述的价值不言而喻。

记录历史事件时，发挥主导或决定性作用的人，处于重要或关键地位的人，亲身经历或掌握原始资料、证据的人，他们的作用是不可替代的。但他们往往有自己的政治立场、价值观念、切身利益，或为了保守机密，或出于法律限制，往往不愿或不能说实话，甚至自觉或不自觉地编造谎言，制造假象。局外人、无关者和普通人既无利害冲突也无顾虑，可惜他们了解的内容太少，一般不具备记录的自觉和能力，如果不具有一定的判断和正确立场，往往只能留下片面的甚至极端的印象，出自他们的回忆很可能以讹传讹，与事实南辕北辙。周先生的优势正是介于两者之间。除了汉语拼音方案的制定和相关的文字改革工作，他不属于这些历史事件的主角或主要人物，但他又一直以一位爱国者的忠诚、学者的睿智、知识分子的良心起着力所能及的作用，以锐利的目光、缜密的思维、细致的分析、客观的立场观察和记忆。因此，他的回忆兼有两者之利，而能避免双方之弊。

周先生对一些重大事件或人物的回忆只是从自己的亲身经历或见闻出发，而不求全面完整，也没有什么个人追求，更不会制造什么轰动效应。我亲炙周先生的教益和见闻中，有些或许更重要的内容，或许更能显示周先生本人的影响和作用的事，并没有出现在他的回忆中。就是他谈及的部分，也只涉及主要方面。如在口述中，他只谈了一次与爱因斯坦的聊天，实际不止一次。他曾告诉我，那时爱因斯坦觉得无聊，很愿意与人聊天，所以在首次见面后，他们又聊过几次。周先生说："因为是他无聊才找我去的，所以后面几次谈了什么我早已忘了。"周先生绝不会因为爱因斯坦是世界名人，就会详细讲述无关紧要的内容。又如反右，是"文革"前中国政治生活中的一件大事，也是知识分子刻骨铭心的记忆，但周先生因从上海调入北京、从经济学界转入新成立的文字改革委员会，无惊无险，因而他的讲述只用"不是一个重点单位,但是也必须按照比例划百之从几的右派,因此划了几个青年"一笔带过。章乃器是他的老朋友,周先生说:"章乃器是抗日战争之前、抗日战争期间公认的上海左派。可是'反右运动'就定了他是右派。"在谈到沙千里取代章乃器的粮食部部长职务时,他提及当时一些附和反右运动的人说:章乃器是"七君子"之一,这是假君子;沙千里也是"七君子"之一,这是真君子。去掉一个假君子,来一个真君子,这就很好。就像一幅白描,淡淡几笔再现了当时残酷的现实。周先生去看望戴着右派帽子的章乃器,由于不知房号,在一幢八层公寓中一间间敲门,直到最高一层时才找到,"他开出门来,跟我都相互不认识了"。章的前妻胡子婴,住在副部长级官员的大院里,"非常关心章乃器的事情,我跟胡子婴也经常来往",但周先生看望章乃器后写给她的信,她居然没有收到。这些小事的背后,有多少值得后人想象或探究的残酷史实!正规的中国反右运动史或章乃器、胡子婴的传记大概不会有这些内容,但却是优秀的历史学家和传记作者所可望不可求的。再如,在"文革"后期和打倒"四人帮"后风传一时的江青接受美国维克多(Victor)采访和《红都女王》一事,既有正式红头文件的传达,又有民间绘声绘色的故事,还有香港出版的书。但周先生在访美时从他的连襟傅汉思(Hans Frankle)处得知,维克多是他的学生、多伦克亚大学历史学教授,是位严肃的学者。周先生与维克多见面,听她讲了采访江青的情况,还看了维克多正式出版的《江青同志》,发现除了引用江青的谈话以外,这本书并没有对中国不友好的内容,用事实澄清了这个曾经流传海内外、轰动一时的传闻。

周先生当时的口述并非为了出版,主要是为了让后代和亲属们更多地了解自己一生的经历。因此,有些我听到过的人和事就没有提到,如与周恩来等人的交往、"文革"中的"反动言行"等,这是很可惜的,现在已无法请周先生自己补充了。

也正因为如此,除了附录中的一篇短文和两篇采访稿外,周先生的口述主要是讲他的经历以及涉及的人和事,而对自己的看法、建议、观念、思想并无专门的介绍或阐述。所以要了解周先生的学术贡献和思想观念,特别是他在90岁后不断思考和探索的新思想、新成果,还是要读他的相关论著。

在该书的"尾声"中,周先生说:"我的口述史并非是一个完美、完整的作品。但我觉得出错是正常的,批评可指出作品的错误,还可以增加作者与读者的交流,我提倡'不怕错主义',反对的意见或可成为成功的基础。所以我不仅不怕别人提出批评,相反更希望听到不同意见。"

往思录

我有幸受教于周先生已经 33 年了,深知周先生的态度是真诚的。直到前几年趋谒时,他都会拿出打印好的新作或他感兴趣的材料:"你看看是不是有道理。""我能看到的材料太少,你大概已看过了。"尽管周先生是罕见的人瑞,但他绝不希望、我们也完全不应该将他当成神。周先生期望他的口述"能让更多人关心中国的前途和历史,从中辨识出谬误和光明"。坦率地提出不同意见,认真纠正一位百岁老人回忆中难免的错漏,就是对周先生最诚挚的尊敬和最热情的祝福。

原载腾讯网《大家》专栏,2015 年 4 月 2 日,原题为《一位智者口中的百年中国》。

稽山仰止　越水长流

——怀念陈桥驿先生

陈桥驿先生著作等身，驰誉中外，以 92 岁高龄辞世，称得上功德圆满。但我在网上见到这几个字时，还是感到非常突然，因为本来以为陈先生会像侯仁之先生一样寿享百龄；同时也不胜悲痛，因为我并不仅仅是陈先生的私淑弟子。我虽出生于浙江省吴兴县南浔镇（今属湖州市南浔区），祖籍却是绍兴，父亲是从绍兴迁出的。陈先生是绍兴乡贤，当代绍兴学术泰斗、绍兴文化的杰出代表，听到他浓重的绍兴口音，就像听到父辈间的言谈那样，特别亲切。师友间还说过这样的笑话，陈先生讲英语也是绍兴口音。陈先生更是绍兴百科全书，我以往从父辈那里获得的对故乡一知半解的内容，只要向陈先生请教，就能得到完整的答案。听陈先生用绍兴话娓娓道来，就是一堂生动的乡土历史地理课。近年来，有几次谒见陈先生的机会，特别是庆贺他九十大寿那次，可惜我正好出国开会。2014 年两次去杭州，一则来去匆匆，找不到谒见先生的合适时段；一则怕意外的拜访会影响老人正常的作息。最后两次见到陈先生的情景令我记忆犹新。一次是在萧山一个小型研讨会，会议主持人请陈先生发言，本来只是希望他礼节性地讲几句，结果大概因为陈先生在前面的发言中发现了批评对象，他一开口就提高了声音，越说越激动，一发而不可收。另一次是在绍兴文理学院召开的学术研讨会，开幕式在大礼堂举行，陈先生坐在主席台上，我也坐在他旁边。各方代表登台致辞如仪，一般都只有短短几分钟。岂料一位地方旅游局的官员照本宣读，十分钟过了还没有完。陈先生忍不住了，在座位上大声说："好了好了，不要再浪费时间了。"因为会场大，他前面没有话筒，大家没有听见，那人照讲不误。我刚想劝陈先生忍耐，他突然站起来，走到那人面前，用他的绍兴英语大呼："You wasted our time!"此人大概不懂英语，更听不懂绍兴英语，一脸茫然，不知所措。我赶快走过去,一面劝陈先生息怒回座,一面对那人说你的发言时间到了,还是别讲了吧。我很担心,如果见到陈先生时不小心提及某人某事,会引起他的激动,岂料就此永远失去了机会。

第一次见到陈先生的名字是在读研究生时,我在教师阅览室找参考书,发现一本小册子署着这个熟悉而又陌生的名字——我从小就看过赵匡胤在陈桥驿黄袍加身的故事,但是第一次见到有书的作者叫这个名字。再一找,发现他的书很多,覆盖面很广,于是留下深刻印象。不久在谒见季龙(谭其骧)先师时,就问起陈先生。先师告诉我,陈先生是杭州大学地理系的副教授(不久就晋升为教授),"他能干得很,下次开会你就可以见到他了"。先师又说:"陈先生真是自学成才的,你得好好向他学。"

入学不久,谭师给我们上课。在介绍学术动态和学术成果时,他特别以陈先生对宁绍平原的研究为例,证明历史文献与实地考察相结合就能填补空白,取得重要成果。以后我还听到过谭师对这项成果多次赞扬。

记不得在什么时候、在哪里第一次见到陈先生,因为从1980年学校指派我担任谭师的助手后,他外出开会、讲学、参加答辩、考察等我都随侍左右,而这些活动中经常能见到陈先生。与陈先生熟悉后,我就直接写信、打电话,或去他房间求教,正事问完后还天南海北聊一回。陈先生也不以为忤,只要接着没有其他安排,总是乐意谈下去。当然,谈得最多的还是与绍兴有关。陈先生博闻强识,往往兼及一些前辈和学界的美谈逸事。

印象最深的一次是1986年秋,陈先生邀谭师去杭州参加浙江省地名办与《浙江省地名大辞典》编委会的一次会议,同去的还有邹逸麟先生。谭师在大会上作了学术报告,参观了新整治的一段运河,陈先生从接站起就全程陪同,会后又一起去绍兴,陪谭师参观了青藤书屋、沈园、兰亭、东湖。谭师病后不良于行,陈先生不仅再三关照我小心,关键时候往往亲自扶持。此行中我又听到很多故乡的掌故风物、乡贤佚闻,受益匪浅。

其间陈先生在家中招待谭师。当时陈先生住在杭州大学宿舍,是底层一套不大的居室,但显得雅致温馨,前门台阶前栽着菊花。客厅兼书屋中的书架不大,书也不多,还不如我的书多,这使我颇感意外,以后与陈先生熟悉了才知道原因。陈师母亲自下厨,餐桌上有时鲜螃蟹,还有美味菜肴。看得出,陈师母不仅将陈先生照顾得无微不至,也把一切家务安排得很是妥帖。我们得知,陈师母还是陈先生的日语翻译和秘书。返回的路上,谭师不胜感慨:"桥驿真是好福气。"我自然明白,与谭师不愉快的家庭生活相比,陈先生夫妇真是神仙伴侣。

80年代初百废待兴,也青黄不接,历史地理学界还靠谭师(1911年生)、侯仁之先生(1911年生)、史念海先生(1912年生)三位元老掌舵,而出生于1935年前后的一代都还是讲师,副教授也是凤毛麟角,介于其间且年富力强的陈先生(1923年生)经常起着独特的作用。无论是历史地理专业委员会恢复活动、《历史自然地理》的编撰、《历史地理》的创刊,还是第一次国际会议的召开,陈先生不仅大多参与,还起着协调、应急的作用。经常听到谭师与中国地理学会秘书长瞿宁淑在商议中说"把桥驿找来","这件事得找桥驿办"。1982年,历史地理专业委员会委托复旦大学举办第一次中国历史地理国际研讨会,我受命协助谭师联系邀请和接待国外学者。那时我从来没有与国外学者有过直接联系,基本不了解国际学术界的情况,更没有出过国,对欧美学者的联系主要根据侯仁之先生提供的信息,而对日本学者的联系就靠陈先生的帮助。陈先生得风气之先,已经与国外学者有了频繁交往,不仅熟悉情况,而且有良好的人际关系。在陈先生的帮助下,邀请的三位日本学者海野一隆、斯波义信、秋山元秀都是日本历史地理和地理学界老中青三代一时之选,全部顺利到会。如果不是有他们的到来,这次国际会议就名不副实了。当时历史地理学界的几个合作项目,到了收尾阶段,往往都会请陈先生出场。

历史地理学在发展过程中,经常会出现一些新的分支、新的成果,往往得不到及时的评价和肯定。陈先生既有广博的知识和卓越的见解,又有促进学科发展、奖掖后进的热忱,总是及时大力支持。《中国历史地图集》公开出版后,主管部门希望组织撰写高水平的评论,商定请蔡美彪先生与陈先生等人。尽管陈先生正忙于为他的《水经注》研究成果定稿,但他很快写出洋洋万言书评,谭先生说:"陈先生出手真快,我要能这样,你们就不必老是催我了。"我选择的研究方向历史人口地理、人口史、移民史并非陈先生以往的专长,但我的硕士论文、博士论文、《中国移民史》《中国人口史》,都曾请陈先生评阅、参加答辩、撰写推荐书或书评。当时规定博士生答辩必须有外地导师参加,但经费紧缺、酬金微薄,很难办到。记得有一年四川大学的缪钺先生已经请了谭师去成都参加答辩,突然机票涨价,我估计谭师和我两人的往返旅费已超出对方的预算,于是建议谭师主动辞谢,果然使对方单位如释重负。上海、杭州之间旅费便宜,陈先生对食宿条件从无额外要求,回应又快,成了我们所外请答辩导师的首选,而他几乎有求必应。实在安排不了,也会寄来详细的评阅意见。记得早期一次博士论文答辩,到了多位国内权威、资深教授,参加答辩的杨宽教授来得迟了些,坐定后却马上与谭师谈某出版社的出版物引用《中国历史地图集》未注明出处的事。谭师听力不佳,杨宽的声音不断提高,其间还离座与其他人说,主持答辩的某老怒形于色,以至散会时见到历史系领导时手也不愿握。陈先生尽力排解,终于使招待晚宴顺利举办,宾主尽欢而散。

80年代以降,陈先生的论著大量发表,尤其是他研究《水经注》和郦道元的著作,一本接着一本,甚至两本同时问世。学界叹为观止,称其为"郦学"大家,却未必知道这些成果的来历和背后的艰辛。陈先生虽有家学渊源,但毕竟是自学成才,靠的是艰巨的努力和刻苦钻研,特别是在逆境中的坚持。"文化大革命"中,陈先生受到残酷迫害。杭州大学的造反派首创"活人展览",将"牛鬼蛇神"和抄家物资布置成一个个场景,供"革命群众"参观批判,极尽侮辱。陈先生和地理系另一位教授就是被选中的对象。那位教授被诬为"漏划地主",逼他戴上瓜皮帽,穿上长衫,手捧"变天账";而陈先生被批为"封资修的孝子贤孙""白专道路的典型",他被围在从他家抄来的古籍旧书和他的笔记、卡片之间,显示他"顽固走白专道路"的罪状。陈先生告诉我:"那倒好,我整天坐在那里,安安心心读古书,做笔记。""倒霉的是那位地主,把红卫兵、造反派和看热闹的人都引过去了,我倒清静了。"以后造反派转入"夺权"斗争,对他们这些"死老虎""小爬虫"已没有兴趣,陈先生马上重操旧业,继续他的《水经注》研究,将相关资料收罗殆尽,分门别类,形成系统。至此,我才明白为什么陈先生的书房里不必再放那么多的书,为什么他的广博知识和过人见解看似信手拈来,为什么他的书能一本接着一本出版,几乎能覆盖《水经注》和郦道元的全部研究领域。

其实陈先生的晚年同样遭遇不幸,他女儿家的一次火灾使他寄放在那里的家传文物和重要文稿化为灰烬,损失无可挽回。陈师母患了阿尔茨海默病,在绍兴市大禹陵祭典的晚宴上我最后一次见到她时,她已经不认识我了,没有随陈先生坐在主桌,而是由两位女士陪着坐在后面,表情漠然。后来陈先生告诉我,他将临时住到某县去,因为在杭州和绍兴陈师母都走失过,住在小地方会方便些。他自己也受到病痛折磨。但他依然不时发表真知灼见,依然疾恶如仇,依然那样乐观幽默,甚至显出童真。

　　陈先生健在时,绍兴市已经为他建立了陈列馆,这是家乡给予他的莫大荣誉,也是对他为绍兴所作贡献的应有回报。稽山仰止,越水长流,陈桥驿先生在故乡永生,在历史地理学界永存,与祖国的河山和历史同在。

　　　　　　　　　　　　原载《中国历史地理论丛》2015年第2期。

《陈桥驿学术论文选编》序（节选）

为纪念陈桥驿先生逝世五周年，他的高足范今朝教授和颜越虎研究员选编了《陈桥驿学术论文选编》，命我作序。我不胜惶恐，因我虽一直自认为陈先生私淑，却从未登堂入室，岂有此资格？但二君坚持，以为我较先生其他弟子年长，受教于先生时间最长，且曾面聆历史地理学界老辈对陈先生学术成就的赞誉。我不敢推却，只能勉为其难。好在该选编中将刊载越虎兄2006年所作《陈桥驿教授访谈录》，陈先生对其学术与人生自述甚详，我只要利用此机会将我的亲历与私见公之于世即可。

（略）

陈先生著作等身，在历史地理、人文地理、《水经注》研究、地名学、地方志、绍兴历史文化等领域都有重大影响，为什么未能当选中国科学院院士呢？我因随侍先师而了解1991年推荐评选的全过程，但因有保密规定，我一直不能公开，29年后应该可以解密了。

1991年，中国科学院院士增选，在国家教委系统，陈先生获杭州大学推荐。3月20日，教委在北京大学召开评选会，地理组由北大、南大、复旦7位院士组成，先师和侯仁之先生在内。3月22日下午投票，包括陈先生在内的18人获得推荐。6月24日，中国科学院在北京京西宾馆召开评选会，地学部地理组也是7位院士，包括先师与侯仁之先生。在审议时就有院士提出，陈先生的论著很好，但应该到文科去评。先师作了说明，无人继续提出异议，小组投票无否决票，陈先生进入下一轮。26日下午，地理大组31位院士投票，得4票以上者进入下一轮地学部，陈先生获2票落选。我知道其中1票是先师投的，但不知另一票是否侯先生所投。两年后院士再次增选，先师已归道山。从1998年起，侯先生已成为资深院士，不再享有推荐权和投

《陈桥驿学术论文选编》序(节选)

票权。

这不仅是陈先生的遗憾,其实也是历史地理学科的憾事,至今更难走出窘境。尽管历史地理学界已经取得共识,历史地理学是地理学的分支;尽管中国地理学会早在上世纪60年代初就筹备成立历史地理专业委员会,1978年后历史地理专业委员会一直正常活动,成员不断扩大;尽管先师与侯仁之先生的学术成就为地理学界所公认,特别是先师主编的《中国历史地图集》获得中国科学院的特别奖;但地理学界和地学部的院士们并没有真正认可中国历史地理学科的地理学属性。如果说陈先生因为一直在地理系工作,一直参加地理学会的活动,有一部分纯地理学的成果,还能获得院士提名推荐,并进入学部阶段投票,史念海先生就因一直在历史系工作,被视为历史学家,从未获得过提名推荐。那位院士认为陈先生应该到文科去评,不幸的是文科至今没有恢复院士制度。而在地理学内部,即使因侧重点不同而不能入选科学院院士,还有其他途径。1991年教委评选时,陈吉余先生落选,理由之一是他的成果理论性稍逊,但他在1999年当选为中国工程院院士。陈先生、史先生就没有那么幸运了。学位制度设立后,经国务院学位委员会审定,历史地理在历史学定为二级学科,但在地理学连三级学科都没有列上,北大的历史地理博士点只能列在地理学的人文地理分支下面。作为中国高校设置历史地理学科的首倡者和奠基人、长期担任北大地理地质系主任和中国地理学会副会长的侯先生闻讯震怒,上书教育部抗议,结果毫无音讯。近些年来,随着一些了解尊重历史地理研究成果的老一代院士的离去,多数院士已经连历史地理论著也看不懂了,历史地理更加被边缘化。那年《中华人民共和国国家历史地图集》第一册参评政府奖,评审会上竟有院士提出:地图上凭什么这样画,我们怎么知道就是对的呢?要不是周振鹤教授等历史地理界的评委作了说明,就有落选之虞了。

但在1991年后,陈先生仍一如既往地献身学术、服务社会,不遗余力地培育人才、奖掖后进,该选编所收好几篇重要论文就是在1991年后发表的。读了《陈桥驿教授访谈录》,我才找到了答案。陈先生说:

> 就我和人类历史及人类社会的关系来说,我是一个很大的"负债户"。因为人类历史和人类社会为我提供了一个伟大的知识海洋,让我毕生沐浴在这个深深的海洋之中,取之不竭,用之不尽。而我留在这个知识海洋之中的,仅仅是一滴微不足道的水滴。人类历史和人类社会哺育我的何其多,而

我报答它们的却何其少。对于我来说,我所从事的教育与科学研究工作,既是我的职业,也是我对人类历史和人类社会应尽的义务,是我偿还"债务"的唯一方法。所以,我的工作在我看来已经成为一种习惯,一种乐趣,一种寄托。

有这样一种胸怀和追求,陈先生和他的著作必能不朽!

原载颜越虎、范今朝主编:《陈桥驿学术论文选编》,中国文史出版社2020年版。

读史阅世皆求真

——读何炳棣《读史阅世六十年》

近年来读过不少传记和回忆录,如果对传主或作者稍有了解,往往有两种截然不同的看法:一是倍感亲切,因为所传所忆加深了自己以往的感受;一是恍若隔世,因为所传所忆居然与原有印象完全不符。对其矫揉造作、涂脂抹粉处,更觉恶心。有些书结构机巧,文字可读,如果用于写小说、散文,或许称得上佳作。但传记和回忆录应属纪实,离开了真实,还有什么意义?海外某女士前些年著书,自称为某人私生女,轰动一时。面对各方质疑,该女言之凿凿,声称完全属实。无奈漏洞百出,以后不得不改口,称之为文学作品,令人嗤鼻。

20年前,我有幸去芝加哥大学向何炳棣先生求教,又蒙先生慨允翻译他的名著《1368—1953年中国人口研究》,前几年他来上海时也有机会谒见,对他的求真学风、率真态度有切身体会。现在读到他的《读史阅世六十年》,印象最深的也还是他的真。

何先生对史学的贡献自不待言,如前面提到的那本名著出版于1959年,但迄今无人超越。我与同人研究中国人口史粗有成绩,在理论和方法上多以此书为基础。但何先生在"阅世"方面也有其特立独行:他因在清华求学时的政治态度,曾被左派列为"反动"。而在上世纪70年代初,他全力投入"保钓(鱼岛)"运动。"文革"后期,他是最早访华的旅美学者之一,并且通过发表文章、作讲演,盛赞新中国的成就。1979年邓小平访美时,他曾以全美华人协会副会长身份主持欢迎宴会。他于1975—1976年度当选为美国亚洲学会会长,是迄今唯一的华裔会长。作为台湾"中研院"院士,他与"中研院"断绝联系达22年,晚年才重新恢复。对此,他都没有回避,有的还作了相当详细却令人信服的真相说明。就是暂时不想说的,也态度明确,如对于有的文章,表示"愿意把它忘掉","因为它虽有史实与感情,但对国内新气象只看到表面,未能探索新气象底层真正的动机"。所以我应该将此书推荐给史学界以外的读者。

原载《新民晚报》2005 年 11 月 20 日。

忆何炳棣先生

2011年11月,我去南加州大学参加会议,那天外出参观,与加州大学洛杉矶分校一位朋友谈及何炳棣先生,得知他的近况。自师母邵景洛去世后,何先生的日常生活失去了悉心照料。何先生现与已退休的儿子同住,但他个性极强,非但不会开口要人照顾,连学生、晚辈主动送去的食品、用品也不一定接受。本想去看看何先生,得知他不希望别人看到他这样的生活状况,就打消了这一念头。

2012年6月传来何先生去世的消息,虽然我还不知道他如何离世的详情,但相信他一定是以自己选择的方式和时刻告别人生的。

我最早知道何炳棣这个名字是在"文革"期间。那时,中学教师作为国家干部是可以看《参考消息》的,其中多数内容是外国媒体歌颂中国、赞扬"文革"的报道。频频出现的名字有女作家韩素音,以后增加了记者赵浩生和教授何炳棣。国内的报纸也报道过他回国受到领导人接见的消息,属于为数不多的"爱国"美籍华人。到了改革开放后的80年代初,一位多次来复旦的台湾旅外地理学者又声称何炳棣与某某都是右翼,有美国中央情报局的背景,而他才是真正爱国的。这位先生的大话谎话说过不少,所以我只当笑话听,也还不知道何炳棣是何人。

在我写硕士论文期间,从《中国史研究动态》上看到一篇王业键教授讲学的报道,介绍何炳棣所著《1368—1953年中国人口研究》一书的主要观点,感到很有说服力。但遍查上海的图书馆也未找到。先师季龙(谭其骧)先生为我致函中国科学院图书馆的熟人,请他在北京寻访,也一无所获。1985年7月,我一到哈佛大学,就迫不及待地去哈佛燕京图书馆读这本书。

尽管当时还来不及领会书中的内容和观点,但我对长期封闭造成的国内学术界的闭塞却已不胜感慨。上世纪80年代初,一些学者重新"发现"了清初户口统计数中用的是"丁",而不是"口",因而当时的实际人口应该是"丁"数的好几倍。但不久就有人指出,早在三四十年前萧一山、孙毓棠等就已经有过正确的结论。接着,争论转入"丁"与"口"的比例问题,并且一直没有取得结果。可是几乎没有人意识到自己的研究已步入歧途,因为清初以至明代大多数时期的"丁"与"口"实际上根本不存在比例关系。对此,何炳棣这本出版于1959年的书已经作了很严密的论证。所以这场看似十分热烈的讨论,其实不过是重复二三十年前的认识过程的无效劳动。与此形成对比的是,当我在美国一些大学中问那些中国史研究生时,他们几乎都知道"丁"的真正含义是"fiscal unit"(赋税单位),而不是"population number"(人口数量)。

去美国前,我就打算去芝加哥大学向何先生当面求教,于是请先师预写了一封介绍信。先师与何先生并不相识,但有一些间接的关系。"文革"期间,有三位著名的美籍华人的子女要求来中国留学,体验轰轰烈烈的"无产阶级文化大革命",其中一位就是诺贝尔奖得主李政道之子李中清(James Lee)。由于这是直接向周恩来总理提出的,因而得到总理的特别批准,李中清被安排在复旦大学。在此期间,先师奉命单独为李中清讲授中国历史。李中清很重视师生情谊,回美国后与先师仍有书信来往(当时都得交党委审阅),后成为何炳棣先生指导的博士研究生。国内召开纪念何炳松的学术会议时,曾请先师撰文并报告,而何炳松是何炳棣的族兄。

那时我初出国门,不习惯打电话联系,只能先将先师的信寄给何先生,表示拜谒求教的愿望。哈佛燕京学社的津贴虽还充裕,但对于只借了200美元出国、又要维持一家三口生活的我来说,要专程从波士顿去芝加哥一次也不能随心所欲。次年春,美国亚洲学会年会在芝加哥举行,我才借此机会在会后去见何先生。得知我有此计划,孔飞立(Philip Kuhn)教授介绍我住在他的学生、同在芝加哥大学任教的艾恺(Guy Alito)家中。不过他警告我:"这老头脾气很大,你得小心被他骂。"

初次见面是在何先生的办公室。按照电话中的预约,我尽早到达,但在走廊里等候许久还不见动静。我试着叩办公室的门,原来何先生早已在内。他说楼前的停车场太大,如果来晚了,车会停得很远,所以他每次都是第一个到办公室。好不容易有了这次当面求教的机会,在何先生了解我的学历后,我就提出了人口史研究中感到困惑的问题。何先生并未直接回答,却着重谈了如何理解制度的实质,"其他方面,你仔细看我的书就能明白"。"我研究的是明清以降,但制度的原理是相通的,研究方法也是相通的,就是西洋史与中国史也是相通的。"他告诉我,当年来美国留学,学历史的同学几乎都以中国史为博士论文题目,"连我那位百科全书式的学长,写的也是《晋书·食货志》,只有我何某人选了西洋史,而且博士论文是研究英国土地制度史"。他力劝我先学西洋史,在此基础上才能在研究中国史上取得成绩。他表示,如果我有此打算,无论是留在美国或是去欧洲,他都可以提出具体建议或给予帮助。虽有些意外,我还是谢绝了何先生的好意,我说已经41岁了,历史地理还刚入门,外语基础也不够,"如果我年轻10岁,一定按你的指导先学西洋史"。不过何先生的话给我留下了深刻印象,也产生了持久影响,此后我虽没有专门学西洋史,但在研究每个问题时,都会注意它与国际上的关系。在未了解世界上相关情况前,绝不轻易作国际比较,在谈中国问题时,不轻易涉及其世界性。在写《统一与分裂:中国历史的启示》时,我专门查了几种世界古代史,将各国的起源和早期历史与中国作了比较。在研究中国人口史时,也与法国、英国、美国、日本的人口史学家作过交流,查阅了相关论著。

第二天下午,何先生又约我去办公室,对我提出的一些问题作了详细解答,他也问了我先师编绘《中国历史地图集》的情况,以及图集的一些体例。提到秦汉史研究时,我说杨联陞先生曾要我看许倬云的书,何先生说:"他的书不值得看,他的学问和眼光都不行。"又说:"书不是看得越多越好,原始史料的书一本不能缺,后人写的书要选择。"结束后,何先生留我晚餐,由他开车去中国城餐馆。途中我想起包里还有一本带来送给他的书,边说边从包里取书。何先生误以为要送他礼物,立时不悦:"国内来的人就是喜欢搞这一套,我最不欢喜人家送礼。"不等我解释,他勃然大怒,将车驶至路边停下,说:"既然这样,今天的饭不吃了,带上你的礼物回去吧!"我赶快将书取出,放到何先生面前,他才转怒为喜,"很好,这本书我要的"。在他经常光顾的中餐馆,何先生点了一道溜鱼片,劝我多吃。"这里的鱼很新鲜,没有刺,其他餐馆没有这家做得好。"

其间他带我参观芝加哥大学的东亚图书馆,接待的是马泰来。何先生特别让我看了方志部,他说:"这些年芝大收的方志很多,虽然有些只能靠复印,但在北美大概是最全的,比国内一般机构都收得多。我写书时,将在北美能找到的方志都翻遍了。"出来时正遇到钱存训先生,马泰来作了引见。但何先生仅打了个招呼,转过身来就对我说:"此人就靠资历,却很霸道。"

临行前一天的晚上,他约我到他府上去。知道我住在艾恺家,他一定要开车来接我。他的寓所是一幢两层小楼,地下室很大,是他的书房。大厅里挂着齐白石、黄宾虹等名家的画,我们在画前留影。何师母得知我来自上海,说:"上海好,他一直说想去上海。"我得知何先生当年有访问中国的计划,就建议他将上海包括在内,到时请他到复旦大学作个报告,他欣然同意,并说:"我还一直没有见过你老师。"我又提出想翻译他的书,在国内出版。他说:"我的书可不好翻,你先试试吧。"我问费正清的序是否照译,还提到春节时在孔飞立家见过费先生。何先生说:"他可是一直对我求全责备的。""不过他也不得不肯定我的成果,只是在序中写得有点勉强。"他同意我保留这篇序言。我向何先生保证,译稿一定会送他审阅,联系好出版社后一定会征得他同意。何先生从书架上取出他的《黄土与中国农业的起源》和《中国会馆史稿》送给我,他说:"你可以看看我对张光直的批评。外界对张的评价很高,可能只是对他的考古学。涉及环境变迁,他的结论是错的,他其他方面的知识有限。而我的论文曾征求过国际顶级生物学家、地学家的意见,他们都给我很高评价。你比较一下,高下立见。"

告辞时,何先生坚持要送我回去,说那一带晚上不安全。我下车后,何先生还停着车,说要看我进门后才放心离开。前几年与艾恺教授在微博上聊天,他提及往事,戏称"何先生从未光临过寒舍,葛教授好大的面子"。

我预计6月回国,在最后几个月中抓紧时间,翻译了前面两章,抄在国内带来的500格大稿纸上,寄给何先生请他审阅。他回信说近来很忙,留着慢慢看。

当年8月,我随季龙先师去北京参加《中国历史地图集》工作会议,住在国务院第二招待所。那天下午散会早,我们回房间早,忽然何先生出现在门前。原来他应中国社会科学院邀请来访正在北京,而我们这次会议是由社科院召集的,他得知谭先生在,就找来了。他们一见如故,谈得很投缘。得知他这次来访时间较长,社科院还安排他去昆明和上海,先师再次邀请他访问复旦大学。或许因为是初次见面,或许因为他对先师特别尊重,这次何先生没有月旦人物,也没有骂人。何先生走后,先师说他是南人北相,不仅相貌,各方面都像北方人。

回校后,我们以研究所的名义向学校打了报告,报了接待何先生来访的计划。那时外国学者来访不多,一方面外事纪律严,涉及校外的活动都要预先报市外办批准,如去外地活动还得由市外办通报对方外办;另一方面接待隆重,一般都得由校领导出面宴请,招待参观游览。好在何先生名气大,一向被当作"爱国美籍华人",所以我们报了请他作学术报告,连具体题目都没有,外办并未像通常那样要求报学术报告的内容。

  10月间,何先生与师母由昆明到上海。次日我陪他们去无锡游览,因持市外办介绍信预购了软席火车票,由无锡市外办派车接待,午间去外办定点的太湖宾馆用餐,全天活动都很顺利。没有想到在无锡火车站虽持市外办介绍信,却没有买到原定车次的软座票,只能推迟一班。在候车室等待时,何先生很不耐烦,我十分惶恐,师母却说:"不要睬他,他就是这种脾气。"上了车,何先生说:"以前我回来,火车都是等我坐定才开的。"师母说:"你还提那时,那是'文化大革命'时,怪不得你那时说'文化大革命'好呀。"何先生默然良久,叹了口气:"我哪知道他们都是骗我的。"

  那时复旦还没有专门的学术报告厅,一般就安排在几个大一点的教室。考虑到何先生的地位和影响,我们借了一个可容纳二百来人的大教室。知道后何先生很不高兴,说:"云南大学是请我在大礼堂作报告的。"我陪何先生进教室时,已经座无虚席,过道与窗边都站着人,历史系、经济系、相关研究所一些知名教授都坐在下面,气氛相当热烈。何先生报告后,多位师生提问,不仅对他的论著熟悉,而且都提出希望他再作阐发的要求。会议结束时,何先生兴致不减,说:"毕竟是复旦大学!"

  何先生告诉我他不久将从芝加哥大学退休,准备来中国发展,"希望我回天津,但我不喜欢在天津和北京"。当时中国的高校和研究所开放程度有限,我并不理解何先生的"发展"是什么意思,以为只是来访问交流,作个学术报告。事后想来,何先生大概是按港台的模式,希望在他退休后内地(大陆)的高校或研究所能聘他任职,以便继续他的研究。或许他此前已经在北京试探过,不得要领后才在上海这样说,以他的身份和脾气自然不会直接提出。但即使他正式提出,当时的中国也还不具备这样的条件,无论北方南方都不会给他满意的答复。他还提到退休后准备迁居加州,芝加哥气候不好,冬天太冷,夏天又热。我知道美国不少华人教授都喜欢在退休后住在加州,一般会拿退休金在那里买一所房子养老。

  回美国后何先生来信告诉我,他已退休并迁居加州,信上有他新的地址和电话。但不久他来信说已应加州大学尔湾(Irvine)分校之聘,地址和电话也变了,他说新居宽敞漂亮,花园很大。事后得知此事是李中清促成,正好尔湾需要中国史教授。而他的子女嫌他自己买的房子不理想，共同为他买了新居。

在上海期间，我将新译好的几章交给何先生，何先生将原来留在他那里的译稿还给我，没有提出什么问题。我又请教几个翻译中的问题，何先生一一作答。当时遇到最大的麻烦，是如何将书中引用的史料译回中文，何先生要求都要按原文，但那时国内的图书馆开放程度很低，特别是一些善本，往往只能通过熟人才能查到。个别材料由于原书所注卷数或出处有误，或者依据了稀见版本，一直无法查到原文。有些当代著作是在海外出版的，国内未有收藏。对何先生依据的稿本，更只能望洋兴叹。何先生让我将查不到出处的条目寄给他，由他找马泰来帮着查找核对。他还同意对实在找不到原版的，可以用其他相近版本代替。以后他寄回了几条在芝大图书馆核对过的材料，但胡适之父胡传的《台湾纪录两种》（1950年在台北出版）直到书将出版时还未找到，何先生只能自己据英文回译，并加了一条注："作者声明，因迁居，此条原文一时不能查到，只好意译。"到2000年此书再版时，何先生还是找到了原文，将自己的译文替换下来。这时我发现，何先生的译文不仅贴切原意，连有些字句都一致，不能不钦佩他的记忆和理解。

  胡传原文："（余）生长草野，身经大难，复睹平世，亲见同治五六年间，自徽州以达宁（国）太（平）数百里之内，孑遗之家，仓有粟，厨有肉，瓮有酒，各醉饱以乐升平，几于道不拾遗，户不夜闭。"

  何先生据英译回译："余于同治五六年间，目睹徽州、宁国、太平数百里间，居民家有余谷，厨有肉，瓮有酒，餐馔丰盛，时或畅饮至醉，无不尽情重享升平之乐。路不拾遗，夜不闭户。"

到1987年，书稿已译全，引文原文也已核对完毕，大多已由何先生看过。不过他事先曾告诉我，由于不习惯看用横式稿纸写的简体字，所以不可能看得仔细。当时国内出版此类学术书相当困难，而我还是希望找一家信誉高、质量好的出版社。上海古籍出版社正编辑出版《海外汉学丛书》，魏同贤社长闻讯，力邀此书加入，但表示无法给海外的作者付稿费。我写信征求何先生意见，他回复表示信任这家出版社，不需要给他付稿费。即使有，他也建议都给译者。同时他要我将不久前在国内重新发表的《宋金时中国人口总数的估计》（原载《白乐天教授纪念宋史研究丛书》，1970年在巴黎出版）一文作为附录收入。此书于1989年问世，书名按英文版直译为《1368—1953年中国人口研究》。

此书只印了 1 000 册，对于这样一本经典著作，如此少的数量自然远远满足不了学术界的需求。书店里很快售完，出版社的少量存书也已告罄，只能将读者求书的来信转到我这里来。这本书成了我最珍贵的赠书，连我的博士研究生也未必能得到。海外曾有出版社表示过出版意向，但为便于国内读者，何先生和我都希望能在国内再版。到 2000 年，三联书店与我接洽，希望出版此书，我自然求之不得，何先生也表示同意。

我请何先生趁再版之机审定译文，他提出了几条修改意见，并要求将书名改为《明初以降人口及其相关问题：1368—1953》，他说："我这本书哪里是只讲人口？涉及面很广，实际上是一部经济史、社会史。"此书的英文原版出版于 1959 年，半个世纪来，何先生对中国人口史与相关问题的探索孜孜不倦，陆续发表了新的成果，如对宋金时期人口的估计，对南宋以来土地数字的考释和评价等。前者已作为附录收入本书，后者已另出专著。何先生治学精益求精，自然希望用最新成果中的观点或数据取代旧说。但就如何处理译文，我与何先生产生了分歧。何先生希望我直接更改原文而不加注释，我认为译者只能忠于原文，除非作者自己修改并作说明。对此何先生颇不以为然，并向吴承明先生等表明对我的译文的不满。

例如，对第六章第三节中卜凯对浙江省土地数的估计，何先生曾要我改写，我坚持在三联书店版本中保留原文，另加译注：作者在本书撰写时曾持卜凯对浙江省总数的估计失之过低的看法，但在最近的研究中，已根据浙江传统耕地面积的膨胀因素相当大的特殊情况对此作了修正。作者指出：这并不是说卜凯和《统计月报》对所有省份耕地面积的估计都一律失之过低。例如，浙江的传统土地数字已经证明失之过高。卜凯和《统计月报》虽对一些浙江县份的耕地作了修正，但所估全省耕地仍是 41 209 000 市亩，即使折成新中国成立后的 38 000 000 市亩，也还是不合理地高过 1979 年呈报的耕地面积 27 433 000 市亩。详见《南宋至今土地数字的考释和评价（下）》(《中国社会科学》1985 年第 3 期)。

责编杜非要我向何先生要一张他满意的照片，提供一份作者简介。但看了他自撰的简介后，我与杜非都不敢采用，因为他用了很多最高等级的形容词和定语，刊登出来有损他的清誉，删去又怕引起他不悦。最后商定，照片不用，将原定整页的作者简介改为在封面勒口放作者简介与译者简介，这样用不了几句话。新书寄去后，我一直担心何先生会兴师问罪，但他始终未提及简介被大大简化的事。

三联书店再版此书后,我未再听到何先生对译文的批评。晚年他授权中华书局出版他的全集时,此书仍用我的译本,并未再坚持改动译文,显然已接受了我的做法。

何先生在上世纪 70 年代初曾全力投入"保钓(鱼岛)"运动。"文革"后期,他是最早访华的旅美学者之一,并且通过发表文章、作讲演,盛赞新中国的成就。当时很多华人不赞成他的看法,有时当他面发表不同意见,何先生毫不含糊,不仅加以驳斥,有时还直接骂人,为此得罪了不少人。"文革"结束后,特别是中共十一届三中全会彻底否定了"文革"后,原来发表的几篇文章成了他的心病。有次谈及此事,我力劝他利用合适的机会公开表态,他说:"我是上了他们的当,误信了他们提供的假材料。"我说:"就是这些话,也只有你自己知道呀!"2006 年,何先生出版了他的回忆录《读史阅世六十年》,提到了这几篇文章,表示"愿意把它忘掉","因为它虽有史实与感情,但对国内新气象只看到表面,未能探索新气象底层真正的动机"。出版社根据何先生提供的名单,给我寄来了新书。尽管我认为这样的表态还不够,用"文革"语言说是还没有"触及灵魂",但对何先生来说已经很不容易,至少他公开作了一次自我否定。

1989 年春夏之交国内发生政治风波,何先生了解不到实际情况,忧心如焚,他给我寄来一封信,没有抬头和落款,一张信纸上只有八个字:"国事如此,奈何奈何!"但我从未见他发表过对中国不利的言论,不久他又恢复了与国内的学术交往。

1966 年他当选为台湾"中研院"院士,后来他主动与"中研院"断绝了联系,二十余年不参加活动。那年他给我的信上说,已决定恢复与"中研院"的关系,听说是李中清调停的结果。后来我去"中研院"访问,台湾的朋友谈及何先生出席院士大会的情况。杜维明落选后,有人问何先生是否他投的反对票,何先生得意地说:"哪还轮得到我出手,前面早有人把他干掉了。"

晚年的何先生性情依旧,谈话中几乎没有不骂人的。对多数人他只是在学术、学问上批评,有几位却涉及人品,他会说"这个人很坏","某人很阴险","对某人要小心"。

他在尔湾分校二次退休后,全力研究思想史。他认为这是最重要的学问,但没有毕生的积累不行。他发表了一篇从思想史角度研究《红楼梦》的论文,告诉我:"这可是一篇重要论文,其他人是写不出来的。"我不懂《红楼梦》,知道魏同贤先生是红学专家,就问他是否看过何先生的论文。魏先生说:"果然不同凡响,红学界的人很佩服。"

杨振宁先生请他去香港作讲座,他很满意,以后又应邀去清华作讲座。在上海他与我谈及香港之行,他说:"现在我与杨振宁越来越有共同语言。一个人过于谦虚绝对是虚伪,对有些人就是应该瞧不起。"

他最后一次来上海是应华东师范大学之邀,这也是我最后一次听他的教诲,多数时间是讲思想史的重要性,讲墨子的地位应大大提高。以后在报道中得知他在清华的讲座就是讲墨子,可惜我没能赴京受教,并且再也没有聆听的机会。

原载《文汇学人》2017年12月8日。

人天永隔竟如斯

生离死别是人世间不可避免的事，特别是像我这样年龄的人，不仅师长中有陆续归道山的，就是友人甚至学生中也有人盛年而逝。师长辈的大多是因高龄或久病，同辈或晚辈则往往是绝症所致，或属飞来横祸，震悼之余，倍感生命的珍贵。明知自然规律不可抗拒，却忍不住会假定与他们再有相见之时。但近年来有三位逝者，却使我不得不感叹，人天永隔竟会如此残酷！

2000年2月11日中午，我从外面回家。家中无人，而电话机显示有留言，按下一听，是魏绍昌先生来电，因无人接，留下了他家的电话号码，让我回电。我不认识魏先生，但拜读过他的文章。我立即拨了他家的电话，但一直没有人接。到了下午两点多，魏先生又来电话。原来我没有听清他的留言，拨错了电话号码。他告诉我，是从教育出版社王为松那里打听到我的电话号码的。他得知我出了一本《碎石集》，问是哪里出的，哪里能买到。我说手头正好还有余书，可以立即寄给他。一问地址，原来他家和我家就在同一个小区，我住48弄，他家在188弄。我说既然如此，我可以送去。他说不必，因为马上要去医院住院，会让他儿子来我家取，并要送我几本书。他介绍自己是属狗的，问我是否也属狗。我告诉他，我虽然生于鸡年岁尾，但比属狗的还是大了一个多月。他笑着说："不属狗也没有关系，一样可以交朋友。"他答应从医院回家后再给我打电话。

因为当天凌晨才睡，所以我刚在电脑上输入一段文字，就有点撑不下去了，只能去睡一会儿。怕魏先生儿子送书来，就先将两册拙著《碎石集》和《行路集》签名备好。一觉醒来，女儿告诉我，魏先生儿子果然已送来《魏公爱犬》《京华美梦》及《文教资料》三书,还附了一封热情洋溢的信。魏先生的文章我虽读过几篇,但他的文集我还是第一次见到,忍不住当场就翻了一遍,自然更希望早日有机会向魏先生求教。

4月下旬,魏先生打来电话,说他已出院回家,约我在五一节期间见面。但到5月2日傍晚,魏先生又来电话,说他身体仍很差,只能改日再见了。既然如此,我当然不便再去打扰,只能祝他早日康复。谁知不久后听到魏先生去世的消息,这几次通话成了我们之间唯一的联系。

去年7月10日,贺崇寅先生忽然打来电话,问我中国省区沿革的一些问题。他又问:"既然黄河下游已成地上河,防洪的工程量很大,为什么不能另外开一条新河道,使黄河水能顺利入海,又可减少防洪的成本。"我知道贺老的听力很差,就尽量简单、缓慢地作了回答。我建议安排时间当面跟他说,他似乎意犹未尽,一边同意,一边又问了几句。贺老离休前是上海译文出版社负责人,近年主持组织民间性质的中华文化研究所,承蒙他垂意,邀我参加活动,我在几次会上作过学术报告,或发表过意见。贺老知道我的学术背景,所以会问我历史地理方面的问题。不过在这以前的活动中,贺老已显得体力不支,尽管他总是坚持到底。

7月15日晚上,我打电话给交通大学出版社的吴东,告诉他贺老来电的情况,建议他安排一次活动,由我讲这两方面的内容,可以请有兴趣的同人一起来听,或者单独讲给贺老听。中华文化研究所的活动大多是由吴东按贺老的意见操办的,但这次他觉得有些为难,因为他担心贺老的健康是否允许,而且如果不是单独对他说,贺老是无法听清楚的。我也很惊奇,贺老怎么会想到亲自给我打电话问这两个问题,却没有想到自己根本听不清别人在电话里的声音。最后我与吴东商定等一段时间再说,不料月底就收到了贺老于29日去世的讣告。我懊悔不迭,永远失去了回答贺老这两个问题的机会。

2000年3月,学勤来电,他收到小凯的邮件,6月20日将来浦东参加会议,愿意利用这个机会到复旦讲学两周。我知道小凯是学勤的好友,是在国际上很有影响的经济学家,被认为是华人中最有可能得诺贝尔经济学奖的人物。我不懂经济学,没有读过他的专业论著,但看过他的几篇时评,也听学勤介绍过他的经历,印象很深。我立即给经济学院的友人通报小凯的意向,希望他们不要错过机会。以后听说小凯在复旦的讲座很成功,某日接到经济学院的电话,说小凯希望与我见面,邀我参加一次宴请。可惜我预定去外地出差,与小凯失之交臂。

7月29日,学勤来电与我商议他主编的《20世纪的中国》一书,谈了我承担部分的提纲。他告诉我,小凯已答应写经济部分。我为学勤庆幸,找到了这样高水平的学者,也与他谈到还没有见过小凯。学勤说下次小凯再来时,我们一定会有机会见面,还说如果去澳大利亚,可与小凯联系。但这样的机会似乎再也没有出现,尽管小凯来过上海,我也去过澳洲。

不过,有了这一层关系,我对有关小凯的消息或论著就更加留意了。2002年4月13日,《湘声报》的记者向继东给我转来一封邮件,是采访小凯的记录稿,也算给我带来了他新的信息。以后听说小凯患了癌症,一度又传来他康复的消息。但朋友们的乐观没有能持久,暑假前学勤谈及小凯病情日益沉重。7月7日,我与他见面的希望完全破灭,他在澳大利亚墨尔本家中平静地离开人世。

据报道,小凯弥留之际向国内的朋友致意:"谢谢大家,我们会在天国相见。"或许他心目中的友人也包括我这个从未谋面的人,但我不信基督教和其他宗教,看来无缘与他在天国相见。那就只能珍惜这些有限的记忆,让它们永远留在我的心中。

小凯和这两位长者,还有其他逝去的师友,我们还是能见面的。

本文写作于2003年8月。

忆旧之难

——并谈一件往事

去年读到沈容写的回忆录,其中有一节涉及李慎之夫妇。大意是在延安某次政治运动中,她受到审查,李慎之夫妇落井下石。作者还提到,李慎之与她丈夫李普过从甚密,是她家的常客,她因有此不愉快的经历,始终不愿理睬。

这是作者的亲身经历,我们自然没有怀疑的理由。但读到时却不无遗憾,因为作者发表时李慎之已经去世,他的夫人虽还健在,却基本上丧失了记忆和思维能力。如果作者在李慎之在世时,或者在李夫人思维正常时就发表这段往事,如果发表后又得到李氏夫妇的承认(包括默认),那么它的真实性就能得到证实。根据我对晚年李慎之的了解,确信他是敢于面对自己以往的失误和缺陷的。如果从另一方面考虑,当时李慎之不过是二十多岁的青年,参加革命的时间不长,又刚随《新华日报》从重庆撤到延安,是初次接受政治运动的考验,对沈容的态度或许另有隐情,也未可知。在此后的几十年间,特别是在李的晚年,以他们两家的关系,双方本来有很多机会可以沟通,或者弄清事实真相,至少能够给李慎之一个辩白的机会。如果这样,这段历史记录将更真实、更完整。

我不敢苛责作者,在旁观者看来举手之劳的事,当事人未必能轻易做到。除了个人感情上的障碍外,还可能面对道义上的责难——都到了这年纪,还要触别人的痛处,揭人家的疮疤?或许作者和当事人就是在犹豫中错过了一次次的机会。

十多年前,我在为先师季龙(谭其骧)先生撰写传记时,也不止一次遇到过这样的艰难选择。从存史求实的角度考虑,我应该将了解的事实毫无保留地写出来,但在实际中却往往无法做到。例如,有人曾在以往的政治运动或"文化大革命"中扮演过不光彩的角色,今天已被外界视为"德高望重"的名教授。有人曾在无意中卷入某一事件,事过境迁后却不愿意被提及。有人对以往的错误行为毫无忏悔,却以"受害者"的身份继续歪曲事实。如果都秉笔直书,可能会伤害好人的感情,引起无谓的争论,甚至可能被迫应对无休止的、不利的诉讼。因此,我只能采取变通办法,在不影响事实真相的前提下,保留受害者的真实姓名,对施害者或其他敏感人物则隐去姓名。与主题关系不大又过于敏感的事,则完全回避。尽管如此小心谨慎,还是被人告上法院,一场官司由杭州打到上海,由区法院打到中级人民法院,历时两年有余,虽然以我的全胜告终,却耗费了大量时间、精力和感情。

　　正因为如此,对有些自己亲身经历的事要不要写出来公开发表,我也犹豫再三。特别是看到有些回忆文章与事实有很大差异时,我完全有资格说明真相,却因种种原因不能或不敢这样做。等到当事人去世,就更不好说话了。如果我是旁观者,肯定也会提出疑问:"他活着时为什么不说?现在死无对证了,谁会相信?"当然,作为一个普通人,我的经历不过是这段历史中一个极其微小的片段,或者只能作茶余饭后的谈资。但我作为历史研究者也明白,宏大的历史其实离不开这类细节性的片段。所以我准备将一些往事陆续写出来,希望能得到当事人的理解。如果我的记忆有误,也欢迎其他当事人及时指出,说明真相。

　　这次试写的是我在《读书》杂志发表讨论冯道的文章所引发的争论和余波,遗憾的是,柯灵先生、张中行先生已归道山,不可能对我的回忆置可否了。

　　1995年2月,我在《读书》杂志发表了一篇讨论冯道的文章《乱世的两难选择——冯道其人其事》。5月去北京,《读书》主编沈昌文先生按惯例做东,为我邀集京中师友聚餐。平时与我联系的编辑赵丽雅女士告诉我,沈先生也请了张中行先生,因张老看了我这篇文章后,曾在电话中与她谈及,颇为赞许,并表示希望有机会与我见面。17日晚上,我在孔乙己酒店第一次见到张老,主人特意安排我坐在他旁边,以便我们交谈。那天来的还有王蒙、庞朴、雷颐、吴彬、陈玲等人,闲谈中知道张老乔迁新居,在元朝所建土城外。张老对我很亲切,但说话不多,并没有多谈那篇文章。

　　1996年1月9日,我白天有事外出,回家后得知有好几位友人来过电话。我逐一回复,原来都是见到了当天《文汇报》副刊《笔会》刊登的黄裳先生的文章《第三条道路》,竟是批判《乱世的两难选择——冯道其人其事》一文的观点的。因为我不订《文汇报》,当晚见不到黄文。我不认识黄先生,此前也没有得到《文汇报》方面的消息,不知有何背景。打电话给笔会主编萧关鸿先生,一直没有人接。

第二天早上,萧关鸿给我来电话,告诉我《笔会》登载了黄先生的文章,希望我能作出回应,并准备请张老也写文章发表。我到学校看过《文汇报》,才明白黄先生是看了张老在去年《读书》第12期上的一篇文章《有关史识的闲话》作出的批评。他对张老文章中引我《乱世的两难选择——冯道其人其事》文中的话"产生了大的疑惑",并且"浮想联翩",认为我的话与汪精卫的"高论""何其相似乃尔"。由于《读书》编辑部给我的赠阅一般要在出版后才寄出,所以当时我还没有看到过张老的文章,不知道他究竟说了什么。如果根据黄先生文章所引,张老的个别话的确说得有点过头,但这与我文章中的意思是两回事,我不知道为什么黄先生要将我也扯进去。但既然黄先生说得那么严重,《笔会》又希望引起争论,我就不得不回应了。

当天下午,我为了在2月份召开纪念先师季龙(谭其骧)先生学术讨论会的事打电话给王元化先生,请他在会上发言,顺便也谈起了黄先生的文章。他说张中行与我的文章他都没有看过,但如果张老的确是这样说的,他是不赞成的。我说,我不反对黄先生批评张老,但没有必要将我扯进去。如果黄先生真要批评我,至少应该根据我的原文,不应断章取义。王先生表示他会给黄先生打电话,说明我的意思。当天晚上,我针对黄先生的批评写了一篇《可怕的浮想——答黄裳先生》,第二天寄给萧关鸿。

几天后的一个下午,我接到一位女士(事后得知是柯灵先生的夫人)的电话,告诉我柯灵先生要与我通话。我很惊奇,因为我从未涉足文学界,也没有机会见过这位老前辈。柯老告诉我,他是从其他人那里找到我的电话的,他说:"我看了黄裳的文章,感到很奇怪,也很生气。他在文章中写得那么义正词严,却不想想自己的过去。我是了解他底细的,知道他为什么要这样做。但你们肯定不知道,所以今天要告诉你。孤岛时期汉奸办了一本杂志《古今》,受到大家抵制,相约不给它写文章。但黄裳是第一个给它写的,并且写了很多。前几年我在编孤岛文学资料时用了曲笔,我只说'有人',但没有点名,这是不应该的。我现在告诉你,这个人就是黄裳。"我对柯老关心我并告诉我这段史实表示感谢,但说明我在回应黄先生的批评时还是就事论事,不能涉及文章以外的事。柯老说他要将这本资料寄给我,并已在书上做了标志。随后柯夫人在电话中问了我的地址,几天后我收到了这本书。

《笔会》于1月18日发表了我的文章,并加了编者按语:黄文发表后"引起读书界的广泛注意和各种反响,今发表葛剑雄先生的答辩文章。我们欢迎各种学术观点的争鸣,以活跃思想,繁荣学术"。

1月31日,萧关鸿寄来了黄裳先生的第二篇文章和张老一封信的排样。我觉得,我要说的话都已说过,黄先生的文章并没有提出新的意见,所以给萧打电话,说明我不再奉陪,并建议这场争论可以结束了。萧表示同意,但告诉我又收到了刘梦溪先生批评张老的文章,还收到了其他类似文章。我建议可以发表张老的信作为结束,因为他已明确表示不愿与黄先生等争论。如果要继续讨论,也应由其他人进行,不必再由张、黄与我发表意见。

2月间,沈昌文先生来上海,为辽宁教育出版社筹办《万象》杂志。在出版社宴请时,我第一次见到黄裳先生,在我礼节性地自我介绍后,他说他写文章时没有看过我的文章。

我曾与一位相当熟悉情况的朋友谈及柯灵先生告诉我的事,他也隐约知道黄先生给《古今》写稿的事,但黄先生多年来从未提及此事,在黄先生已经出版的文集中也没有收录这些文章。

今年张老去世时,我本想写些纪念文字,已从日记中摘出有关内容。我与张老交往有限,要写的话就不能不提这件事,但感到不应该打扰年事已高的黄先生,犹豫再三,还是没有动笔。

但此后在《文汇读书周报》读到黄先生为《来燕榭集外文抄》写的自序。这大概是黄先生首次公开谈这段历史。据他说,当时《古今》的一位编辑周黎庵约稿,他又急需筹集去大后方的旅费。到这些文章发表时,他已经离开日伪地区。《来燕榭集外文抄》已经出版,其中收录了黄先生发表在《古今》的全部文章。黄先生的自序中谈到,周黎庵就是后来的周劭,晚年与黄先生同在上海,有与他见面及在同一张桌上聚餐的机会。周劭已于2003年8月去世。

原载《随笔》2007年第1期。

忆旧还是难

拙文《忆旧之难——并谈一件往事》送《随笔》杂志后,编辑曾寄送黄裳先生,据说黄先生表示不想发表意见,因而该刊将拙文在今年第一期上单独发表了。日前收到编辑发来的邮件,附有黄先生回应拙文的大作《忆旧不难》,说明将在第二期发表。拜读之后,我一时分不清黄先生对我是赞扬还是讥讽。要说赞扬,我实在受之有愧;要说讥讽,又觉得不像黄先生这样一位德高望重的长者的气度。后辈晚生有什么地方说错了,直截了当批评就是了。要是我不接受,或者强词夺理,读者自有公论。再说,如果因为我的过错而祸延先师,于我固然是罪上加罪,于黄先生似乎也有失厚道。黄先生说忆旧虽不容易,"只要实事求是,认真做去,其实也并不难"。只是"实事求是"和"认真"本来就不易做到,何况还受到其他诸多局限。拜读黄先生的大作,我倒更觉得忆旧还是难。

首先是记忆未必准确,尤其是一些小事。但要将小事写出来,却又记错了,难免不影响文章的本意。黄先生说他与我的第二次见面是"又过了年把",显然是记错了,因为第一次是在1996年,而第二次是在去年,即2006年的2月21日,已隔十年。黄先生记得我"来得迟了些",的确,我赶到巨鹿路私房菜餐馆时已是6点一刻,其他宾客都已到了。做东的仍是辽宁教育出版社方面,到了俞晓群、柳青松、张国际,主宾是来上海参加作家协会会议的王充闾,除黄先生外,其他宾客有沈昌文、钱伯诚、一位我不认识的老先生王勉(鲲西)、陈子善、江晓原、陆灏、王为松。我落座后宴会就开始了,到8点半左右,陆灏问黄先生是否要回去休息了,黄先生先告退,其他人谈兴颇浓,以后才陆续离席。黄先生说我"一落座就开始'演讲',滔滔不绝,谈兴甚浓,旁若无人";"十分钟过去了,他还没有刹车的意思。这时救星来了,朋友问我可要先回去休息,我立即同意,抽身告退了"。如此说来,黄先生那天竟是没有用餐就走了。幸而只是一年前的事,又有那么多人在场,使我不至于承担迫使黄先生罢宴的罪过。看来黄先生是为了突出对别人"滔滔不绝""旁若无人""演讲"的讨厌(尽管他离席后才知道"又是他",并且"听不清"我在讲什么),以至忘了还得忍受近两个小时才离开的事实。

其次,忆旧难免不感情用事。黄先生说对我在报刊发表的文章,"突出的印象是十之四五开宗明义必先抬出他的恩师谭季龙(其骧)先生",这次写《忆旧之难》,"照例请季龙先生唱开锣戏"。实际上,我每年在报刊发表的文章总有数十上百篇,提到先师的不会有十之一二,而且绝不会"开宗明义先抬出"。至于《忆旧之难》一文提及我在为先师作传过程中的两难心境是不是以先师作"开锣戏",好在原文俱在,读者不难判断。既然说了这些话,黄先生大作中那些貌似赞扬的话究竟是什么意思就不言自明了。如我冒犯了黄先生,那么先生无论如何批评或讥讽,我甘愿领受,但想不到黄先生竟因此而影射先师,实在出乎意料。接着黄先生若隐若现再提了两点:一是他中学时的老师章丹枫(巽)先生,"也是专攻古地理与中外交通史的","就曾与顾颉刚一起研究创始绘制中国历史地图,其最先拿出的成果可能还早于谭季龙"。一是他在与章先生的闲谈间听到过"不少属于《忆旧之难》的例证",尽管"许多佚事已成无从追忆的过眼烟云",显然都是对先师不利的例子。黄先生大概不知道章丹枫先生也曾是我研究生时的老师,研究室的领导一度还想让我当他的助手。有一阶段我几乎每星期都到章先生家去,受教之余,章先生也给我谈过"属于《忆旧之难》的例证"。黄先生大概也没有看过拙作《悠悠长水:谭其骧前传》,其实其中对谭、章两位先师的关系已说得很明白。简言之,自上世纪50年代后期开始,复旦大学党委就将谭师定为可以团结、教育的旧知识分子,而将章师定为要加以批判、孤立的资产阶级知识分子。"文革"期间,谭师被"一批二用","结合"为历史系革委会负责人,继续编绘《中国历史地图集》,章师却在批判后被勒令退休。这样不同的境遇决定了他们之间不可能有正常的同事关系,为了避免尴尬,在领导明确我担任谭师的助手后,我就自动疏远章师,不再去他家了。这些都已是白纸黑字,比黄先生的第二点写得明白得多。黄先生如果哪天想到这些"过眼烟云",又有兴趣写出来,我可以在修订《悠悠长水:谭其骧前传》时补进去,让后人知道老一代学人在极"左"路线控制下的非正常关系。至于黄先生说的第一点,包括顾颉刚与章师编《中国历史地图集》(由谭师校)的事,在《悠悠长水:谭其骧前传》中也写得很清楚。两位先师的学术成就该如何评价,历史地理学界和学术界早有公论,似乎不必由黄先生费心暗示。

黄先生最能实事求是对待的,自然是拙文的最后部分,即我写出的柯灵先生来电的过程和内容,果然他比较详细地叙述了他与柯灵的恩怨和一些细节。不过我至今还不明白黄先生对我此举的态度,因为他时而称之为拙文的"另一卓绝贡献","提供了我未能前知的绝非可以忽视的天坛秘闻,勇敢地踏破了《忆旧之难》,这是不能不使我佩服与感谢的",时而斥之为"顺便抛出了柯灵不失时机提供给他的一批过期失效的弹药,当时未能利用,虽然有些像杨修猜破曹操的心事——鸡肋还是觉得弃之可惜,岂不辜负了有心人的苦心"。

拙文写得很清楚,1996年我接到柯灵先生的电话时就明确表示,我在回应黄先生文章时不会涉及这些内容,10年来我从未发表。去年之所以要公开此事,是因为黄先生自己已将有关《古今》的事写出并发表。柯灵和张中行两位当事人都已去世,黄先生也九十高龄,如果我再不说,就错失了让唯一的当事人作出反应的机会,旁人会像我批评沈容女士一样批评我。既然黄先生已经详细说明了在《古今》发表文章的来龙去脉——《古今》确是汉奸办的刊物,但黄先生起初并不知情,所写文章也与政治无关,此事还有助于黄先生走上抗战道路——那么我公开柯灵的话就只能说明他对黄先生的指责是出于误解或偏见。按照正常的逻辑,黄先生即使不"佩服与感谢",也不必如此动肝火吧!拙文究竟是公开事实,还是抛出"一批过期失效的弹药"?大家心里不会没有数。莫非此事只能由黄先生自己说,旁人不得置一词?我不敢随便"浮想"。

看来,忆旧还是难。

原载《社会科学论坛·学术评论卷》2007年第4期。

愿阁楼里永远有这盏灯

——读沈昌文《阁楼人语》

沈昌文先生的《阁楼人语》出版后,虽未引起纸价上涨,却也成为一时话题。但我在粗粗一翻后就搁在一旁,因为自以为当年看《读书》时,其他文章或许会漏掉,沈先生这篇编后记是绝对要看的,有时还看过不止一遍,而王蒙先生的序和沈先生的自序也早已认真拜读过了。直到为了写这篇文章,才重新读了一遍,发现自己的想法并不对。该书所收沈先生的编后记,第一篇发表于1984年第1期,最后一篇是在1996年第1期,历时12年,而我关注《读书》是在1987年后,所以有不少精彩的文字还是第一次见到。而在事过境迁后读当时的言论,其中大部分已由时间判定了是非优劣,更显出作者的真知灼见,自然更有意义。

记得第一次见到沈先生,是在先师谭其骧先生一位亲戚家。先师那位亲戚是评论外国电影的专家,沈先生与她谈的也是这方面的话题。后来得知沈先生是三联书店的老总,以为他的专业也是外国电影或外国文学。再次遇见时沈先生赠给先师一册杨宪益的《译余废墨》,我也叨光获赐一册。沈先生与我谈及此书中涉及的一些问题,我才发现他对中国历史的一些看法也很内行。不久,沈先生就带信给我,要我给先师主编的《中国历史地图集》写一篇书评,在《读书》上发表。先师得知后,鼓励我写,他以为这套地图集虽然已有不少评论和介绍,但关键的几点还没有讲清讲透,希望我利用这一机会明确提出来。当时我对《读书》了解不多,虽然尽量将文章写得可读易懂,但还是心存疑虑,不知道沈先生是否会采用这样一篇基本属历史地理专业范围的文章。结果沈先生很快将此文发在《读书》的首篇,在知识界产生颇大的反响,以后多次被引用。这使我很佩服沈先生的眼光,因为即使是深通历史地理的人,也未必了解知识界的需要,并且敢组这样的稿。等到我对《读书》每期必读时,还看到更多在我的知识范围之外的文章,但却同样有兴趣读,并且读得下去。

待与沈先生稔熟后,每次去北京,或是他来上海,几乎都有机会参加他安排的饭局,不仅能享受美食,更能瞻仰前辈风采,结识良师益友。为了这些聚会,沈先生照例忙于张罗,从清晨开始打电话,提前到餐馆确定菜单,但一到开席,他一般只是洗耳恭听,偶尔谈些趣闻逸事,或"内部消息"(至多只是出版界或文化圈内),也是有问方答。沈先生交游之广罕见其匹,这类饭局称得上是少长咸集,群贤毕至,并且兼收并蓄,不问门第出身,也不问左中右,高人、异人、奇人、凡人都有。当然饭不能白吃,沈先生手下的女将再来很客气地催稿时,就不好意思推却或拖拉了。

沈先生自称办杂志是"出于无能",当然不无自谦的成分,却道出了一位杰出主编的真谛。对于这样一份以知识界和文化精英为主要读者的刊物,所刊内容涉及天文地理,古今中外无所不包,纵然真正组织起一个庞大的编委会,大概也难以自称"全能"。但沈先生与他的几位同事能将《读书》办得很"全能",自然得益于他们善于利用知识界的各种力量。

沈先生的第二个信条是"无为"。我的理解,所谓"无为",实际只是有所不为,即作为主编,所作所为不能超过"编"的底线,而将发言权完全交给作者和读者。在1984年第1期的编后记中,沈先生就明确提出"知识分子——我们的对象":"《读书》的读者对象是中等程度及以上的知识分子,我们首要要考虑这些读者的需要。"(引文未专门注明者均出于沈书。以下同。)这样的话,在改革开放以前谁敢公开说?就是在现在,有哪几家杂志真正办到了?有些杂志虽然打着为知识分子的旗号,实际不过是几位知识分子的同人杂志,编者就是主要作者,自然不能反映知识分子的全貌,也无法为大多数知识分子所接受。

与此并用的,就是沈先生的第三个信条"无我"。我并不主张任何杂志主编都应如此,但像《读书》这样一种杂志,主编的"我"即使不能做到"无",也应该尽量少,而把发言权留给作者。不仅如此,编者的取舍标准不应该是自己,而是广大读者。中国的知识分子有多种声音、多种需要,沈先生主编的《读书》也有多种声音。就像沈先生所说,"思想、观念的交锋,往往亘续几年、几十年,而且此伏彼起,一时难定胜负,尤难决定谁是盟主"。尽管它们之间有很大的差异,甚至完全对立,但在"无我"的沈先生的调理下却能在一种平和的气氛中争论,就像在《读书》举办的"读者服务日"或沙龙中边饮茶、喝咖啡、边聊天一样。"在本刊言,'费厄泼赖'一条仍为首务。"

要是沈先生非要将他的"我"强加在《读书》或读者头上,那么这本杂志早已不存在了。

这位"三无"主编在该"有"的时候却是无微不至的。如为了将《读书》办得"好看",让有限的篇幅包含更多生动活泼的内容,或者说有更高的信息量,沈先生曾经做过很具体的规定。如在《读书》五周年过后的1984年第6期,他以《小文章》为题写了一篇编后记,提出:"品书录和寸言:这无非是想用简短、精要的文字,对新书作一初步品评。着重写某一文献,不求全。品书录勿超过一千五百字,寸言一般为三几百字。……读书小札:读新书或旧籍后生发的感想,并非书评。希望写得生动、精悍,篇幅勿超过二千字。"到1987年第10期,沈先生的编后记又以《短些,再短些》为题,认为"回顾《读书》八年多的历程,文章也是越来越长。上期我们谈到读《读书》的'姿势',有人读后相告:贵刊一九七九、八〇、八一年尚可'卧读',此后实在困难了"。

针对某些霸道的、形式主义的宣传方式,沈先生冷静地责问"何必大声",明确指出"把编辑当成宣传亦有弊端":"你自己说不问政治,人家一分析,你明明白白确确凿凿,代表了某家某派利益。人家的分析有时会比自己原先思忖的还要明晰、透彻,会令你头皮发紧,全身痉挛,乃至血压上升,心肌梗死。"经历过"文化大革命"的人,不知还记得当年这种"大声"否。但这种现象不是以新形式重新出现,"在实际工作中,常常遇到的一个语言形式上的要求是:必须大声。凡所宣传的,尤其是被称为'主旋律'者,要用大声嚷、唱、咕、叫……然后寰宇皆闻,然后心满意足。"

虽然沈先生的文字写得不温不火,明白如话,但字里行间还是可以看出他为《读书》的生存和发展使出的浑身解数。不过限于编后记的篇幅和当时的形势,他每每点到即止,不了解实情的人是难以理解的。所幸沈先生在《自序》中稍为多透露了一些,如其中胡乔木给《读书》投稿一段就可备掌故。

当年沈先生以"阁楼人"自况,但这小小阁楼中的灯光那么亮,又照得那么远,或许是他始料所不及的。正因为如此,我和很多读者、作者一样,还在怀念这间阁楼中的灯,愿它永远点燃着。

原载《中国图书商报·书评周刊》2004年2月27日,原题为《阁楼里的"三无"人》。

老沈的吃局

沈昌文先生将登米寿，加上在各个圈中都称得上德高望重，早已被大家尊为"沈公"。但我称惯了"老沈"，觉得还是这样称呼亲切自然。

一般人与老沈的相识都结缘于三联书店，特别是《读书》，我却是因一个偶然的机会。大概在1983年，当时我已研究生毕业留复旦大学工作，兼担任导师谭其骧先生的助手。谭先生每次外出，我都会陪同，其中次数最多的是陪他到北京开会或参加学术活动。那时的会议——无论是学术会议还是其他会议——都开得很长，中间往往有休息日。那也是一次会议间的休息日，我陪谭先生去亲戚"七姨"（谭师母李永藩的堂妹李庄藩）家，在那里我第一次见到老沈。原来李庄藩专门写外国电影评论，老沈来找她是为三联书店约这方面的稿子。大概事前已经听李庄藩介绍过谭先生，或者他本来就知道谭先生的专业和研究领域，他说最近刚给杨宪益先生出了一本《译余偶拾》，其中有好几篇文章涉及你们这一行，杨先生都有些自己的看法。他说想寄一本请谭先生看看，杨先生的说法是否有道理。还说让我也帮着看看。回上海不久，谭先生收到了老沈寄来的书，也附着给我的一本。

再次见面已是几年后，老沈却没有忘记上次的话题，并且又提出了新的建议。他说你老师主编的《中国历史地图集》已经出版，但一般读者并不了解它的意义，不懂你们专业的人也讲不清，你能不能给《读书》写一篇书评。我说这事得回去请示谭先生，怎么写合适。当时，有关部门已经组织几位专家写了评述《中国历史地图集》的文章发表在重要的学术刊物上，但谭先生看了并不十分满意，认为有些说法没有抓住关键或阐明主要意义，而且非专业读者未必能看明白。得知老沈有此稿约，他对我说:你正好趁此机会写一篇,让更多的人看明白。《中国历史疆域的再现》一文在1990年第2期《读书》发表,不久就有好几家报刊转载,谭先生看了也说比那几篇写得好,提法确切,评价实事求是,一般人看得懂。

在这段时间里,我认识了《读书》的编辑赵丽雅、吴彬,以后又认识了贾宝兰。因为我写的文章都属文史类,是赵丽雅负责的范围,所以与她联系最多。这几年间给《读书》的稿子,有的就是她(或许是根据老沈的意思)出的题目,有些就是她(或许是按照老沈的指示)"诱导"或者"催逼"出来的。我记不清老沈跟我第一次约稿是不是在饭桌上,但可以肯定以后与老沈基本都是在饭桌上见面的。

1990年后的几年,我忙于《中华人民共和国国家历史地图集》的编务。我是编辑室主任,经常要到北京去审图、编图或处理相关事务。特别是1991年谭先生发病住院后,这些具体工作都得由我做了。那时每次去北京的时间比较长,少则三五天,多则一两个星期,其中总能安排出时间参加老沈安排的聚餐。现在回忆起来,"标准流程"如在眼前:

我到北京安顿下来,大致排定日程后,就给赵丽雅打电话,那边传来熟悉的声音:"找谁呀?""找你呐!""噢,葛剑雄。到北京了!这次待几天?哪天有空让老沈安排?"稍后或当晚,偶然也会在次日,赵丽雅打来电话:"记住了,星期几晚上几点在某某地方。""现在约好了某某、某某,某某还不一定。某某不在北京,赶不上。"有时赵丽雅会主动问,或代替老沈问:"这次想见谁呀?"因为老沈曾夸口,除了中央领导,其他人想请谁就请谁。据说他对其他人也是这样说的,所以我和其他朋友都曾大胆提出要见某人,大多如愿以偿。也有的是老沈主动安排的,大多是"别有用心",如要组某方面的稿,或聊某方面的事。还有的是对方约的,有次赵丽雅问过我留京时间,就说:"老沈说过张中行先生要见你,什么时候你来了一起吃饭。"我自然喜出望外,到时果然被安排在张先生旁的座位。

我查了这段时间的日记,有幸在老沈办的吃局上"同席"的,有我一向景仰的前辈,或是平时只能遥瞻仰视的名流,或是心仪已久的学者,或是一见如故的同道,或是相识多年却睽违有时的故人,或是有故事的中外奇人逸士、遗老遗少,还有意想不到的企业家、外国人、港台人士,如张中行、王世襄、李慎之、董乐山、吴祖光、王若水、孙长江、丁聪、陈乐民、资中筠、王蒙、冯亦代、庞朴、孙机、邵燕祥、蓝英年、陈四益、施康强、李文俊、刘绍明、许医农、章怡和、王学泰、马立诚、盛宁、刘志琴、梁从诫、吴中超、陈子善、吴霜、俞晓群、潘振平、赵一凡、朱正琳、冯统一、刘军宁、徐友渔、李辉、葛兆光、钱宁等。

原载脉望主编:《八八沈公》,浙江大学出版社 2019 年版。

万里记踪

我的非洲情(代序)

2002年12月5日,我正在北京饭店参加一个会议,香港凤凰卫视的钟大年先生应约来访,邀请我在中央电视台和香港凤凰卫视即将开拍的《走进非洲》大型电视纪录片中担任北线摄制组的主持人(节目播出时称为"报告人")。根据计划,我将随同摄制组"走进"北非和东非,时间约一百天。

就像两年前去南极一样,一个向往已久的梦想忽然成为现实。在世界的七大洲中,非洲是我唯一尚未到过的。半个世纪以前,我就知道世界上有一个非洲,不过在那时是连去非洲的梦也不会做的。

非洲在我心目中最初的印象,只是世界地图上那么一大块。以后,又知道非洲有黑人,而黑人的形象来自一种"黑人牙膏"的商标,再后来才在电影中看到真正的黑人。小学高年级的"常识"课使我增加了一些非洲知识,但真正引起我关注的却是报纸上越来越多的有关非洲的新闻。

第一是埃及。1956年,埃及的纳赛尔总统宣布将苏伊士运河收归国有,英、法和以色列出兵入侵,不久被迫撤回。这一切,当时我国的报纸都有详细的报道,而且中国政府坚决支持纳赛尔和埃及政府,组织过大规模的集会游行。大概是幼时的记忆力特别强的缘故,埃及、纳赛尔、开罗、尼罗河、亚历山大、苏伊士运河、塞得港、法鲁克等名词从此印入脑海,并且一些细节也被牢牢记住了,如1952年纳赛尔领导"自由军官运动",法鲁克国王被推翻后从亚历山大的行宫乘游艇出逃等。报上发表过一首谴责和讽刺英国侵略埃及的打油诗,头两句是"侵略埃及第一炮,艾登首相气焰十丈高"。后面的话已记不得了,但这首诗发表时,艾登已因军事干涉失败而辞职,内容可想而知。有关金字塔的介绍和照片也是那时候在报上看到的。

第二是阿尔及利亚。由于中国一直支持阿尔及利亚民族解放阵线反对法国殖民主义的斗争，因而在阿尔及利亚取得独立前后我国国内都有大量报道，有的还相当具体。当时放映过一部纪录片，留下印象最深刻的是阿尔及尔的海景山色和君士坦丁城里隧道连着大桥越过峡谷的景象，以至我第一次到山城重庆时，就有似曾相识的感觉。本·贝拉、布迈丁、布特弗利卡等人的名字也非常熟悉，当然还了解这个国家独立后的重大事件，特别是在第二次亚非会议召开前后和周恩来总理访问期间。

第三是刚果（利）和卢蒙巴。从刚果结束比利时殖民统治，取得独立，卢蒙巴在利奥波德维尔就任总理，到后来卢蒙巴被迫离开首都，最后被杀害，都有报道。现在我还记得卢蒙巴的继承者是基赞加，反面人物有占据加丹加省的冲伯和发动军事政变的蒙博托，但蒙博托以后成为扎伊尔（利奥波德维尔刚果改名）的总统，并且还访问过中国。卢蒙巴被称为非洲的民族英雄，报刊上发表过不少颂扬他的文章。1965年我在上海外语学院上夜校，二年级的英语课本中还有一篇卢蒙巴的遗言，最后几句是："历史终将发言，但这不是在华盛顿、巴黎和布鲁塞尔写的历史，而是在非洲，在刚果写的历史。"

当时只要非洲有国家独立，我们的报纸上和广播中就会报道。如果与我国建交，有关的介绍会更详细具体。所以我对非洲国家的首脑，如埃塞俄比亚的海尔·塞拉西、加纳的恩克鲁马、几内亚的塞古·杜尔、马里的莫迪博·凯塔、肯尼亚的乔莫·肯雅塔、坦桑尼亚的克·朱叶利斯·尼雷尔、苏丹的尼迈里、赞比亚的卡翁达、多哥的埃亚德马、喀麦隆的阿希乔、塞内加尔的桑戈尔、摩洛哥的哈桑二世、突尼斯的布尔吉巴、利比亚的卡扎非、乌干达的阿明、中亚的博卡萨等人的名字至今还记得，对非洲各国的历史和地理概况也都有一定的了解。

60年代还几乎看不到电视，但在放映电影前一般都会加映一些"新闻简报"，其中往往会有一些非洲国家的镜头。上海还有专门放映新闻纪录片的电影院，价格比一般电影院便宜，是我喜欢去的地方。印象最深的是1964年周总理访问非洲十六国的纪录片，我看过两遍，因为其中不仅有外交活动的记录，还拍摄了一些国家的自然和人文景观，实在令人神往。偶然也看到过有关非洲的电影，记得一部是《塔曼果》（或许不是这个名字，但肯定是主角的名字），是非洲黑人被作为奴隶贩运的故事，最后主人公在英勇斗争后与贩奴者在船上同归于尽。另一部是很有名的《北非谍影》（原名《卡萨布兰卡》），记得还是在专放原版片的电影院看的。

1964年我高中毕业，我国首次向苏联、东欧以外的国家大规模派遣留学生，我们中学也有两名同学入选，其中一位是我很熟悉的同学，他被派往坦桑尼亚学习斯瓦希里语。这让坦桑尼亚和斯瓦希里语似乎一下子离我近了，我特意作了些了解，所以当中国援建坦赞铁路成为新闻时，我对有关情况已经相当熟悉。"文革"期间首先开禁的一个相声节目，就是由马季表演的以我国援建坦赞铁路为主题的，主要的笑料就来自斯瓦希里语。只是在"文化大革命"后再次遇见这位同学时，他早已改行。

1966年夏"文化大革命"发生后，世界革命的口号也越叫越响，一首名为《亚非拉人民要解放》的歌曲流行一时，并且被编成舞蹈，成为当时由红卫兵组成的"宣传队"（或称为"毛泽东思想文艺宣传队""小分队"）的必备节目。这首革命歌曲伴随着激越的鼓点和猛烈的蹬脚动作，明显模仿非洲歌舞，最符合"战斗性"的需要。这类演出一般都在露天广场或临时搭起的舞台上进行，或许红卫兵们动作过于激烈，或者舞台不够牢固，所以演出时舞台坍塌的事时有所闻。

"文革"期间，毛泽东被称为"世界人民心中永远不落的红太阳"，"世界人民热爱毛主席"是报纸上经常宣传的内容。非洲人民苦大仇深，斗争性强，自然热爱毛主席。在无数事例中有这样一件：我国的远洋货轮停靠在非洲某港口，一位非洲码头工人见我国海员胸前别着毛主席像章，要求给他一枚（他大概知道，中国海员照例会带着大批像章，准备赠送散发的）。海员见他光着上身，不禁犹豫了一下，岂料他接过像章后就将别针直接插入胸前的肌肉，并且振臂高呼："毛主席万岁！"这个故事不仅感动了我，还成为我教英语课的内容。当时正值"复课闹革命"，散了近两年的学生开始回校上课，学过的一点英语早已忘得差不多了。我在第一堂课就讲了这个故事，然后教学生们用英语高呼：Long live Chairman Mao! A long long life to Chairman Mao!（毛主席万岁！敬祝毛主席万寿无疆！）

1971年10月，我第一次有机会近距离见到非洲国家元首。埃塞俄比亚皇帝海尔·塞拉西一世访问中国，由周恩来总理陪同来到上海。我任教的中学有一支学生迎宾队，我是带队的教师之一，那天我们被安排到虹桥机场欢送皇帝回国。按惯例，每次执行任务前会由外事部门介绍一些背景和注意事项。那次的报告告诉我们，这位皇帝曾领导埃塞俄比亚（以前曾译为阿比西尼亚）反抗意大利法西斯的侵略，保卫了民族独立,使埃塞俄比亚成为非洲唯一没有被当作殖民地的国家。这位皇帝虽然对内实行专制统治,但对我国友好,此次访华具有重大意义,是毛主席革命外交路线的伟大胜利。报告也提到皇帝生活奢侈,随行人员和行李很多,要我们不要大惊小怪。皇帝带来一条爱犬,由一位女国务部长负责照料,此人在代表团中名列第四。这次还特别强调,进入机场后不得随便走动,发生意外时要服从指挥。当时只当例行公事,谁也想不到"敬爱的林副主席"已在9月间仓皇出逃,机毁人亡,只是消息尚未公开。由于那时接近闭关锁国,所以偶然有这样高级别的外宾来访,自然会成为大家关注的大事,爱开玩笑的上海人马上根据皇帝姓名的上海方言谐音给他取了一个外号"喊我扫垃圾一世"。

那天我们进入虹桥机场,就觉得有些异样,机场内到处是穿着绿军装的陆军,还停着不少卡车,而担任上海市革命委员会副主任的工人造反派头目王洪文居然穿上了军装,还戴着领章帽徽(后来才知道他已被任命为上海警备区政委)。在皇帝到达机场前,一长串上海牌轿车驶到专机前,我数了一下,共106辆,大多乘着随行人员或装着行李。我虽然迎送过几位重要外宾,如罗马尼亚总统齐奥塞斯库、越南总理范文同等,却从来没有见过这样大的排场。忽然前面鼓乐齐鸣,欢呼声起,我赶快指挥学生打起腰鼓,只见周总理陪着塞拉西走来。这位皇帝虽年近八十,肤色黝黑,但神清气爽,身板硬朗。在他后面果然有一位女士牵着一条个头不太大的狗。倒是陪同的周总理显得有些憔悴,而且在陪同塞拉西登上专机后又走下飞机,站在停机坪上与张春桥(当时的中共中央政治局委员、上海市委第一书记、市革命委员会主任)说了一番话,再重新登机。不过,当时我们根本不知道他正忙于处理林彪事件的后果。

改革开放以后,国门渐开,世界革命与非洲的斗争不再占据传媒的主要地位。1978年秋,我被复旦大学录取为研究生,有了自己的研究方向。1985年,我第一次出国,去美国哈佛大学做访问学者,以后又陆续访问了欧洲、亚洲、大洋洲一些国家。无论是自己的主业和业余的兴趣,都已有了很大的变化,但我对非洲发生的重大事件仍然相当关心。特别是南非最终消灭种族隔离制度的过程,曼德拉与德克勒克的政治家风度给我留下极其深刻的印象,曼德拉是世界上为数不多的令我崇拜的人物。

随着我对历史地理研究的逐渐深入,我对非洲产生了新的兴趣。

我的非洲情(代序)

　　历史的比较研究显示,古埃及、巴比伦的文明与中国古代的文明相比,不仅产生的时间早,而且留下了更多、更辉煌的遗迹。而地中海周围地区,先后产生了包括这两大文明和希腊、迦太基、罗马等大量古代文明,前后交相辉映,是人类文明史上极为重要的篇章之一,对人类历史进程所起的作用大大超过其他地区。人地关系的研究告诉我,地理环境对古代文明的产生和发展起过重大作用,在很多方面甚至是决定性的。这就使我非常关注尼罗河流域和环地中海的地理环境,在研究中国移民史时,我曾特别比较过福建与希腊的地理条件,发现它们本身有相似的特点,但外部条件完全不同,福建海外的近距离内长期不存在发达的文明,而希腊通过地中海就能在数百公里内联系其他文明。我不止一次在课堂上、在讲座中提到地中海在人类文明史上所起的作用,但除了曾到过西班牙的巴塞罗那、法国西南海滨和意大利的威尼斯一带外,我还没有机会亲近地中海,特别是北非的地中海。我也注意到,中国古代的建筑基本上都采用土木或砖木结构,而埃及、希腊、罗马的建筑大多是石结构,之所以会出现这样的结果,当然也是地理环境不同的缘故,但具体的原因我还不十分明白。

　　近年来,人类的起源重新引起了人们的关注,尤其是中国南方、北方两个基因研究中心发表了自然科学家根据中国人的遗传基因分析作出的结论:中国人起源于非洲,是大约10万年前迁入中国的。我所在的复旦大学一位持此观点的遗传学家告诉我两个基本的论据:绝大多数中国人,特别是男性,都拥有一个特殊的基因,而这个基因是古非洲人特有的,产生在约10万年前。这一结论即使完全正确,也不会动摇中国历史的体系,因为即使中国的五千年文明史延续到一万年,也发生在这些先民迁入中国以后,而且经过如此漫长的岁月,他们早已本土化了。这一结论更不会影响我与同人进行的中国移民史研究,因为我们研究的阶段更晚。再说,无论是历史学还是历史地理学,我们的主要研究手段是文献研究,对如此遥远的史前阶段是无能为力的,只能采用其他学科可靠的结论。但这一新结论无疑对由元谋人、北京猿人开始的中国人的起源体系提出了挑战,它的真实性、可行性当然是我格外关注的。迄今为止的发现证明,东非即使不是人类唯一的发源地,也是主要的发源地,是什么特殊的地理环境创造了这样的条件?

　　从2000年12月至2001年2月,我有幸作为中国第十七次南极考察队的一员,在乔治王岛上的中国长城考察站度过了这个"千年之交"。在往返途中,顺便参观了智利和阿根廷的布宜诺斯艾里斯。在地球上的七大洲中,我已经到了六个,非洲成为唯一没有到过的一洲。仅仅为了这个理由,我也应该接受这次邀请。我立即与香港城市大学中国文化中心协商,将原定的三个月讲学计划缩短为一个月,以便能在2月下旬前结束。

从这一天开始,我在工作之余开始为非洲之行作一番恶补。在去香港城市大学讲学时我也带了两册厚厚的非洲百科全书,又从网上查阅或下载相关资料,顺便访问有亲身经历的人。但准备的时间毕竟太短,所以往往不得不临时请教当地的导游。我与北线摄制组的其他成员原来都不认识,行前只在北京拍了一次样片,所幸我们相处得很融洽,拍摄任务完成得相当顺利。

2003年2月23日上午,我们从北京出发,在阿姆斯特丹转机,到达摩洛哥的卡萨布兰卡。按照原定计划,我们北线摄制组应拍摄摩洛哥、阿尔及利亚、突尼斯、利比亚、埃及、苏丹、埃塞俄比亚、肯尼亚、乌干达九国,最后与西线、南线两组在坦桑尼亚会合,一起攀登非洲最高峰乞力马扎罗山,6月中旬从达累斯萨拉姆回国。但因时间缩短等原因,我们没能去乌干达,攀登乞力马扎罗山的任务也由从西线和南线两组中选出的几位队员完成了。原计划由队员全程驾车,也因所经国家的限制或水灾、安全等原因,我们只能从摩洛哥、阿尔及利亚边境返回卡萨布兰卡,乘飞机到达阿尔及尔,此后改雇当地司机,从埃塞俄比亚首都到肯尼亚首都内罗毕这一段也改乘飞机。但在这八国中的大部分行程,都是乘越野车并在白天通过的,因此使我增加了很多沿途的见闻,经过了一些常人不易到的地方,见到了一些平时罕见的现象。这种走马看花,有时甚至是跑马过花的方式自然无法让我做专题的或深入的探索,但对于那些我原来已有一定见解的观念无疑能起到求证或确认的作用。尽管我只能透过飞机外的云层遥望乞力马扎罗巅峰的皑皑白雪,尽管我没有能去乌干达访问那些世界知名的黑猩猩,但对这次非洲之行已经感到相当满足。要说还有什么愿望的话,那就是在不久的将来有机会去南非、西非,或者再次寻访北非、东非那些古文明的遗址。

根据事先与两家电视台的协定,我在途中陆续写了一些文章,发表在它们的网站上,另外一些文章先后发表在《北京晨报》《外滩画报》等报刊,其他报刊也作过转载。但由于我们几乎一直在旅途中,在大部分地方通过网络联系也不方便,很多经历和感受还来不及写出来。5月底回国后,我陆续补写了一些,又对原来的文章作了修订增补,现在集成这本小册子。承蒙作家出版社垂意,在我行前就慨允出版。应红女士也多次联系,提出不少宝贵的建议,促成本书的完成。在本书问世之际,自应向她、向作家出版社致谢。

原载《走非洲》,作家出版社2005年版。

非洲之行看历史

主持人： 非常高兴在经历了非典事件后大家还是对上海图书馆的讲座倾注了这么大的关心和支持。我在这里代表工作人员向大家致以衷心的感谢。最近如果您正在收看央视十套科教方面的节目，又或者您是历史地理学方面的爱好者，那么对于葛剑雄教授的名字也许不会陌生。葛教授祖籍浙江绍兴，生于浙江湖州，现任复旦大学历史地理研究中心主任、教授、博士生导师。葛教授不仅是一位严谨治学的学者，同时也是一位深受欢迎的文化传播者。他的足迹到过青藏高原，也到过南极大陆。2003年2月至5月，葛教授作为中央电视台和香港凤凰卫视《走进非洲》节目摄制组的特邀主持，在摩洛哥、埃及、突尼斯等八国进行了为期百日的采访和拍摄。我们今天非常荣幸地请来了百忙之中的葛剑雄教授，让我们用掌声欢迎葛教授。接下来的时间我们就将跟随葛教授的步伐一同领略和分享他此次非洲之行的所见、所闻、所思、所感。有请葛教授。

葛教授： 非常感谢大家。刚才主持人已经介绍了，之所以我今天来讲这些内容，是因为今年我们从2月23日离开北京到5月30日回到上海，其间应中央电视台和香港凤凰卫视邀请，我参加了他们的《走进非洲》节目的制作。他们这次采取了一些新的办法，没有专门请正规的主持人。因为他们想改变原来的办法，于是北线就找到了我，西线找了一位校园歌手老狼，名叫王阳，还有南线找了以《阿姐鼓》著名的歌手朱哲琴。这种方法的具体效果我也不知道，对于我来说，能够被邀请我很高兴。因为地球上其他几个洲我都已经去过了，唯独非洲还没有去过。第二个原因是等会儿要和大家提到的，非洲在人类历史上有它特有的作用，对于我们研究历史地理，非洲是非常有用的，非洲的例子也是非常有说服力的，所以我很高兴地接受了邀请。当然,另外我还有自己的目的,这些年来我也先后参加了一些电视上和传媒上的讲解和评论。我认为对我们研究人员来说,这是很好的与公众沟通的一个机会,很多我们自以为是常识的事情,公众未必知道,我们花了很多精力的研究成果,公众知道的也很少。基于这样的理由,我也很高兴地答应并参与了此次活动。

大家请随我一起看这个地图,我们知道非洲很大,原来摄制组准备全部去走一遍,可是所耗时间实在是太长。于是商量分了三个组,我参加的是北线。北线始于摩洛哥的卡萨布兰卡,从摩洛哥内部到阿尔及利亚,再从阿尔及利亚沿着海边来到突尼斯。在突尼斯境内,我们一般沿着公路走,在其他国家一般也是这样的。

原来我们准备从摩洛哥坐汽车到边境的乌基达,进入阿尔及利亚,但是遇到了障碍。摩洛哥与阿尔及利亚之间的边境已经关闭了八年,双方政府虽然同意我们过境,但是最后阿尔及利亚方面还是出于安全的考虑,把我们挡在边境的外面。我们等了一天,不得不回到卡萨布兰卡,坐飞机到达阿尔及利亚首都阿尔及尔。从阿尔及尔开始用当地的司机,沿着地中海边上到君士坦丁,然后从边界进入突尼斯,再从突尼斯进入利比亚。从利比亚的古达米斯,沿着地中海进入埃及,到了开罗以后,先到了西奈半岛,又沿尼罗河而上,在阿斯旺坐船进入苏丹的瓦迪哈勒法,重新坐车。在此期间进行了拍摄考察,最后到达苏丹首都喀土穆,坐汽车进入埃塞俄比亚。从埃塞俄比亚北部到位于中部的首都亚的斯亚贝巴,在亚的斯亚贝巴本来应该坐汽车到肯尼亚去,然而此时肯尼亚北方发生了大水灾,公路冲断了,出现了盗匪,导致我们的安全没有保障。我们不得不从亚的斯亚贝巴坐飞机到肯尼亚首都内罗毕,再坐汽车到马赛马拉以及其他的一些野生动物保护区,并且坐飞机到了它沿海的一个岛——拉木岛,就是相传郑和的部下在那里定居的地方。最后从内罗毕返回国内,我们的行程就是这样一圈,所以称之为北线,实际上包括北非和东非。

西线的行程是从阿尔及尔开始,坐汽车横穿沙漠。马里、尼日尔就在这一块,最后通过刚果,也到达肯尼亚。他们这一线是比较艰险的,一方面,那一带病菌比较多。西线八人中七人感染了疟疾、伤寒。同时,这一带好多国家正在发生动乱,比如科特迪瓦,开始去的时候说首都很安全,其他地方都在打仗,后来首都也发生了战乱,所以最终这些地方就都不能去。为此,西线每人配备了一件防弹衣。南线的行程是从阿姆斯特丹直接坐飞机到南非,他们主要在南非及其周围国家拍摄,最后全部人员到内罗毕集合。最早曾有过打算,把集合和返回的地点都放在坦桑尼亚的达累斯萨拉姆,然后大家一起攀登非洲的最高峰乞力马扎罗峰,后来由于拍摄的时间超过了原定的计划,于是我们就指派了五个代表去登山,其他人继续拍摄。所以我们这一线实际到了非洲的八个国家,时间是98天。以上是我们这次行程总的概括。

非洲可以讲的东西很多,各位感兴趣的也很多,因时间关系,我只能选择其中的一部分来讲。大家知道,我的专业是历史和历史地理,我想通过非洲之行来告诉大家我对非洲的一点感想。

首先我想讲的一个看法,是地理环境对历史和文化的影响。这可以说是一个很经典性的题目。很多哲学家、历史学家都探讨过这个问题,也都发表过不同的意见。但大多数人都承认地理环境对历史和文化是有很大影响的。特别是在人类的早期,在科学技术和生产力不发达的情况下,地理环境不仅起着重大的作用,而且往往是决定性的。关于这一点,在非洲之行中我有特别深刻的体会。

大家都知道,非洲有一条东非大裂谷,从东非跨过红海、阿拉伯海,一直延伸到西亚。这个大裂谷绵延几千公里,从赞比亚开始,基本上是从西南向东北这样一个走向。裂谷的中间底部和两边的高度差最大处接近2 000米,一般在一二千米,有的地方几百米,所以有人称其为地球表面被撕破的最大一道痕迹。从这个图中可以看到,裂谷的边缘是平的,突然之间出现了一个好几百米的坡度(图1,可扫文末二维码查阅,下同)。这里是裂谷的中间,对面是一大片山。裂谷形成的时间一般认为是2 500万年前。关于形成的原因,地质学界有不同的说法。有的说是板块撞击的结果;有的说是地球引力导致的,因为这个地方比较薄,被拉开了。不管怎么样,大家都承认这一点,大概在2 500万年前就产生了这样一个大裂谷。

因为是个大裂谷,所以它的景观就很特殊,比如说有很多死火山,一般两边是绵延不断的高山或者高原,在中间出现大片的平原。这个平原有的地方很宽,有一二百公里,有的地方很窄,只有一二十公里。这样的景观,沿着裂谷边缘走都可以看到。裂谷里边还有很多湖泊,这些湖泊就成为很多大河(包括尼罗河)的源头。这张照片是尼罗河在埃塞俄比亚境内,青尼罗河上游,尼罗河80%的水源就是从这里来的(图2)。从这个湖的出口出去就是尼罗河的最上游了,看起来很平静。这些都在东非大裂谷中间。这些湖泊一个个相连,像一串珍珠一样。这些湖中有非洲最大的、最深的湖。在那里一般的相机很难拍摄,最好是坐飞机航拍,这样看得最清楚。大裂谷的中间有很多珍奇的动植物。我随手看到拍下的就有各种鸟类、鸵鸟、成群的火烈鸟、各种水鸟,还有野牛、白犀牛、长颈鹿、斑马、各种羚羊、鳄鱼、河马等。河马是夜里出来吃草的,只有在晚上才拍得到,它们白天都不出来,白天只能看到河面上浮现的它们的大头,整个是拍不到的。那天看到树上有一头睡着的豹,它的身边挂着一只被它咬死的羚羊,准备留着慢慢享受。在那里我们可以看到很多珍禽异兽、奇花异草,都生长于东非大裂谷。

那么为什么我要把它跟人类的起源联系在一起呢?大家知道,长期以来,西方的学者一直有这样一个观点,就是将非洲视作人类的发祥地。一部分人就认为,全世界的人都是非洲的一个女性,他们称她为世界的奶奶,意思是全世界后人都是她生下来的,然后迁移到世界各地。在我们中国,以前对这个理论都不太相信,而且好像把它归结为一种帝国主义的理论。

现在我认为,学术上可以有不同意见,但过分政治化是不必要的。如果帝国主义真要宣扬西方什么理论,应该说世界是西方人的后代才对啊,去弄个非洲人干吗呢?再就一部分中国人而言,如果说我们是什么英国人、法国人的后代,可能还能接受。其实一些人的思想深处还有一点种族歧视,我们怎么变成非洲人的后代了呢,好像接受不了。

但是,这些年来的科学研究,使我们越来越肯定这个结论。最有力的证据,就是近年来生物学家根据遗传基因所作的分析。其中,在上海的南方基因中心和在北京的北方基因中心几乎同时宣布了他们研究的结论。我们学校生命科学学院院长金力教授也在世界权威的《自然》杂志上发表文章,提出中国人起源于非洲。他们的证据就是,根据中国人的基因采样后的分析,特别是中国的男性,都有一个只有非洲人所特有的基因,这个基因大概产生于9万~10万年前。我向他们询问这个证据是否充足,他们说一般男性遗传基因分析是不会错的,而且他们的采样是足够量的。当然具体内容我不懂,但是我想,如果这种证据在科学上是有根据的话,那么这种结论是值得重视的。正因为这样,我就比较注意看非洲那里具体的地域环境,然后从人类发展史上来分析,我也越来越赞同他们的观点。为什么呢?因为我们知道在一般情况下,生物要发生变化是比较慢的。如果一个地方的环境发生了前所未有的变化,就有可能产生新的生物,发生新的变化。我认为,东非大裂谷的产生就很符合这样的条件,而地球上其他地方就很难具备。地球在发展过程中也有这样的变化,比如,科学家一般认为,恐龙的灭绝可能与大量陨石有关,与气候条件的变化有关,因为当时的气候条件变了。

我们看到，2 500万年前东非大裂谷产生的地方正是地球的中间，它既不在南极也不在北极，基本上从赤道的南面蔓延到北半球的大部分地区。我认为，这样一个剧烈的变化就有可能促使当地的生物发生突变。当然，从两千多万年前到两三百万年前产生人类，还有相当长的时间，但它毕竟提供了这样的条件。所以到目前为止，地球上找到的最多的人类化石集中在东非。这就是很有名的"露西"的遗骸，是现在找到的两百多万年前人类最完整的骨骸。

大家都知道，北京周口店发现的北京猿人距今约50万年，但它只是一个头盖骨。虽然"露西"也是不完整的，但是比较起来还是最完整的。另外，这次我在埃塞俄比亚、苏丹，也看到大量陆续发现的古人类化石。在地球上，古人类化石如此集中，到目前为止只有东非。当然我们国家也有古人类，比如北京猿人，50万年前，更早的还有元谋人，对元谋人所处的年代大家有分歧，一般认为是一百多万年前。但这些年发现的古人类化石，有的结论和年代是很草率地宣布的，给国际上当作笑话。像巫山人的年代，国际上一般认为有作假的成分。真正能够断定的，古人类学家发表了研究报告的，并没有太多新的增加。有报道说，在河北一带发现了很早的人类化石，但我们现在看到的还只是新闻报道。这也可能跟我们一种"你早我们比你更早"的心态有关系。但即使这些都是事实，也没有像东非那样的集中。

与此同时，我们必须考虑，如果一个地方真的是人类的发祥地，它必然有合理的迁移路线。它与文明的发展过程必然是有联系的，而不可能是孤立的。那么什么地方不是孤立的呢？再回到东非这个地方来看，像肯尼亚的内罗毕是在赤道以南160公里，很多人问我，那一带是赤道附近，一定很热吧。恰恰相反，那一带气候条件相当好。因为肯尼亚是高原，首都内罗毕海拔1 600多米，再往北，埃塞俄比亚海拔更高，其首都亚的斯亚贝巴海拔2 300~2 600米，所以在那里根本感觉不到酷暑。即使阳光很强烈，依然感到气候舒适。联合国把肯尼亚定为最适合人类居住的地方之一。今天是这样，那么在古代人类发展的早期，气候条件可能更加重要。为什么他们要迁移呢？如果说东非大裂谷南段是古代先民产生的地方，那么他们当然会向各个方向迁移。但是最适合的方向是往北或者往东北方向迁移。因为往南或者往西就进入热带，这一带很多地方是热带丛林，是非常炎热的环境。古人类到了那里，即使能够生存，发展的条件也是很差的。

事实也是如此,今天在热带非洲,我们也可以发现一些古代文明。但是它们共同的特点就是延续的时间比较短,或者说它的文明的发展程度还是比较低的,一些比较高的文明往往还是从外面影响过去的。当然文明没有优劣之分,但是从文明延续的时间和影响上说,那些文明的影响还是比较小的。如果那些人往北迁移,就会得到一个很好的条件——尼罗河。以前我也比较关心尼罗河,以为尼罗河就是尼罗河三角洲,这次去有了更深的印象。其实在尼罗河的中游,今天苏丹境内的努比亚人,他们也建立过很发达的文明。就是埃及的发展史,也得益于努比亚人。比如说埃及第二十五王朝就是努比亚人建立的。他们的迁移显然受到了尼罗河的支配,沿着尼罗河往下游迁移。另一条线就是从尼罗河过来进入红海,然后沿着红海进入阿拉伯海和波斯湾。我们现在可以看到,古代最发达的文明就是集中在地中海周围。古人类沿着尼罗河两岸往下迁移就进入地中海,如果在喀土穆往红海这一带迁移,最后也可以进入地中海。从红海越过沙漠就可以进入两河流域。这一带有埃及的文明和两河流域的巴比伦文明,在爱琴海周围有希腊、罗马文明,集中了人类古代文明,交相辉映。再往下一点,从两河流域出来经过波斯湾,下面是印度洋,离印度又是比较近的。我们知道,现在的印度人是雅利安人后裔,也是从欧洲过来的。如果离开了地中海周围,世界上是否还找得到这样最发达的古代文明呢?我想是找不到的。

当然中国是世界四大文明古国之一,在四大文明古国中,中国是发展得最晚的。我们尽管号称有五千年的文明史,但是并没有完全得到证实。前些年国家有一个重大的研究项目"夏商周断代工程",源于当时的国务委员宋健到埃及去访问,归国后同专家提及埃及的年代学做得如此之好,古代文明的年代都可以排出来,埃及能够做,我们也应该可以做,于是就搞了上面所说的这个工程。原定目标是把夏商周三代的年代定出来,最后获得的结果是,商朝的年代是定了下来,夏朝做不到,但至少通过考古得到了大家的承认。原来一部分学者认为夏朝是传说,现在找到了一些夏朝的文化遗址,证明了它确实是存在的。如果夏朝存在,现在的讲法是夏朝开始于公元前21世纪。这样,经过证实的中国历史就是四千多年。我们讲五千年,前面一段现在只能说还是传说,没有完全得到文献或者实物的证据。当然我们可以说,有些遗址比如上海的福泉山,还有周围的河姆渡都有六千年、七千年,甚至更早一点。但从文明的发展程度来说,毕竟还不是很发达。这样一比较,在亚洲,中国文明的发展相对来说是孤立的,是本土自己发展的。而在地中海周围,文明的发展是交相辉映的、集中的。这给我们什么启发呢?如果说古人是从中国迁移出去的,怎么会出现这个情况呢?那么比较大的可能是,人类的起源距离东非还是比较近的,而且到地中海周围、尼罗河的下游,应该是一个比较合理的迁移路线。假定说中国是人类发源地的话,那么是如何迁移到世界各地的呢?到现在我们也没有找到证据。如果说中国人是从陆路迁移的话,现在找不到证据。

我们知道,一般情况下促使人类迁移的最大推力,是当地的生存条件越来越恶劣。当地的生存条件比较好的话,人类是没有必要大规模迁移的。最大的拉力是另外的地方比他原来生存的条件更好,这样一推一拉人类就迁移过去了。用这个理论来解释非洲的话是比较容易的。因为既然是大裂谷,那么它的生存范围是比较小的,当人口增加到一定程度时就要找出路。两边都是高山,只有沿着裂谷走,往南走不通,只有往北才很顺利,于是到了尼罗河。尼罗河两边都是沙漠,尼罗河三角洲的范围并不大,能够容纳的人口是有限的。于是人们就渡过海,到了地中海周围。地中海周围虽然有比较好的气候,但沿海平原的面积比较小。比如希腊、罗马,很多地方都是山,这一方面成为发展的不利条件,另一方面又成为向海外发展寻找文明的动力。于是人口就不断向外迁移,同时把他们的文明也一同带过去,寻求新的发展。两河流域也是一样的特点。

中国的特点,是中国人在不同的地域发展,到了一定的历史阶段都集中到了黄河流域,再向四面扩展。这个扩展的进程一直持续到上个世纪,但是基本上是在中国和它周边的范围进行的。因为我们有如此大的土地,不存在很大的生存压力,所以中国没有产生什么对外扩张或者迁移的动力。仅仅在东南沿海的局部地区,像福建、广东、浙江的南部这一带,有发生人口往外迁移。北方像山东半岛、辽东,无非是迁移到朝鲜、日本。向东南亚的大规模迁移也是近代的事情。当然有的人说中国发现了美洲,但是到目前为止,严肃的学术界都是不承认的,很多证据都是站不住脚的。即使这样,中国的迁移形势也是不能和东非大裂谷相比的。中国文明产生以后,它影响的范围基本上集中在东亚大陆以及周边的一些岛屿,没有跨越到其他地方。

从文明发展的过程来说,我认为东部非洲也是有利于古代人口的迁移以及文明发展的。在这个过程中,地中海和尼罗河起了很大的作用。首先,尼罗河是一条很特殊的河,世界上的大河绝大多数都是东西向的,但尼罗河恰恰是南北向的。南北向和东西向有什么区别呢?由于地球自转的作用,东西向的河流比较容易受到地球重力的影响。河水的流量比较大,河水对河床有比较大的切割和下蚀作用。比如长江三峡就是水积累以后,由于地球不断转动,使水产生一个动力,不断切割河床,才形成的。而南北向的河流,东西向地球的转动对它的作用就不是很大。再加上尼罗河流经的大部分地方,不是两边的沙漠,就是底部为花岗岩的河床,所以流水切割的作用小。尼罗河的落差也很小,大多数地方水流都很平缓。在地图上可以看到尼罗河原来有六个瀑布。第一、二瀑布由于阿斯旺水坝的建造而消失了。第三瀑布我根本就看不出是瀑布,它的落差很小,好处是便于航行。三峡在历史上成了多少航船的鬼门关。而第三瀑布是很平缓的,而且它的两边都是沙漠,中间相隔 100 米不到,绿洲的范围很小。尼罗河边上有大量的岩石,由于温差大、热胀冷缩而发生天然的崩落、风化。古代人知道这个窍门后,就在石头上打一个孔,早上把凉水灌入孔中,一天太阳晒下来发生膨胀,这块石头就崩开了。而中国古代人采石,一般用火把石头烧得炽热,然后往上泼水,然后崩裂。无疑埃及人的做法比较简便,打出的石料比较完整。

原来我一直有一个疑问,为什么中国古代的人不用石料来建筑,我们的古建筑几乎没有哪个是完全用石头建的。偶然是有的,比如山东有,但年代比较晚,基本在宋代以后。早期的建筑都是土木,后来发展到砖木,万里长城早期就是土建的,包括宫殿都是土木结构,或者砖木结构。项羽一把火,三个月就把秦宫给烧完了,但金字塔一把火是烧不掉的。希腊、罗马的神庙也是根本烧不掉的,至多屋顶掉下来,外形还是完整的。为什么中国古代的人不想到建大规模的石建筑,而埃及、希腊、罗马以及地中海周围都建了大量的石建筑?其实是尼罗河周围特殊的历史地理条件所决定的。古埃及人放眼望去,就可以看见尼罗河周围大量光秃秃的石山,而太阳一照风一吹,一块块石头会掉下来,启发他们大量采石,所以才能做方尖碑,做大的石柱。而这些石料又可以很轻易地沿着尼罗河顺流而下。埃及花岗石产得最多的,不在开罗,而在阿斯旺一带。阿斯旺在开罗上游,很容易把采下的石料放在船上沿尼罗河顺流而下,运到开罗附近去建金字塔、神庙。相反,离开尼罗河远一点的地方,建筑规模就小得多,因为那里运输困难。另外,尼罗河边上很多地方是沙漠,据说只要把石料放在沙上或者下面放上几块滚木,很容易就可以用毛驴拖动巨大的石料。

那么,中国是否具备这样的条件?中国早期文明的几个首都集中在黄土高原、黄土冲积的平原。黄土冲积的平原,即使有花岗岩,也是在地下几十米乃至上百米的地方。而且中国的气候比埃及要温暖湿润,一般都长着茂密的植被。有的地方就算没有森林,也有草原和稀树。在这种情况下,把树砍掉,从地下深处挖出石料是不可能的。南方很多地方有很好的花岗岩,但早期人口并不集中在那里,上面一般也长着森林,气候也比较湿热,所以不可能像尼罗河流域那样利用天然的石头。启发人们用这种简便的方法去打石头,是地理条件的影响。我原本以为只有埃及才有这样的情况,陪同我们的意大利人告诉我们,在希腊、罗马采石场的遗迹证明,他们也是采用这个方法的。

我们沿着北非一路过来,看到很多古希腊、古罗马的遗址,比如有世界上第三大的竞技场、很多罗马剧场、第二大的罗马浴室。这些建筑全部都是花岗石、砂岩建筑,表面原来贴有大理石。但是这些建筑,包括罗马人留下来的城市,全部分布在地中海沿岸。例如迦太基遗址,就在今天的突尼斯首都突尼斯城边上。突尼斯城对面是海拔300米左右的山,沿着山坡就是当年的迦太基城。它就在地中海南部的一个海湾边上。因为北非基本上不产白色大理石,所以白色大理石都是从希腊、罗马以及紧靠欧洲的这些岛上运过来的,那里今天还留下了大量的采石场。地中海文明都在海边,因为只有通过海路才能把这些建筑材料运出来,才能建造自己物质文明的基础,才能进行贸易、掠夺和殖民。地中海在人类历史上起的作用是非常大的,全世界没有哪一个海洋可以和地中海相比。

大家知道,中国也有很长的海岸线,不妨把中国的海岸线、中国面海的环境跟地中海作一个比较。因为地中海基本上是一个内海,想象中非洲和欧洲离得很远,事实上突尼斯和西西里岛距离非常近。而且因为是内海,地中海大多数时候风平浪静,来往和贸易非常容易。与此同时,西西里岛跟罗马以南大部分地方都是山,希腊也全是山,自己可以利用的面积有限,如果依靠农业发展是绝对不行的,而通过海上贸易,通过商业,就可以很快发展起来。而中国如果要通过海岸线寻求外来文明,显然是很困难的。

在古代,朝鲜、日本、东南亚都比中国落后,很多地方还没有开发,都要依靠中国输出物质文明、精神文明。能不能往美洲去?在三四千年前,美洲的文明发展得怎样,我们还不知道。在中国,往往把沿海地区视为天涯海角,就是到了天的尽头。中国古代人讲到海洋,一般认为只有渔盐之利,其他好处很难说出来。中国古代人到海外去,除了做生意之外,很难通过海洋这个途径获取其他利益,而在地中海地区,就很容易到对面的非洲去。一些历史学家曾经说过,在意大利南部以及希腊,海上的交通比陆路交通方便得多。从意大利这端到另一端,与其慢慢地爬山,还不如走海路来得方便,到北非比到欧洲其他地方方便得多。罗马帝国强盛的时候在北非建立了行省,它在非洲有上百个城市,有几百万人口,就是这个道理。因此,地中海在历史上所起的作用是无与伦比的。

我们以前曾经有一种误解,认为海洋一定代表了文明,一定是文明的来源,蓝色文明一定比其他颜色好。这个观点是不正确的,海洋本身只是一种文明传播的途径。能不能传播文明、带来财富,还要依据海洋周围的情况。比如地中海在古代就可以带来财富,因为财富就在对面,或者新的文明就在对面。

中国周围的海洋在很长一段时间里不具有这个条件,中国历史上外来文明主要的来路是陆路,唐朝时长安比沿海地区发达开放。因为当时西方的外来文明主要是通过丝绸之路、河西走廊这条通道传播的,自然是传播到长安更加方便。所以大家可以看出,地理环境对文明的影响在古代确实是非常重要的。地中海的文明到了后期都先后衰落,我想一个重要的原因,也是因为随着人类生产力的发达,纯粹依靠自然条件的因素降低了。到了工业化以后,有些原来的不利条件和有利条件均发生了变化。比如说海上的交通运输发达了,就克服了航行的距离,虽然太平洋的距离很远,但是当人类的科学发达、生产力发达以后,这些困难就可以克服了。有了火车、汽车、轮船以后,就不必完全依赖于自然条件了。

接下来我要讲的一个问题,就是文明的冲突与融合。这个问题在非洲也很明显。我们知道,经过布匿战争,罗马人最终将腓尼基人打败,将迦太基城彻底毁灭。毁灭以后,罗马人就在它的基础上建起了自己的建筑。以后罗马辉煌的建筑也只剩下了几根残柱。再以后,考古学家挖开这些残柱,发现下面保存着非常完好的迦太基遗址。全世界现在保存得最好的腓尼基遗址就是迦太基城,而迦太基城被保存下来,还多亏罗马人在上面建立了自己的城市,否则就可能不会保存下来。所以世界文明的发展、历史的发展就是这样不以人们的意志为转移的,罗马人自以为摧毁了它,但最后罗马与迦太基一起成了历史的遗址、废墟。

在非洲,我们既看到了文明之间的冲突,又看到了文明的融合,最典型的例子就是圣凯瑟林修道院。它是在西奈半岛中部西奈山里面。修道院的周围是一片光秃秃的荒山。因为有一个泉眼,所以周围用墙围起来,有一些树,修道院才得以存在。修道院本身所在的地方海拔大约1 700米,周围是海拔2 000多米的高山,山上基本没有树。这个修道院有一个很奇特的现象。在修道院里面居然还有一座清真寺,跟修道院本身教堂的塔并列在一起。我们都知道,从公元7世纪阿拉伯人兴起以后,西奈半岛一直是阿拉伯人的地方。但这个建于公元初的修道院却能够一直保存到今天,不能不说是人类文化史、宗教史上的一个奇迹。这个奇迹的出现,开始可能是个偶然的因素。

刚才讲到这个修道院在沙漠深处,我们去时,早晨六点钟出发,三百多公里的车程,九点到达。周围全部是沙漠荒山,不见人烟,据说当年有一个教徒为了找这个地方,整整用了二十几年才到达,第二年就死在这个地方,他的遗骸就在这个修道院里。在基督教世界里,这个修道院是一个很神圣的地方。它的地理环境很奇特。这些修道者对宗教的信仰也很坚定,院中有一些观后令人毛骨悚然的作品。修士死了以后,遗骨被收集起来,有一个房子里放了几百个堆起来的头颅。很多人来此修道,就终身在此。我想大概就是因为这样一种感染力,等到阿拉伯人扩张到此地后,穆罕默德就专门颁布了一道命令,保护这个修道院。据说,这道命令现在还保存着。不过,如果修道院本身不表示一种对伊斯兰教的友好态度的话,恐怕也不会保存至今。这个修道院作了一项破天荒的举措,就是马上在它的院子里修了清真寺,于是就出现了基督教堂和清真寺并存的局面。以后不论当地受谁统治、受哪个宗教影响,这个修道院始终与当局合作,无论是土耳其人、俄罗斯人还是阿拉伯人、英国人,甚至中东战争时西奈半岛一度为以色列所占领,这个修道院一直安然无恙地保存至今。

尽管这个例子具有特殊性,但至少提醒我们,如果不同文明和宗教都采取互相包容的态度,那么它们之间是可以彼此尊重、和谐相处的。当然这个清真寺在很大程度上只是一种象征,我相信伊斯兰教徒是绝对不会到一个异教徒的地方去做礼拜的。我问那修道院里的人:"这清真寺是不是仅为一个象征?如果不是,为什么里面没有人做礼拜?"他答:"不仅仅是个象征,我们随时接纳伊斯兰教徒到里面做礼拜,不来是他们的事。"

原来修道院旁建了很高的围墙,为了防止贝都因人侵犯、抢劫,但到了近代,有了慢慢的改变,当地的贝都因人会去做修道院的保安,当天陪同我们参观的就是贝都因人,他们和睦相处了。这个修道院的存在说明了文明之间是可以共存的。此外,这个修道院也创造了很多奇迹,它的图书馆居然是除梵蒂冈之外全世界最大的基督教图书馆。这个奇迹的出现,固然是因为沙漠中不容易受到战乱的影响,但我以为更主要的原因,是它一开始就和伊斯兰教和睦相处,这些珍贵的图书绘画因此免受战火之劫,要不早已毁灭了。

第二个例子是马赛克,以前叫作罗马装饰画。原来马赛克是罗马人、希腊人普遍用于装饰墙或天花板的,是把彩色大理石磨成或者切成一小片一小片,然后再贴成一幅画,像油画一样,非常精美,画中人物的表情都非常生动。其实,罗马装饰画的发展也是不同文明在物质上互相依存、在精神上互相学习的结果,反映的也是一种文明的发展过程。

马赛克最早是在希腊出现的,一开始非常简单,就是把黑白两色的大理石拼起来。以后腓尼基人也学会了马赛克的制作工艺,我在迦太基遗址曾经看到过他们的马赛克,石块一般比较大,只有三种颜色,还没有发展到彩色。再以后罗马人在已有基础上将马赛克的制作工艺发展得越来越精湛,而且罗马可开采的大理石数量多、颜色丰富,制作而成的马赛克越来越精美。我曾经在凡尔赛宫看到过一张彩色天然大理石的桌子,花纹非常漂亮。在北非,所有的罗马装饰画都是用从意大利运过去的彩色大理石做的。后来拜占庭人也喜爱马赛克,但是再也没有那么多的罗马大理石了。再后来安达露西亚人(阿拉伯曾经占领西班牙南部和葡萄牙这一带,后来这批当地人随着阿拉伯人退缩,迁回北非,成为安达露西亚人)开始用陶土烧制马赛克。以后阿拉伯人广泛运用的马赛克就是用陶土烧制的,所以色彩比较丰富,但他们还是最喜欢蓝色。现在工业化生产马赛克就很方便了,再用大理石去制作马赛克反而会不那么方便。马赛克从希腊、罗马的装饰品,发展到今天既是工艺品又是日用品,这个过程是各种文明互相学习、根据实际发展的过程。现在阿拉伯人大量用马赛克做屋檐上的装饰。在清真寺里,就有很多用马赛克作装饰的。

最后让我们来谈一下建筑。在今天利比亚的昔兰尼,有一个宙斯神庙。传说当时希腊由于人口增多,导致水源缺乏,于是希腊人就到海外去寻找水源。他们渡海到了昔兰尼寻找水源,第一次没有找到,第二次才找到。这个传说未必是真的,但是反映了当时希腊人遭受的生存压力。因为希腊是个多山的地方,无法承载很多人口,而且希腊缺水。希腊人在昔兰尼找到了水源,将其命名为阿波罗泉水。他们在阿波罗泉水周围大兴土木。在那里建造的宙斯神庙的规模仅次于希腊本土的,列世界第二位。但是到了建阿波罗神庙时,就转变为罗马式的,有很大的石柱,仔细看,石柱的样式已经不同了。所以说建筑之间也是相互继承,并吸收对方优点的。我们再来看这张照片,这个早期的清真寺在凯鲁万,是一个世界文化遗产(图3)。由于建得较早,很明显地受到拜占庭的影响,而它的柱子是阿拉伯人从罗马建筑的遗址中拆过来的。我们仔细看,那些柱子规格是不一样的,走廊中的柱子连粗细也不同。位于摩洛哥卡萨布兰卡的哈桑二世清真寺据说规模世界第三,仅次于麦加和麦地那的,它的宣礼塔高210米,而且有相当大一部分建在海上,显得非常雄伟。内部设备都是现代化的,要到宣礼塔顶上去有快速的电梯,所有的门都是电动启闭的。更加令人赞叹的是,大堂的屋顶可以电动打开,能通风,地板可以加热,冬天教徒伏在地上做祈祷就会感到很舒服。地下还有三层很大的浴室,包括土耳其浴室,并都对公众开放,非教徒也可以进入。到了20世纪,清真寺不但现代化了,而且很多观念也改变了。

尽管我们只到了东非和北非的少量国家,看到的建筑也主要是古代遗留下来的和现代的清真寺,但从中可以看到,各种文化、文明都在尽量适应现实,并且继承其他文明优秀的部分。在那些罗马建筑面前,我就很自然地想到,宏伟辉煌的人民大会堂前的柱子就是罗马式的,而其屋檐又体现了一些中国传统的风格。这样的建筑不但是我们传统的,也吸取了其他文明的优点。

最后我想说一下非洲和我们的关系。刚才讲的都是历史,好像离我们都很遥远。其实非洲对我们来说关系还是很密切的,像我这样年纪的人,是经常关心非洲的。因为五六十年代有一句口号"亚非拉人民要解放",当时世界上还有三分之二的国家没有解放,非洲具有很重要的地位。非洲在历史上只有两个地方没有沦为殖民地,五六十年代他们要求独立,这样的呼声一直延续到后来南非种族隔离制度的废除。独立后的非洲,我们看到它一方面有很大的进步,另一方面也面临很多问题,贫困就是其中之一。

我在国内到过比较多的贫穷的地方,但是没有看到像非洲那样贫穷的程度。有些公路边上的民居简直就是家徒四壁,顶上看得见天,屋顶上铺些椰枣树的叶子作遮阳用。房子是土做的,基本上没有任何家具,非常简单地放了几样日用的东西。

唯一可能值钱的东西就是一个破旧的小收音机。我们到马赛人或者其他民族的家里去，要弯着腰进去，中间是一个很狭小的过道，放一点炭火什么的，里面烟熏火燎，既为取暖又为防虫，我们的眼睛睁也睁不开。两边土炕上这边睡大人，那边睡小孩，旁边是牛羊。马赛人为了欢迎我们，牵一只小牛过来，一箭射在牛脖子上，把喷出来的生牛血和一点牛奶给我们喝。我不敢喝，只用手指沾了一点，因为杯子上叮满了苍蝇。由于我们电视片的基调是拍一个进步文明的非洲，所以有一些镜头拍了也不一定播出来。实际给我的感觉是，有的地方脏到你很难有落脚的地方。

有人认为我们此行很辛苦，其实虽然辛苦，但住得很好。只要你到了大城市，就有很好的五星级酒店，毫不逊色于上海的宾馆，与其他地方形成相当大的反差。同时，一个城市里两种文化并存的现象也很明显。比如在阿拉伯国家里，基本上都有一个保存完好的旧城，完全保持了原貌，所以很多属于世界文化遗产。这并不是说他们有自觉的意识，一开始是由于贫穷，所以才保存下来。在旧城边上就有一个完全西方化的新城，比如卡萨布兰卡那个城市就是法式的，非斯旧城则是保存完好的阿拉伯式古城。你在新城街上走，与在法国街上走一样，周围的人都讲法语。摩洛哥用法文出版的报纸和法语电视节目比阿拉伯语的还多。他们的心态处于一种矛盾之中，有的知识分子谈及要发展自己的文化，但是有帮助的东西都是外来的，有的人甚至认为本国之所以落后，就是因为殖民时间太短。所以他们就处在一种新旧文化、宗主国文化与本国文化的冲突中间。一些国家有很多的部族，部族不同，信仰也不同。比如苏丹老是打仗，就是因为苏丹南部信奉基督教，北部信奉伊斯兰教。又比如埃塞俄比亚，掌权的主要民族是阿穆哈拉族，人口占30％，部族之间有矛盾，而且差距相当大。肯尼亚除了人们的肤色是黑的，其他一切看起来都是英国式的，但是到了边境的拉木岛上，又完全是伊斯兰化的。

在非洲行走时，为了和当地人可以有亲切一些的接触，我们学了一些阿拉伯问候语，但是从苏丹往南开始就用不上了，到了拉木岛就又用上了。你跟岛上的居民用阿拉伯语打招呼，他们很高兴，一切又回到了阿拉伯的习惯。所以非洲并不是我们想象的那样，它其实是一个文化多元的地方。它面临的这些问题，我们和其他一些发展中国家其实都面临过，或者正面临着。中国和非洲，除了距离比较远之外，其他应该说有很多共同的地方。我们应该不要忘记，虽然现在我们打开报纸，看到的都是美国、俄罗斯、欧洲的情况，但是在我们发展的过程中，中国和非洲互相支持，还是起了很重要的作用的。我们到了阿尔及利亚,就有很深的体会。我们一下飞机,阿尔及利亚人就跟我们用"你好"打招呼。因为从上世纪50年代开始,我们就支持他们的民族解放斗争。当时他们还受法国统治,我们不惜冒着和法国建交推迟的风险,还是支持他们。除了支持他们物资以外,还支持他们硬通货——外汇。当时我们自己很穷,但还是拿出外汇来支持他们,让他们去买军火,支持他们的抗法斗争。我们承认阿尔及利亚政府时,他们还是一个临时政府。因此,他们对我们很友好。

年轻一代人可能不知道,中国驻阿尔及利亚大使馆门口的一条路就叫北京路,是当时周总理和陈毅部长访问该国时命名的。很多国家还有这样的情况。比如在苏丹农村,看见他们骑的自行车一辆是上海牌,一辆是永久牌,全是上海货。他们认为这种车很好,价格50美元一辆。一些城市里面的日用商品都是中国货,不是从北京、上海、广州过去的,大量是浙江温州、福建产的,价格很便宜,非洲人很高兴用。他们说原来用意大利的日用品,很贵,现在中国货来了,很便宜。还有我们早期对他们援助的纺织厂、印染厂、药厂,直到现在还在起作用。我们的医疗队,一方面给他们的百姓看病,另一方面政治影响很大。比如有的国家的总统就是走到哪里都随身带着我们中国医生的。有的医生暂时回不来了,就是因为总统把他给留住了。还有一个国家总统的妈妈特别喜欢一个中国医生,有什么病都要找他。所以有的大使和我们说,如果有什么问题不好办,去跟那个医生说,他跟总统一讲,什么问题都解决了。

我们不能忘记,我们参加联合国时,当时有一个很有名的"两阿提案",即阿尔及利亚、阿尔巴尼亚的提案。每次他们都带头找一批国家提案。我们在联合国以压倒多数通过提案,里面的很多票就是来自非洲。包括现在申办奥运成功,很多票还是非洲投的。所以外交部官员跟我们讲,"你们到非洲国家去很有意思啊,非洲是我们国家的票仓"。那么从发展的角度说,任何一个地方,早发展和后发展的地区,都有各自的优势。譬如我们在北非行走,为何能发现如此多的世界文化遗产,像摩洛哥这样一个面积只有浙江省大小的国家却有七个世界文化遗产。我们在那里感觉到北非的希腊、罗马遗址比欧洲保存得还要好。什么道理呢?你到罗马去看,那个竞技场周围都是现代化的建筑,但你到利比亚,那个竞技场周围却是荒漠,所以保存得非常好,而且很有历史感。另外,非洲还有很多自然、天然的风光。有很多都是只可意会,电视传达不出来的感觉。

从未来来说,现代人越来越追求原始、自然之美。更不要说非洲如此多的文化、民族,他们都保留了很多自己民族的特色。未来作为旅游目的地的话,非洲是非常值得去的。目前我国已批准开展出国旅游的非洲目的地国家只有两个,一个埃及,一个南非。还有许多国家希望我们能开放。我知道摩洛哥在争取,肯尼亚也在争取。这次肯尼亚对我们特别友好。肯尼亚航空公司为我们提供了好几个商务舱和很好的服务。如果不是因为非典疫情,内罗毕到香港的直通航线 6 月份就开通了。即使是在非典疫情防控期间,埃塞俄比亚每个星期三从亚的斯亚贝巴到北京的航班也没有停止过。他们还是很看好我们的。譬如这次在摩洛哥接待我们的就是一家上海的旅游公司,陪同我们的"小英叶"领队就是几年前上海过去的。

非洲距离中国虽然遥远,但对中国今后的发展能起到很大的作用,非洲在世界上发挥的作用也一定会越来越大。如果从外交策略来讲,我们在非洲还不太发达的时候给予他们适当的援助,跟他们建立一种稳定友好的关系,与非洲已经发达后我们再做工作会有明显的不同。中国对非洲应适当地给予更多重视。

五六十年代中国对非洲的影响很深,但是最近这些年来,日本在这方面做了许多工作。一方面,非洲的日本游客很多,所以在非洲,很多人把我们当成日本人,甚至韩国人。另一方面,日本对非洲的援助大概是最多的。日本援助的项目大多与老百姓的生活直接相关。比如在摩洛哥山区,以前妇女都用陶罐背水,但现在日本援助他们用自来水,这个项目不用花很多钱,效果却很明显。我国对非洲的援助大多集中在政治性项目上。比如在喀土穆修建的友谊宫、国际会议中心,就属于这种性质。我认为我国今后可以把旅游重心部分地从发达国家转到非洲。我国在苏丹勘探石油,现在已经形成了很大的产业,有炼油厂和管道,有很多附属的工厂。他们的老总告诉我:"我每天可以创造 100 万美元的财富。按照苏丹政府的预算,我们这个石油项目上缴的税利已占了 20%。"所以他们说,喀土穆这几年的发展和我们勘探开采石油有关系。但如果我们只是在那里开发的话,也会引发另一方面的问题。已经有当地人提出:中国人在我们这里发展,会不会成为新的对我们殖民的国家?他们有这样的顾虑。

所以,我觉得对非洲,我们的国家、人民应该更加重视它,应该很好地了解、研究它。在我们的发展策略中,非洲有很大的作用。例如,上海很多的自行车、日用品在国内卖不掉,却在非洲卖得很好。这里面有很多的商机。在座的各位如果亲自去非洲看一看那里悠久的历史、丰富的文化,我想大多数人都会有这样的愿望。我今天演讲的部分就是这些,下面的时间欢迎大家提问,或者我再放一些照片。

主持人:葛教授精彩的演讲让我们重新认识了一个拥有灿烂文明和壮丽风光的新非洲的形象。刚才葛教授也说,提问时间开始前,向听众提两个要求,一个呢,是每个听众只提问一次,二是一次最多提两个问题。下面提问开始。

问:埃及、巴比伦、希腊、罗马的文化早期都是非常繁荣的,我想问现在的人种和当时的是不是同一人种?比如说现在的伊拉克人和埃及人都是阿拉伯人,那个时候是阿拉伯人吗?如果不是,那么以前的那个人种现在去哪里了,您是否知道?

答:我刚才说,这些文明历史悠久,发展很早,而且有一个很大的特点,即他们的文明不延续。今天的埃及人不是历史上古埃及人的后代,今天的伊拉克人也并不完全是古巴比伦人的后代。这些文明有的是交替发展,有的是在发展过程中不断有外来文明融入。比如埃及第二十五王朝的法老就是努比亚人。大家所知道的埃及艳后是古希腊人,古希腊人也在埃及建立过王朝。埃及灭亡后,它的领地就成了罗马人的地盘。罗马人结束统治后,又有汪达尔人、拜占庭人相继统治,一直到公元 7 世纪阿拉伯人兴起。

所以说,这些地方的人都不是纯粹的古代某个民族的后代,只是某个民族的成分多一点。阿拉伯人在从西亚兴起以后发展到现在整个北非都是阿拉伯人,也采取了很多的办法。有的是强制的同化,有的是经济上的影响,也吸收了大量的非阿拉伯人。我们把这个过程叫作阿拉伯化的过程。比如在北非很多国家都有柏柏尔人,有的直到现在还存在。但现在柏柏尔人大量信仰伊斯兰教,有的原来没有宗教信仰的,有的是拜物教。简单说来现在没有一个民族是纯粹的古代民族传下来的。从文明的延续来说,也许你可以视之为一件坏事;但从文明的进步角度来说,也不能纯粹说是一件坏事。比如中国文明就是一直保持延续性的,但与此同时,我们就缺少了突破性的机会,没有变化。因此,对于文明发展,我想就应该从这个角度来看。

问:葛教授,我很奇怪的是为何您没有讲很多埃及的遗迹,我对它的一些遗迹特别感兴趣,比如太阳神庙。还有我比较模糊的一个概念就是您刚才讲到的腓尼基人,是不是他们造成了雅典的衰亡,最后被罗马人消灭?这个民族当时主要分布在今天非洲的哪些地方,希望您能给我解答,谢谢!

答：原来的腓尼基人在今天黎巴嫩这一带的海滨，大概在公元前12—前9世纪之间开始向西迁移到北非，集中在当时的迦太基，即今天的突尼斯。腓尼基人发展的主要手段是航海和贸易，我刚才讲过，这些民族的发展属于一种外向的文明，即到海外争夺市场，开拓殖民地，不断向外发展。他们一度掌握了整个地中海的贸易，在当时，北面到达欧洲，南面穿过撒哈拉沙漠到达亚撒哈拉地区。顺便讲一下撒哈拉沙漠，它不是我们想象中的那样是一望无际的沙丘，它的中间有绿洲和水源，所以可以在沙漠中长期维持一条商路。随着罗马的强大，腓尼基人与之发生了战争。罗马人想要控制地中海，在罗马人占领了西西里岛之后，腓尼基人被迫退出了大部分地中海的航线。后来发生了布匿战争，好几次腓尼基人差点要取胜。但最后的结果是腓尼基人被罗马人消灭，迦太基成为一片废墟。

至于埃及，我认为大家都应该比较了解，这次我们去埃及看到了很多很辉煌的神庙，埃及有太阳神，另外有名的是阿蒙神。埃及人的观念是把神庙造得很高很大，高的目的是接近太阳，顶上有天窗，使人们能够看到太阳和月亮。神庙的另一个特点是法老拉美西斯喜欢到处建造大的自我像，我们看到一种是国王的像，另一种就是法老的自我神像。埃及的建筑规模宏大，一些还未完工的石柱由于太大，得由几块石料拼接起来，表面还没有磨光。据说有时一根柱子要造两年半。有的建筑的石柱多达一两百根。这些文明一方面留给我们很辉煌的遗迹，另一方面也让我们看到埃及以及罗马的这些遗迹在当时都消耗了大量的物质财富。往往神庙还未完工，国内已经民穷财尽了，这在一定程度上造成王朝的一次次更迭。

这些神庙很好地体现了古代文明的特点。比如阿布·辛拜勒神庙就有一个很奇妙的现象：在神庙的尽头有几尊神像，靠最左边的是黑暗神，然后是拉美西斯二世像、光明神，每年只有2月22日和10月20日这两天，旭日升起后大约有20分钟的时间，太阳能够照在三尊神像上，黑暗神是永远照不到的。这在当时是经过很精确的计算的，外面有些书上认为这两天一天是拉美西斯二世的登基日，另一天是生日。后来我询问过当地人，得到的回答是那纯属猜测。但不论怎么说，当时的计算能够那么精妙，体现了两三千年前甚至四千年前已经很发达的文明。这些神庙同时也体现了现代人类的高度文明。20世纪60年代，埃及决定修建阿斯旺水坝，这意味着阿布·辛拜勒神庙将被淹没。在此情况下，埃及政府向联合国教科文组织、向全世界发出呼吁。在当时各国考古学家和一些基金会的帮助下，阿布·辛拜勒神庙得以迁移。这座神庙的原址在现在的水下60米处,后来将原庙全部拆掉,迁移了160米,在更高的地方重新建造,包括后面的山都是人造的。现在太阳光依然一年只有两天能够照到三尊神像,只是时间上与原来相差一天。这就体现了现代的文明。又如菲莱岛上的神庙,就算放在今天,仍然甚为壮观,更何况是四千多年前。该神庙也是由于建坝而迁移的,所有的建筑被分解为四万五千块,然后一一重建。因此,埃及神庙确实代表了高度发达的古代文明。

但是,任何古代建筑都离不开当时的条件,我一开始不明白为何埃及人要造金字塔,有人说因为金字塔的尖接近太阳神。不过我这次去又有一个发现,就是在尼罗河边有一些天然的山就像金字塔。我想古埃及人一定是从中获得了灵感。在中国,天然的像金字塔一样的山就不是很多,而在埃及就有很多。外加埃及有很多的石料可开采。以前有人说埃及金字塔是外星人的产物,现在考古学家已经证明,用最简单的工具就可以建造金字塔,刚才我也讲过,用几根圆棍,两个人就能拖动石块。

因此,这些建筑尽管含有神的观念,但还是离不开当地的自然条件。当然埃及的神庙也有变异,比如努比亚人学了埃及以后就建造他们自己的神庙,也造公羊雕像,但公羊身上多了很多卷的毛。

下面我给大家看一些照片:

这是马拉喀什的歌舞(图4)和夜景(图5)。

这是我在柏柏尔人的瓷器工艺品前留影,请注意看鲜艳的色彩(图6)。

这是阿特拉斯山,后面是雪山,生长在亚热带的仙人掌与雪山连在一起(图7)。

这是买水的老人(图8)。这一带原来是有水灌溉的,后来变成了沙漠,也就产生了卖水的职业。

这是撒哈拉沙漠的边缘,大家可以看得很清楚,这里非常有特点,中间是绿洲,有水的地方就有绿洲,周围都是荒漠(图9)。

这是山上的牧民和羊群(图10)。靠地中海一边就有森林了,北面吹过地中海湿润的空气,所以有森林,而南面全是沙(图11)。

这是非斯古城(图12)。这是摩洛哥国王的行宫(图13)。这是非斯旧城(图14)。这是《非斯条约》签订的地方(图15)。这是非斯旧城的巷子(图16)。

这是位于丹吉尔西面的斯帕特尔海角灯塔,在直布罗陀海峡入口处,一边是地中海,另一边就是大西洋(图17)。

这是离丹吉尔不远的一个天然的洞穴,在大西洋海边,叫作"非洲洞",因洞口酷似非洲地图而得名(图18)。

这是摩洛哥边界的一个检查站(图19)。边界那边就是阿尔及利亚。

这是建在海边的巴萨古城,也是文化遗址(图20)。古城长度有15千米。

这是埃及艳后女儿的墓(图21)。埃及艳后的女儿嫁到阿尔及利亚做了王后。这个墓远看与中国墓相似,并没有埃及墓的明显特征,所以各地的文化不是完全一成不变的。

这是阿尔及利亚君士坦丁的凯旋门(图22)。作为山城的君士坦丁以高桥闻名于世。

这里又是边界,我们马上要进入突尼斯了。这是突尼斯的检查站(图23)。

这是罗马画(图24)。

这是旧城——蓝色小镇西迪·布·撒以德。这个镇在地中海边上,风景非常优美。这是镇上的咖啡馆(图25)。

这是地中海沿岸的大量游艇(图26)。

这是迦太基的遗址(图27)。

这是腓尼基人的骨骸(图28)。他是一个年轻人,19岁至24岁之间,身高大约1.70米,身体健壮。

这是腓尼基人的玻璃,是世界上最早的吹制玻璃,两千多年前非常精美的东西(图29)。

这是罗马人的浴室,简直是非常大的宫殿。这是一块大理石,上面写着安东尼人的名字,可以证明当时是他们造的(图30)。这是两个人高的柱子(图31)。我们站在一个浴室下面的排水沟,真正的建筑还在地面,据说这种浴室可以容纳上万人。

这个是我国驻突尼斯的大使官邸(图32)。为什么要拍照呢?主要是第二次世界大战时期德国的沙漠之狐隆美尔的总部就在这儿。现任大使朱邦造原来是外交部发言人,现在他住在这里。

这是凯鲁万古城,是世界文化遗产(图33)。这里有较早的伊斯兰教堂(图34),这是教堂里的一口井(图35)。旧城里有水房(图36),有一个大楼梯,骆驼每天要进出拉水(图37)。这是旧城里卖工艺品的房子,雕刻精美(图38)。

这就是罗马竞技场,现在白的大理石脱落了,原来里外都贴着白色大理石(图39)。这是看台和格斗的地方(图40)。中间的地下一边是住人的,一些俘虏、奴隶、角斗士在里面,另一边是野兽,凡是参加格斗的,必须先在里面感受一下,否则一下子可能不适应,一般是提早一天甚至一周,人跟野兽就面对面地住在里面,然后到时在上面进行格斗(图41)。

这是大片的橄榄林(图42)。

这是另一个小镇,建筑的外立面以不同的面砖构造出各种花纹(图43)。这个地方很有名,影片《英国病人》就是在这里拍摄的(图44)。这是当地景观,当地人都是立体地利用有限的绿洲,一般有三层,第一层是椰枣树,第二层是古树,第三层是当地人种的蔬菜(图45)。在绿洲上我们发现了两百多年的大树,可以证明这里只要有水,还是适合人们居住的,但它周围现今已全是沙漠了。

这是阿拉伯人进行小孩子割礼时,全村在游行庆祝(图46)。

这是镇上的建筑,与上海旧弄堂相似(图47)。门上有三个门环。下面的门环是给小孩用的,所以家里有这个门环,就表示家中有小孩;左边的门环是给丈夫用的,丈夫回家时会敲这个门环,那么妻子知道了会去开门;右边的门环是供其他男性客人用的,他们叩门环时只有家里丈夫能出来开门,如果妻子一个人在家,就在里面的门环处敲两下,那么男性客人知道家里没有男人时就应该离开。所以,门环是各有各的用处。

这是两边荒山、当中有水的"山中绿洲"(图48)。有水源就有生命,山上有几棵树,有芦苇,山顶有水源,就是这股清泉维持着周围的生命,因为水冲泻得厉害而成为一线天。下面有峡谷,很深。沙漠里有盐湖,盐湖晒盐,居民就可以用了。当地没有厚的黄土,全用石头盖房,最高处放粮食,主人一般住在下面一层,有了孩子就往上盖一层,有了孙子就再往上盖一层,往往里面的空间就此变得窄小,居住环境困难。现在是旅游点,盖成了公寓宿舍的样子(图49)。

这是一条用法文书写牌名的"北京街"(图50)。我们正准备拍摄。

这是吉尔巴岛(图51)。岛上生产陶器,作为旅游项目(图52)。

这是犹太教堂的外景(图53)。这是教堂里面(图54)。以前迁移到此的犹太人与阿拉伯人也能和平共处,所以文化也有互相融合的时候。

这是利比亚的国门,国门没有国旗,但有卡扎菲的画像,卡扎菲认为绿色是神圣的,所以他的画像背景是绿色的(图55)。利比亚境内到处都有卡扎菲的像,连公路边上也有很多他的语录和画像。

这是沙漠中的古城,由于天热时室内温度有 40~50℃,于是大兴地下通道,供人休息(图56)。当外面是 40~50℃ 时,通道里面往往是 30℃,那么就十分凉快了。女人是不可以随便到这里走动的,只有早晚打水时才可路过这里,平时她们通过楼上的板来回联系,而不能到地面来,从此可以看出阿拉伯妇女是被约束的。

这张图是浴室,里面有很大的池子,至少分热水、凉水、温水(图57)。这是一个桑拿浴室(图58),用不同的材料做成不同的层面用来流通空气,池子边上有从地下通到上面的陶管,大家知道热空气是从下往上流的,所以说结构是非常科学的。这是当时的公共厕所,一长排全部是用大理石做的马桶(图59)。前面是清水,后面是污水,都已经分得很清楚,都是大理石的。

这是当时的公共市民论坛,是让市民发扬民主的地方(图60)。里面是大的看台,中间是大的广场,有称市政广场。市政广场三面是看台,市民可坐于其上讨论问题。

这是神庙的内景(图61)。神庙由又高又粗的柱子构造而成,相当于一个很大的礼堂。街道内的建筑有各种市场。卖鱼的地方原来都铺着大理石案板,上面雕有各种海洋动物(图62)。纺织品市场则是卖布的,中间是一个圆圈,做买卖的人围在圆圈里面,全部是大理石结构(图63)。这些都是 2 000 年以前的建筑了。还有剧场,从看台往下可见主厅(图64)。还有海神庙,海边建有灯塔,现在已经是废墟了(图65)。

这是昔兰尼的遗址,从遗址上看下去可见希腊建筑与罗马建筑混在一起(图66)。旁边有很多古墓,现在还有 1 500 座(图67)。这些墓中最长的用了 1 000 年,从希腊人用起,后来罗马人继续用。这是宙斯神庙,顶上的柱子非常的粗大(图68)。这是到了"二战"时,德国人曾用来掩埋残骸的一座城堡(图69)。虽然德国人是战俘,但盟军还是很谨慎地把它围了起来。这是法国人的墓地和盟军的墓地(图70)。这一带墓地的很大特色,就是墓碑上有许多感人的话和文字,因时间关系,我就不一一细述了。

这是阿拉曼战场,现在是一片荒漠(图71)。这里已经在勘探石油,但是埋在地下的地雷继续在起破坏作用。我们采访的一对阿拉伯父子的住处非常简陋,只有一顶帐篷(图72)。父亲的手不幸被炸掉了,因为在放牧时不小心碰到了"二战"遗留下来的地雷。所以这一带经常有受害者。战争到现在还给当地人留下很大的祸害。但像这种战争,战争双方都是利用它的殖民地在交战,打的地方在利比亚和埃及,那里是北非战场的主战场。

这是金字塔,还有狮身人面像(图73)。从底下看金字塔表面并不是很平整的,由一块块大石垒成,里面是空的。

埃及博物馆藏着全世界最丰富的埃及宝藏,其中最出名的当数图坦卡门的金面具以及其他黄金包裹的木乃伊(图74)。全部裹着黄金,上面还嵌着宝石,非常的精美。这是四千多年前纸草上画的画和文书(图75、图76)。

这是现代的建筑,是萨达特总统的纪念碑(图77)。他在对面检阅台上遇刺,因而在此建碑(图78)。

这是开罗会议的会址(图79)。现在留下的两套房间,一套是丘吉尔套间(图80),另一套罗斯福套间我没有去。这张照片很有意义,上面是当时开会的三巨头——蒋介石、罗斯福、丘吉尔,还有宋美龄(图81)。现在三巨头都不在了,宋美龄倒是还健在,106岁,定居在纽约。蒋介石的套间因为种种原因没有保存下来。

这是西奈半岛(图82)。红海是世界上潜水最有名的地方。这是我们潜到下面看到的鱼和珊瑚(图83)。

这是卡纳克神庙(图84)。这是进入神庙后的公羊大道(图85)。神庙内柱子粗大,具有埃及特色。神庙内有神像、浮雕,但都已残缺不全。两个方尖碑,一个有30多米(图86)。神庙内有一幅很有埃及特色的浮雕,表示上下埃及的统一(图87)。上埃及的植物是纸莎草,下埃及的植物是莲花。纸莎草与莲花连在一起,表示上下埃及的统一。

这是卢克索神庙,原来门口也有两根方尖碑,后来其中一根被法国人搬到了协和广场(图88)。神庙顶上建有阿拉伯的清真寺,内部却是罗马式的建筑,还有希腊式的,所以这一小小的地方就集中了不同的文明(图89)。这是一个很有名的神庙,不但规模大,而且保存得也很好。这是神庙内的纸莎草柱(图90)。

这是王后谷,就是王后下葬的地方(图91)。这是两个非常大的神像,其中一个原本风吹过会发出声音,后来因为里面破了,罗马人修复了它,但自此以后就发不出声音了(图92)。

这是我们从尼罗河上空四百多米高的气球里拍下的神庙(图93)。每个气球可站24个人,那天只站了12个人,代价是每人250美元。

这里是菲莱岛上的神庙(图94、图95)。从古埃及开始,这里希腊式、罗马式的神庙都有。

这是神庙边上的阿斯旺大坝(图96)。这是俄国人造的一个阿斯旺大坝的纪念碑(图97)。这是尼罗河水库的下面,原来是第一瀑布的地方,这个房子叫作瀑布旅馆,埃及国王法鲁克曾经住过(图98)。在这个地方可以边喝下午茶边欣赏尼罗河瀑布,是一个经典的欣赏尼罗河瀑布的地方。当然这个旅馆花费是很高的,要190美元一个晚上。

这是尼罗河上努比亚人的风帆(图99)。

这是阿布·辛拜勒神庙(图100)。这个神庙也是完全重建的,包括后面的山也是人工造的。图中可见四个拉美西斯的神像。这是里面的壁画,这是拉美西斯的正面(图101)。这个神庙旁边是拉美西斯王后的神庙,是唯一一座为王后建的神庙。

问: 教授您好!这次您非洲之行有没有去过东非,就是郑和下西洋的船队到过的地方呢?您应该是去过东非的,我不知道您是否可以对这个地方做一个介绍?

答: 是的,我刚才已经提到,我们最后在肯尼亚的内罗毕坐飞机到了拉木岛。据说郑和的船员有后代在拉木岛旁边的一个岛上面。我在拉木岛上访问了拉木岛博物馆的馆长。他到那些地方去看过,但是很遗憾,根据我实际的了解,他的证据并不足。因为他讲原来有的墓上是有中文的。但当我问他现在是否还在时,他说已经不在了,而且也没有照片。还有那些看起来像是中国人的人,他们自己说是祖上航海留下的中国人,并没有说是郑和留下的。

现在去那里采访的人很多,有外国人也有中国人。听说《武汉晚报》也有一个记者去过,但是他们这些人越讲越神了,内容也比以前多了。所以我认为,仅仅凭借目前这些证据,我们很难断定。

第一,很难断定他们就是郑和航海的后代,因为据国外有的学者研究下来,他们到达的时间是郑和航海以后的一两百年,所以不可能是郑和的后代。那究竟是不是中国人的后代?也很难断定,不过可能性还是有的。因为根据郑和航海的记载,郑和的手下马欢在《瀛涯胜览》一书里讲到一些地名,其中就有莫瓜多萨(摩加迪沙),也有蒙巴萨。这至少证明他们已经知道这些地方,这些地方是在一条航线上的。至于郑和的船队是否到过这些地方,现在学术界有分歧。有两种说法:一种说到过,一种认为没有到过。因为记述郑和下西洋的这本书分上下两卷。上卷是肯定到过的,下卷是注录了这些地名。但是一定要说他到过,证据是比较缺乏的。

第二,如何看待这一带的很多遗址、遗迹。这其中还要考虑阿拉伯人的作用。因为阿拉伯人从元朝、宋朝的时候就开始航行于中国的泉州、广州这些沿海地区。从阿拉伯到东非是非常容易的,所以不能因为发现了中国人的瓷器、中国人的商品,就一定说是中国人自己运过去的。一般据历史记载,这一带真正从商的主要还是阿拉伯人。要真正找到证据,我们还需要努力。

第三,如何看待东非这一带没有发现郑和的遗迹或中国的遗迹。我认为这是符合当时的情况的,因为郑和航海的目的不像哥伦布、像西方人那样,需要发现什么殖民地,需要寻找黄金、奴隶。郑和的目的主要还是宣扬国威,宣扬明朝的伟大与强大。因此,他的任务是把中国的财富送到那里去,而不是掠夺当地的财富,更不是为了掠夺当地的人口,占为殖民地。据我所知,他带回来的就是长颈鹿、当地的其他动物和香料。他需要的只是当地人表面上拥护、忠于明朝就可以了。所以他没有留下东西是正常的。如果说当时留下他们的城堡和武器甚至占为殖民地,不是变成郑和去侵略了吗?这恰恰不是中国人当时要做的。

因此,我认为,不必一味地觉得在那里发现了我们的一些东西,才能证明中国人的伟大。我觉得这是不符合历史事实的,也是完全没有必要的。当然如果我们进一步去探究的话,也许还会有所发现。但是我希望要找到具体证据,不要想当然。最好是用相机拍下来,将声音录下来。现在我们有少数记者一味地猎奇,一味地夸张。我觉得这个风气是不好的。

关于郑和航海本来今年 7 月份就要在上海开一个很盛大的国际讨论会的,以纪念郑和航海。因为非典疫情的原因,可能要推迟到 9 月份开。会议方要我在会上作一个主题报告。我想我要讲的基本观点就是实事求是地评价郑和航海所起的作用。把它放在当时的中国和当时的世界来看,这样才能够给我们后人以启迪,才能让我们真正总结历史的经验和教训。

主持人:好,谢谢葛教授。因为时间关系,我们今天的提问只能到这里。照片呢,也只能欣赏这些了。但我想这没有关系,因为葛教授去过最冷的南极,也到过最炎热的非洲。下次无论葛教授去什么洲,我们都与您相约在这里,可以吗?

葛教授：好，谢谢大家。有机会，今后让大家看我在其他地方拍的照片，欢迎大家参加。

主持人：好，谢谢葛教授。今天的都市文化系列讲座到这里就结束了。那么下一周的这个时候我们还将邀请著名作家陈丹燕女士来这里解读"上海城市文化"，欢迎大家参加。好，今天的讲座到此结束，再见！

本文所述照片，扫以上二维码可见。本文根据 2006 年 6 月讲座记录稿整理。

我到过的南极

2000年12月7日,我作为中国第十七次南极考察队的一员,由北京出发去南极乔治王岛上的中国长城考察站,于12月12日到达。今年2月8日离开,于2月13日回到北京。这里我想告诉大家的,是我所到过的南极。

南极洲·南极圈·南极

中国南极长城站建于南设得兰群岛中最大的岛屿乔治王岛上。

这个岛与群岛的得名当然与英国人有关:1819年2月19日,英国的海豹捕猎者威廉·史密斯船长驾驶的威廉斯号方帆双桅船发现了今天的南设得兰群岛中的利文斯顿岛,随后他宣布该岛已为英国所有。英国海军部得知这一消息后,又派爱德华·布兰斯菲尔德与史密斯一起驾威廉斯号去发现新的大陆。1820年1月30日,布兰斯菲尔德登上两个岛屿,宣布为英国所有,其中之一就以当时的英国国王乔治三世和不久继位的乔治四世命名,为乔治王岛,另一个则命名为克拉伦斯岛。由于英国已经有了设得兰群岛,因而这一群岛被命名为南设得兰群岛,而群岛与南极半岛之间的海峡被称为布尔斯菲尔德海峡。

长城站的准确位置是南纬62度12分59秒,西经58度57分51秒,处于太平洋和大西洋交界之处,往南与130公里外的南极半岛隔海相望,往北是宽960公里的德雷克海峡,对面是南美洲的南端合恩角。

乔治王岛不在南极大陆,还没有进入南极圈,离南极点有3 100公里。这就引起了一些人的怀疑:长城站所在地算不算南极?

实际上,这是混淆了不同的概念。

地理上的南极洲(Antarctica)是指南极大陆及其周围岛屿,其面积约为1 400万平方公里。乔治王岛就属于南极大陆周围的岛屿,当然是南极洲的一部分。到了乔治王岛就是到了南极洲,就像到了舟山群岛就是到了中国、到了夏威夷就是到了美国一样。

南极大陆(Antarctic Continent)指南极洲的本土,即位于南极洲的连成一片的陆地,包括它周围的半岛在内。

南极圈(Antarctic Circle)是指离南极的距离等于黄道斜度(黄赤交角)或约23度27分的纬圈,即通过南纬66度33分的纬圈。

南极或南极点(South Pole)是指地球上最南的一点,或地轴的南端,即南纬90度。

根据这些标准,乔治王岛不在南极大陆,还没有进入南极圈,那么为什么中国和其他8个国家(俄罗斯、智利、阿根廷、巴西、乌拉圭、波兰、捷克、韩国)要在那里建立南极考察站呢?

首先是因为乔治王岛具备了南极的基本特点:常年低温;大部分为冰雪覆盖,包括常年不化的冰盖;气旋活动频繁,风暴频繁而强烈;拥有南极特有的动物如企鹅、海豹等。其次是因为乔治王岛适合于考察站的建立,如离大陆比较近,具备较大的露岩地域,船只容易接近,有充足的淡水资源,站区周围可以开展综合科学考察。当中国于1985年在乔治王岛建立自己的第一个南极科学考察站时,还考虑到岛上已经建有俄罗斯、智利等几个站,是南极科考站最密集的地方,便于就近利用邻站的设施,也有利于互相合作、互相支持。

当然,乔治王岛的环境对南极科学考察来说还不够典型,所以到1989年我国又在东南极大陆的边缘建立了第二个站——中山站。要深入南极内陆,最好是在内陆就地建立考察站,俄罗斯的东方站建于南纬78度28分,而美国的阿蒙森-斯科特站就建在南纬90度的南极点上。不过,越往内陆,条件越艰苦,困难越大,维持的费用越高,所以目前各国已建成的近50个常年考察站中,除了美、俄这两个外,一般都建在大陆的边缘或相近的陆地。

怎样去南极

南极与北极不同,北极处在北冰洋中,没有大陆,而南极则有连成一片的大陆,还是周围的岛屿。所以去北极一般只能坐船进入北冰洋,或者让飞机降落在安全可靠的冰上。去南极可有飞机和船两种方法,或者两者兼用。

为了节省路途的时间,一般都可以乘飞机到达离南极最近的南半球国家,如南美洲的智利、阿根廷,非洲的南非,大洋洲的澳大利亚、新西兰等,并尽量到达这些国家最南的机场。如果要去的南极考察站附近有机场,可以继续乘飞机;但如果没有机场,就只能乘船了。

中国的长城站和中山船就分别属于这两种情况:长城站附近有智利马尔什空军基地的机场,能够起降大力神运输机,所以可以到智利南部的蓬塔阿雷纳斯或阿根廷南部的乌斯怀亚搭乘他们的军用运输机。中山站附近没有机场,只能乘船进入。我国的考察队一般是先到澳大利亚,然后搭乘船只到达澳大利亚的戴维斯站,再经过一百多公里的陆路至中山站。

全程乘飞机当然最快。但由于航程长,又没有直达航班,最后一段没有正常的民用航线,即使完全顺利,也要花几天时间。如我们出发时就先从北京飞巴黎,在巴黎转机,经阿根廷的布宜诺斯艾利斯到达智利的首都圣地亚哥,再换智利国内航班到达 2 160 公里外的蓬塔阿雷纳斯。从蓬塔阿雷纳斯往乔治王岛只能搭智利空军的运输机,航班不固定,座位有限,得提前预订。每年夏天的 12 月至 3 月间一般隔几天有一班,其他时间一般每月只有一班,到了冬天基本就停飞了。由于这是独家经营,航程 1 000 余公里的机票要卖好几百美元,并且供不应求。往返的飞机一律是美国产的大力神运输机,内部设施简陋,管道线路裸露,舱内像个车间,舱内的座位就是两侧各铺着四条帆布带,中间没有分隔,坐下来,一个人拉过背后一副帆布安全带系上就是了,乘客与一件帆布条包扎的货物差不多。登机后不必对号入座,找到空地,一个人对着一副帆布安全带就是了。登机前,每位旅客都得签署一份承诺书(被人们戏称为"生死状"),上面写着智利空军对旅客的生命、财产的安全不承担任何责任,如发生意外,没有任何赔偿,乘客在飞机上必须绝对服从机长的命令,以及其他一系列"不准",一经签名就表示已经无条件接受。大家都把签字看成一道例行手续,一般连看都不看地就签了名,我也是在签名以后再仔细看的,为的是可以记入日记。乘客们之所以如此爽快,一是别无选择,除非你不想去;一是智利空军和美国这一型号飞机的安全信誉相当高,还没有听说这条航线有失事的记录。从这条航线去乔治王岛的,除了各国的考察队员外,还不乏高官政要,往返时与我们同机的有韩国和以色列驻智利的大使,在岛上遇到过韩国的科技部副部长,今年我国中央政府考察团的四位部长级官员也是与我们一样签名登机的。1986年长城站落成时,当时的国家科委主任武衡率领的中央代表团包了一架大力神运输机,他们有没有办这个手续不得而知。

阿根廷最南部的城市乌斯怀亚有阿根廷空军的大力神运输机飞往乔治王岛,情况与智利的大同小异。至于到达这些南半球城市的航线,自然不止一条,如可以经美国的洛杉矶或纽约到圣地亚哥,如何选择主要取决于航班的衔接和价格。

从上海乘船直航乔治王岛大概要40天左右,不但时间长,而且由于要穿过西风带,风急浪高,一般人都会严重晕船。但大批量的建站器材、车辆、船舶、考察设备、科研仪器、生活用品不可能靠飞机运输,一些海上生产和科学考察项目也只能在船上进行。所以我国的"雪龙号"极地考察船一般每两年一次,由上海往返于长城、中山二站。有的国家没有专用的考察船,就采用临时租船的办法,或将货物用集装箱托运。如去年正好是"雪龙号"大修停航,第十七次南极考察队所需的多数物资已在前年随第十六次考察队的物资由"雪龙号"运去,其余用品装了一个20吨的集装箱,由上海托运。不过由于智利驶往乔治王岛的船一般没有20吨的吊车,等我们在2月份返回时,这个集装箱还搁在麦哲伦海峡旁的蓬塔阿雷纳斯码头。

到南极去的游客一般都在就近的国家乘船,倒不是他们不想乘飞机,实在是航班太少,一票难求。而且南极各个考察站的接待能力有限,游客大多只能在船上食宿,只在白天下船游览。我在长城站时遇到过好几批游客,都是这样安排的。在我返回前,由美国国际马拉松旅游公司组织的120名长跑爱好者乘包租的俄罗斯船到达乔治王岛,在岛上停留三天。那家公司的总裁告诉我,他们是从纽约乘飞机至智利南部再乘船的,十天九夜的总费用平均为4 000美元。

尽管一些国家宣称对南极的一部分领土拥有主权,但《南极条约》对此既不承认也不否认,所以目前南极不属于哪个国家所有,去南极不需要哪个国家的签证。如果从上海直接坐船去,只要我国同意出境就可以了。但如果要通过其他国家去南极,就得获得这些国家的签证。我去乔治王岛是持公务护照,进智利可以免签证,但如果持普通因公护照和因私护照,则必须事先获得智利签证。

谁能去南极

我从南极回来后,遇到我的人都会问我:"身体吃得消吗?""南极冷不冷?"或者表示惊叹:"你连南极都能去,身体真好啊!"总之,大家都以为南极又冷又艰苦,能去南极的人一定得有非常强健的身体。其实,这是一种误解。

前面说过,南极的考察站一般都建在沿海,海拔不高,不会像去西藏那样有高山反应。南极也有高原,那是在遥远的内陆,一般人不会去,也去不了,所以到南极去不用担心高山反应。南极的气压比较低,但对正常人不会有什么影响。

南极的确是地球上最冷的地方,在沿海地区,年平均气温约为零下17℃,冬季最低气温很少低于零下40℃,夏季的最高气温是9℃。越深入内陆,气温越低。1983年7月,位于南纬78度27分、东经106度52分的苏联东方站曾测得气温为零下89.2℃,是全球测得气温的最低纪录。

我们所在长城站的年平均气温在沿海地区中略高,据1985—1990年连续观测资料统计,夏季(1月)的平均气温为1.3℃,极端最高气温11.7℃,极端最低气温零下2.7℃。冬季(7月)的平均气温为零下8.0℃,极端最高气温2.6℃,极端最低气温零下26.6℃。自去年底至今年2月的这个夏季,南极气温偏低,但我们所经历的最低气温也不过零下7℃。当然如果在那里越冬的话,必定要经受严寒的考验,但越冬时大多数时间是在室内,由于有取暖设备,完全可以控制在20℃左右。在室外活动时有足够的御寒装备,一般人都可以忍受。

不过,在南极的实际感觉要比气温冷得多,特别是刮南风时。这是因为我们的周围都是万年不化的冰雪,南极冰层的平均厚度超过2 000米,乔治王岛上的冰盖也有100~300米的厚度,南风等于是从大冰箱里吹来的,自然冷得可怕。有一次,一位智利队员在海滨向我们的队员介绍新橡皮艇的保养方法,我给他做翻译,十几分钟的时间大家都冻得受不了,赶快结束回房。那天的气温是零度左右,但风很大。对寒风刺骨的说法,我在南极真正体会到了,刮风时最好不要有任何部位裸露,所以头上不是用帽子包到只露出鼻孔,就是帽子、眼镜、面罩全副武装。暴风雪频繁是长城站的一大特点,每年风速大于每秒 17 米的日数在 60 天以上,最大风速可达每秒 40.3 米。我们经历过连续三天的暴风雪,最大风速超过每秒 26 米。在这种天气,人在户外不仅会步行困难,而且连站都站不稳,我在拍照和摄像时都感到人晃手抖,不得不靠在墙边。那时的雪不是飘下,而是横扫,打在脸上就像被撒了一把沙子。

南极对人的另一个威胁是强烈的紫外线辐射,我的感觉是,这比西藏还厉害。即使在阴天,紫外线辐射也有影响,所以外出时在身体裸露的部位得涂上防晒膏。

长城站的设施相当完善,室内的生活条件很好,每个房间有电取暖器,有卫生间,公用浴室随时可用,有设备齐全的厨房和专职厨师,各种生活用品配置十分周到,生活上不会有任何问题。

南极还相当安全,除了各国经过严格挑选的考察队员,能到那里的只有少量游客,停留的时间都很短。当地的动物,如企鹅、海豹、鸥类对人不具有攻击性,如身躯最大的象海豹在陆上的行进速度比步行还慢。有人曾在报上胡吹遭遇海狼如何危险,实际上很大的海狼见我们走近时都先往后退。

南极的空气新鲜而纯净,几乎没有细菌。由于没有感冒菌,受凉后不会感冒。那里的水也是最好的纯水,口感比上海的罐装净水或矿泉水还舒服。南极到处有亘古以来就有的"万年冰",我们曾将砸碎的冰块放在酒杯中,会发出啪啪的声音,慢慢融入酒中,喝起来别有风味。

当然,南极毕竟是远离人类社会的地方,虽然各考察站都有医生和简单的医疗设备,但一旦患了重病,还是相当危险的。一位 26 岁的英国姑娘随旅游船到乔治王岛,因糖尿病复发导致心力衰竭,等英国从马尔维纳斯群岛赶来的飞机到达时已经抢救无效,飞机只能运走她的遗体。所以我们事先都经过严格的体检,本身有病的人不能冒险。

在南极的危险主要来自两方面。一是发生意外。如橡皮艇到了海上熄火,如正值退潮,就有漂出海的危险;又如车辆在野外抛锚,或遇到预先没有估计到的恶劣天气等。另一类是没有遵守纪律。如在冰盖上行走时必须结组,用保护绳互相联结,间距保持在 5 米左右,后面的人必须踩着前面人的脚印等。我们将离开时,三位澳大利亚登山者全部坠入冰缝,经智利直升机抢救脱险,但两人重伤,一人轻伤。显然他们没有熟悉情况就贸然攀登,也没有完全遵守规范。

相比之下,心理素质的要求可能更高些,特别是对将在那里长期工作的考察队员。在南极圈内，每年时间是一半白昼，一半黑夜。乔治王岛虽在极圈之外，但夏季最早2点过后日出，近22点才日落，而且即使在日落以后，由于太阳离地平线不远，天也不会全黑。冬季正好相反，白昼时间很短。连续几天暴风雪时，无法外出，如果没有事可做，就会相当无聊。越冬时各站都不过十来个人，有的更少，除了日常的维护之外没有什么事可做，与外界联系很困难，看不到电视、报纸，听不到广播，得不到外界的信息。吃的喝的全部是一两年前的储备，必定相当单调乏味。在这样的环境下，要是没有良好的心理素质，难免不发生精神障碍。

所以，如果只是到南极去旅游几天，只要没有什么病就行。如果参加考察站度夏，对身体也没有特殊的要求。越冬的要求更高，但心理素质更加重要。正因为如此，今后如果你有去南极的机会，只要体检合格，千万不要犹豫，大胆地去吧！

我在南极做了什么

我在南极长城站实际生活了59天，时间不算长，但也不算短。作为人文学者的首次南极之行，究竟我在那里做了什么？是不是完成了此行的目标？一定是读者所关心的。

由于交通工具的限制，也由于今年气候的异常，我们的足迹没有能跨出乔治王岛的菲尔德斯半岛和毗邻的纳尔逊岛，活动半径不超过25公里，所以我的见闻和经历很有限。如鲸只见到过一次，还是在相当远的地方；没有见过企鹅中体型最大的品种帝企鹅，没有见过或尝过新鲜的磷虾。何况我们只是度夏，自然无缘见到一般都是冬季才出现的极光，也没有体会连续的极夜。特别是由于我们基本上都是集体行动，没有遇到意外和危险，这当然是好事，却使我们的经历更加平淡无奇了。不过，我宁可这样的平淡，也不愿意产生那样"惊心动魄"的故事，或者为了吸引读者而无中生有、"妙笔生花"。

作为人文学者，我们去长城站并不负担具体的科学考察或站区维护的任务，但也是属于中国第十七次南极考察队的正式队员，所以首先是做一名普通队员，与大家过同样的生活，参加同样的日常活动。夏季的一项重要任务是站区维护，有干不完的活，如敲冰除雪开路、铲锈、刷油漆、清油罐、整理食品、清除垃圾，我都体验过。轮流帮厨也都参加，有一次正好一批来访的德国科学家留下用餐，我给他们指点用自助餐，一位德国人惊奇地问："你们的 cook 怎么能说这么好的英文？"

其次就是参观访问，我们一起访问了智利的马尔什基地弗雷总统站、俄罗斯的别林斯高晋站、乌拉圭的阿蒂加斯站、韩国的世宗王站和捷克的埃柯站，参观他们的设施，与站长和队员交谈，了解他们的情况，参加他们的一些活动，还考察了由德国和智利多年联合观察的阿德雷岛企鹅繁殖地。如果说以前只知道"地球村""国际大家庭"的概念，那么这些活动就是最好的体验。由于我经常担当翻译，所以与各考察站站长有更多的接触和了解。特别与捷克埃柯站——这个乔治王岛上唯一的民间站——的站长耶达作过长时间深入的交谈，对他的经历和理念有了更深的理解。

当然，最重要的或者花时间最多的活动还是没有什么活动——留给我们自己观察和思考。初到南极，呈现在我眼前的景色是那么简单，白的是冰雪，黑的是裸露的岩石；又是那么荒凉，没有树，连草也没有一棵。但一次次在海滨散步，在风浪穿行，在荒原跋涉，在冰盖行走，一次次与企鹅交谈，看海豹休憩，与海狼游戏，为海鸥祝福，向冰山致意，迎来冰盖上升起的朝日，送走消失在波涛中的夕阳，挽留短暂的月光，寻找偶然见到的南极星，我终于发现，南极同样充满了生命的气息，同样有自己的春天，同样有人类的朋友，同样值得我们亲近。

这里，我愿意和大家分享我对动物的观察。

南极动物显得相当单调，常见的是企鹅、海豹和鸥类，海面偶尔能见到喷水的鲸，礁石丛中很容易钓到南极鳕鱼。

对我们最热情的是企鹅，第一天就成群结队来到站区，以后也天天光临。最壮观的企鹅群是在它们的繁殖地，成千对企鹅聚集在海滨的坡地、山岩、礁岛，每对企鹅用小石子围成一座座完全开放的家园，然后就耐心地等待下一代的降生，再从海上衔来鱼虾海产，直到将两团毛茸茸的小生命喂养成可以独立下海的小企鹅。乔治王岛常见的企鹅有三种：雍容华贵的金图企鹅、憨态可掬的帽带企鹅和独善其身又好动不倦的阿德雷企鹅。夏季的企鹅是勤劳的，从早上 2 点多日出，到晚上 9 点多日落，我们见到的企鹅都在忙碌着，在短暂的夜晚才能见它们伏地而睡。只是不知道它们将如何度过漫长的冬天和极夜？企鹅并不拒绝我们的亲近，只是当人过于靠拢时它们会作出反应——奇怪的是，不是对着靠近它们的人，而是相互之间喊喊喳喳吵个不休，甚至推推搡搡，使我百思不得其解。

今年南极的寒夏和从未中断过的暴风雪影响了我们正常的活动，却也带来了意外的惊喜,海豹和海狼不时光顾站区,甚至就躺在我们住处附近过夜。不过海豹和海狼最集中的地方还是岛的西海岸和西北海岸,那里有成群的象海豹,二三十只两米多长的庞然大物堆积在一起,要不是它们偶露真容的血盆小口(与它们的身体相比)和身上难闻的臭味,真与一大堆岩石没有什么区别。不过最容易让人上当的还是经常单只出现的阿德雷海豹——无论是在雪地上,还是在海滩上,它们都会一动不动地躺着,与周围的岩石毫无区别,有一次我差一点踩到它身上。

贼鸥的模样一点不讨人欢喜,以至我的电脑中找不出理想的照片。但它展翅飞翔时仍显得那么昂扬,使我想到了在世界屋脊阿里高原见到的雄鹰。要是你不小心走近了它的窝,贼鸥就会奋不顾身地向你头顶俯冲,甚至会用有力的翅膀或尖锐的嘴发动袭击。不过平时它们并不在乎陌生人靠近,大概它们知道来这里的人是朋友,而不是敌人。

不仅是贼鸥,就是企鹅、海豹、海狼和其他鸥类,也都忘记了它们的前辈经历过的苦难——在南极被发现后的两百多年间,海豹皮和企鹅油曾经是掠夺者和冒险家的主要目标,其他动物也曾被大量虐杀。所幸人类的大多数终于明白了地球上这最后一块净土的真正价值,使南极的动物恢复了它们的自由天地。

即使是在暴风雪持续肆虐,我不得不整天在房间里望着窗外的惊涛骇浪,忍受狂风袭击的一次次震荡的时候,我也以一名历史地理学者的本能,从光盘中纵览古今,在电脑上写下我的感受,但还没有完全找到答案,以至来不及写下的或许更多。我想到:为什么发达而丰富的中国传统文化培育不出杰出的探险家?为什么中国直到16世纪才出了一位地理学家和考察家徐霞客?为什么近600年前的郑和七次下西洋既没有发现新大陆和新航路,也没有给中国留下什么遗产?为什么实力远不如明朝的西班牙、船队规模远不如郑和的哥伦布和麦哲伦却能发现新大陆或完成环球航行?为什么到16世纪明朝人还不知道台湾比琉球大而将它称为"小琉球"?为什么200多年前的中国对南极的发现一无所知?为什么南极地图上遍布西方人命名的地名?中国人将怎样面对未来的海洋和未来的南极?这些问题我并没有完全找到满意的答案,但更加坚定了一个信念:历史不能重演,未来可以选择。

我的英语能力使我意外成为长城站的首席翻译,长城站和智利弗雷总统站双方庆祝中智建交三十周年的集会、站长出访和其他站长来访、韩国政府代表团来访、菲尔德斯半岛环境保护国际讨论会、与德国科学家商谈、与智利站交涉托运蔬菜、智利技师辅导橡皮艇日常维护等，都由我担任翻译。由于外国人的母语大多也不是英语，所以有些人的英语很差，甚至夹着不少西班牙语，有时只能半译半猜，或者互相比画。这时，不懂英语的队友可能比我有更强的理解力。我还为站里写过赠送给外国站的贺卡、邀请书、收据，为"鹭江杯国际钓鱼大奖赛"填写过奖状，当过裁判，替在长城站前海面游泳的王刚义写过公证书，有些对我来说也是第一次。这第一次居然是在南极完成的，自然出乎我的意料。

后两件事特别有趣，大大丰富了我的人生经历。

我这辈子没有参加或观察过钓鱼赛，仅在两年前应一位友人之邀在南海的小渔船上钓过一次鱼，更不知道钓鱼赛该有什么规则，可是却在乔治王岛上当了一次国际钓鱼赛的唯一的"总裁判"。我与阿正设计了比赛规则，在餐厅和海滩组织了参赛队员登记，站在一块礁石上用一把开罐刀敲响开赛锣，用英语宣布比赛开始，又以同样的方式鸣锣收兵，回餐厅主持钓到的鱼过磅，宣布比赛结果，主持由站长与鹭江出版社代表颁奖，这一切居然都是由我这个钓鱼外行完成的。

王刚义到达长城站后，由我为长城站起草了与他的一份协议书，在签字仪式上我作为两位见证人之一签了字。从他下水开始，我就用我的卡西欧多功能电子表为他计时，最后记录就是根据我的计时结果确定的，有关数据如风速、风力、气温、水温、距离、王刚义下水前后的体温和血压等都是由我汇总发布的，几小时后我向《文汇报》发出了报道，又向上海广播电视台发去了口头报道，据说成为当晚中央电视台报道的根据，第二天我又为王刚义写下了一份英语公证书。

现在我想大家都会同意我的看法，我的南极之行是值得的，有吸引力的。我希望我能有更好的机会，也希望大家有更多的机会。

原载《劳动报·新闻周刊》2001年5月18日，原题为《我亲历的南极》。

寻访李约瑟

出在剑桥的著名科学家灿若群星,但对我影响最大的还是李约瑟(Joseph Needham)。

"文化大革命"后期,我还在一所中学任教,就在内部发行的杂志中见到了介绍李约瑟的《中国科技史》的文章。1978年我进复旦大学读研究生,不久在旧书店买到了《中国科技史》中译本的地学分册。李约瑟对中国古代地图学成就的论述深深地吸引了我,因为他始终将中国地图学的发展放在世界范围内进行比较和考察,大大开阔了我的眼界。我对清初的地图测绘产生了浓厚的兴趣,查阅了不少资料,并翻译了法国传教士的有关记载。这篇译稿以后发表在《历史地理》上,是我正式发表的第一篇学术性译文。我撰写的《清初全国地图测绘》于1980年在《百科知识》上发表,这是我第一次发表学术性文章,据说很受主编刘尊棋先生的赏识。要不是以后转入对历史人口地理的研究,我完全可能选择地理学史作为自己的研究方向。

1981年初,我得知先师季龙(谭其骧)先生正在撰写一长篇论文,因为胡道静先生等为庆祝李约瑟八十大寿,将主编一部国际性的纪念论文集。先师花了几个月时间写成的《论〈五藏山经〉的地域范围》,以后收入上海古籍出版社出版的《中国科技史探索》一书。先师告诉我,李约瑟对此非常感谢,他说外国人享受如此殊荣,他是汤若望以后第一人。可惜李约瑟几次来上海,我都不在先师身边,失去了瞻仰风采的机会。

以后看的书稍多,逐渐发现《中国科技史》地学分册中有些提法与史料的原意不符,或者结论偏高了。这丝毫没有减低我对李约瑟的尊敬,因为任何伟大的科学家都不可能百分之百的正确。使我感到不理解的倒是国内某些学者,自己不做深入研究,却对李著奉若神明,还要在他的基础上不断拔高,非把中国古代的科技水平抬到世界第一不可。1985年夏天,我在美国加利福尼亚大学伯克利分校参加国际科技史大会,瑞典的记者采访我,我很坦率地谈了自己的看法。

1994年,李约瑟当选为中国科学院首批外籍院士,第二年以95岁高龄逝世。但由他倡导的中国科技史的研究已成为世界性的热潮,并没有因为他的离去而减退。同时,有人也注意到一种"李约瑟现象"(读完本文,大家一定会明白,这绝非李约瑟的本意,的确应该打上引号),即对中国古代的科技史成就作了过高的估价,并且只能肯定,不能有任何疑问或否定。这几年我忙于其他课题,没有在中国科技史上花什么功夫,但在我涉目的不多的论著中的确存在着一种倾向,似乎研究中国科技史的目的就是为了证明中国古代文明的伟大,只有肯定中国科技史的成就才是爱国主义,而李约瑟的《中国科技史》就成了他们的金科玉律。

我终于来到了剑桥。哲人已逝,但正如在他原来的工作室墙上用中文题写的四个字"人去留影",他的影响永存。我要寻访他的足迹,认识一个真实的李约瑟。

我感到,我从来没有离李约瑟那么近。是的,他就在我的身边。

在李约瑟研究所新楼左侧的一幢两层小楼,就是他晚年的住所。1995年3月24日,李约瑟在这里平静地度过了人生的最后一刻。此后他又长眠在楼前的花园里。就在通往新楼的道路中,一个突出于草坪的半圆形花坛下面,安放着他的骨灰。他的第一位夫人去世于1987年,如今伴随在他的左边,而右边是他长期的助手和1987年后的夫人鲁桂珍博士。除了镶嵌在花坛上的三块并不显眼的碑牌,人们已看不到任何痕迹,他们已和整个研究所融为一体。

在阅览室中,我翻开李约瑟在世时出版的十几册《中国科技史》,上面都有他的签名。我仿佛见到了他一次次抚摸着新出版的著作,一次次签上自己的名字,又开始构想他新的计划。在1946年5月16日致剑桥大学出版社的建议书中,李约瑟估计他的著作将有600~800页。但随着研究的深入,他一发而不可收,计划成十倍地突破,第三卷扩大到3册,第四卷更增加到8册,而在他逝世后,已经和将要出版的还有十多卷,总数将超过30册。现任副所长、伦敦大学亚非学院历史部古克礼(Christopher Cullen)研究员告诉我,从现在起每年至少出一卷,力争两卷。

当图书馆馆长莫弗特(John Moffett)将我带进楼下一间小屋时,我真好像见到了李约瑟工作的情景。打开架上一个个整齐的硬纸盒,是分门别类保存着他用过的原始资料档案,这都是他当年亲自搜集来并整理过的,有中文杂志、论文、手稿、照片,也有不少英文和其他文字的资料,很多是在中国也很难找到的,还有的是别人极少注意的,上面大多有他的手迹。从 1943 年第一次去中国,他就开始搜集这些资料,数十年的心血汇聚成无价之宝,也给后人留下了永恒的课题。

我不敢说已经看到了这位巨人的全貌,但毕竟离他越来越近了。

如果说李约瑟是一座高峰,构成它的基岩和山体的则是他长期的合作者和助手——一批杰出的华人科学家。他们的贡献得到了李约瑟本人的承认和尊重,但在中国至今鲜为人知。

1937 年,三位来自上海的研究生到剑桥大学攻读植物化学,其中一位就是对中国科学史颇有了解的鲁桂珍。与他们的接触使李约瑟几乎立即对中国的一切产生了热情,他认为:"他们给了我巨大的影响,远比剑桥给他们的为多。他们以与我十分相似的科学头脑所考察的事实,促使我思索这样一个历史问题:为什么近代科学只产生在欧洲,而不是在中国和印度。"与鲁桂珍的交谈使李约瑟对中国古代的数学和天文学的奥妙有了初步了解,并得知中国在相当长的时代在技术上远远领先于世界上其他国家。早在公元 720 年,一行就发明了机械计时,7 个世纪后才传到西方。曾公亮在 1044 年就记录了的火药,欧洲人到 1330 年才了解。

从第二年开始,他向鲁桂珍学习中文。他对中文的兴趣是如此之浓厚,正如他以后回忆:"读一页中文的效果就像大热天跳进游泳池一样舒服,它使人一下子摆脱了字母词汇的桎梏,进入了表意文字的晶莹透亮的世界。"折服于中国文字的优美和中国古代科学的成就,他萌生了写一本中国科学和技术简史的念头。

1943 年,李约瑟来到中国抗战的大后方,四年间结识了一大批杰出的中国科学家,也结识了此后成为他第一位合作者的王铃(王静宁)和中共领导人周恩来。他在中国广泛旅行,获得了大批珍贵的图书资料。这些图书资料运回英国后,成为他撰写《中国科技史》的主要依据。

1948 年,李约瑟从巴黎联合国教科文组织回到剑桥大学凯尤斯(Caius)学院任教,正式开始了《中国科技史》的撰写,王铃博士就成为他的合作者,直到 1957 年去澳大利亚国立大学工作。当《中国科技史》第一卷于 1954 年问世时,作者李约瑟的名字后面写着"研究助手王铃",1956年出版的第二卷同样如此,在1971年出版的第四卷第三册上还写着"得到王铃的特别协助",在1986年出版的第五卷第七册写明的三位合作者中还有王铃的名字。关于王铃在十年间作为"助手"的具体工作,李约瑟在书的前言中专门作过说明:"首先,他所具有的中国史专门研究训练对我们的日常讨论具有重要价值。其次,本书所有的翻译(中译英)十之七八是先由他草译,然后我们进行详细的讨论和修改,这样的修改在正式定稿前往往要做许多次。他人的翻译如果没有经过我们俩对照原文核对,就一概不予采用。此外,王先生还'搜索'和'过滤'那些预先觉得有希望的原始资料,然后再用科学史的观点对这些资料作仔细的研究,以便确定它们的价值。没有这样一位合作者的友谊,本书即使能够写成的话,撰写过程也将大大延长,而且必定会有比我们预料得多的错误。""我俩永远不会忘记这一项目的早期岁月,当时的工作千头万绪,条件却比现在差得多。"

王铃博士于1994年逝世于他的家乡南通,遗憾的是,在中国赞扬李约瑟成就的人却很少提到或根本不知道王铃。

1956年末,鲁桂珍博士离开了巴黎联合国教科文组织,来剑桥加入这一项目,从事第六卷中植物和医药部分的前期研究,并从此一直担任总协调员,负责各卷出版前的修订。李约瑟指出:"在我们的项目中,也许没有比中国医学史更艰难的了。此卷的概念系统对西方人来说实在太难理解了,本来很普通的词汇和和哲学术语在赋予特殊的含义后,便构成了一些微妙而精确的术语;一些重要的医疗分支更有其独特性;所以如要正确反映中国医学史,必须付出极大的努力。"鲁桂珍为这项事业,也为李约瑟奉献了一生。1987年李约瑟夫人去世后,李约瑟以87岁高龄与鲁桂珍结婚,在教堂举行仪式时,他说:"两个年过八旬的人一同站在这里或许令人惊奇,但我的信条是'再晚也比没有强'。"

李约瑟的第三位合作者是现任李约瑟研究所所长何丙郁。他本是在新加坡的马来亚大学做物理学讲师,毕业于天体物理学专业,曾翻译过《晋书·天文志》,1958年初来到剑桥,改而从事炼丹术和早期化学的研究,为第五卷的有关分册打下了基础。该卷的第三、四、七册所注明的合作者中,何丙郁都名列第一。

而最早使李约瑟对中国古代的炼丹术和早期化学感兴趣的,却是他的中国学生曹天钦博士。40年代后期曹天钦在凯尤斯学院做研究时,就对《道藏》中的炼丹术进行了很有价值的研究,这也为何丙郁的进一步开拓奠定了基础。

到 60 年代中期,李约瑟深感中国科技史研究的艰深浩大,继续用由他主持的方法已不可能完成这项计划。为了在有生之年乐观其成,他选择了组织起一批合作者的方法,"从而实现了卓有成效的转折"。1985 年,由美国芝加哥大学钱存训教授撰写的第五卷第一册(纸和印刷术)出版,这是第一本不由李约瑟署名的《中国科技史》,90 年代出版的各册大多采用了这一方式,或者由李约瑟与第二作者共同署名。

在李约瑟的合作者中,还可以看到黄兴宗和其他华人科学家的名字。没有这些华人科学家的合作,没有他们长期默默无闻的奉献,就不可能有这套皇皇巨著。我们当然应该高度评价李约瑟的开拓之功、主持之勋,但岂能不承认鲁桂珍、王铃、何丙郁、钱存训等华人科学家的耕耘之劳、收获之丰?特别是鲁桂珍、曹天钦等对李约瑟选择研究中国科技史的重大影响。在评价一项具体的成果或结论时,无论其高低优劣,绝不能与它的实际创造者分离。

还应该看到,海峡两岸和全世界的华人给了李约瑟巨大的支持和资助,这也是《中国科技史》取得成功的重要条件。新中国成立后,他八次访问中国,每次都受到热情的接待,大批中国科学家无私地满足他各方面的要求,包括为他提供图书资料和研究成果。在他八十、八十五和九十大寿时,中国为他举行了隆重的庆祝活动,还派代表团专程赴剑桥致贺。李约瑟研究所院内一块巨大的太湖石,就是中国科学院不远万里送给他的寿礼。中国学术界对他的研究成果一贯高度重视,《中国科技史》的中文翻译在"文化大革命"中也未中断。1995 年,国家科委授予他"中华人民共和国科学技术合作奖"。他逝世后,席泽宗院士代表中国科学院前任和现任院长,专程去剑桥参加追思仪式,并发表讲话。目前,李约瑟研究所正与中国有关部门合作,拍摄反映中国古代文明和科技成就的电视片,希望通过在全世界的发行为研究所募集巨额基金。

1967 年,旅居美国的陈立夫征得李约瑟同意,筹备在台湾翻译出版《中国科技史》,此事也得到蒋介石首肯。当时他估计需要筹集五六万美元,企业家董浩云立即捐助了 4 万。陈立夫回台湾后,成立并主持了翻译出版委员会,1972 年起陆续由台湾商务印书馆出版。

1984 年 9 月 16 日至 10 月 2 日,李约瑟和鲁桂珍应邀访问台湾,在各地作了多次报告和座谈。蒋经国接见时,感谢他们为弘扬中国文化所作的贡献,高度赞扬李约瑟数十年间为撰写《中国科技史》作出的不懈努力,使世界人民得以了解中国传统文化的博大精深和对科学技术的贡献。李约瑟被授予"三等宝星勋章",鲁桂珍被授予"文化奖章"。

李约瑟研究所的新楼建成于 1991 年,这座中西合璧的建筑物不仅为研究所提供了一个舒适宁静的工作环境,也使李约瑟一生收集的图书资料有了最后的归宿。这些图书资料本来存放在他工作的学院,但自从他于 1976 年退休后,一直没有合适的存放和使用场所。从 1985 年起,李约瑟研究所得到了中国香港、新加坡和美国几家基金会的资助,资金主要来自华人,新楼的建造就是资助的主要部分。陈立夫为此募捐 7 万美元,并向研究所赠送了全套台湾商务印书馆影印的《四库全书》。

李约瑟研究中国科技史在草创阶段的确是相当艰巨的,但在中国和全世界华人的全力支持下,他逐渐获得了他人无法拥有的最好的条件。

李约瑟年轻时就是一位热情的社会主义者,是著名的剑桥青年科学家小组中的一员,但他又是其中唯一的虔诚的基督教徒和非共产党员。

他热爱中国,是中国人民忠实的朋友,为中国作了很大的贡献。抗战期间,他与中国人民患难与共,他组织的中英科技合作馆为中国提供了大批书籍、杂志、器械和化学试剂。他不顾洪水和盗匪的威胁,行程四千多英里,使用过卡车、吉普、马、骆驼、羊皮筏、滑竿和独轮车等各种交通工具,遍访实验室、工厂、军火库、医院。为了让世界了解战时中国科学家的艰难环境和杰出贡献,他专门出版了《中国科学》等两本书。1952 年,新中国遣责美国在朝鲜使用细菌武器,他以科学家的身份公开表示支持,这使美国将他列入黑名单,剑桥有人甚至企图解除他在大学和学院的职务。作为中英友好协会和促进中英了解协会的主席,他接待了大批中国访英人士,由他介绍和安排访问英国的中国科学家至少有一百多位。

但李约瑟首先是一位科学家,使他赢得世界性声誉的是他对科学的无私奉献和取得的杰出成就,而不是他的信仰。李约瑟天赋极高,他 10 岁时就阅读了《哲学史》《古埃及人的生活方式和风俗》等经典著作,22 岁取得医学和自然科学双学位,24 岁获博士学位,并成为凯尤斯学院的讲师,31 岁时发表了近百万字的三卷本《化学胚胎学》,36 岁时出版的《胚胎学史》使他跻身于剑桥大学一流学者,41 岁当选为皇家科学院院士,以后又当选为英国学术院院士。他 92 岁时获得英国女王授予的荣誉勋位,获此殊荣的健在者不超过百位。李约瑟口才出众,能流利地使用八种语言。他每天工作 16 小时达六十多年,晚年尽管受到关节炎和视力衰退的影响,但在 90 岁后还每天坚持工作 6 小时。他思考时的专注令人惊叹,有一次他驾着一辆蹩脚汽车由牛津回剑桥,沿途一直在想一个没有解决的问题,以至搭车的王铃摔下了车他也不知道。他没有子女,没有家产,除了书籍外身无长物,80 多时还骑着父亲留下的自行车。

作为一位科学家,他探索和追求的是严格的事实,是颠扑不破的真理。他对中国古代科学技术的高度评价是建立在事实的基础上的,而不仅是出于对中国文化的兴趣和对中国人民的友好。正因为如此,他研究中国科技史的目的,并不是为了一味颂扬中国辉煌的过去,而是自始至终在思考:"为什么伽利略产生在欧洲?既然中国曾经在技术上如此先进,为什么从来没有出现像西方那样的科学革命或工业革命?"作为中国人民的朋友,他当然希望中国能重新进入世界先进的行列,但这必须建立在深刻总结历史经验的基础上,而不是一味陶醉于昔日的伟大。据陈立夫回忆,李约瑟在机场与他告别时说:"中国人早在 13 世纪就发明了火药,但只有到了西方才发展成为火箭。中国人有无限的聪明才智,但由于以往几百年间的动乱,从此一切落后,真是不幸,其中的原因值得认真研究和总结。但今天的中国人应该珍惜他们的传统,积极发展科学技术,相信自己有赶上西方成就的能力。"可惜有些人至今没有理解李约瑟的良苦用心,他们自然无法真正读懂《中国科技史》。

《中国科技史》的英文和中文名称都是李约瑟确定的,值得注意的是,"科技"两字的英文原文是"science and civilization",其中表示技术的词没有用"technology",而是用了"civilization"。众所周知,civilization 一般译为文明或文化,其含义比技术要广泛得多。我想,李约瑟实际所要论述的,正是与中国的科学发展有关的广义的文化,所以有时也包括一些并未在当时得到实施的科学思想和设想。有些人不加区别,简单地肯定为已经达到的技术水平,是不符合李约瑟的原意的。

当我与古克礼谈起《中国科技史》地学分册中的一些问题时,他告诉我,李约瑟本人对早期的几册并不满意,一度有修订出第二版的打算,只是因为尚未完成的工程已过于浩大,才没有进行。而且李约瑟的主要领域和兴趣是化学、生物和医学,其他方面主要依靠合作者,并非所有方面都代表李约瑟的水平。听了这番介绍,我相信,如果我们能指出《中国科技史》的缺点,正是李约瑟所欢迎的。这不影响《中国科技史》的里程碑地位,也无损于李约瑟作为科学大师的地位。

尽管我离李约瑟已那么近，但要看到真正的他却并不容易，因为他与《中国科技史》已融为一体。进入这样一片大海，我们只能尽情遨游；面对如此一座高峰，我们只能努力攀登。

原载《文汇报》1998年10月26月。

邂逅霍金

自从《时间简史》在中国翻译出版后,知道霍金的人越来越多。青年学人争读《时间简史》,一时颇有洛阳纸贵之势。我没有看过这本书,一则太忙,二则有自知之明,未必看得懂。但我对霍金以高度残疾之身能写出如此经典著作的精神和业迹,却是充满了深深的敬意。

我知道霍金是剑桥大学的,想不到在来剑桥的第二周内就见到了他。

7月15日下午,一位青年朋友约我一起去那家有百年历史的ORCHAD(果园)茶室,走过剑河边时他告诉我,霍金傍晚常在这里散步,有时可以遇见他。于是霍金成了我们的话题,我问这位学西方哲学的博士生是否看过《时间简史》,他说看过,但也没有看完。这使我颇感自慰,我的选择看来是明智的。

6时半,当我们从茶室回家又经过剑河边时,忽然我见到前面缓缓驶来一辆轮椅车,上面坐的正是霍金——和以前在照片上见到的完全一样。

车驶近了,我却呆滞了,是敬仰,是震惊,是凝视,是沉思;都是,或许都不是——在他经过我身边的那段时间我什么也没有做,只是目送着他静静地过去。

这是一个弱小的身躯,稍向右侧倾斜地靠在——或者说是被安放在——轮椅车背上。除了他的目光,似乎见不到他有其他动作。他的目光显得异乎寻常,可以看成极度冷漠,也可以视为显示着超常的魅力。我想走上前去,又下意识地摸着照相机,但我既没有移步,也没有拍照,连拍一下他的背影的念头也很快被自己否定了。

或许是霍金独特的形象震撼了我。对于这样一位随时面对逼近的死神,却依然像超人那样奋斗的人,对他的任何干扰都是一种罪恶,更不用说任何好奇的举动或过分热情的表现。

或许是周围的人感染了我。当霍金经过时，一切都是那么平静，认识他的和不认识他的人都毫无异样，就连照料他的老护士也不靠近他的轮椅，只是默默地跟随着，大家都尊重他作为一个正常人的生存权利。

霍金的轮椅渐渐消失了，就像路上无数过往的行人一样。

霍金是不幸的，他在风华正茂时遭遇了罕见的疾病，要不，凭着他的才华和毅力，他完全能为人类作出更杰出的贡献。

霍金是幸运的，他生活在一个人的价值得到充分尊重的时代，他也生活在一个科学技术高度发达的时代，要不，如今只有几个手指能活动的他如何能完成他的著作，如何能继续他的生命和工作？他的轮椅车上装满了大大小小的机械和电脑，他的身前就有显示屏和特殊的键盘，这是电脑公司专为他设计制造的，所以他才能自如地操纵轮椅，才能传达自己的思维，才能延续他的生命。

我更庆幸霍金生活在剑桥，他完全可以像常人一样生活，不必随时面对镜头、鲜花、握手和掌声，不用应付集会、宴请、报告和表彰，因为大家都懂得个人的价值和时间的可贵。

愿霍金在平静中度过他不平凡的一生，更愿世界上其他"霍金"能像他那样幸运。

原载《文汇报》1998年8月26日。

村山富士印象

2005年7月16日晚上,我正在日本箱根参加由日本亚洲妇女基金会和朝日新闻社召开的一次讨论会,忽然看到电视新闻中出现一条消息:村山前首相发生交通事故。屏幕上的村山穿着一件T恤——他的形象太明显了,尤其是他两道白色的寿眉——正在回答警察的询问。身旁那辆黑色轿车的右前轮压着一辆倒地的小型自行车,据报道,骑车的少年脚上受了轻伤,已经送往医院。真是无巧不成书,村山前首相正是亚洲妇女基金会的会长,预定第二天在东京主持我们的公开发表会,想不到以这种方式先出场与我们见面了。

第二天一早,我们与会的十多人乘车前往东京,一遇见就纷纷向基金会的冈檀女士打听村山先生的情况。她说交通事故当场就处理好了,村山按原计划主持会议。中午,我回到联合国大学国际会议中心的休息室时,发现村山正在用午餐,与我们一样吃盒饭。朝日新闻社的船桥介绍我与他见面,他客气地对我能出席会议表示感谢。陆续进来的日本人都对他昨天的交通事故表示关切,弄得他有点尴尬,解嘲地说:"在日本,81岁的前首相自己开车,又出了交通事故,这两项纪录都是我创造的。"他说已经有10年不开车了,昨天心血来潮自己开车,想不到刚出门拐了个弯就出事了。他承认毕竟年纪大了,看见那自行车突然窜出来时已经刹车,但还是碰到了。我们问他:怎么会让电视台记者拍到了?是警察找来的吗?他说当地NHK的办事处就在旁边,记者马上赶到了。

下午2时会议开始,可容纳700人的大会议厅中已经满座,只能另设分会场,用电视转播实况。会议的主题是如何认识日本的战争责任,包括慰安妇问题。亚洲妇女基金会就是村山任首相时成立的,宗旨是募集基金对慰安妇作出补偿。村山致词后,哈佛大学的入江教授、德国前驻日本大使弗兰克、东京大学的上野教授和大沼教授,以及我,分别作了15分钟的发言,休息后进行讨论,韩国、荷兰、美国的与会者也发了言,最后又接受听众的提问。会议配有日、中、英三种语言的同声传译,村山坐在台下第一排,自始至终听着。

散会时已近6时半,按议程是村山的宴请。冈檀告诉我们,宴会的地点就在附近。村山与我们一起走出校门,来到路旁一家设在地下室的小餐馆。餐馆很小,十几个人在三张长桌两边坐定,已经显得很挤了。所谓宴请,不过是略为丰盛的聚餐。船桥让我坐在村山对面,由他用英语、日语为我们翻译。村山对今天下午的会议表示满意,说我们的发言让日本听众能进一步了解真相,反省战争责任。他赞成我的意见,作为邻居,即使只是为了自己的利益,日本与中国也应该学会友好相处。村山说,当年他发表"村山谈话",就是为了明确日本的战争责任和侵略罪行,向中国和亚洲各国谢罪。他告诉我,在会见中国领导人时,他的态度始终很明确,可是现在的日本领导人倒退了。他还说,他是日本首相中第一个访问过卢沟桥和南京的,日本首相应该去那里。

用餐时,村山谈到了他的日常生活。他问我,在中国,退休的国家领导人是否还有影响。又说:"日本的前首相太多了,应该与老百姓一样。"的确,他没有秘书,也没有警卫或随从,要不是那两道寿眉,走在东京街上,完全是一位极其普通的老人。

餐后我与几位外国人乘车返回王子饭店,村山与几位日本人在车旁为我们送行。我忽然想到,要是村山继续担任日本首相,中日间的关系或许不会像现在那样。但我马上作了自我否定,历史不能假设,何况日本出现的反动思潮、小泉的倒行逆施有其必然原因,并非一人所能左右。但这两天的会议证明,日本的多数人愿意正视历史,希望日中友好,村山和他主持的活动就在起推动作用。想到这里,我对这位老人增添了敬意。

原载《湘声报》2005年12月23日。

万里之行　始于船上

——《行万里路》自序

"航旅纵横"网站显示,从2011年开始至今,我乘坐国内航班的里程已经超过60万公里。如果加上此前乘坐的和乘坐外国航班的里程,加上使用汽车、火车、轮船等其他交通工具的里程,我的行程肯定已超过百万公里。古人将行万里路当作人生的目标,托现代交通工具之福,今人已可轻易做到。当然如果只计步行所及,多数人反不如古人,我自己的步行里程一定离万里远甚。

1945年我出生在浙江省吴兴县南浔镇(今属湖州市南浔区)。尽管这是一个以"四象八牛七十二条蛟黄狗"众多巨富著称的千年古镇,我家却是从父亲开始迁来的孤零外来户。离外婆家不远就是汽车站,自幼就远远听到汽车喇叭声,或看着汽车绝尘而去。离我家不远的"大桥"(通济桥)下是船码头,每天都有几班轮船停靠或出发。到1950年初,我才第一次有机会离开出生地,当时就是在"大桥"下乘的船。失业在家的父亲回绍兴故乡过年,想卖掉祖屋作为谋生的资本,之所以带上我是因为我已能自己行走,又不需要买车船票。记得那天一早,我随父亲坐上轮船,忽然见在岸上送别的母亲与其他人向后退去,就这样开始了我平生的首次旅程。船到杭州,换乘汽车到萧山,再乘轮船到离故乡最近的马鞍镇,步行到家。返程乘船到西兴,乘渡轮过钱塘江到杭州,再乘船回南浔。后来直到我1956年迁往上海,都再也没有外出的机会,连县城湖州也没有去过。

或许是5岁时的首次旅行激发了我对外界的兴趣,我对一切描述外界的文字和图画都会贪婪地阅读。偶然获得一本通过一个小学生随母亲乘火车从上海去北京的过程介绍铁路旅行常识的小册子,我看了不知多少遍,以至1966年第一次乘火车经南京到北京,我竟对火车上的一切和沿途设施似曾相识。

转学上海后，见闻渐广。特别是进了中学，可以凭学生证到上海图书馆看书，以后又找到外借的机会，可以随心所欲地找书读了。记不得在哪本书、哪篇文章中见到了"读万卷书，行万里路"这句话，立即给我留下深刻印象，并且产生了强烈的愿望。但与在南浔镇上一样，直到1966年11月，尽管已是我正式当中学教师的第二年，我的足迹还没有踏出上海一步。11月间，我所在中学的党组织已经失控，"革命小将"与"革命教师"纷纷去北京接受毛主席的"检阅"，或投入"革命大串连"，我也挤上北行火车，在北京西苑机场见到了毛主席。但那时一心革命，到了北大，连不远的颐和园都不想去，见了毛主席后就赶回上海继续革命。

1967年，学校继续停课，造反派夺了权后，我这个"保皇派"无所事事，住在空教室里当起了"逍遥派"，整天练英文打字（用的是英语版《毛泽东选集》或《毛主席语录》）、游泳（响应毛主席号召）、晚上悄悄装裱从地摊上淘来的旧碑帖。"文革"初"破四旧"时，为避免损失，我与图书室管理员将一些容易被当作"封资修"的书籍刊物转移到储藏室。此时我从中拣了一册《旅行家》的合订本，不时翻阅，眼界大开，却只能心向往之。

当年秋，学校成立革命委员会，为"清理阶级队伍"设立材料组，吸收我为成员。以后军宣队和工宣队进驻，接管材料组，我被留用。我校的审查对象中有一位在新中国成立前当过记者的，交游广，经历复杂，还涉及中共高干与上层统战对象。为了查清他的问题，我先后去了广州、重庆、内江、成都、西安、铜川、石家庄、保定、邢台、北京、天津等地，还去了好几个县城和劳改农场。有几位审查对象原籍苏北，还有一位原籍山东，新中国成立前在山东当过警察，于是我几乎跑遍了苏北各县和大半个山东。我严格遵守外调纪律，绝不趁机游山玩水，仅顺便参观过革命纪念地，如重庆的红岩村、石家庄的白求恩墓。况且，各地的名胜古迹、自然景观不是遭破坏就是被封闭，也无处可去。但我一般随身带着那套《旅行家》，至少预先看过与沿途和目的地有关的内容，增加了不少知识，有时还纠正了其中的错误。

我在1978年成为复旦大学谭其骧教授历史地理专业的研究生，才有了专业考察的机会，第一年在地理、考古教师指导下去南京、扬州实习，第二年去内蒙古、山西、陕西、山东考察。1982年，我与周振鹤成为首批博士生，9月去新疆、青海考察，研究生院特批我们从上海乘飞机去乌鲁木齐和喀什。从1981年起，我担任谭先生的助手，直到他1991年最后一次去北京，其间除了我去美国一年外，他绝大多数外出都是由我陪同的。十年间我又到了以前未涉足的昆明、贵阳、遵义、都江堰、三峡、武汉、壶口瀑布、沈阳、抚顺、长春、长白山、南宁、中越边境、桂林、洛阳、郑州、安阳、济南、曲阜、包头等地。我自己也有了各种参加学术会议、工作会议、讲学、评审、考察参观的机会,如1986年在兰州召开的历史地理年会组织了从兰州沿河西走廊到敦煌的考察,1987年夏天我与同学专程去青海、西藏、四川考察。到本世纪初,我已到过全国各省区市,包括香港、澳门和台湾,也包括与越南、缅甸、尼泊尔、巴基斯坦、塔吉克斯坦、吉尔吉斯斯坦、哈萨克斯坦、蒙古、俄罗斯、朝鲜接壤的边境。

1985年我40岁时首次走出国门,去美国哈佛大学访学。至今我已到过七大洲49个国家。改革开放的机遇、个人的努力和幸运还使我获得了几次可遇不可求的旅程:

1990年8月,去西班牙马德里参加国际历史学大会,我从北京往返,全程火车,历时一个月,到了莫斯科、柏林、巴黎、马德里、巴塞罗那、海德堡、科隆、法兰克福、慕尼黑、维也纳、日内瓦、洛桑、布达佩斯等地,由二连浩特出境,从满洲里入境。

1996年6—7月,由拉萨出发去阿里地区,详细深入地考察了札达等处的古格遗址、土林和冈仁波齐神山。

2000年12月至2001年2月,以人文学者身份参加中国第十七次南极考察队去南极长城站,途经智利、阿根廷。

2003年2—5月,应中央电视台和香港凤凰卫视之邀,我担任《走进非洲》节目的北线嘉宾主持,在摩洛哥、突尼斯、利比亚、埃及、苏丹、埃塞俄比亚、肯尼亚七国采访拍摄,其中从卡萨布兰卡至亚的斯亚贝巴基本乘越野车经行。

2006年10—11月,参加中央电视台组织的"重走玄奘路"文化交流活动,由新疆喀什出发,乘车经吉尔吉斯斯坦、乌兹别克斯坦、阿富汗、巴基斯坦,到达印度新德里和那烂陀寺遗址。

2011年7月,应邀至俄罗斯摩尔曼斯克,乘坐核动力破冰船"五十年胜利号"到达北极点。

2015年2月,专程去坦桑尼亚登非洲最高峰乞力马扎罗,到达海拔4 750米处。

这些都是我幼时做梦也不会想到的,也一次次超越了我成年后和中年后的梦想。

我曾经将游踪与感受写成《走近太阳——阿里考察记》《剑桥札记》《千年之交在

天地之极：葛剑雄南极日记》《走非洲》等书和长短不一的文章，也通过数十次演讲与听众分享。"行万里路"的收获则与"读万卷书"的成果交融，支撑着我的学术研究、教学教育和社会活动，丰富我的人生，滋养我的精神，不断引发我回忆和思索。

在友人的鼓励和支持下，在这些书以外，我选编出版了《读不尽的有形历史》（岳麓书社，2009）和《四极日记》（复旦大学出版社，2016），也将这些书修订编入《葛剑雄文集4·南北西东》（广东人民出版社，2014）。但梁由之兄一再怂恿我编一本《读万卷书，行万里路》，在编成初稿后又建议我将读书和行路方面的文章分编为两本，于是产生了这本《行万里路》和另一本尚在选编的《读万卷书》。趁本书问世之际，写下这些文字，作为以往行路的介绍，也为了向所有鼓励、支持、帮助我行路的人表达感激，并感谢梁由之兄和出版界的友人。

原载《行万里路：葛剑雄旅行自选集》，商务印书馆2016年版。

校 后 记

承黄磊学棣的好意,将我记录个人经历、叙往忆旧的文字搜集汇总,编辑成书,不久就看到了校样。看完校样,几乎没有发现什么错漏,却引发了感慨,不禁要写下一些话。

这些文字最早的是写在上世纪 80 年代,也就是我四十多岁时,大多写在我五六十岁时,离现在不过二三十年时间,在历史上只是一个极短暂的瞬间,如今再读其中一些旧作,居然恍如隔世,或感到当时自己竟如此守旧无知,或惊叹如此斗胆妄言居然还能发表,庆幸正好遭逢了一段改革开放的好时光,获得了中国历史上最好的机遇。

时常听闻前人、名人对自己的早年旧作抱愧,我却相反,经常将自己的一些旧作当作他人的佳作,感叹当时竟写得那么好,以后却再也写不出来,如今更不敢心存奢望。这说明一个人的写作能力不可能始终在进步,而且有些文章只有在最合适的机遇下才能写成,方可发表。我一直怀疑有些名人没有说真话,即使他们的写作能力始终在进步,体力和精力都能长盛不衰,但他们难道一辈子都能获得最好的机遇?

这些文章不少在报刊或其他公开出版物上发表过,也有一些只在网上发表,而其中有的网站已不复存在。有几篇始终存留在我的电脑中,至今未发表。有的是应约写的稿,写成后,"约"却因种种原因取消了。个别则是因写成之时,原来的发表窗口已经关闭。有的则是偶然的意外,如《忆旧还是难》一文是为回应黄裳先生而写的,或许杂志主编认为此文发表会得罪黄先生,因而婉拒,我理解他的难处,而且一位热心的第三者已经在网上发表了感言,几乎把我的意思都表达了,于是我就没有将此稿另投他处。

其中《人生之初》是最近写的,是首发。写这篇是源于黄磊的建议。我在翻检旧文时,又见到前两年南浔的陆剑兄在当地档案中发现的我家 1946 年户籍登记表的扫描件。那个年代当地还没有采用出生证,这应该是我留在这个世界上的最早记录。于是我结合一直保留着的最早记忆,写成这篇《人生之初》。列为首篇,正好弥补了下一篇回忆小学生活之前的空白。

十年前,我在自己的编年选集《我们应有的反思》的前言中写过这样两段话:"'三十而立,四十不惑,五十而知天命,六十而耳顺,七十而随心所欲,不逾矩。'每到逢十生日,总免不了用孔子的话对照。但圣人的标准如此之高,每次对照徒增汗颜,因为自知差距越来越大,年近七十,不仅做不到不逾矩,而且离随心所欲的境界远甚。""我当然希望自己有一天能达到随心所欲的境界,但只有不断反思方有可能。只要不断反思,即使永远达不到这一境界,也能逐渐接近,所以在年近七十时,我想到的是'七十而思'。这并不是说以前没有思过,而是思得不够,要永远思下去。"

今天我要在后面加几句话:

当我年近八十时,越来越明白,自己永远不能达到孔夫子那样"随心所欲"又能"不逾矩"的圣人境界,那就只能八十再思,让思永远伴随着生命。

有感于此,取太史公《报任安书》所言"述往事,思来者"之意,名拙书为《往思录》。

葛剑雄
2023 年 12 月 15 日,79 岁初度